Studien zum Zivilrecht

Herausgegeben von

Prof. Dr. Dr. h.c. Barbara Dauner-Lieb, Universität Köln
Prof. Dr. Christian Berger, Universität Leipzig
Prof. Dr. Florian Faust, Bucerius Law School, Hamburg

Band 42

Valentin Zipfel

Arzt- und Krankenhausträgerhaftung bei der Implantation von Medizinprodukten

Nomos

Onlineversion
Nomos eLibrary

Die Deutsche Nationalbibliothek verzeichnet diese Publikation in der Deutschen Nationalbibliografie; detaillierte bibliografische Daten sind im Internet über http://dnb.d-nb.de abrufbar.

Zugl.: Heidelberg, Univ., Diss., 2020

ISBN 978-3-8487-8018-1 (Print)
ISBN 978-3-7489-2409-8 (ePDF)

1. Auflage 2021

Meinen Eltern und meinem Bruder Alexander

Vorwort

Die vorliegende Arbeit wurde von der Juristischen Fakultät der Ruprecht-Karls-Universität Heidelberg im Wintersemester 2020/2021 als Dissertation angenommen. Das Manuskript wurde im Juni 2018 abgeschlossen. Später erschienene Literatur und Rechtsprechung wurden, soweit möglich, berücksichtigt.

Mein herzlicher Dank gilt meinem hoch geschätzten Doktorvater Herrn Professor Dr. *Stefan J. Geibel*, Maître en droit (Université Aix-Marseille III). Er hat mich weit über die Betreuung meines Dissertationsvorhabens hinaus gefördert und unterstützt. Seine Ideen und Anregungen haben entscheidend zum Gelingen dieser Arbeit beitragen. Darüber hinaus habe ich die Zeit an seinem Lehrstuhl als persönliche Bereicherung empfunden und werde sie stets in bester Erinnerung behalten.

Herrn Professor Dr. *Markus Stoffels* danke ich vielmals für die zügige Erstellung des Zweitgutachtens. Ferner danke ich Herrn Professor Dr. *Andreas Piekenbrock* für die Übernahme des Vorsitzes im Rahmen der Disputation.

Besonders danken möchte ich außerdem der Konrad-Adenauer-Stiftung, die mich während meines Studiums und dem Entstehen dieser Arbeit sowohl finanziell als auch ideell überaus großzügig gefördert und meinen Horizont erweitert hat.

Meine gesamte juristische Ausbildung einschließlich der vorliegenden Arbeit wäre ohne die Unterstützung und den Rückhalt meiner Familie und Freunde nicht möglich gewesen. Ihnen allen möchte ich herzlich danken. Ganz besonderer Dank gebührt den Herren *Ivo Schmiedt* und *Hadrian Platzer*, die meine Ausbildung und Zeit in Heidelberg in jeder Hinsicht bereichert haben. Ihnen und Herrn *Hubertus Scherbarth* sowie Frau *Lena Hornkohl* danke ich außerdem herzlich für die kritische Lektüre dieser Arbeit und ihre wertvollen Anmerkungen. Im Übrigen möchte ich mich bei meinen Kollegen am Institut für deutsches und europäisches Gesellschafts- und Wirtschaftsrecht für die gemeinsamen Jahre bedanken, an die ich mich gerne zurückerinnere.

Ganz besonders danken möchte ich meiner Freundin *Rebecca Hettich* für ihren bedingungslosen Rückhalt, ihre geistige Führung und stets positive Art sowie ihre Liebe.

Mein größter Dank gilt meinen Eltern, *Hans-Eckart* und *Heike Zipfel*, sowie meinem Bruder *Alexander*. Ich danke ihnen von ganzem Herzen für ihr Vorbild und ihre Geduld sowie ihre bedingungslose Liebe, Förderung und Unterstützung, auf die ich immer blind vertrauen konnte und kann. Ihnen ist diese Arbeit gewidmet.

Stuttgart, im November 2020 *Valentin Zipfel*

Inhaltsverzeichnis

Abkürzungsverzeichnis

a.A./A.A.	anderer Ansicht
abl.	ablehnend
Abs.	Absatz
AcP	Archiv für die civilistische Praxis (Zeitschrift)
a.E.	am Ende
a.F.	alte Fassung
AG	Amtsgericht
AGB	Allgemeine Geschäftsbedingungen
allg.	allgemein
Alt.	Alternative
Anm.	Anmerkung
arg.	argumentum
Art.	Artikel
ArztR	Arztrecht (Zeitschrift)
Aufl.	Auflage
Az.	Aktenzeichen
Bd.	Band
Bearb.	Bearbeiter
BeckOGK	beck-online.GROSSKOMMENTAR zum Zivilrecht
BeckOK	Beck'scher Online-Kommentar Zivilrecht
Beschl. v.	Beschluss vom (Datum)
BGB	Bürgerliches Gesetzbuch
BGHSt	Amtliche Entscheidungssammlung des Bundesgerichtshofs in Strafsachen)
BGH(Z)	Bundesgerichtshof (Amtliche Entscheidungssammlung des Bundesgerichtshofs in Zivilsachen)
BT-Drucks.	Bundestagsdrucksache
BVerfG	Bundesverfassungsgericht
BVerwG	Bundesverwaltungsrecht
bzw.	beziehungsweise
DB	Der Betrieb

ders.	derselbe
d.h.	das heißt
dies.	Dieselbe
DJZ	Deutsche Juristen-Zeitung
DRiZ	Deutsche Richterzeitung (Zeitschrift)
Entsch.	Entscheidung
EuGH	Europäischer Gerichtshof
EuZW	Europäische Zeitschrift für Wirtschaftsrecht
f. (ff.)	folgende (mehrere folgende) Seiten oder Paragraphen
Fn.	Fußnote
GesR	Gesundheitsrecht (Zeitschrift)
GG	Grundgesetz für die Bundesrepublik Deutschland
ggf.	gegebenenfalls
HGB	Handelsgesetzbuch
h.M.	herrschende Meinung
Hrsg.	Herausgeber
hrsgg.	herausgegeben
Hs.	Halbsatz
IGeL	Individuelle Gesundheitsleistungen
i.S.d.	im Sinne der/des
i.S.v.	im Sinne von
i.V.m.	in Verbindung mit
JA	Juristische Arbeitsblätter (Zeitschrift)
JR	Juristische Rundschau (Zeitschrift)
Jura	Juristische Ausbildung (Zeitschrift)
jurisPK	juris PraxisKommentar BGB
JuS	Juristische Schulung (Zeitschrift)
JZ	Juristenzeitung (Zeitschrift)
KG	Kammergericht
LG	Landgericht
lit.	littera (Buchstabe)
LMK	Kommentierte BGH-Rechtsprechung *Lindenmaier, F./ Möhring, Ph.*
m. Anm.	mit Anmerkung
MDR	Monatsschrift für Deutsches Recht (Zeitschrift)
MedR	Medizinrecht (Zeitschrift)

MPBetreibV	Medizinprodukte-Betreiberverordnung
MPG	Medizinproduktegesetz
MPR	Medizin Produkte Recht (Zeitschrift)
MüKo	Münchner Kommentar zum BGB
m.w.N.	mit weiteren Nachweisen
NJOZ	Neue Juristische Online Zeitschrift
NJW	Neue Juristische Wochenschrift (Zeitschrift)
NJW-RR	NJW Rechtsprechungsreport Zivilrecht
NJW-Spezial	NJW-Spezial: Die wichtigsten Informationen zu speziellen Rechtsgebieten (Zeitschrift)
Nr.	Nummer
NZBau	Neue Zeitschrift für Baurecht und Vergaberecht
NZV	Neue Zeitschrift für Verkehrsrecht
OLG	Oberlandesgericht
ProdHaftG	Produkthaftungsgesetz
RG(Z)	Reichsgericht (Amtliche Entscheidungssammlung des Reichsgerichts in Zivilsachen)
Rn.	Randnummer
Rspr.	Rechtsprechung
S.	Seite; bei Gesetzeszitaten Satz; bei Kleinschreibung siehe
SGB	Sozialgesetzbuch
s.o.	siehe oben
sog.	sogenannt
StGB	Strafgesetzbuch
str.	streitig
s.u.	siehe unten
Urt.	Urteil vom (Datum)
usw.	und so weiter
u.U.	unter Umständen
v.	von (vom)
VersR	Versicherungsrecht (Zeitschrift)
vgl.	vergleiche
Vorbem.	Vorbemerkung
VuR	Verbraucher und Recht (Zeitschrift)
VVG	Versicherungsvertragsgesetz
z.B.	zum Beispiel

ZEuP	Zeitschrift für europäisches Privatrecht
ZGR	Zeitschrift für Unternehmens- und Gesellschaftsrecht
ZGS	Zeitschrift für das gesamte Schuldrecht
ZIP	Zeitschrift für Wirtschaftsrecht
ZPO	Zivilprozessordnung
ZS	Zivilsenat
ZStW	Zeitschrift für die gesamte Strafrechtswissenschaft

Einleitung

§ 1 Zur Bedeutung von implantierbaren Medizinprodukten für die medizinische Behandlung von Patienten

Implantierbare Medizinprodukte[1] spielen bei der Gesundheitsversorgung von Patienten eine zunehmend wichtige Rolle. Sie sind aus dem medizinischen Alltag nicht mehr wegzudenken und leisten einen wesentlichen Bei-

1 Was unter einem *Medizinprodukt* zu verstehen ist, definiert § 3 Nr. 1 MPG (Gesetz über Medizinprodukte (Medizinproduktegesetz) in der Fassung der Bekanntmachung vom 7.8.2002 (BGBl. I S. 3146), zuletzt geändert durch Art. 7 G zur Fortschreibung der Vorschriften für Blut- und Gewebezubereitungen und zur Änd. anderer Vorschriften vom 18.7.2017 (BGBl. I S. 2757) (et passim)). Instruktiv zur Begriffsbestimmung des implantierbaren Medizinprodukts *Anhalt/Sachs,* in: Handbuch des Medizinprodukterechts, § 3; vgl. auch *Friedrich*, in: MAH MedR, § 17, Rn. 268 ff. Wann ein *implantierbares* Medizinprodukt vorliegt, definiert das MPG hingegen nicht. Allerdings hat der Gesetzgeber von der Verordnungsermächtigung des § 37 Abs. 5 Nr. 1 MPG Gebrauch gemacht und die MPBetreibV (Verordnung über das Errichten, Betreiben und Anwenden von Medizinprodukten (Medizinprodukte-Betreiberverordnung – MPBetreibV) in der Fassung der Bekanntmachung vom 21.8.2002 (BGBl. I S. 3396), zuletzt geändert durch Art. 1, 2 Zweite VO zur Änd. medizinprodukterechtlicher Vorschriften vom 27.9.2016 (BGBl. I S. 2203)) erlassen. Nach Anlage 3 zu § 15 Abs. 1 und 2 MPBetreibV sind implantierbare Medizinprodukte aktive implantierbare Medizinprodukte sowie Herzklappen, nicht resorbierbare Gefäßprothesen und -stützen, Gelenkersatz für Hüfte oder Knie, Wirbelkkörperersatzsysteme und Bandscheibenprothesen sowie Brustimplantate.
Das MPG wird in absehbarer Zukunft durch unionsrechtliche Bestimmungen wesentliche Änderungen erfahren. Am 25.5.2017 ist die Verordnung (EU) 2017/745 des Europäischen Parlaments und des Rates vom 5.4.2017 über Medizinprodukte zur Änderung der Richtlinie 2001/83/EG, der Verordnung (EG) Nr. 178/2002 und der Verordnung (EG) Nr. 1223/2009 und zur Aufhebung der Richtlinien 90/385/EWG und 93/42/EWG des Rates (MP-VO) in Kraft getreten. Die MP-VO sollte ursprünglich – von einigen Ausnahmen abgesehen – ab dem 26.5.2020 Geltung beanspruchen. Durch die Verordnung (EU) 2020/561 des Europäischen Parlaments und des Rates vom 23.4.2020 zur Änderung der der Verordnung (EU) 2017/745 über Medizinprodukte hinsichtlich des Geltungsbeginns einiger ihrer Bestimmungen wurde der Geltungsbeginn auf den 26.5.2021 verschoben. Die neuen Regelungen wurden, soweit für die vorliegende Arbeit von Relevanz, berücksichtigt.

trag für eine effiziente Patientenversorgung.[2] Das Angebot an und die Vielfalt von implantierbaren Medizinprodukten nehmen ständig zu.[3] Die Produktpalette reicht von einfachen Knochennägeln über künstlichen Gelenkersatz (zum Beispiel Knie-, Hüft- oder Schultergelenke) bis hin zu Herzschrittmachern. Mit Ausnahme der Verwendung bei Schönheitsoperationen[4] verfolgt die Behandlung mit Medizinprodukten stets den Zweck, die Gesundheit des Patienten zu erhalten oder wiederherzustellen, jedenfalls aber zu fördern. Implantierbare Medizinprodukte fungieren als künstliche „Werkzeuge". Sie werden in den Körper des Patienten eingesetzt und übernehmen die Funktionen des beeinträchtigten Körperteils oder -glieds oder Organs zumindest für eine gewisse Zeit. Zur Anwendung kommen implantierbare Medizinprodukte regelmäßig, wenn andere Heilbehandlungen nicht mehr erfolgversprechend und die Betroffenen krankheitsbedingt beeinträchtigt oder einem Sterberisiko ausgesetzt sind.[5]

So gewinnbringend die Behandlung mit implantierbaren Medizinprodukten aus medizinischer Sicht für den Patienten auch sein kann, so groß sind die Gefahren, die von künstlichen Gegenständen ausgehen, die sich im menschlichen Körper befinden. Implantate begründen aufgrund ihrer Eigenart *per se* erhebliche Risiken für die körperliche Integrität und Gesundheit des Patienten. Gefahren ergeben sich schon deshalb, weil Medizinprodukte aufgrund ihrer chemischen, physikalischen oder biologischen Eigenschaften zu Unverträglichkeiten mit dem menschlichen Gewebe führen und eine Abstoßreaktion des Körpers hervorrufen können. Im Übrigen lassen sich trotz sorgfältigster Kontrollen und strengster sicherheitsrechtlicher Maßnahmen Fehler des Medizinprodukts niemals mit absoluter Sicherheit ausschließen.[6] *Zusätzlich* zu dem allgemeinen Behandlungsrisiko besteht bei Implantationsbehandlungen daher auch die Gefahr, dass das

---

2 *Knauer*, Rechtliche Fragen der Aufbereitung von Medizinprodukten, S. 27.

3 Vgl. *Schrenk*, Medizinproduktegesetz und Arzthaftung, S. 1: „Der Einsatz der Technik in der Medizin unterliegt einem ständigen, in jüngerer Zeit geradezu rasanten Wachstum".

4 Zur Haftung bei kosmetischen Eingriffen *Lorz*, Arzthaftung bei Schönheitsoperationen, 2007.

5 Vgl. EuGH, Schlussantrag des Generalstaatsanwalts *Bot* v. 21.10.2014 – C-503/13 und C-504/13 (Boston Scientific Medizintechnik GmbH/AOK Sachsen-Anhalt – Die Gesundheitskasse (C-503/13) bzw. Betriebskrankenkasse RWE (C-504/13), MPR 2014, 209, 213.

6 Als Indiz hierfür mag die zunehmende Beschäftigung der Gerichte mit Schmerzensgeld- bzw. Schadensersatzforderungen von Patienten gegen Medizinproduktehersteller sowie Vertreiber von medizinischen Produkten dienen, s. *Oeben*, MPR 2010, 145, 147. Aus der Rechtsprechung EuGH, Urt. v. 5.3.2015 – C-503/13 und

implantierte Medizinprodukt als solches fehlerhaft ist und wegen seiner Positionierung im Körper des Patienten nicht unerhebliche Verletzungen bewirkt.

§ 2 Problemaufriss

Unabhängig davon, ob der Körper des Patienten das Implantat abstößt oder ein Fehler des implantierten Medizinprodukts eine baldige erneute Operation mit den damit verbundenen Narkose- und Eingriffsrisiken erforderlich macht, ist der Patient von einer Implantationsbehandlung massiv betroffen. Neben körperlichen und gesundheitlichen Beeinträchtigungen erleidet er nicht selten weitere Einbußen.[7] Seine implantationsbedingten Schäden wird der Patient daher versuchen zu liquidieren. Für eine mögliche Inanspruchnahme kommen sowohl der Medizinproduktehersteller[8] als auch die Behandlungsseite in Betracht. Während letztere über überlegenes Wissen verfügt, in der Regel jedoch auch für Nachuntersuchungen und weitere Gespräche kontaktiert werden kann, setzt der Medizinproduktehersteller durch die Fabrikation des Implantats unmittelbar eine Kausalkette in Gang. Diese führt zu den genannten, sich bei dem Patienten zeigenden Risiken.

Beruht der erlittene Nachteil des Patienten auf einem *Fehler des Medizinprodukts,* ist an eine Haftung des Medizinproduktherstellers zu denken. So

C-504/13, NJW 2015, 1163 m. Anm. *Brüggemeier*, ZEuP 2016, 502, 506 ff., m. Anm. *Schaub*, LMK 2015, 368607; KG Berlin, Urt. v. 28.8.2015 – 4 U 189/11, MedR 2016, 349; OLG Hamm, Urt. v. 26.10.2010 – I-21 U 163/08, VersR 2011, 637; vgl. auch *Weimer*, MPR 2007, 119, 120.

7 S.u. Dritter Teil § 1.

8 *Gassner*, in: Deutsch, MPG, Haftung für Medizinprodukte, Rn. 3, 7. Nachrangig ist auch an eine Haftung der benannten Stellen zu denken. Diese übernehmen als neutrale Stellen allgemein das Audit eines Qualitätssicherungssystems und führen zu diesem Zweck regelmäßig erforderliche Inspektionen sowie Bewertungen durch. Eine Haftung der benannten Stellen kommt nach der Rechtsprechung des EuGH allerdings erst dann in Betracht, wenn *konkrete* Hinweise für die Mangelhaftigkeit des Medizinprodukts vorliegen. Auch steht der Patient zu den benannten Stellen typischerweise nicht in einer vertraglichen Beziehung, sodass allenfalls deliktsrechtliche Ansprüche in Erwägung zu ziehen sind. Zur Haftung der benannten Stellen EuGH, Urt. v. 16.2.2017 – C-219/15 (Schmitt / TÜV Rheinland), EuZW 2017, 318 m. Anm. *Unger*, EuZW 2017, 299; im Anschluss daran BGH, Urt. v. 22.6.2017 – VII ZR 36/14, NJW 2017, 2617 m. Anm. *Finn*, NJW 2017, 2590; m. Anm. *Rott*, NJW 2017, 1146; m. Anm. *Degen*, VersR 2017, 1219; dazu auch *Brüggemeier*, MedR 2017, 527.

mag es auch nicht verwundern, dass die deutschen Zivilgerichte sowie der EuGH in der jüngeren Vergangenheit wiederholt mit der Haftung des Medizinproduktherstellers für fehlerhafte Medizinprodukte befasst waren.[9] Die Judikate deutscher Gerichte sowie des EuGH zur Herstellerhaftung dürfen indes nicht über den Umstand hinwegtäuschen, dass die Geltendmachung von Ansprüchen gegenüber dem Medizinprodukthersteller mit praktischen sowie rechtlichen Hürden verbunden ist. Aus praktischer Sicht stellt sich für den Patienten oftmals schon das Problem, dass er den Hersteller des implantierten Medizinprodukts nicht kennt und dieser für ihn unerreichbar ist.[10]

In rechtlicher Hinsicht gestaltet sich die Durchsetzung von Ansprüchen gegenüber dem Hersteller gleich aus mehreren Gesichtspunkten problematisch. Zunächst kommen zwischen dem Medizinprodukthersteller und dem Patienten regelmäßig keine unmittelbaren vertraglichen Beziehungen zustande. Medizinprodukte werden typischerweise vom Vertriebshändler oder dem Krankenhausträger erworben.[11] Im Fall der Mangelhaftigkeit des implantierten Medizinprodukts kann der Patient daher vom Hersteller nicht gemäß §§ 437 Nr. 1, 434, 439 Abs. 1 BGB Nacherfüllung verlangen. Ebenso scheidet ein Anspruch auf Ersatz der Kosten einer Revisionsoperation nach §§ 437 Nr. 3, 280 Abs. 1, 3, 281 Abs. 1 BGB aus. Aber auch dann, wenn im Einzelfall vertragliche Beziehungen zwischen dem Patienten und dem Medizinprodukthersteller bestehen sollten,[12] scheitern Ansprüche oftmals an der Hürde der Verjährung. Gemäß § 438 Abs. 1 Nr. 3, Abs. 2 BGB verjähren Mängelgewährleistungsrechte nämlich in der kurzen Frist von zwei Jahren ab Gefahrübergang.

Erwägen ließe sich, eine Haftung des Medizinproduktherstellers über die Rechtsfigur des Vertrags mit Schutzwirkung zugunsten Dritter zu be-

9 Z.B. EuGH, Urt. v. 5.3.2015 – C-503/13, C-504/13 (Boston Scientific Medizintechnik GmbH/AOK Sachsen-Anhalt), NJW 2015, 1163 m. Anm. *Brüggemeier*, ZEuP 2016, 502, 506 ff.; im Anschluss daran BGH, Urt. v. 9.6.2015 – VI ZR 327/12, NJW 2015, 2507 sowie BGH, Urt. v. 9.6.2015 – VI ZR 284/12, NJW 2015, 3096.

10 *Kage*, Medizinproduktegesetz, S. 397.

11 *Heil/Mayer-Sandrock*, in: Anhalts/Dieners, Handbuch des Medizinprodukterechts, § 23, Rn. 5; *Gassner*, in: Deutsch/Lippert/Ratzel/Tag/Gassner, MPG, Haftung für Medizinprodukte, Rn. 7 s. auch *Schumacher*, Der Lieferantenregress gemäß §§ 478, 479 BGB, S. 30 f.; *Ernst/Gsell*, ZIP 2000, 1410, 1423 f.: kein Direktanspruch des Letztkäufers gegen den Hersteller.

12 S.u. Erster Teil § 3 B. IV. 3 sowie D.

gründen.[13] Dann müsste der Kaufvertrag über das Medizinprodukt zwischen dem Hersteller und der Behandlungsseite Schutzwirkung zugunsten des Patienten entfalten. Über die Rechtsfigur des Vertrags mit Schutzwirkung zugunsten Dritter können Dritte in die sich aus einem Vertragsverhältnis ergebenden Sorgfalts- und Schutzpflichten einbezogen werden. Dies setzt voraus, dass der Dritte mit der Hauptleistung nach dem Inhalt des Vertrags bestimmungsgemäß in Berührung kommen soll. Ferner muss ein schutzwürdiges Interesse des Gläubigers an der Einbeziehung des Dritten bestehen. Den Interessen des Schuldners muss zudem durch Erkennbarkeit und Zumutbarkeit der Haftungserweiterung Rechnung getragen werden. Im Übrigen ist vorauszusetzen, dass der Dritte schutzbedürftig ist.[14]

Mit der Kaufsache – also dem Medizinprodukt – kommt jedenfalls der Arzt als dessen Anwender in Berührung, wenn er es im Rahmen der Operation verpflanzt.[15] Ob darüber hinaus auch der Patient zu dem bestimmungsgemäß erfassten Personenkreis gehört, ist zweifelhaft. Zwar könnte man vertreten, dass dem Behandelnden aufgrund des besonderen Vertrauensmoments der Arzt-Patienten-Beziehung eine gesteigerte Verantwortung

---

13 *Gassner*, in: Deutsch/Lippert/Ratzel/Tag/Gassner, MPG, Haftung für Medizinprodukte, Rn. 8; allgemein zum Vertrag mit Schutzwirkung zugunsten Dritter nach der Schuldrechtsreform *Papadimitropoulus*, Schuldverhältnisse mit Schutzwirkung zu Gunsten Dritter, 2007; *Canaris*, ZIP 2004, 1781; *Grundmann/Renner*, JZ 2013, 379; *Höhne/Kühne*, JuS 2012, 1063; *Mörsdorf-Schulte*, NJW 2006, 3105; *Olzen/Kubiak*, JZ 2013, 495; *Schwarze*, AcP 203 (2003), 348; *Zenner*, NJW 2009, 1030. S. zu Überlegungen vor der Schuldrechtsreform *Martiny*, JZ 1996, 19; *Neuner*, JZ 1999, 126, 128 ff.; *H. Lange*, NJW 1965, 657; aus der Rechtsprechung BGH, Beschl. v. 9.4.2015 – VII ZR 36/14, NJW 2015, 2737, 2739 (Rz. 25); BGH, Urt. v. 28.1.2015 – XII ZR 201/13, NJW 2015, 1098, 1099 f. (Rz. 11 ff.); BGH, Urt. v. 9.10.2014 – III ZR 68/14, NJW 2014, 3580, 3582 (Rz. 24); BGH, Urt. v. 13.2.1975 – VI ZR 92/73, NJW 1975, 867.

14 BGH, Urt. v. 27.2.2020 – VII ZR 151/18, NJW 2020, 1514, 1516 (Rz. 20 ff.); BGH, Urt. v. 7.12.2017 – VII ZR 204/14, NJW 2018, 1537, 1538 (Rz. 18); BGH, Urt. v. 17.11.2016 – III ZR 139/14, NJW-RR 2017, 888, 889 (Rz. 15); BGH, Beschl. v. 9.4.2015 – VII ZR 36/14, NJW 2015, 2737, 2739 (Rz. 25); BGH, Urt. v. 28.1.2015 – XII ZR 201/13, NJW 2015, 1098, 1099 f. (Rz. 11 ff.); BGH, Urt. v. 9.10.2014 – III ZR 68/14, NJW 2014, 3580, 3582 (Rz. 24); *Gottwald*, in: MüKo, BGB, § 328, Rn. 220; *Mäsch*, in: BeckOGK, § 328, Rn. 156 ff.; *Wagner*, JZ 2018, 130, 137.

15 *Gassner*, in: Deutsch/Lippert/Ratzel/Tag/Gassner, MPG, Haftung für Medizinprodukte, Rn. 8; vgl. auch BGH, Urt. v. 25.4.1956 – VI ZR 34/55, NJW 1956, 1193; BGH, Urt. v. 15.5.1959 – VI ZR 109/58, NJW 1959, 1676.

für Leib und Leben zukomme.[16] Der Behandelnde habe daher ein besonderes Interesse an der Einbeziehung des Patienten in den Schutzbereich von Verträgen innerhalb der Lieferkette. Allerdings ist zu verhindern, dass die Haftung des Medizinproduktherstellers über das Institut des Vertrags mit Schutzwirkung zugunsten Dritter ins Uferlose gerät.[17] Das Haftungsrisiko muss kalkulierbar und damit auch versicherbar sein.[18] Eine Einstandspflicht scheidet aus, wenn es dem Hersteller nach Treu und Glauben unter Berücksichtigung des Zwecks der vertraglichen Abrede nicht zugemutet werden kann, sich ohne eine zusätzliche Vergütung auf das Risiko einer erweiterten Gewährleistungshaftung einzulassen.[19] Gemäß §§ 133, 157, 242 BGB rechtfertigt allein der zwischen dem Hersteller und dem Patienten durch die Implantation des Medizinprodukts entstandene Kontakt nicht die Annahme eines rechtsgeschäftlichen Willens der Parteien des Kaufvertrags, weltweit *alle* Patienten, denen künftig Implantate des betreffenden Herstellers eingepflanzt werden, in den Schutzbereich einzubeziehen.[20] Der einzubeziehende Personenkreis wäre gerade nicht überschau-

---

16 Zum besonderen Vertrauensmoment des Arzt-Patienten-Verhältnisses *E. Schmidt*, in: Ponsold [Hrsg.], Lehrbuch der Gerichtlichen Medizin, S. 2; BVerfG, Beschl. v. 25.7.1979 – 2 BvR 878/74, NJW 1979, 1925, 1930: „Weit mehr als sonst in den sozialen Beziehungen des Menschen fließt im ärztlichen Berufsbereich das Ethische mit dem Rechtlichen zusammen“; BGH, Urt. v. 9.12.1958 – VI ZR 203/57, NJW 1959, 811, 813: „weit mehr als eine juristische Vertragsbeziehung“; *Laufs*, in: Laufs/Katzenmeier/Lipp, Arztrecht, Kap. I, Rn. 16.

17 *Gassner*, in: Deutsch/Lippert/Ratzel/Tag/Gassner, MPG, Haftung für Medizinprodukte, Rn. 8; vgl. im Übrigen BGH, Urt. v. 27.2.2020 – VII ZR 151/18, NJW 2020, 1514, 1516 (Rz. 25) zu der aktuellen Frage, ob der TÜV Rheinland als Benannte Stelle gemäß der RL 93/42/EWG des Rates vom 16.4.1993 über Medizinprodukte gegenüber Patientinnen haftet, denen Silikonbrustimplantate des französischen Herstellers PIP implantiert wurden; s. auch BGH, Urt. v. 22.1.1968 – VIII ZR 195/65, NW 1968, 885, 886 f.; BGH, Urt. v 19.9.1973 – VIII ZR 175/72, NJW 1973, 2059, 2061; OLG Zweibrücken, Urt. v. 30.1.2014 – 4 U 66/13, MPR 2014, 62, 64 ff.

18 OLG Zweibrücken, Urt. v. 30.1.2014 – 4 U 66/13, MPR 2014, 62, 66 f.; *Gassner*, in: Deutsch/Lippert/Ratzel/Tag/Gassner, MPG, Haftung für Medizinprodukte, Rn. 8.

19 *Schumacher*, Der Lieferantenregress gemäß §§ 478, 479 BGB, S. 33; BGH, Urt. v. 14.5.1974 – VI ZR 48/73, NJW 1974, 1503, 1505 m.w.N.; OLG Zweibrücken, Urt. v. 30.1.2014 – 4 U 66/13, MPR 2014, 62, 64 f.; zu den Grenzen der Schutzwirkung zu Gunsten Dritter auch OLG Nürnberg, Urt. v. 17.12.2003 – 4 U 2129/03, NJW-RR 2004, 1254.

20 OLG Zweibrücken, Urt. v. 30.1.2014 – 4 U 66/13, MPR 2014, 62, 66; BGH, Urt. v. 14.5.1974 - VI ZR 48/73, NJW 1974, 1503, 1505.

bar. Das Haftungsrisiko wäre unabsehbar und deshalb nicht mehr versicherbar.

Zweifel bestehen außerdem an der Schutzbedürftigkeit des Patienten. Dem einzubeziehenden Dritten fehlt es nach allgemeiner Ansicht am Schutzbedürfnis, wenn er eigene gleichwertige (vertragliche) Ansprüche hat, mit denen er seinen Schaden liquidieren kann.[21] Dem Patienten stehen aus dem Implantationsvertrag – wie noch zu zeigen sein wird[22] – Ansprüche gegen die Behandlungsseite zu. Er ist folglich nicht schutzbedürftig. Eine Haftung des Medizinproduktherstellers über die Rechtsfigur des Vertrags mit Schutzwirkung zugunsten Dritter kommt daher typischerweise nicht in Betracht.

Aber auch über die Grundsätze der Drittschadensliquidation kann der Patient regelmäßig keine Ansprüche gegen den Medizinproduktehersteller herleiten. Kennzeichnend für die Drittschadensliquidation ist das Merkmal der zufälligen Schadensverlagerung. Danach muss der Schaden des Dritten aufgrund eines zwischen diesem und dem Gläubiger bestehenden Rechtsverhältnisses eingetreten und aus Sicht des Schuldners zufällig sein.[23] Der Schaden tritt allerdings *typischerweise* beim Patienten auf. Der Patient kommt nämlich mit den von dem Medizinprodukt ausgehenden Gefahren aufgrund der Eigenart einer Implantationsbehandlung *per definitionem* in Berührung. Es mangelt an der für die Drittschadensliquidation erforderlichen, zufälligen Schadensverlagerung aus Sicht des Schädigers.

Unabhängig von einer möglichen vertraglichen Einstandspflicht kann der Medizinproduktehersteller nach § 1 Abs. 1 S. 1 ProdHaftG wegen eines durch einen Produktfehler verursachten Schadens, gemäß § 823 Abs. 1 BGB wegen unerlaubter Handlung sowie aus § 823 Abs. 2 BGB i.V.m. den Bestimmungen des MPG sowie der MPBetreibV wegen Verlet-

---

21 BGH, Urt. v. 7.12.2017 – IX 25/17, DStRE 2018, 1334, 1338 (Rz. 27 ff.); BGH, Urt. v. 18.2.2014 – VI ZR 383/12, NJW 2014, 2577, 2578 f. (Rz. 11); BGH, Urt. v. 24.10.2013 – III ZR 82/11, BeckRS 2013, 20079; BGH, Urt. v. 2.7.1996 – X ZR 104/94, NJW 1996, 2927, 2929; BGH, Urt. v. 22.1.1968 – VIII ZR 195/65, NJW 1968, 885, 887; *Gottwald*, in: MüKo, BGB, § 328, Rn. 191; *Zenner*, NJW 2009, 1030, 1032; *Schwarze*, AcP 203 (2003), 348; *Neuner*, JZ 1999, 126, 129.

22 S.u. Zweiter Teil.

23 Vgl. *Grüneberg*, in: Palandt, Vorbemerkung vor § 249, Rn. 105; *Larenz*, Schuldrecht AT I, § 27 IV. b. 1. (S. 462 f.); *Gomille*, Jura 2017, 619; BGH, Urt. v. 10.7.1963 – VIII ZR 204/61, BGHZ 40, 91; s. auch schon RG, Urt. v. 29.1.1906 – I 363/05, RGZ 62, 331, 334. Zu der Frage, ob eine Schadensverlagerung auch dann stattfindet, wenn der Dritte auf den Schaden leistet, jüngst BGH, Urt. v. 14.1.2016 – VII ZR 271/14, NJW 2016, 1089, 1090.

zung eines Schutzgesetzes gegenüber dem Patienten haften.[24] Allerdings stellen sich auch in Bezug auf eine außervertragliche Haftung des Medizinproduktherstellers gewisse Probleme. Möchte der Patient eine Haftung des Herstellers auf einen Fehler des Medizinprodukts stützen, muss er zunächst das Vorliegen eines Produktfehlers, den Schaden sowie den ursächlichen Zusammenhang zwischen Fehler und Schaden darlegen und beweisen.[25] Das gilt sowohl für etwaige Ansprüche aus dem ProdHaftG sowie für die deliktsrechtliche Haftung i.S.d. § 823 BGB. Dem Patienten obliegt daher prinzipiell der Nachweis eines Konstruktions-, Fabrikations- oder Instruktionsfehlers.[26] Zudem muss er die Ursächlichkeit zwischen Produktfehler und Rechtsgutsverletzung und das Vorliegen eines kausalen Schadens beweisen.[27] Insbesondere der Nachweis der Kausalität zwischen dem fehlerhaften Medizinprodukt und dem Schaden dürfte in der Praxis kaum geführt werden können.[28] Zwar wird die Beweisführung für den Patienten über die Grundsätze des Anscheinsbeweises erleichtert.[29] Auch kommt es teilweise zu einer Beweislastumkehr im Verschuldensbereich. Danach trifft den Hersteller die Beweislast dafür, dass ihm der Produktfehler nicht zurechenbar ist, wenn der Geschädigte seinerseits dessen Ursprung aus dem Organisationsbereich des Herstellers beweisen kann.[30] Anders als es das Be-

---

24 Einführend zu einer möglichen außervertraglichen Haftung des Medizinproduktherstellers *Gassner*, in: Deutsch/Lippert/Ratzel/Tag/Gassner, MPG, Haftung für Medizinprodukte, Rn. 9.

25 *Heil/Mayer-Sandrock*, in: Anhalt/Dieners, Medizinprodukterecht, § 23, Rn. 155; *Wagner*, in: MüKo, BGB, § 1 ProdHaftG, Rn. 72; *Förster*, in: BeckOK, BGB, § 1 ProdHaftG, Rn. 70 f.; *Seibl*, in: BeckOGK, BGB, § 1 ProdHaftG, Rn. 141; *Koyuncu/Müller*, MPR 2012, 158, 159.

26 Nach Ansicht des LG Magdeburg (Urt. v. 22.9.2010 – 9 O 1822/09, BeckRS 2010, 26573) muss der Patient auch die Identität des Medizinprodukts beweisen, dergestalt, dass der Patient den Nachweis führen muss, dass tatsächlich das im Prozess vorhandene oder ein anderes Medizinprodukt implantiert worden war.

27 Vgl. OLG Düsseldorf, Urt. v. 14.3.2012 – I-15 U 122/10, MPR 2012, 50, 56; OLG Saarbrücken, Urt. v. 3.8.2011 – 1 U 316/10, BeckRS 2011, 22010.

28 *Heil/Mayer-Sandrock*, in: Anhalt/Dieners, Medizinprodukterecht, § 23, Rn. 158.

29 Der erste medizinprodukterechtliche Haftungsfall, bei dem eine Beweiserleichterung über den Anscheinsbeweis zugunsten des Geschädigten angenommen wurde, ist – soweit ersichtlich – der „Septummeißel“-Fall. S. hierzu OLG Düsseldorf, Urt. v. 24.1.1978 – 4 U 154/77, NJW 1978, 1693.

30 Erstmals BGH, Urt. v. 26.11. 1968 – VI ZR 212/66, NJW 1969, 269 (Hühnerpest); BGH, Urt. v. 24.11.1976 – VIII ZR 137/75, NJW 1977, 379, 380 (Schwimmschalter); BGH, Urt. v. 12.11.1991 – VI ZR 7/91, NJW 1992, 560, 562 (Kindertee); BGH, Beschl. v. 16.3.1993 – VI ZR 139/92, NJW-RR 1993, 988 (Limonadenflaschen).

handlungsvertragsrecht in § 630h Abs. 5 S. 1 BGB vorsieht, wird eine Beweislastumkehr in Bezug auf die haftungsbegründende Kausalität bei der Haftung des Herstellers für fehlerhafte Medizinprodukte jedoch nicht anerkannt. Die Beweisnot des Patienten besteht typischerweise fort. Ein weiterer, die Haftung des Medizinproduktherstellers beschränkender Umstand ergibt sich aus § 10 Abs. 1 ProdHaftG. Danach ist die Haftung des Herstellers bei Personenschäden des Patienten auf einen Höchstbetrag festgelegt. Zwar dürfte die Haftungshöchstgrenze i.S.d. § 10 ProdHaftG nur in seltenen Fällen erreicht werden.[31] Gleichwohl darf nicht verkannt werden, dass für die Haftung des Medizinproduktherstellers jedenfalls theoretisch eine Haftungsbegrenzung existiert, die dem auf Naturalrestitution und Totalreparation ausgerichteten Schadensrecht i.S.d. §§ 249 ff. BGB an sich fremd ist.[32]

Die Geltendmachung von vertraglichen sowie außervertraglichen Ansprüchen gegenüber dem Medizinproduktthersteller gestaltet sich – wie gesehen – sowohl aus praktischen als auch aus rechtlichen Gründen schwierig. Demgegenüber geht die Durchführung einer Implantationsbehandlung mit einer körperlichen und mentalen Belastung des Patienten einher. Insofern drängt sich die Frage auf, ob und, bejahendenfalls, in welchem Umfang der Patient seine Schäden bei der Behandlungsseite liquidieren kann.[33]

31 Vgl. Bericht der Kommission über die Anwendung der Richtlinie 85/374 über die Haftung für fehlerhafte Produkte (KOM/2000/0893, S. 21).

32 Weitere Ausnahmen sind etwa in §§ 431, 451e, 504 HGB kodifiziert.

33 Vgl. zu möglichen Ansprüchen des Patienten gegen die Behandlungsseite sowie zu typischen Konstellationen aus der neuen Rechtsprechung beispielhaft BGH, Urt. v. 29.1.2019 – VI ZR 117/18, NJW 2019, 1283 (Kniegelenkprothese); OLG Karlsruhe, Urt. v. 31.7.2019 – 7 U 118/18, MedR 2019, 1002 (Zahnprothese); OLG Naumburg, Urt. v. 5.12.2019 – 1 U 31/17, RDG 2020, 146 (Hüftgelenksendoprothese); OLG Brandenburg, Hinweisbeschluss v. 8.1.2019 – 12 U 116/17, BeckRS 2019, 4119 (Hüftprothese); KG, Urt. v. 12.3.2018 – 20 U 127/16, MedR 2018, 813 („Watchman-Implantat"); OLG Koblenz, Beschl. v. 4.8.2016 – 5 U 544/16, NJOZ 2016, 1695 (Kniegelenk); OLG Bamberg, Hinweisbeschl. v. 27.11.2015 – 4 U 82/15, BeckRS 2016, 05263 (Stent); OLG Saarbrücken, Urt. v. 12.11.2014 – 1 U 90/13, BeckRS 2014, 22384 (Hüftprothese); KG Berlin, Urt. v. 3.4.2014 – 20 U 253/12, MedR 2014, 825 (Hüftprothese); OLG Koblenz, Beschl. v. 26.2.2013 – 5 U 1474/12, NJOZ 2015, 845 (Hüftprothese).

§ 3 Ziel und Gang der Darstellung

Die vorliegende Arbeit untersucht die *zivilrechtliche* Haftung des behandelnden Arztes sowie des Krankenhausträgers bei der Implantation von Medizinprodukten. Eine ebenfalls in Betracht zu ziehende, strafrechtliche Verantwortlichkeit ist ausdrücklich nicht Gegenstand der vorliegenden Arbeit.[34] Verfassungsrechtliche, europarechtliche sowie krankenversicherungsrechtliche Fragen stehen ebenso nicht im Mittelpunkt der Untersuchungen. Soweit sie für die vorliegende Arbeit von Bedeutung sind, werden sie berücksichtigt.

Einführend wird zunächst der Implantationsvertrag untersucht, insbesondere sein Zustandekommen, sein Inhalt sowie seine rechtliche Qualifikation (Erster Teil). Hieran anknüpfend werden mögliche Haftungsgründe analysiert (Zweiter Teil). Im Fokus der Untersuchungen steht insbesondere die Frage, inwieweit der Krankenhausträger haftungsrechtlich für die Mangelhaftigkeit des Medizinprodukts verantwortlich ist. Beleuchtet wird außerdem die Einstandspflicht des implantierenden Arztes wegen eines Behandlungs- oder Aufklärungsfehlers. Daran anknüpfend soll der Haftungsumfang betrachtet werden (Dritter Teil). Im letzten Abschnitt der Arbeit werden spezifische Besonderheiten des Arzthaftungsprozesses untersucht, insbesondere Fragen des Verjährungs- sowie des Beweisrechts (Vierter Teil).

---

34 Für einen ersten Überblick zur strafrechtlichen Arzthaftung *Weimer*, MPR 2008, 6 ff.; *Sommer/Tsambikakis*, in: MAH MedR, § 3; ausführlich zu den medizinproduktrechtlichen Straf- und Bußgeldvorschriften *Tag*, in: Deutsch/Lippert/Ratzel/Tag/Gassner, MPG, §§ 41-43; vgl. aus der Rechtsprechung z.B. BGH, Urt. v. 20.1.2004 – 1 StR 319/03, NStZ 2004, 442; LG Mainz, Beschl. v. 13.11.2000 – 1 Qs 257/00, NJW 2001, 906.

Erster Teil: Der Implantationsvertrag als besonderer Behandlungsvertrag

Implantationsbehandlungen sind keine klassischen Heilbehandlungen. Denn anders als bei typischen Heileingriffen beschränkt sich das Pflichtenprogramm bei Implantationsbehandlungen nicht nur auf die Erbringung herkömmlicher Behandlungsleistungen. Gegenstand einer Implantationsbehandlung ist vielmehr *auch* die Verpflanzung eines medizinischen Produkts in den Körper des Patienten. Nach dem Inhalt eines auf die Implantation eines Medizinprodukts gerichteten Vertrags (*Implantationsvertrag*) schuldet der Behandelnde also ein „Mehr" an Leistungen gegenüber normalen Krankheitsbehandlungen. Ob und, wenn ja, inwieweit sich dieser Umstand auf die Rechtsnatur des Implantationsvertrags auswirkt, ist Gegenstand der folgenden Ausführungen.

Das Vorliegen eines wirksamen Implantationsvertrags ist Voraussetzung für die vertragliche Haftung des Behandelnden. In diesem Zusammenhang stellen sich jedoch einige Probleme. Zunächst ist fraglich, wie der Implantationsvertrag überhaupt zustande kommt (§ 1). Zudem bedarf der Erörterung, wer die Parteien des Implantationsvertrags sind (§ 2). Problematisch ist weiterhin, welche Pflichten die Parteien nach dem Inhalt des Implantationsvertrags typischerweise zu erfüllen haben (§ 3). Im Hinblick auf mögliche Haftungsansprüche des Patienten gegenüber dem behandelnden Arzt bzw. dem Krankenhausträger spielt außerdem die rechtliche Qualifizierung des Implantationsvertrags eine zentrale Rolle (§ 4).

§ 1 Vertragsschluss

Wie alle gegenseitigen Verträge kommt auch der Implantationsvertrag durch zwei übereinstimmende Willenserklärungen (§§ 145 ff. BGB) zustande. Im Hinblick auf Behandlungsverhältnisse wird im allgemein angenommen, der Vertrag werde konkludent dadurch geschlossen, dass sich der Patient zum Arzt begibt und der Arzt die Behandlung beginnt.[35] Diese Über-

35 Vgl. *Katzenmeier*, in: BeckOK, § 630a, Rn. 37; *Lipp*, in: Laufs/Katzenmeier/Lipp, Arztrecht, Kap. III., Rn. 20; *Kern/Rehborn*, in: Laufs/Kern/Rehborn, Handbuch des Arztrechts, § 44, Rn. 1; *Lafontaine*, in: jurisPK, BGB, § 630a, Rn. 28; *Greiner*,

legung bedarf bei Implantationsverträgen der kritischen Betrachtung. Die Implantation eines Medizinprodukts stellt sich als komplexes und viele einzelne Behandlungsschritte voraussetzendes Unterfangen dar.[36] Insofern ist nicht klar, wann der Arzt die Implantationsbehandlung aufnimmt. Es kommen verschiedene Zeitpunkte in Betracht.[37]

Denkbar wäre zunächst, dass der Implantationsvertrag bereits zustande kommt, wenn sich der Patient erstmalig in ärztliche Behandlung begibt und seine körperlichen Beschwerden schildert.[38] Für eine solche Auffassung ließe sich anführen, dass sämtliche, vom Arzt zu erbringenden medizinischen Maßnahmen in den Bereich des vertraglich geschuldeten Pflichtenprogramms fielen. Allerdings steht zu diesem frühen Zeitpunkt noch nicht fest, ob überhaupt ein Medizinprodukt implantiert werden soll oder ob konservative Behandlungsmethoden ausreichend sind. Insofern fehlt den Parteien nicht nur die Vorstellung hinsichtlich der im Einzelnen möglicherweise zu erbringenden (Behandlungs-)Leistungen. Ihnen fehlt vielmehr auch, mangels hinreichend konkretisiertem Vertragsgegenstand, der auf den Abschluss eines *Implantationsvertrags* gerichtete Rechtsbindungswille.

Vertretbar wäre die Überlegung, hinsichtlich des Zustandekommens des Vertrags erst auf den Zeitpunkt abzustellen, in dem sich implantierender

---

in: Geiß/Greiner, Arzthaftpflichtrecht, Kap. A, Rn. 2; *Luig*, in: Gitter, Vertragsschuldverhältnisse, S. 227: „Wer sich in die Behandlung eines Arztes begibt, unterwirft sich gleichsam der üblichen Regelung dieses Vertragsverhältnisses."; vgl. BGH, Urt. v. 14.1.2016 – III ZR 107/15, NJW 2016, 3027, 3030; BGH, Urt. v. 3.11.2016 – III ZR 286/15, NJW-RR 2017, 596 (Rz. 8); BGH, Urt. v. 9.5.2000 – VI ZR 173/99, NJW 2000, 3429, 3431; BGH, Urt. v. 27.10.1987 – VI ZR 288/86, NJW 1988, 759, 760.

36 *Brüggemeier*, MedR 2014, 537, 539.

37 Zu den folgenden Überlegungen – soweit ersichtlich – bisher nur *Lorz*, Arzthaftung bei Schönheitsoperationen, S. 59 ff.

38 Teilweise wird erwogen, bereits in der telefonischen Vereinbarung eines Termins das Angebot zum Abschluss des (Implantations-)Vertrags zu erblicken, vgl. dazu *Lafontaine*, in: jurisPK, BGB, § 630a, Rn. 29 m.w.N. Zu berücksichtigen ist allerdings, dass dem Patienten zu diesem frühen Zeitpunkt typischerweise der Wille fehlen dürfte, sich rechtlich binden zu wollen. Bei lebensnaher Auslegung dürften Terminabsprachen regelmäßig nur getroffen werden, um einen zeit- und ordnungsgemäßen, organisatorischen Behandlungsablauf sicherzustellen, s. dazu LG Osnabrück, Urt. v. 2.4.2008 – 2 S 446/07, BeckRS 2009, 7085; AG Kenzingen, Urt. v. 22.3.1994 – C 533/93, MDR 1994, 553; AG Bremen, Urt. v. 9.2.2012 – 9 C 0566/11, BeckRS 2012, 3996; AG Nettetal, Urt. v. 12.9.2006, 17 C 71/03, NJW-RR 2007, 1216; vgl. im Übrigen AG Ludwigsburg, Urt. v. 23.9.2003 – 8 C 2330/03, NJW-RR 2003, 1695.

Arzt und Patient auf die Verpflanzung des Medizinprodukts verständigt haben. Eine solche Annahme hätte den Vorteil, dass die vertraglichen Pflichten hinreichend bestimmt wären. Allerdings würden so viele von der Behandlungsseite für den erfolgreichen Abschluss der Implantationsbehandlung notwendigerweise zu erbringenden Maßnahmen – zum Beispiel die Untersuchung oder Erstellung einer Diagnose – in den vorvertraglichen Bereich fallen. Dass diese Maßnahmen ebenfalls unverzichtbare Grundvoraussetzungen einer jeden Versorgung mit einem implantierbaren Medizinprodukt sind, bringt jene Überlegung nur unzureichend zum Ausdruck. Zu berücksichtigen ist außerdem, dass die Parteien regelmäßig ein Interesse an einer (frühzeitigeren) vertraglichen Bindung des jeweils anderen haben und in Ansehung dessen Dispositionen treffen.[39] So wird die Behandlungsseite typischerweise die zur Durchführung der Implantationsbehandlung notwendigen personellen, räumlichen und technischen Ressourcen – wie beispielsweise den implantierenden Arzt, OP-Schwestern, Pflegepersonal, aber auch OP-Räume sowie das zu verwendende Medizinprodukt – bereithalten.[40] Bei verständiger Würdigung kann indes nicht davon ausgegangen werden, dass sie auf eigene Kosten und eigenes Risiko zur Vorhaltung derartiger Dispositionen bereit wäre.[41] Ähnliches dürfte für den Patienten gelten, der berufliche und private Verpflichtungen so organisiert, dass er den Operationstermin wahrnehmen kann.[42] Dessen ungeachtet würde die Annahme, der Vertrag komme erst mit der tatsächlichen Einigung über die Implantation eines Medizinprodukts zustande, auch zu einer Aufspaltung der Implantationsbehandlung in zwei Teile führen. Dies stünde jedoch in Widerspruch zum tatsächlichen Behandlungsablauf.

Ferner könnte man für das Zustandekommen des Implantationsvertrags auf den Zeitpunkt der Einwilligung abstellen. Rekurrierte man für das Zustandekommen des Vertrags auf den Zeitpunkt der Einwilligung, würde sich der Rechtsbindungswille der Parteien mit dem Willen des Patienten decken, einen Eingriff in die körperliche Integrität vornehmen zu lassen.[43]

---

39 *Lafontaine*, in: jurisPK, BGB, § 630a, Rn. 29 f.

40 Vgl. etwa LG Berlin, Urt. v. 15.4.2005 – 55 S 310/04, BeckRS 2011, 8852; LG Itzehoe, Urt. v. 6.5.2003 – 1 S 264/02, BeckRS 2003, 17338; vorgehend AG Meldorf, Urt. v. 18.11.2002 – 83 C 1404/02, NJW-RR 2003, 1029; LG Konstanz, Urt. v. 27.5.1994 – 1 S 237/93, NJW 1994, 3015; AG Tettnang, Urt. v. 22.5.1999 – 7 C 719/98, NJW 2000, 1800.

41 *Lafontaine*, in: jurisPK, BGB, § 630a, Rn. 29 f.

42 *Lafontaine*, in: jurisPK, BGB, § 630a, Rn. 30.

43 Vgl. *Lorz*, Arzthaftung bei Schönheitsoperationen, S. 59.

Voraussetzung einer wirksamen Einwilligung des Patienten in die Implantationsbehandlung ist die Selbstbestimmungsaufklärung durch den Arzt.[44] Würde man für das Zustandekommen des Implantationsvertrags auf den Zeitpunkt der Einwilligung des Patienten abstellen, unterfiele die ärztliche Aufklärungspflicht dem vorvertraglichen Bereich. Dass die Pflicht zur Aufklärung eine vorvertragliche ist, lässt sich indes mit der elementaren Bedeutung des in der Einwilligung zum Ausdruck kommenden Selbstbestimmungsrechts des Patienten nicht vereinbaren.

Zur Lösung der vorgezeichneten Probleme bietet sich folgende Überlegung an: Zwischen der Behandlungsseite und dem Patienten kommt ein prinzipiell auf die Verpflanzung eines Medizinprodukts gerichteter, im Einzelnen aber *noch zu spezifizierender Implantationsvertrag* zustande. Der Inhalt des endgültigen Vertrags und das damit vom Behandelnden zu erbringende Leistungsspektrum steht bei Abschluss des Implantationsverhältnisses noch nicht in allen Einzelheiten fest. Allerdings herrscht zwischen den Parteien Einvernehmen darüber, unter welchen Voraussetzungen und mit welchem Inhalt der Implantationsvertrag *insgesamt* abgeschlossen werden soll.[45] Mit jedem weiteren Behandlungsschritt wird der Pflichtenkreis näher konkretisiert und der Vertrag um dieses Element in der Art eines Rahmenvertrags ergänzt. Stellt sich während der Behandlung heraus, dass die Implantation eines künstlichen Produkts medizinisch nicht indiziert ist, endet der Vertrag durch Erfüllung der bis dahin vereinbarten Pflichten.[46] Das Gleiche gilt, wenn der Patient wegen des erheblichen Eingriffs in seine körperliche Integrität von der Behandlung mit einem Implantat absieht.

Zwar stellt die stufen- oder abschnittsweise Konkretisierung des vertraglichen Pflichtenprogramms eine seltene, hauptsächlich bei der Beauftragung eines Architekten vorkommende Erscheinung dar.[47] Sie entspricht jedoch der Interessenlage der Parteien. Aus Sicht des Behandelnden wahrt

---

44 S.u. Zweiter Teil § 3 A.

45 Vgl. BGH, Urt. v. 20.9.1989 – VIII ZR 143/88, NJW 1990, 1235; BGH, Urt. v. 21.10.1992 – XII ZR 173/90, NJW-RR 1993, 140; ähnlich *Kern/Rehborn*, in: Laufs/Kern/Rehborn, Handbuch des Arztrechts, § 46, Rn. 2.

46 Für kosmetische Operationen *Lorz*, Arzthaftung bei Schönheitsoperationen, S. 60.

47 Weiterführend *Merkle*, in: BeckOGK, BGB, § 631, Rn. 430 ff. Bei Architektenverträgen wird der Architekt nicht von Anfang an mit der Vollarchitektur beauftragt. Vielmehr unterbreitet der Architekt ein verbindliches Angebot, welches sich auf alle weiteren Abschnitte (Leistungsphasen) bezieht. Danach verpflichtet sich der Architekt, die weiteren Leistungsphasen zu erbringen. Der Auftraggeber

die schrittweise Konkretisierung des Pflichtenprogramms dessen Berufsfreiheit. Er unterliegt keinem berufsrechtlichen Kontrahierungszwang und kann die weitere Durchführung der Implantationsbehandlung bei Vorliegen sachlicher Gründe ablehnen.[48] Als sachliche Gründe kommen beispielsweise fehlende fachliche Qualifikation oder ein zu hohes Behandlungsrisiko in Betracht. Auch der Umstand, dass der implantierende Arzt für die von ihm bereits geleisteten Dienste eine Vergütung verlangen kann, entspricht seinem Interesse. Aus der Perspektive des Patienten trägt die Lösung dem Selbstbestimmungsrecht sowie dem Recht auf körperliche Unversehrtheit Rechnung. Der Patient kann sich gegen die Implantationsoperation und den mit der Verpflanzung eines Medizinprodukts verbundenen massiven Eingriff in seine körperliche Integrität entscheiden. Umgekehrt ist er nur zur Vergütung der bis dahin erbrachten Leistungen verpflichtet.

Legt man die angestellten Überlegungen zugrunde, ist auch die vielfach geäußerte Auffassung, der Behandlungsvertrag komme dadurch zustande, dass sich der Patient zum Arzt begebe und letzterer die Behandlung aufnehme, zutreffend.[49] Denn Behandlung in diesem Sinne meint nicht einen einzelnen Abschnitt oder Zeitpunkt. Behandlung ist vielmehr als das gesamte, auf die Implantation eines Medizinprodukts gerichtete Behandlungsverhältnis zu verstehen.[50]

---

nimmt das Angebot des Architekten regelmäßig nur hinsichtlich des ersten Abschnitts an. Die Vereinbarung der weiteren Leistungsphasen steht unter der aufschiebenden Bedingung (§ 158 Abs. 1 BGB) eines weiteren Abrufs durch den Auftraggeber (BGH, Urt. v. 18.12.2008 – VII ZR 189/06, NJW-RR 2009, 598, 599). Dabei hat der Architekt keinen durchsetzbaren Anspruch darauf, vom Auftraggeber mit der Durchführung der ausstehenden Leistungsphasen beauftragt zu werden (OLG Dresden, Urt. v. 15.4.1999 – 9 U 3211/98, IBR 2001, 26). Es handelt sich vielmehr um eine Absichtserklärung ohne Rechtsbindungswillen.

48 Vgl. *Weidenkaff*, in: Palandt, BGB, § 630a, Rn. 6; *Lipp*, in: Laufs/Katzenmeier/Lipp, Arztrecht, Kap. III. Rn. 22.

49 Vgl. *Lorz*, Arzthaftung bei Schönheitsoperationen, S. 60 f.

50 Vgl. *Lorz*, Arzthaftung bei Schönheitsoperationen, S. 60 f.; s. im Übrigen zu diesem Ergebnis *Katzenmeier*, in: BeckOK, § 630a, Rn. 37; *Lipp*, in: Laufs/Katzenmeier/Lipp, Arztrecht, Kap. III., Rn. 20; *Kern/Rehborn*, in: Laufs/Kern/Rehborn, Handbuch des Arztrechts, § 44, Rn. 1; *Lafontaine*, in: jurisPK, BGB, § 630a, Rn. 28; *Greiner*, in: Geiß/Greiner, Arzthaftpflichtrecht, Kap. A, Rn. 2; vgl. BGH, Urt. v. 14.1.2016 – III ZR 107/15, NJW 2016, 3027, 3030; BGH, Urt. v. 3.11.2016 – III ZR 286/15, NJW-RR 2017, 596 (Rz. 8); BGH, Urt. v. 9.5.2000 – VI ZR 173/99, NJW 2000, 3429, 3431; BGH, Urt. v. 27.10.1987 – VI ZR 288/86, NJW 1988, 759, 760.

§ 2 Vertragsparteien

Nach § 630a Abs. 1 BGB sind die Parteien des Behandlungsvertrags der Behandelnde und der Patient. *Auf den ersten Blick* entfaltet der Implantationsvertrag damit Rechte und Pflichten für den Patienten einerseits sowie den implantierenden Arzt andererseits. Bei genauerer Betrachtung gestaltet sich die Bestimmung der Vertragsparteien allerdings schwieriger. Das folgt auf der Patientenseite aus der Tatsache, dass zwischen privat und gesetzlich versicherten Patienten zu differenzieren ist. Auf der Behandlungsseite ist zu berücksichtigen, dass die Implantation eines Medizinprodukts sowohl durch einen niedergelassenen Arzt als auch im Krankenhaus erfolgen kann und insofern mehrere „Behandelnde" in Betracht kommen.

A. Der Patient

Gemäß § 630a Abs. 1 BGB wird der Patient Vertragspartner des Behandelnden. Das gilt jedenfalls insoweit, als der Patient unbeschränkt geschäftsfähig ist, §§ 104, 2 BGB.[51] Unerheblich ist in diesem Zusammenhang auch, ob der Patient privat oder gesetzlich krankenversichert ist. Denn § 630a Abs. 1 BGB differenziert hinsichtlich des Zustandekommens des Behandlungsverhältnisses nicht zwischen Privat- und Kassenpatienten. Nach dem eindeutigen Wortlaut der Vorschrift soll der Behandlungsvertrag auch dann mit dem Patienten zustande kommen, wenn ein Dritter zur Zahlung der Vergütung verpflichtet ist. Wie aus der Gesetzesbegründung hervorgeht, meinte der Gesetzgeber damit dezidiert gesetzlich krankenversicherte

51 Fehlt dem Patienten die Geschäftsfähigkeit (§ 104 BGB), ist seine Willenserklärung nach § 105 Abs. 1 BGB nichtig. Der geschäftsunfähige Patient wird mithin nicht Vertragspartei des behandelnden Arztes. Allerdings schließen in solchen Konstellationen regelmäßig die Eltern bzw. der Betreuer mit der Behandlungsseite einen echten Vertrag zugunsten des Geschäftsunfähigen als berechtigter Dritter, § 328 Abs. 1 BGB. Der minderjährige, aber beschränkt geschäftsfähige Patient (§§ 106, 2 BGB) könnte den Implantationsvertrag hingegen selbst abschließen. Weil die Verpflichtung zur Zahlung der vereinbarten Vergütung ein rechtlicher Nachteil i.S. von § 107 BGB ist, bedürfte er für die Wirksamkeit des Vertragsschlusses gemäß §§ 107, 108 Abs. 1 BGB der Zustimmung seines gesetzlichen Vertreters. Allgemein hierzu *Kern/Rehborn*, in: Laufs/Kern/Rehborn, Handbuch des Arztrechts, § 43, Rn. 10 ff.; *Gleixner-Eberle*, Die Einwilligung in die medizinische Behandlung Minderjähriger, 2014 sowie *Quaas*, in: Quaas/Zuck/Clemens, Medizinrecht, § 14, Rn. 20 f.

Patienten.[52] Die zur alten Rechtslage teilweise vertretene Ansicht, ein Behandlungsvertrag komme zwischen gesetzlich krankenversicherten Patienten und den behandelnden Ärzten nicht zustande, der niedergelassene Kassenarzt sei vielmehr kraft öffentlich-rechtlicher Verpflichtung gegenüber der Krankenkasse zur Behandlung des Patienten verpflichtet,[53] lässt sich vor diesem Hintergrund heute nicht mehr vertreten. Im Ergebnis wird der Patient also stets Partei des auf die Implantation eines Medizinprodukts gerichteten Vertrags.

B. Die Behandlungsseite

Zwar wird ausgehend vom Wortlaut des § 630a Abs. 1 BGB der „Behandelnde" Vertragspartei, wobei Behandelnder i.S.d. Norm ist, wer die medizinische Behandlung des Patienten zusagt. Allerdings stellt diese Legaldefinition mehr Umschreibung denn zielführende Bestimmung dar. Sie vermag gerade nicht zu klären, wer im Einzelfall Vertragspartner des Patienten wird. Wegen der stetig zunehmenden Arbeitsteilung im Medizinbetrieb in allen Fachgebieten werden nämlich vielfach mehrere „Behandelnde" bei der Implantation eines Medizinprodukts tätig.[54] Außerdem ging der Gesetzgeber selbst davon aus, dass der die Behandlung Zusagende und diese tatsächlich Durchführende identisch sein können, es aber nicht sein müssen.[55]

---

52 DT-Drucks. 17/10488, S. 18 f.; *Spickhoff*, in: Spickhoff, Medizinrecht, BGB, § 630a, Rn. 20; *Wagner*, VersR 2012, 789, 797; *Walter*, Patientenrechtegesetz, Rn. 35.

53 Allgemein *Natter*, Der Arztvertrag mit dem sozialversicherten Patienten, S. 22 ff., S. 39 ff.; *Eberhardt*, AcP 171 (1971), 289, 298, 300; *Pflüger*, Krankenhaushaftung und Organisationsverschulden, S. 24 ff.; s. auch BSG, Urt. v. 21.8.1996 – 3 RK 2-96, NJW-RR 1998, 273 m.w.N.: ‚Dreiecksverhältnis' zwischen Versichertem, Krankenkasse und Krankenhaus.

54 Zur zunehmenden Arbeitsteilung und Spezialisierung im Medizinbetrieb s. *Katzenmeier*, in: Laufs/Katzenmeier/Lipp, Arztrecht, Kap. X., Rn. 46 ff.; *Spickhoff*, in: Spickhoff, Medizinrecht, BGB, § 630a, Rn. 23; instruktiv zur Aufgabenteilung und Haftung für Hilfspersonen auch *Terbille/Feifel*, in: MAH MedR, § 1, Rn. 111 ff.

55 Vgl. BT-Drucks. 17/10488, S. 18; *Spickhoff*, in: Spickhoff, Medizinrecht, BGB, § 630a, Rn. 23; *Lafontaine*, in: jurisPK, BGB, § 630a, Rn. 72; *Bender*, VersR 2013, 962, 963; s. zu der Frage, ob der eine Behandlung durchführende Erfüllungsgehilfe eines Arztes „Behandelnder" i.S.d. § 630a Abs. 1 BGB und damit – wie nicht – Schuldner des Einsichtsrechts des Patienten in die Patientenakte ist, LG Göttingen, Beschl. v. 18.10.2016 – 12 T 4/16, BeckRS 2016, 128486.

Für die Frage, wer Vertragspartei auf Behandlungsseite wird, kommt es deshalb darauf an, *wo* die Implantationsbehandlung durchgeführt wird. Es ist zwischen der Implantationsbehandlung im Krankenhaus (dazu I.) und der durch einen niedergelassenen Arzt (dazu II.) zu unterscheiden.

I. Die Durchführung der Implantationsbehandlung im Krankenhaus

Die Implantation von Medizinprodukten, wie beispielsweise die von Kniegelenken, Hüftprothesen oder Brustimplantaten, ist mit einem erheblichen Eingriff in die körperliche Integrität des Patienten verbunden. Sie erfordert daher in aller Regel klinische Rehabilitations- und Heilungsmaßnahmen und einen stationären Krankenhausaufenthalt des Patienten.

Bei der stationären Krankenhausbehandlung mit einem Medizinprodukt kommen drei typische Vertragsformen in Betracht: der totale Krankenhausaufnahmevertrag, der gespaltene Krankenhausaufnahmevertrag und der totale Krankenhausaufnahmevertrag mit Arztzusatzvertrag.[56]

Beim *totalen Krankenhausaufnahmevertrag* verspricht allein der Krankenhausträger die Implantationsbehandlung.[57] Der Krankenhausträger schuldet neben der medizinischen Versorgung also auch die Verpflanzung des Medizinprodukts in den Körper des Patienten sowie alle nichtärztlichen Leistungen.[58] Erleidet der Patient wegen fehlerhafter Durchführung der Implantationsbehandlung einen Nachteil, haftet der Krankenhausträger

---

56 Allgemein zu den Typen möglicher Krankenhausverträge *Rehborn*, in: Huster/Kaltenborn, Krankenhausrecht, § 14, Rn. 14 ff.; *Quaas*, in: Quaas/Zuck/Clemens, Medizinrecht, § 14, Rn. 10 ff.; *Wagner*, in: MüKo, BGB, § 630a, Rn. 27 ff.; *Spickhoff*, in: Spickhoff, Medizinrecht, BGB, § 630a, Rn. 25 ff.; vgl. auch BGH, Urt. v. 14.1.2016 – III ZR 107/15, NJW 2016, 3027, 3028 (Rz. 21 ff.), der übersichtlich die verschiedenen Vertragsformen einschließlich deren Konsequenzen beleuchtet; OLG Brandenburg, Urt. v. 8.4.2003 – 1 U 26/00, NJW-RR 2003, 1383, 1384.

57 Allgemein *Walter*, in: BeckOGK, BGB, § 630a, Rn. 48; *Wagner*, in: MüKo, BGB, § 630a, Rn. 28; *Lipp*, in: Laufs/Katzenmeier/Lipp, Arztrecht, Kap. III. Rn. 8; *Terbille/Feifel*, in: MAH MedR, § 1, Rn. 65; *Müller*, DRiZ 2000, 259, 261; *Pflüger*, Krankenhaushaftung und Organisationsverschulden, S. 28 ff.; BGH, Urt. v. 14.1.2016 – III ZR 107/15, NJW 2016, 3027, 3028 (Rz. 22); BGH, Urt. v. 11.5.2010 – VI ZR 252/08, NJW 2010, 2580; BGH, Urt. v. 27.10.1987 – VI ZR 288/86, BGHZ 102, 106.

58 Allgemein zum Umfang des geschuldeten Pflichtenprogramms i.R. eines totalen Krankenhausaufnahmevertrags BGH, Urt. v. 27.2.1952 – II ZR 78/51, BGHZ 5, 321, 323 f.; aus der jüngeren Judikatur BGH, Urt. v. 14.1.2016 – III ZR 107/15, NJW 2016, 3027, 3028 (Rz. 22); *Spickhoff*, in: Spickhoff, Medizinrecht, BGB, § 630a, Rn. 26 ff..; *Wagner*, in: MüKo, BGB, § 630a, Rn. 28.

nach §§ 280, 278 BGB für vertragliche Pflichtverletzungen sowie gemäß §§ 823, 31, 89 BGB bzw. § 831 Abs. 1 BGB deliktsrechtlich für Sorgfaltspflichtverstöße der im Krankenhaus tätigen Ärzte.[59] Das Gleiche gilt für nicht-ärztliches Pflegepersonal.[60]

Durch den Abschluss eines *gespaltenen Krankenhausaufnahme- oder Klinikvertrags* tritt der Patient in zwei vertragliche Beziehungen. Vertragspartner des Patienten werden sowohl der Krankenhausträger als auch der implantierende Arzt, insbesondere als sog. Belegarzt.[61] Der Träger des Krankenhauses schuldet dem Patienten aus der vertraglichen Abrede die Erbringung der Pflege- und Versorgungsleistungen, jedoch nicht die Durchführung der Implantationsbehandlung. Folglich haftet der Krankenhausträger nur für Schäden des Patienten, die sich aus der fehlerhaften Pflege oder Versorgung ergeben. Eine Einstandspflicht wegen sorgfaltswidriger Verpflanzung des Medizinprodukts besteht weder aus Vertrag (§ 278 BGB) noch aus Delikt (§ 831 Abs. 1 BGB).[62] Vertragspartner des Patienten in Bezug auf die Implantation eines künstlichen Produkts wird allein der Arzt. Dementsprechend haftet der Arzt nur für Schäden des Patienten, die sich aus der fehlerhaften Erbringung der medizinischen Maßnahmen ergeben.[63] Eine haftungsrechtliche Verantwortlichkeit des Arztes kann dabei auf eigenem Fehlverhalten (§§ 280, 823 BGB) oder einer Sorgfaltswidrigkeit seiner Mitarbeiter beruhen (§ 278 BGB). Nicht ersatzpflichtig ist der Arzt hingegen für Schäden des Patienten, die letzterer im Zusammenhang mit seiner Unterbringung, Versorgung oder Pflege erlitten hat. Zusam-

---

59 S. aus der umfassenden Rechtsprechung z.B. BGH, Urt. v. 30.6.1987 – VI ZR 257/86, NJW 1987, 2925, 2925 f.; BGH, Urt. v. 29.9.1980 – VI ZR 189/79, NJW 1981, 633, 634; BGH, Urt. v. 21.9.1971 - VI ZR 122/70, NJW 1972, 334; *Wagner*, in: MüKo, BGB, § 630a, Rn. 29; *Förster*, in: BeckOK, BGB, § 823, Rn. 895; *Terbille/Feifel*, in: MAH MedR, § 1, Rn. 66.

60 BGH, Urt. v. 26.3.1953 – III ZR 220/52, NJW 1953, 778, 779; BGH, Urt. v. 5.10.1972 – III ZR 168/70, NJW 1973, 554, 555; BGH, Urt. v. 22.1.2.1992 – VI ZR 341/91, NJW 1993, 779; s. auch OLG Köln, Urt. v. 23.3.2016 – 5 U 8/14, BeckRS 2016, 6094; *Wagner*, in: MüKo, BGB, § 630a, Rn. 29.

61 Allgemein BGH, Urt. v. 14.1.2016 – III ZR 107/15, NJW 2016, 3027, 3028 (Rz. 23); BGH, Urt. v. 19.2.1998 – III ZR 169/97, NJW 1998, 1778 f.; BGH, Urt. v. 14.7.1992 – VI ZR 214/91, NJW 1992, 2962; BGH, Urt. v. 16.4.1996 – VI ZR 190/95, NJW 1996, 2429, 2430; *Greiner*, in: Geiß/Greiner, Arzthaftpflichtrecht, Kap. A, Rn. 31; *Wagner*, in: MüKo, BGB, § 630a, Rn. 33.

62 Allgemein *Wagner*, in: MüKo, BGB, § 630a, Rn. 34; *Greiner*, in: Geiß/Greiner, Arzthaftpflichtrecht, Kap. A, Rn. 35 m.w.N.

63 Vgl. Allgemein BGH, Urt. v. 14.1.2016 – III ZR 107/15, NJW 2016, 3027, 3028 (Rz. 23); BGH, Urt. v. 14.2.1995 – VI ZR 272/93= NJW 1995, 1611, 1612.

menfassend haftet also jeder Vertragspartner des Patienten nur für seinen Pflichtenkreis.[64]

Praktischer Regelfall ist der *totale Krankenhausaufnahmevertrag mit Arztzusatzvertrag*.[65] Dabei wird auf der einen Seite der Krankenhausträger Vertragspartner des Patienten. Der Krankenhausträger verpflichtet sich aber anders als beim gespaltenen Klinikvertrag nicht nur zur Erbringung der Versorgungs- und sonstigen Nebenleistungen, sondern auch zur Durchführung der Implantationsoperation. Der Krankenhausträger haftet für Pflichtverletzungen des behandelnden Arztes gemäß §§ 280, 278 BGB, §§ 823, 31, 89 BGB oder § 831 Abs. 1 BGB.[66] Auf der anderen Seite wird der die medizinische Implantation übernehmende Arzt Vertragspartner des Patienten. Arzt und Krankenhausträger haften als Gesamtschuldner.[67]

II. Die Durchführung der Implantationsbehandlung in der Ambulanz

Die ambulante Implantation von Medizinprodukten ist in der Praxis die Ausnahme. Sofern die Behandlung dennoch ambulant durch einen niedergelassenen Arzt durchgeführt wird, so bei Herzschrittmachern[68] oder Zahnimplantaten[69] denkbar, kommt der Implantationsvertrag direkt zwi-

---

64 Mit weiteren Erläuterungen *Quaas*, in: Quaas/Zuck/Clemens, Medizinrecht, § 14, Rn. 13; zur mitunter schwierigen Abgrenzung der jeweiligen Verantwortungsbereiche BGH, Urt. v. 10.1.1984 – VI ZR 158/82, NJW 1984, 1400; BGH, Urt. v. 18.3.1986 – VI ZR 215/84, NJW 1986, 2365; BGH, Urt. v. 16.5.2000 – VI ZR 321/98, NJW 2000, 2737.

65 Vgl. BGH, Urt. v. 14.1.2016 – III ZR 107/15, NJW 2016, 3027, 3028; BGH, Urt. v. 31.1.2006 – VI ZR 66/05, NJW-RR 2006, 811, 812; BGH, Urt. v. 23.4.1985 – VI ZR 207/83, VersR 1985, 740; *Greiner*, in: Geiß/Greiner, Arzthaftpflichtrecht, Kap. A, Rn. 49; *Lipp*, in: Laufs/Katzenmeier/Lipp, Arztrecht, Kap. III Rn. 10; *Katzenmeier*, in: BeckOK, BGB, § 630a, Rn. 80 f.

66 Vgl. BGH, Urt. v. 18.6.1985 – VI ZR 234/83, NJW 1985, 2189, 2190.

67 Ausführlich *Rehborn*, in: Huster/Kaltenborn, Krankenhausrecht, § 12, Rn. 97 ff. Es liegt auf der Hand, dass die Krankenhausträger bemüht sein werden, Haftungsausschlüsse in ihre Krankenhausaufnahmebedingungen einzufügen, um eine gesamtschuldnerische Haftung auszuschließen. Zu Haftungsfreistellungsklauseln *Spickhoff*, NZS 2004, 57, 60 f.

68 Ohne genaue Zahlen *Markewitz*, Herzschrittmachertherapie + Elektrophysiologie 2015, 374.

69 Zur Haftung des Zahnarztes *von Ziegner*, Der Zahnarzt in der zivilrechtlichen Haftung unter besonderer Berücksichtigung des anzusetzenden Haftungsstandards, 2007.

schen dem Patienten und dem Inhaber der Arztpraxis zustande.[70] Das Gleiche gilt bei ambulanten Implantationsbehandlungen im Krankenhaus.[71]

In der Praxis ist es nicht unüblich, dass sich mehrere Ärzte zwecks gemeinsamer Berufsausübung zusammenschließen.[72] Wird lediglich die Infrastruktur gemeinsam genutzt und das Praxispersonal gemeinsam beschäftigt, die Behandlung hingegen von jedem Arzt selbstständig ausgeübt (*Organisationsgemeinschaft*), wird jeweils der die Implantationsbehandlung ausführende Arzt Vertragspartner des Patienten.[73] Bei der Kooperation im Wege einer *Berufsausübungsgemeinschaft* teilen sich mehrere Ärzte die

---

70 Allgemein *Lipp*, in: Laufs/Katzenmeier/Lipp, Arztrecht, Kap. III. Rn. 3. Denkbar ist, dass die Implantationsoperation durch einen Urlaubsvertreter durchgeführt wird. Wer in solchen Fällen Vertragspartner des Patienten wird, wurde noch nicht entschieden. Zur Urlaubsvertretung allgemein BGH, Urt. v. 16.5.2000 – VI ZR 321/98, NJW 2000, 2737, 2741 sowie BGH, Urt. v. 13.1.1998 – VI ZR 242/96, NJW 1998, 1780, 1782. Nach Ansicht des BGH ist der Urlaubsvertreter als Erfüllungsgehilfe des ursprünglich behandelnden Arztes (§ 278 BGB) zu qualifizieren. Dem ist auch bei Implantationsbehandlungen zuzustimmen. Der Urlaubsvertreter tritt in keine vertragliche Beziehung mit dem Patienten. Er handelt nicht in eigenem Namen und schließt auch keinen Vertrag in eigenem Namen ab, sondern als Vertreter des urlaubsabwesenden Arztes. Für die Einordnung des Urlaubsvertreters als Erfüllungsgehilfen i.S. von § 278 BGB spricht im Wesentlichen der Grundsatz der freien Arztwahl. Danach steht es dem Patienten im Falle der Urlaubsabwesenheit – wie auch sonst – frei, sich an einen anderen Arzt zwecks Durchführung einer Implantationsbehandlung zu wenden und mit *diesem* einen eigenen Implantationsvertrag zu schließen. Begibt sich der Patient dennoch in die Praxis eines urlaubsabwesenden Arztes und lässt sich von dessen Urlaubsvertreter behandeln, bringt er konkludent zum Ausdruck, er wolle den Vertrag mit dem Inhaber der Arztpraxis, respektive dem urlaubsabwesenden Arzt schließen. Insofern kommt der Implantationsvertrag unmittelbar zwischen dem urlaubsabwesenden Arzt und Patienten zustande.

71 Vgl. zu Einzelfällen *Lipp* in: Laufs/Katzenmeier/Lipp, Arztrecht, Kap. III, Rn. 6 m.w.N.; *Katzenmeier*, in: BeckOK, BGB, § 630a, Rn. 72 ff.

72 Die Möglichkeiten der rechtlichen Gestaltung einer solchen Zusammenarbeit sind vielfältig. Sie richtet sich nach den allgemeinen zivil- und gesellschaftsrechtlichen Grundsätzen und variiert nach der Art des Zusammenschlusses. Grundsätzlich denkbar ist eine Kooperation in der Rechtsform der BGB-Gesellschaft (§§ 705 ff. BGB), der Partnerschaftsgesellschaft (PartGG) oder auch der Gesellschaft mit beschränkter Haftung (GmbHG). Näher *Schlund*, in: Handbuch des Arztrechts, § 18, Rn. 6 ff.; vgl. zur Abgrenzung von Organisationsgemeinschaft zur Berufsausübungsgemeinschaft auf Grundlage der alten Termini („Praxisgemeinschaft" und „Gemeinschaftspraxis") *Cramer*, MedR 2004, 552.

73 *Lipp*, in: Laufs/Katzenmeier/Lipp, Arztrecht, Kap. III. Rn. 4 m.w.N.; *Wagner*, in: MüKo, BGB, § 630a, Rn. 25; *Spickhoff*, in: Spickhoff, Medizinrecht, BGB, § 630a, Rn. 24.

Räumlichkeiten und sonstigen Einrichtungen gemeinschaftlich. Sie führen eine gemeinsame Kartei und rechnen kollektiv ab. Tritt die Berufsausübungsgemeinschaft im Rechtsverkehr auf, ist sie als Außengesellschaft bürgerlichen Rechts (§§ 705 ff. BGB) rechts- und parteifähig.[74] Als rechtsfähige Person kann die Berufsausübungsgemeinschaft nicht nur Inhaberin schuldrechtlicher Rechte und Pflichten sein. Ihre Rechtsfähigkeit hat vielmehr auch zur Folge, dass der Implantationsvertrag nicht mit dem Arzt, sondern mit der Berufsausübungsgemeinschaft als rechtsfähige Gesellschaft bürgerlichen Rechts zustande kommt.[75] Der behandelnde Arzt handelt also nicht in eigenem Namen, sondern als Vertreter der Berufsausübungsgemeinschaft (§§ 714, 164 BGB).[76] Im Innenverhältnis sind die Ärzte als Gesellschafter der Berufsausübungsgemeinschaft berechtigt und verpflichtet, die Implantationsbehandlung zu übernehmen und den Patienten mit einem Medizinprodukt zu versorgen. Sie haften folglich als Gesamtschuldner mit Ausgleichungspflicht gemäß §§ 421, 426 BGB.

§ 3 Typischer Inhalt des Implantationsvertrags

Wer die Implantation eines Medizinprodukts verspricht, den trifft ein umfangreiches Pflichtenprogramm. Zwar werden die Parteien in der Praxis oftmals keine ausdrücklichen Vereinbarungen dahingehend treffen, welche Leistungen der Behandelnde im Einzelnen zu erbringen hat. Gleichwohl lassen sich Inhalt und Umfang des im Rahmen einer Implantationsbehandlung typischerweise zu erbringenden Leistungsspektrums durch den *Zweck* des Implantationsvertrags bestimmen.[77]

---

74 Grundlegend BGH, Urt. v. 29.1.2001 – II ZR 991/00, NJW 2001, 1056, 1057 f.; vgl. auch *Spickhoff*, in: Spickhoff, Medizinrecht, BGB, § 630a, Rn. 24.

75 S. zur (Teil-)Rechtsfähigkeit der (Außen-)GbR die stetige Rspr. seit BGH, Urt. v. 29.1.2001 – II ZR 331/00, BGHZ 146, 341 = NJW 2001, 1056; BGH, Urt. v. 24.2.2003 – II ZR 385/99, NJW 2003, 1445; BGH, Urt. v. 7.4.2003 – II ZR 56/02, NJW 2003, 1803; BGH, Urt. v. 10.5.2012 – IX ZR 125/10, NJW 2012, 2435 sowie *Katzenmeier*, in: BeckOK, BGB, § 630a, Rn. 65.

76 Vgl. BGH, Urt. v. 29.6.1999 – VI ZR 24/98, NJW 1999, 2731, 2732 f.; s. auch *Katzenmeier*, in: BeckOK, BGB, § 630a, Rn. 65; *Spickhoff*, in: Spickhoff, Medizinrecht, BGB, § 630a, Rn. 24.

77 Vgl. zum allgemeinen Inhalt von Behandlungsverträgen *Walter*, in: BeckOGK, BGB, § 630a, Rn. 25; *Wagner*, in: MüKo, BGB, § 630a, Rn. 80 (maßgeblich ist der Gesundheitszustand und das konkrete Anliegen des Patienten einerseits sowie die medizinischen Möglichkeiten andererseits); *Katzenmeier*, in: BeckOK, BGB, § 630a, Rn. 102; *Spickhoff*, in: Spickhoff, Medizinrecht, BGB, § 630a, Rn. 36.

Nach dem Zweck des Implantationsvertrags erschöpft sich das ärztliche Aufgabengebiet bei Implantationsbehandlungen regelmäßig nicht nur in der Erbringung „klassisch“ ärztlicher Tätigkeiten, wie etwa der Anamnese und Untersuchung des Patienten,[78] der Erstellung einer den wissenschaftlichen Erkenntnissen entsprechenden Diagnose,[79] der Indikationsstellung[80] sowie der Beratung und Aufklärung des Patienten über mögliche Komplikationen und Risiken der Behandlung.[81] Darüber hinaus schuldet der Behandelnde spezifische, auf die Implantation eines Medizinprodukts bezogene Leistungen. Zu denken ist primär an die operative Verpflanzung des medizinischen Produkts in den Körper des Patienten (dazu A.). Weiterhin ist der Behandelnde im Einzelfall zur Verschaffung eines mangelfreien Medizinprodukts (dazu B.) sowie in Ausnahmefällen zu dessen Herstellung verpflichtet (dazu C.).

A. *Die spezifischen, auf die Implantation eines Medizinprodukts bezogenen besonderen Behandlungsleistungen des Arztes*

Nach der Zielsetzung des Implantationsvertrags ist der Arzt zur besonderen medizinischen Behandlung des Patienten mit einem Medizinprodukt verpflichtet, für die ein spezifisch fachlicher Standard nach § 630a Abs. 2 BGB gilt. Vor der Implantationsoperation muss der Arzt insbesondere das zu implantierende Medizinprodukt auswählen und eine Planungsskizze erstellen, in der Größe und Position des künstlichen Produkts bestimmt werden.[82]

---

78 OLG Hamm, Urt. v. 9.11.2015 – 3 U 68/15, BeckRS 2015, 20703; OLG Nürnberg, Urt. v. 16.9.1986 – 3 U 2021/84, BeckRS 1986, 03523; einführend *Kern/Rehborn*, in: Laufs/Kern/Rehborn, Handbuch des Arztrechts, § 50 sowie *Kern*, in: Laufs/Kern/Rehborn, Handbuch des Arztrechts, § 51.

79 Vgl. OLG Frankfurt, Urt. v. 28.1.2014 – 8 U 116/12, BeckRS 2015, 09011; OLG München, Urt. v. 26.11.2009 – 1 U 3658/09, BeckRS 2009, 88344; OLG Naumburg, Urt. v. 5.12.2013 – 1 U 52/13, BeckRS 2014, 09211.

80 Vgl. OLG Dresden, Urt. v. 9.5.2017 – 4 U 1491/16, BeckRS 2017, 110032; OLG Hamm, Urt. v. 29.9.2014 – 3 U 54/14, BeckRS 2014, 21674; OLG Düsseldorf, Urt. v. 3.12.2009 – 8 U 6/08, BeckRS 2011, 13663.

81 Zur Aufklärungspflicht des behandelnden Arztes bei der Implantation von Medizinprodukten beispielhaft OLG Karlsruhe, Urt. v. 20.4.2016 – 7 U 241/14, BeckRS 2016, 07549; OLG Köln, Beschl. v. 1.12.2015 – 5 U 82/15, BeckRS 2016, 05981; ausführlich s.u. Zweiter Teil.

82 *Trieb/Heller*, Modulare Revisionsendoprothetik des Kniegelenks, S. 25 f.

Die Implantation des Medizinprodukts variiert nach der Operationstechnik. Grob umrissen ist jedoch stets die chirurgische Öffnung und Vorbereitung des menschlichen Körpers, der Einsatz des Implantats unter (örtlicher) Betäubung bzw. Teil- oder Vollnarkose, die Vornahme von Anpassungsarbeiten, dessen Überprüfung auf Funktionalität sowie das Verschließen der Wunde unumgänglich.[83] Um die Heilung zu beschleunigen und Funktionsstörungen auszuschließen, erfolgen nach der Operation Kontroll- und Nachsorgeuntersuchungen.

B. *Die Pflicht des Behandelnden zur Verschaffung eines mangelfreien Medizinprodukts*

Von der besonderen medizinischen Behandlung mit einem Medizinprodukt zu unterscheiden ist der übrige, nach der Zielsetzung des Implantationsvertrags geschuldete Vertragsinhalt. Als weiterer, typischerweise geschuldeter Vertragsinhalt könnte namentlich die *Übergabe* und *Übereignung* eines *mangelfreien Medizinprodukts* anzuerkennen sein.

I. Vorab: Zur Sachqualität von Implantaten

Bevor der Frage nachgegangen werden kann, ob die Behandlungsseite die Übergabe, Eigentumsverschaffung und Mangelfreiheit des Medizinprodukts schuldet, ist zunächst zu klären, inwiefern Implantate Gegenstand von sachenrechtlichen Rechten sein können. Die Sachqualität von Medizinprodukten spielt nicht nur in Bezug auf etwaige Verfügungsgeschäfte bis zur Implantation eine Rolle.[84] Relevant wird die Problematik vielmehr auch, wenn ein Medizinprodukt aus dem lebenden Körper des Patienten – zum Beispiel im Wege einer Revisionsoperation – explantiert wird. Insofern stellt sich die Frage, wer Eigentümer bzw. Besitzer des explantierten Medizinprodukts ist.[85]

---

83 Passim *Trieb/Heller*, Modulare Revisionsendoprothetik des Kniegelenks, 2011.

84 *Ilgner*, Der Schrittmacher als Rechtsobjekt, S. 36 ff.

85 Vgl. zur Sachqualität von künstlichen Körperteilen auch *Stieper*, in: Staudinger, BGB, § 90, Rn. 28, 35 ff.; *Mössner*, in: BeckOGK, BGB, § 90, Rn. 21; weiterführend *Ilgner*, Der Schrittmacher als Rechtsobjekt, S. 47 ff. sowie aus der Rechtsprechung BGH, Beschl. v. 30.6.2015 – 5 StR 71/15, NJW 2015, 2901, 2903 (Rz. 11); OLG Nürnberg, Beschl. v. 20.11.2009 - 1 StR OLG Ss 163/09, NJW 2010, 2071; OLG Bamberg, Urt. v. 29.1.2008 – 2 Ss 125/07, NJW 2008, 1543, 1544.

Medizinprodukte sind bis zu ihrem Einsatz in den Körper des Patienten bewegliche Gegenstände und damit Sachen i.S.v. § 90 BGB. Jedenfalls bis zu ihrer Verpflanzung in den menschlichen Körper kann an Implantaten folglich Eigentum und Besitz bestehen.

Mit der Implantation in den Körper des Patienten ersetzen („Ersatzimplantat") oder unterstützen („Zusatzimplantat")[86] Medizinprodukte einzelne Körperfunktionen. Sie werden mit dem menschlichen Körper dauerhaft organisch verbunden und sind als künstliche Körperteile anzusehen. Künstliche Körperteile, die einzelne Körperfunktionen ausgleichen, treten aber infolge ihrer organischen Verbindung mit dem Körper auch *rechtlich* an die Stelle des beeinträchtigten bzw. verlorengegangenen Körperteils oder -glieds.[87] Insofern *verlieren* Medizinprodukte durch die Implantation in den Körper des Patienten ihre Sachqualität und unterliegen dem Schutz des besonderen Persönlichkeitsrechts.[88] Ein bestehender Besitz oder ein bestehendes Eigentum geht mit der Implantation in den Körper also verloren.[89] Leitend hierfür ist die Überlegung, dass der lebende Körper einer natürlichen Person dem Rechtsverkehr entzogen ist.[90] Personen sind rechtsfähige Subjekte i.S.d. § 1 BGB. Sie können daher nicht selbst Gegenstand von Rechten sein. Das Recht, über den eigenen Körper zu befinden, ist weder als Eigentum (*dominus membrorum suorum nemo videtur*) noch Besitz zu

---

86 Zur Differenzierung zwischen Ersatz- und Zusatzimplantat *Gropp*, JR 1985, 181 ff.

87 Z.B. *Mössner*, in: BeckOGK, BGB, § 90, Rn. 21; *Stieper*, in: Staudinger, BGB, § 90, Rn. 35; *Taupitz*, NJW 1995, 745, 752; *Görgens*, JR 1980, 140 ff.; vgl. auch BGH, Beschl. v. 30.6.2015 – 5 StR 71/15, NJW 2015, 2901, 2903 (Rz. 11); OLG Nürnberg, Beschl. v. 20.11.2009 – 1 St OLG Ss 163/09, NJW 2010, 2071; OLG Bamberg, Urt. v. 29.1.2008 – 2 Ss 125/07, NJW 2008, 1543, 1544.

88 Vgl. BGH, Beschl. v. 30.6.2015 – 5 StR 71/15, NJW 2015, 2901, 2903 (Rz. 11); BGH, Urt. v. 9.11.1993 – VI ZR 62/93, NJW 1994, 127; BGH, Urt. v. 18.3.1980 – VI ZR 247/78, NJW 1980, 1452, 1453; OLG Nürnberg, Beschl. v. 20.11.2009 – 1 St OLG Ss 163/09, NJW 2010, 2071; OLG Bamberg, Urt. v. 29.1.2008 – 2 Ss 125/07, NJW 2008, 1543, 1544; LG Mainz, Urt. v. 6.1.1984 – 7 O 170/83, MedR 1994, 199, 200; *Laufs/Reiling*, NJW 1994, 775 f.; *Rohde*, JZ 1994, 465, 467 f.; *Roth*, Eigentum an Körperteilen, 2009, S. 20 ff.; *Deutsch*, AcP 192 (1992), 161, 162, 173; *Fritzsche*, in: BeckOK, BGB, § 90, Rn. 31; *Stieper*, in: Staudinger, BGB, § 90, Rn. 35.

89 *Mössner*, in: BeckOGK, BGB, § 90, Rn. 21, 15; *Stresemann*, in: MüKo, BGB, § 90, Rn. 28.

90 So die überwiegende Ansicht, s. z.B. *Mössner*, in: BeckOGK, BGB, § 90, Rn. 15; OLG Karlsruhe, Urt. v. 17.6.2016 – 14 U 165/15, LSK 2016, 106673; *Stresemann*, in: MüKo, BGB, § 90, Rn. 2; *Fritzsche*, in: BeckOK, BGB, § 90, Rn. 29; *Stieper*, in: Staudinger, BGB, § 90, Rn. 27; vgl. auch *Taupitz*, NJW 1995, 745, 752.

begreifen, sondern als Teil des verfassungsrechtlich verbürgten und zivilrechtlich ausgeformten Persönlichkeitsrechts am eigenen Körper.[91]

Die dinglichen Rechte am Medizinprodukt erlöschen unabhängig davon, ob der Austausch des Implantats nach dem medizinischen Standard vorgesehen oder zumindest möglich ist (so zum Beispiel denkbar bei Brustimplantaten, Herzschrittmachern oder Kniegelenken).[92] Hierfür spricht nicht nur der Umstand, dass es für die Beurteilung der Sachqualität eines Gegenstands nicht auf dessen subjektive Zweckbestimmung ankommen kann, sondern in Anbetracht des absoluten Geltungsanspruchs dinglicher Rechte allein auf die Verkehrsauffassung.[93] Nicht verkannt werden darf außerdem, dass auch auszutauschende Medizinprodukte verlorengegangene Körperfunktionen substituieren. Diesen Medizinprodukten kommt in Bezug auf Leib und Leben des Patienten sowie dessen Selbstbestimmungsrecht *keine geringere Bedeutung* zu als Implantaten, die dauerhaft im Körper des Patienten verbleiben.[94]

Mit der Explantation aus dem Körper des Patienten erlangt das verpflanzte Medizinprodukt seine Sachqualität wieder. Das besondere Persönlichkeitsrecht des Patienten am Implantat *wandelt* sich *in Eigentum und Besitz* der betroffenen Person.[95] Diese kann nach der Explantation über das medizinische Produkt verfügen und sich auch zu Verfügungen verpflichten.[96]

---

91 Vgl. *Mössner*, in: BeckOGK, BGB, § 90, Rn, 21; *Gareis*, in: Festgabe Schirmer, S. 59 ff.; *Roth*, Eigentum an Körperteilen, 2009, S. 20 ff.; *Deutsch*, AcP 192 (1992), 161, 162, 173; *Forkel*, JZ 1974, 593, 594; *ders.*, Jura 2001, 73 f.; BGH, Urt. v. 9.11.1993 – VI ZR 62/93, NJW 1994, 127; BGH, Urt. v. 183.1980 – VI ZR 247/78, NJW 1980, 1452, 1453.

92 *Marly*, in: Soergel, BGB, § 90, Rn. 6; *Stieper*, in: Staudinger, BGB, § 90, Rn. 27; *Taupitz*, NJW 1995, 745, 752.

93 *Mössner*, in: BeckOGK, BGB, § 90, Rn. 21; *Ellenberger*, in: Palandt, BGB, § 90, Rn. 3; *Stieper*, in: Staudinger, BGB, § 90, Rn. 35.

94 Vgl. *Taupitz*, NJW 1995, 745, 752.

95 Vgl. *Mössner*, in: BeckOGK, BGB, § 90, Rn. 21; im Ergebnis übereinstimmend *Stieper*, in: Staudinger, BGB, § 90, Rn. 35. Nach *Stieper* erlangt die betroffene Person Eigentum am Implantat analog § 953 BGB. Weiterführend zu den Rechtsfolgen unberechtigter Nutzung menschlicher Körpersubstanzen *Taupitz*, AcP 191 (1991), 208, 224 ff., *ders.*, NJW 1995, 745, 752. Zur Fortdauer des besonderen Persönlichkeitsrechts an abgetrennten Körperstücken *Forkel*, JZ 1974, 593, 595.

96 *Ilgner*, Der Schrittmacher als Rechtsobjekt, S. 47 ff.; *Stieper*, in: Staudinger, BGB, § 90, Rn. 35.

II. Die Eigentumsverschaffungspflicht des Behandelnden bezüglich des Medizinprodukts und ihre Erfüllung

1. Die zwischen den Parteien üblicherweise konkludent vereinbarte Pflicht des Behandelnden zur Verschaffung des Medizinprodukts

In der Praxis werden zwischen der Behandlungs- und Patientenseite regelmäßig keine expliziten Vereinbarungen in Bezug auf die Eigentumsverschaffungspflicht des Behandelnden getroffen. Nach §§ 133, 157, 242 BGB könnte eine dahingehende Verpflichtung jedoch durch konkludente Abrede Inhalt des Implantationsvertrags werden. Implantationsverhältnisse kennzeichnen sich gegenüber klassischen Behandlungssituationen dadurch, dass dem Patienten ein industriell hergestelltes Medizinprodukt zum dauernden oder vorübergehenden Verbleib in dessen Körper eingesetzt wird.[97] Zweck des Implantationsvertrags ist somit nicht nur die Erbringung von besonderen medizinischen Behandlungsleistungen, sondern auch und *gerade* die Verschaffung des Medizinprodukts, an dem keinerlei Rückforderungsrechte geltend gemacht werden können.[98] Gemäß §§ 133, 157, 242 BGB ist der Vereinbarung zwischen dem Behandelndem und dem Patienten daher zu entnehmen, dass ersterer die Verschaffung des Eigentums am Medizinprodukt schuldet.[99]

2. Erfüllung der Eigentumsverschaffungspflicht durch Herbeiführung eines gesetzlichen Eigentumserwerbs am Medizinprodukt?

Der Behandelnde könnte seiner Pflicht zur Eigentumsverschaffung dadurch nachkommen, dass er einen gesetzlichen Eigentumserwerb des Patienten am Implantat herbeiführt.[100] Dafür müsste der Patient *mit* der Verpflanzung gemäß §§ 947, 948 BGB Eigentümer des Medizinprodukts wer-

---

97 *Brüggemeier*, MedR 2014, 537, 539; vgl. *Berghaus*, Laryngo-Rhino-Otologie, S. 67.

98 Vgl. *Ilgner*, Der Schrittmacher als Rechtsobjekt, S. 45.

99 Ansätze erkennbar, im Ergebnis aber offengelassen *Ilgner*, Der Schrittmacher als Rechtsobjekt, S. 40; *Brüggemeier*, MedR 2014, 537, 539.

100 Allgemein zum Erlöschen der Eigentumsverschaffungspflicht des Verkäufers beim gesetzlichen Eigentumserwerb des Käufers *Beckmann*, in: Staudinger, BGB, § 433, Rn. 121; *Oetker/Maultzsch*, Vertragliche Schuldverhältnisse, § 2, Rn. 38.

den.[101] Eine unmittelbare Anwendung der Vorschriften scheidet aus, weil die §§ 947, 948 BGB nach ihrem Wortlaut an die Verbindung oder Vermischung beweglicher Sachen anknüpfen und der menschliche Körper keine bewegliche Sache ist. Zu erwägen ist daher, ob der Patient in analoger Anwendung der §§ 947, 948 BGB durch die Verbindung des Medizinprodukts mit dem menschlichen Körper Eigentum kraft Gesetzes erwirbt. Dafür müsste eine analoge Anwendung der Vorschriften auf die zu untersuchenden Konstellationen zulässig sein.

Allerdings ist schon fraglich, ob überhaupt von einer planwidrigen Regelungslücke ausgegangen werden kann.[102] Nach dem Standpunkt des Gesetzes sowie der ihm zugrundeliegenden Regelungsabsicht soll ein gesetzlicher Eigentumserwerb nur bei beweglichen Sachen möglich sein. Dass Eigentum kraft Gesetzes darüber hinaus an Rechtssubjekten oder an unkörperlichen Rechtsobjekten erworben werden kann, mit der Konsequenz, dass das Gesetz gemessen an seiner Regelungsabsicht unvollständig wäre, lässt sich den Gesetzesmaterialien indes nicht entnehmen. Aber auch eine vergleichbare Interessenlage liegt fern. Der Patient ist Rechtssubjekt. Er kann niemals Rechtsobjekt und daher nicht Gegenstand von Rechten sein. Würde man eine vergleichbare Interessenlage und eine Analogie bejahen, wäre die Rechtsfolge des Gesetzes nach § 947 Abs. 1 BGB Miteigentum an der einheitlichen „Sache“, also Miteigentum an der Sache „Mensch mit Implantat“ bzw. gemäß § 947 Abs. 2 BGB Alleineigentum des bisherigen Eigentümers.[103] Weil Eigentum am menschlichen Körper wegen Art. 1 Abs. 1 GG nicht begründet werden kann, der Patient bei der Verbindung bzw. Vermischung mit dem implantierbaren Medizinprodukt jedoch als „Hauptsache“ anzusehen wäre, muss eine vergleichbare Interessenlage abgelehnt werden. Der Patient erwirbt folglich nicht analog §§ 947, 948 BGB

---

101 In diese Richtung gehend *Schäfer*, Rechtsfragen zur Verpflanzung von Körper- und Leichenteilen, S. 45; vgl. auch *Görgens*, JR 1980, 140, 141, der auf die Implantation von künstlichen Teilen in den Körper die §§ 93 ff. BGB entsprechend anwenden will.

102 Zu den Anwendungsvoraussetzungen einer Analogie *Larenz*, Methodenlehre der Rechtswissenschaft, S. 381 ff.; *Rüthers/Fischer/Birk*, Rechtstheorie mit Juristischer Methodenlehre, S. 508 ff., 536 ff.; s. auch BGH, Urt. v. 13.11.2001 – X ZR 134/00, GRUR 2002, 238, 241; BGH, Urt. v. 5.2.1981 – III ZR 66/80, NJW 1981, 1726, 1727; BGH, Urt. v. 4.5.1988 – VIII ZR 196/87, NJW 1988, 2109, 2110.

103 Vgl. *Ilgner*, Der Schrittmacher als Rechtsobjekt, S. 37 f.

Eigentum am Medizinprodukt durch dessen Implantation in den eigenen Körper.[104]

3. Der rechtsgeschäftliche Eigentumserwerb des Patienten am Medizinprodukt

Mit der Feststellung, dass die Eigentumsverschaffungspflicht der Behandlungsseite nicht durch einen gesetzlichen Eigentumserwerb des Patienten erlischt, ist noch nicht geklärt, wie sich die rechtsgeschäftliche Übertragung des Medizinprodukts an den Patienten vollzieht. Bei der Verpflanzung des Implantats in den Körper des Patienten handelt es sich um einen einheitlichen Lebensvorgang. Aus juristischer Sicht könnten gleichwohl mehrere Rechtsfolgen zeitgleich nacheinander eintreten. Fraglich ist insofern, ob der Patient in dem Moment, in welchem das Medizinprodukt mit der Verpflanzung seine Sachqualität verliert,[105] für eine *logische Sekunde* das Eigentum am Implantat *durch Übereignung nach §§ 929ff. BGB* erlangt.

Die Figur der „logischen oder juristischen Sekunde" beschreibt Fälle, in denen durch eine Handlung mehrere Rechtsfolgen in einer bestimmten Reihenfolge eintreten.[106] Mithilfe der Rechtsfigur sollen Konstellationen gelöst werden, in denen sich ein- und derselbe Lebenssachverhalt aus mehreren Perspektiven betrachten lässt, ohne dass er sich jedoch objektiv in seinem Wesen verändert.[107] Gemeinhin anerkannt ist die Figur der logischen Sekunde beim sachenrechtlichen Durchgangserwerb.[108] Überträgt man die Überlegungen zur Figur der logischen Sekunde auf den Implantationsvertrag, bedeutet dies: Was sich aus *zeitlicher*, rein äußerlicher Betrachtungsweise als direkter Untergang der Sacheigenschaft des Medizinprodukts durch dessen operativen Einsatz in den Körper des Patienten darstellt, ist aus *juristischer* Sicht die Übertragung von Eigentum (und Besitz)

---

104 Ebenso im Ergebnis *Ilgner*, Der Schrittmacher als Rechtsobjekt, S. 37 f.; *Brüggemeier*, MedR 2014, 537, 540.

105 S.o. Erster Teil § 3 B. II. 1.

106 Grundlegend *Marotzke*, AcP 191 (1991), 177; *Wieling*, Sachenrecht I, § 9 VIII (S. 331 f.); *Regenfus*, in: BeckOGK, BGB, § 185, Rn. 133 ff.; s. auch schon *Oertmann*, Kommentar zum BGB, 1927, § 185, Anm. 5a; vgl. zum Durchgangserwerb auch BFH, Urt. v. 30.8.1995 – I R 77/94, NJW 1996, 1079 f.; BFH, Urt. v. 26.1.2011 – IX R 7/09, NJW 2011, 3118, 3119 (Rz. 20).

107 Vgl. *Marotzke*, AcP 191 (1991), 177, 194 unter kritischer Würdigung von BGH, Urt. v. 21.4.1959 – VIII ZR 148/58, NJW 1959, 1536, 1537 f.

108 Vgl. *Regenfus*, in: BeckOGK, BGB, § 185, Rn. 133 ff.

auf den Patienten mit anschließendem Untergang der Sachqualität des Implantats. Ob der Patient Eigentum am medizinischen Produkt erlangt, lässt sich nicht anhand der Kategorien „richtig“ und „falsch“ bemessen. Entscheidend kommt es im Gegenteil auf den Blickwinkel des Betrachters an.[109] Legt man der Betrachtung eine zeitliche Perspektive zugrunde, so ist zu konstatieren, dass das Medizinprodukt unmittelbar mit der Implantation in den Körper des Patienten die Sachqualität verliert. Eine wie auch immer geartete, für eine „logische“ Sekunde andauernde Eigentümerstellung des Patienten besteht demnach nicht. Betrachtet man die Implantation des Medizinprodukts in den Körper des Patienten hingegen nicht aus zeitlicher, sondern aus einer der Logik des Gesetzes folgenden Perspektive,[110] ist ein rechtsgeschäftlicher Eigentumserwerb des Patienten am Implantat – wenn auch nur für eine logische Sekunde – möglich.

Voraussetzung dafür, dass der Patient durch Übereignung für wenigstens eine logische Sekunde Eigentümer des Medizinprodukts wird, ist, neben der *Übergabe* des Implantats,[111] eine *Einigung* i.S.v. § 929 S. 1 BGB. Behandlungs- und Patientenseite müssten also übereinkommen, dass das Eigentum am Medizinprodukt mit dessen Verpflanzung auf den Patienten übergehen soll. Ausdrücklich werden sich die Parteien in der Praxis nur selten über die Übertragung des Eigentums am medizinischen Produkt einigen.[112] Ob eine Einigung konkludent zustande kommt, beurteilt sich danach, ob das Verhalten der Parteien gemäß §§ 133, 157, 242 BGB nach dem objektiven Empfängerhorizont auf einen Einigungswillen schließen lässt.[113] Mit der Implantation bringt der Behandelnde nicht nur zum Ausdruck, dass er den Patienten mit dem künstlichen Produkt versorgen will. Nach dem objektiven Empfängerhorizont ist das Verhalten des Arztes im Rahmen der Implantationsoperation vielmehr auch dahingehend zu verstehen, dass er dem Patienten – gegebenenfalls in Stellvertretung für den Krankenhausträger, sofern die Implantationsbehandlung wie üblich im Krankenhaus durchgeführt wird – ein Angebot auf Übereignung unterbreitet.[114]

---

109 *Marotzke*, AcP 191 (1991), 177, 195.

110 *Marotzke*, AcP 191 (1991), 177, 195.

111 S. hierzu sogleich die Ausführungen unter Erster Teil § 3 B. III.

112 Vgl. *Ilgner*, Der Schrittmacher als Rechtsobjekt, S. 39.

113 Vgl. zur Auslegung dinglicher Willenserklärungen z.B. BGH, Urt. v. 16.10.2015 – V ZR 240/14, NJW 2016, 1887, hierzu *Heyers*, NJW 2016, 1889; BGH, Urt. v. 29.3.1990 – IX ZR 134/89, NJW 1990, 1913; *Wiegand*, in: Staudinger, BGB, § 929, Rn. 6; *Oechsler*, in: MüKo, BGB, § 929, Rn. 27.

114 Ausführlich *Ilgner*, Der Schrittmacher als Rechtsobjekt, S. 39 ff.

Der Patient muss das Angebot des Behandelnden auf Übereignung des Medizinprodukts auch annehmen. Bedenken gegen eine Annahmeerklärung ergeben sich insofern, als der Patient im Zeitpunkt der Implantation des medizinischen Produkts regelmäßig bewusstlos ist und er deshalb nicht zur Abgabe einer entsprechenden Willenserklärung fähig scheint. Allerdings ist nicht zu verkennen, dass der Patient im Vorfeld der Implantationsoperation über die Chancen und Risiken einer Behandlung mit implantierbaren Medizinprodukten aufgeklärt wird. Entscheidet er sich gleichwohl für die Durchführung der Behandlung, bringt er nach §§ 133, 157, 242 BGB konkludent zum Ausdruck, alle mit einer Implantationsbehandlung verbundenen Rechtsgeschäfte tätigen und die Offerte der Behandlungsseite auf Übereignung des Implantats annehmen zu wollen. Auf eine etwaige Bewusstlosigkeit des Patienten soll es daher nicht ankommen.[115] Im Übrigen kann aus dem schlüssigen Verhalten des Behandelnden geschlossen werden, dass er gemäß § 151 S. 1 Alt. 2 BGB auf den Zugang der Annahmeerklärung verzichtet.[116]

Die Behandlungsseite müsste außerdem zur Übereignung des Medizinprodukts an den Patienten *berechtigt* sein. Zur Übereignung berechtigt ist der Eigentümer. Ob der Arzt oder der Krankenhausträger stets Eigentümer des zu implantierenden Medizinprodukts sind, ist zweifelhaft. Zweifel an der Eigentümerstellung ergeben sich insofern, als Medizinprodukte häufig in Lieferketten vertrieben werden und die Eigentumsübertragung im Verhältnis Hersteller/Lieferant und Behandlungsseite für gewöhnlich an die Bedingung der vollständigen Kaufpreiszahlung geknüpft wird.[117] Ungeachtet der Frage, ob der Behandelnde im konkreten Fall den Kaufpreis in voller Höhe entrichtet hat und damit Eigentümer des Implantats war, könnte die Behandlungsseite zur Weiterveräußerung des Medizinprodukts an den Patienten gemäß § 185 Abs. 1 BGB befugt sein. Nach § 185 Abs. 1 BGB ist eine Verfügung eines Nichtberechtigten wirksam, wenn sie mit der Einwilligung des Berechtigten erfolgt. Medizinprodukthersteller bzw. Lieferanten verwenden in ihren Allgemeinen Geschäftsbedingungen regelmäßig Klauseln, wonach der niedergelassene Arzt oder der Kranken-

115 *Ilgner*, Der Schrittmacher als Rechtsobjekt, S. 39.

116 Zum konkludenten Verzicht auf den Zugang der Willenserklärung BGH, Urt. v. 27.5.1986 – KZR 38/85, NJW-RR 1986, 1300, 1301; OLG Dresden, Urt. v. 24.9.1998 – 7 U 937/98, OLG-NL 1999, 19; *Busche*, in: MüKo, BGB, § 151, Rn. 11; *Bork*, in: Staudinger, § 151, Rn. 7.

117 Ausführlich *Brinkmann*, Kreditsicherheiten an beweglichen Sachen und Forderungen, 2011; *Rinnewitz*, Zur dogmatischen Struktur des Anwartschaftsrechts aus dem Eigentumsvorbehalt, 1989.

hausträger zur Veräußerung des Medizinprodukts im ordnungsgemäßen Geschäftsverkehr ermächtigt sind.[118] Hierin liegt eine Befugnis zur Weiterveräußerung des Medizinprodukts an den Patienten i.S.v. § 185 Abs. 1 BGB. Unabhängig davon, ob der Behandelnde oder der Medizinprodukthersteller oder der Zwischenlieferant Eigentümer des Medizinprodukts waren, geht das Eigentum hieran somit regelmäßig durch Übereignung auf den Patienten über.

III. Die Übergabepflicht des Behandelnden bezüglich des Medizinprodukts

Mit der Eigentumsverschaffungspflicht geht auch die Verpflichtung des Behandelnden einher, dem Patienten das Medizinprodukt zu übergeben, wobei Übergabe die Einräumung der unmittelbaren Herrschaftsgewalt i.S.v. § 854 Abs. 1 BGB meint. Bis zur Verpflanzung befindet sich das medizinische Produkt entweder im Besitz des verfassungsmäßig berufenen Vertreters des Krankenhausträgers (sog. Organbesitz[119]) oder des implantierenden Arztes. Abhängig davon, ob der die Implantationsoperation durchführende Arzt gemäß § 855 BGB weisungsgebunden ist oder nicht, erlangt der Patient mit der Implantation des Medizinprodukts entweder vom Operateur selbst oder dem Krankenhausträger die tatsächliche Sachherrschaft. Der Besitzerwerb des Patienten erfolgt dabei nur für eine logische Sekunde. Denn mit der Verpflanzung in den menschlichen Körper verliert das Medizinprodukt seine Sachqualität und ist ab diesem Zeitpunkt nicht mehr besitzfähig.[120]

Der Wechsel der Besitzerstellung am Medizinprodukt vollzieht sich ungeachtet einer etwaigen Bewusstlosigkeit des Patienten. Zwar werden Medizinprodukte vielfach unter Teil- oder Vollnarkose implantiert. Auch haben Bewusstlose prinzipiell keinen aktuellen Besitzwillen.[121] Ein akuter Besitz(begründungs)wille ist aber bei der Verpflanzung von Implantaten nicht erforderlich. Aus den äußeren Umständen und den Besonderheiten

---

118 Vgl. *Ilgner*, Der Schrittmacher als Rechtsobjekt, S. 46.

119 Vgl. zum Organbesitz juristischer Personen z.B. BGH, Urt. v. 31.3.1971 – VIII ZR 256/69, NJW 1971, 1358; BGH, Urt. v. 27.10.1971 – VIII ZR 48/70, NJW 1972, 43; BGH, Urt. v. 16.10.2003 – IX ZR 55/02, NJW 2004, 217; *Schäfer*, in: MüKo, BGB, § 854, Rn. 34.

120 S.o. Erster Teil § 3 B. II. 1.

121 RG, Urt. v. 9.2.1920 – IV 466/19, RGZ 98, 131, 132 f.; *Götz*, in: BeckOGK, BGB, § 854, Rn. 82; *Schäfer*, in: MüKo, BGB, § 854, Rn. 27.

der Implantationsbehandlung kann generell und für die Behandlungsseite erkennbar geschlossen werden, dass der Patient (für eine juristische Sekunde) Besitz am Medizinprodukt erlangen will.[122]

IV. Die Pflicht des Behandelnden zur mangelfreien Verschaffung des Medizinprodukts

Das implantierte Medizinprodukt kann seine bestimmungsmäßige Aufgabe nur übernehmen, wenn es voll funktionsfähig ist. Abhängig von den Umständen des Einzelfalls begründet ein fehlerhaftes Medizinprodukt zudem erhebliche Gefahren für die Gesundheit und körperliche Integrität des Patienten. *Prima facie* scheint der Behandelnde aus dem Implantationsvertrag daher zur Verschaffung eines *mangelfreien* Medizinprodukts verpflichtet zu sein.

1. Hinführung

Die Pflicht zur mangelfreien Verschaffung einer Sache ist originäre Pflicht des Verkäufers i.S.v. § 433 Abs. 1 S. 2 BGB. Sie ist Gelenkstelle für die Anknüpfung des Sachmängelgewährleistungsrechts an das Leistungsstörungsrecht.[123] Ist der Kaufgegenstand mit einem Sach- oder Rechtsmangel behaftet, ist der Verkäufer gemäß §§ 437 Nr. 1, 434, 439 BGB verschuldensunabhängig zur Nacherfüllung verpflichtet.

Demgegenüber handelt es sich bei der Arzt- bzw. Krankenhausträgerhaftung – jedenfalls soweit die Parteien im Einzelfall nichts Abweichendes vereinbart haben – grundsätzlich um eine Verschuldenshaftung.[124] Fraglich ist daher, inwiefern die zuvor abgeleitete Folgerung, die Behandlungsseite schulde aus dem Implantationsvertrag nicht nur die fachgerechte Durchführung der Implantationsoperation, sondern auch Übergabe und Übereignung eines mangelfreien Medizinprodukts, mit der Konsequenz, im Fall der Mangelhaftigkeit *verschuldensunabhängig wie ein Verkäufer* auf Nacherfüllung zu haften, Bestand haben kann.

---

122 Vgl. *Ilgner*, Der Schrittmacher als Rechtsobjekt, S. 38 m.w.N.

123 *Westermann*, in: MüKo, BGB, § 433, Rn. 50; *Faust*, in: BeckOK, BGB, § 433, Rn. 39, 41; *Beckmann*, in: Staudinger, BGB, § 433, Rn. 132; instruktiv *Freytag*, Grundstrukturen des Kaufrechts, S. 98 ff.

124 Ausführlich statt aller *Katzenmeier*, Arzthaftung, S. 150 ff.

Zur Beantwortung der Frage ist danach zu differenzieren, *wer* die Durchführung der Implantationsbehandlung verspricht. Entsprechend den obigen Ausführungen ist zwischen der stationären Implantationsbehandlung im Krankenhaus einerseits sowie der ambulanten Verpflanzung des medizinischen Produkts andererseits zu unterscheiden.[125]

2. Die Mangelfreiheit des Medizinprodukts als Pflicht des Krankenhausträgers bei stationären Implantationsbehandlungen im Krankenhaus

Wird die Implantationsbehandlung im Rahmen eines stationären Krankenhausaufenthalts des Patienten durchgeführt und haben die Parteien – wie üblich – einen totalen Krankenhausaufnahmevertrag mit Arztzusatzvertrag geschlossen, könnte die Mangelfreiheit des Medizinprodukts zum vertraglich geschuldeten Pflichtenprogramm des Krankenhausträgers gehören. Allgemein verpflichtet sich der Krankenhausträger bei dieser Vertragsform zur stationären Unterbringung und Versorgung des Patienten einschließlich der Erbringung aller medizinischen (Behandlungs-)Leistungen.[126] Allerdings richtet sich der Umfang des zu erfüllenden Leistungsspektrums nach dem Inhalt des jeweiligen Behandlungsverhältnisses.[127] Fraglich ist daher, ob der Krankenhausträger als „Behandelnder" bei stationären Implantationsbehandlungen im Krankenhaus auch die Mangelfreiheit des Medizinprodukts verspricht.[128]

Haben die Parteien keine ausdrücklichen Vereinbarungen in Bezug auf die Pflicht des Krankenhausträgers zur Verschaffung eines mangelfreien

---

125 Vgl. die Ausführungen unter Erster Teil § 2 B. I. und II.

126 S. hierzu schon die Ausführungen unter Erster Teil § 2 B. I. Für das Verschulden des behandelnden Arztes haftet der Krankenhausträger in diesen Fällen gemäß § 278 BGB. Weil bei Abschluss eines totalen Krankenhausaufnahmevertrags mit Arztzusatzvertrag auch der die Behandlung übernehmende Arzt Vertragspartner des Patienten wird, haften Arzt und Krankenhausträger regelmäßig gesamtschuldnerisch für Schäden des Patienten (ausführlich *Rehborn*, in: Huster/Kaltenborn, Krankenhausrecht, § 12, Rn. 97 ff.; BGH, Urt. v. 18.6.1985 – VI ZR 234/83, NJW 1985, 2189, 2190).

127 *Walter*, in: BeckOGK, BGB, § 630a, Rn. 24, 31.

128 Eine dahingehende Verpflichtung des Krankenhausträgers bejahend, jedoch ohne argumentative Begründung *Brüggemeier*, MedR 2014, 537, 540; s. auch *Heil/Mayer-Sandrock*, in: Anhalt/Dieners, Medizinprodukterecht, § 23, Rn. 5.

Implantats getroffen, ist wiederum entscheidend,[129] wie die Erklärungen nach dem objektiven Empfängerhorizont unter Berücksichtigung der Verkehrssitte sowie nach Treu und Glauben gemäß §§ 133, 157, 242 BGB zu verstehen sind. Auszulegen sind die Willenserklärungen der Vertragsparteien insbesondere nach dem Willen und Interesse der Beteiligten sowie dem mit dem Implantationsvertrag verfolgten Zweck.[130]

Ob der Krankenhausträger den Willen hat, dem Patienten ein mangelfreies Implantat zu verschaffen, ist zweifelhaft und lässt sich nicht mit Sicherheit feststellen. Zwar bringt der Krankenhausträger durch den Abschluss des Implantationsvertrags zum Ausdruck, den Patienten mit dem Medizinprodukt *versorgen* zu wollen.[131] Dass der Krankenhausträger mit der Übernahme der Implantationsbehandlung auch zu verstehen gibt, die Gewähr für die Mangelfreiheit des Medizinprodukts übernehmen zu wollen, scheint vor dem Hintergrund einer etwaigen Potenzierung seines Haftungsrisikos nicht ganz unproblematisch. Demgegenüber ist freilich zu beachten, dass Medizinprodukte in der Praxis häufig in Lieferketten vertrieben werden. Insofern kann der Krankenhausträger im Fall der Mangelhaftigkeit des Implantats seinen Vertragspartner nach § 445a BGB in Regress nehmen. Hierdurch wird das Risiko, auf den Kosten sitzen zu bleiben, minimiert.[132]

Im Gegensatz dazu könnte die Erwartungshaltung des Patienten darauf gerichtet sein, dass die Mangelfreiheit des Medizinprodukts zum Inhalt des Implantationsvertrags wird. Allgemein begibt sich der Patient in die ärztliche Behandlung in der Erwartung, sein gesundheitlicher Zustand werde sich verbessern und seine körperlichen wie seelischen Leiden würden überwunden. In jedem Fall vertraut der Patient darauf, dass die Behandlung einer weiteren gesundheitlichen Verschlechterung entgegenwirkt. Bei Implantationsbehandlungen geht das wohlverstandene Interesse des Patienten darüber hinaus. Denn mehr noch als bei klassischen Heilbehandlungen ist der Patient auf das Gelingen der Implantationsbehandlung ange-

---

129 Zur Auslegung des vertraglich geschuldeten Pflichtenprogramms bei Implantationsbehandlungen bereits Erster Teil § 3 B. II. 1.

130 Vgl. zur Auslegung von Behandlungsverträgen allgemein z.B. BGH, Urt. 29.6.1999 – VI ZR 24/98, NJW 1999, 2731, 2733; *Wagner*, in: MüKo, BGB, § 630a, Rn. 80 (maßgeblich ist der Gesundheitszustand und das konkrete Anliegen des Patienten einerseits sowie die medizinischen Möglichkeiten andererseits); *Katzenmeier*, in: BeckOK, BGB, § 630a, Rn. 102; *Barwig*, Arzt- und Krankenhausträgerhaftung bei Telemedizin-Anwendungen, S. 49.

131 So bisher nur *Ilgner*, Der Schrittmacher als Rechtsobjekt, S. 40.

132 Vgl. *Todt*, MPR 2008, 152, 154.

wiesen. Ist das Implantat mangelhaft und vermag es die Köperfunktionen deshalb nicht zu substituieren, leidet der Patient nicht nur an den eigenen körperlichen Beschwerden. Vielmehr ist er auch dem Risiko ausgesetzt, dass das defekte Medizinprodukt infolge seiner Mangelhaftigkeit *zusätzliche* Gefahren für das Leben und die Gesundheit begründet. Der Patient ist den Risiken eines mangelhaften Medizinprodukts gewissermaßen „ausgeliefert". Er hat folglich ein besonderes Interesse an der Implantation eines mangelfreien Medizinprodukts.

Die Erwartungshaltung des Patienten ist auch nicht insofern unberechtigt, als die Mangelfreiheit durch den Krankenhausträger nicht gewährleistet werden könnte. Zwar kann der Behandelnde nicht vorhersehen, wie das implantierte Medizinprodukt mit dem menschlichen Gewebe zusammenwirkt und eine etwaige Abstoßreaktion des Körpers hervorruft.[133] Allerdings ist es dem Krankenhausträger im Vorfeld der Implantationsoperation möglich, das Medizinprodukt auf seine Mangelfreiheit hin zu untersuchen. Hierdurch kann er sicherstellen, dass das Implantat seine Funktionen – *soweit beeinflussbar* – übernimmt. Der Krankenhausträger kann also Einfluss auf die Mangelfreiheit des zu implantierenden Medizinprodukts nehmen. Die Gefahren, welche von einem defekten Implantat ausgehen, sind umgekehrt als hoch einzustufen. Daher ist die Erwartungshaltung des Patienten berechtigt, mit einem mangelfreien Exemplar versorgt zu werden.

Außerdem legt der Krankenhausträger regelmäßig nicht offen, ob er Eigentümer des Medizinprodukts ist oder nicht. Medizinische Produkte durchlaufen mehrgliedrige Lieferketten, an deren Ende der Krankenhausträger steht. Dieser bringt das Implantat in Person des behandelnden Arztes im wahrsten Sinne „an den Patienten".[134] Die Lieferkettenkonstellationen sind für den Patienten nicht durchschaubar. Das berechtigte Interesse des Patienten erfordert es aber, im Fall der Mangelhaftigkeit des implantierten Produkts Mängelansprüche effektiv durchsetzen zu können. Nach der Interessenlage sowie dem Zweck des Implantationsvertrags schuldet der Krankenhausträger daher prinzipiell die Verschaffung eines mangelfreien Medizinprodukts. Abhängig von den Umständen des Einzelfalls ist auch ein anderes Auslegungsergebnis denkbar, mit der Konsequenz, dass

---

133 S.o. Einleitung § 1.

134 Vgl. *Schrenk*, Medizinproduktegesetz und Arzthaftung, S. 47; passim *Kage*, Medizinproduktegesetz, S. 388 ff., 397 ff.; *Oeben*, Der potenzielle Produktfehler nach der EuGH-Rechtsprechung, S. 35.

in diesen Fällen die Mangelfreiheit des Implantats vertraglich nicht geschuldet ist.

3. Die ambulante Implantationsbehandlung in der Arztpraxis, insbesondere die Frage nach dem Zustandekommen eines selbstständigen Garantievertrags zwischen Medizinprodukthersteller und Patient

Im medizinischen Alltag werden Medizinprodukte nur selten außerhalb einer stationären Behandlung im Krankenhaus implantiert. Sofern die Implantationsbehandlung ausnahmsweise in der Praxis eines niedergelassenen Arztes bzw. in der klinischen Ambulanz erfolgen sollte, stellt sich die Frage, ob auch der *Arzt* die Mangelfreiheit des medizinischen Produkts schuldet. Zwar mag der Patient aus den oben genannten Gründen ein besonderes Interesse an einer dahingehenden Verpflichtung des Arztes haben.[135] Ob den implantierenden Arzt allerdings typischerweise die Pflicht zur mangelfreien Lieferung trifft, erscheint aus den zwei folgenden Überlegungen problematisch.

Zunächst verfügt ein niedergelassener Arzt anders als Krankenhäuser sowie auf die Durchführung von Implantationsbehandlungen spezialisierte Klinikbetriebe nicht über die personellen Ressourcen, um das Medizinprodukt vor dessen Implantation umfassend untersuchen zu können. Vielmehr nimmt der niedergelassene Arzt das benötigte Implantat aus seinem Vorrat und verpflanzt es – ohne größere Kontrollen – in den Körper des Patienten.[136] Zwar darf er dabei nach dem Vertrauensgrundsatz grundsätzlich davon ausgehen, dass der Medizinproduktthersteller respektive Zwischenlieferant die ihm obliegenden öffentlich-rechtlichen Pflichten, nur

---

135 S. die Ausführungen unter Erster Teil § 3 B. IV. 2.

136 Ebenso *Ilgner*, Der Schrittmacher als Rechtsobjekt, S. 9. Dabei ist der Hersteller des Medizinprodukts nicht als Erfüllungsgehilfe des Arztes zu qualifizieren (so die ganz herrschende Auffassung, s. nur BGH, Urt. v. 21.6.1967 – VIII ZR 26/65, NJW 1967, 1903, 1904; BGH, Urt. v. 15.7.2008 – VIII ZR 211/07, NJW 2008, 2837, 2840 (Rz. 29); BGH, Urt. v. 2.4.2014 – VIII ZR 46/13, NJW 2014, 2183, 2185 (Rz. 34, 37); BGH, Urt. v. 29.4.2015 – VIII ZR 104/14, NJW 2015, 2244 (Rz. 13); *Caspers*, in: Staudinger, BGB, § 278, Rn. 37; *Grüneberg*, in: Palandt, BGB, § 278, Rn. 13). Der Medizinprodukthersteller wird gerade nicht zur Erfüllung einer Verbindlichkeit des Behandelnden gegenüber dem Patienten tätig. Dementsprechend haftet die Behandlungsseite nicht nach § 278 S. 1 Alt. 2 BGB für das Verschulden des Herstellers.

solche Produkte in den Verkehr zu bringen, die den Anforderungen an die Sicherheit und Mangelfreiheit genügen, seinerseits erfüllt hat.[137] Gleichwohl wird der Wille des Arztes im Zweifel nicht dahin gehen, für die Mangelfreiheit des Medizinprodukts einstehen zu wollen, da sich diese außerhalb des von ihm beherrschbaren Verantwortungsbereichs bewegt.

Zu berücksichtigen ist ferner, dass die Rechtsfolgen, welche sich bei der Annahme einer ärztlichen Pflicht zur mangelfreien Verschaffung ergeben würden, mit dem Interesse des Arztes nicht in Einklang zu bringen sind. Würde die Mangelfreiheit zum Inhalt des Implantationsvertrags gehören, wäre der Arzt im Fall der Mangelhaftigkeit des von dritter Seite industriell hergestellten und gelieferten Medizinprodukts verschuldensunabhängig zur Nacherfüllung gemäß §§ 437 Nr. 1, 434, 439 BGB verpflichtet. Derart weitreichend kann und will sich der Arzt vernünftigerweise nicht verpflichten. Eine dahingehende Einstandspflicht des Arztes ist mit dem der Arzthaftung zugrundeliegenden Verschuldensprinzip schlechterdings unvereinbar.[138]

Nach dem objektiven Empfängerhorizont unter Berücksichtigung der Verkehrssitte sowie des Grundsatzes von Treu und Glauben wird man in der Regel davon ausgehen müssen, dass der Arzt mit Abschluss des Implantationsvertrags nicht zu verstehen gibt, für die Mangelfreiheit des Medizinprodukts wie ein Verkäufer einstehen zu wollen. Dies gilt freilich nur im Grundsatz und schließt andere Auslegungsergebnisse im Einzelfall nicht aus. Insbesondere in den Fällen, in denen der niedergelassene Arzt umfassende Kontrollmöglichkeiten hat und das Risiko der Mangelhaftigkeit des Implantats weitestgehend ausschließen kann, ist eine Pflicht zur mangelfreien Verschaffung des Medizinprodukts denkbar.

Mit der Feststellung, dass es prinzipiell nicht zu den Pflichten des *Arztes* zählt, das Implantat frei von Mängeln zu verschaffen, stellt sich die Frage, wer diese Pflicht bei Behandlungen in der Ambulanz übernimmt. Relevanz erlangt die Problematik insbesondere vor dem Hintergrund, dass der Patient einer ambulanten Implantationsbehandlung nicht schlechter ste-

---

137 Zum Vertrauensgrundsatz beim Einsatz von Medizinprodukten ausführlich *Schrenk*, Medizinproduktegesetz und Arzthaftung, S. 98 ff., 107; *D. Wilhelm*, Verantwortung und Vertrauen bei Arbeitsteilung in der Medizin, 1984.

138 Ausführlich zum Verschuldensprinzip *Katzenmeier*, Arzthaftung, S. 150 ff.; *Kern*, in: Laufs/Kern/Rehborn, Handbuch des Arztrechts, § 3, Rn. 41, § 6, Rn. 41; *Kern/Rehborn*, in: Laufs/Kern/Rehborn, Handbuch des Arztrechts, § 92, Rn. 4; *Quaas*, in: Quaas/Zuck/Clemens, Medizinrecht, § 14, Rn. 72 ff.; vgl. auch BGH, Urt. v. 8.1.1985 – VI ZR 15/83, NJW 1985, 1399 sowie OLG Köln, Urt. v. 17.12.1984 – 7 U 27/84, NJW 1985, 1402.

hen soll als bei einer stationären Krankenhausbehandlung und er ein berechtigtes Interesse daran hat, auch in diesen Konstellationen mit einem mangelfreien Implantat versorgt zu werden. Fraglich ist, ob der *Medizinprodukthersteller* die Mangelfreiheit des Implantats aufgrund eines selbstständigen Garantievertrags i.S.v. § 443 Abs. 1 BGB mit dem Patienten verspricht.[139] Sollte der Hersteller die Garantie für die Mangelfreiheit des Medizinprodukts übernehmen, käme zwischen ihm und dem Patienten ein direktes Vertragsverhältnis zustande.[140] Dies hätte wiederum zur Folge, dass der Patient im Garantiefall – namentlich dann, wenn das Implantat nicht mangelfrei ist – die Rechte aus der Garantie gegenüber dem Medizinproduktthersteller geltend machen könnte.

Wie alle gegenseitigen Verträge setzt der Garantievertrag zwei übereinstimmende Willenserklärungen gemäß §§ 145 ff. BGB, Angebot und Annahme, voraus.[141] Zwar kommt zwischen dem Medizinproduktthersteller und dem Patienten regelmäßig *kein Kauf*vertrag über das medizinische Produkt zustande.[142] Dies hindert jedoch nicht den Abschluss eines *selbst-*

---

139 Zu dieser Überlegung, im Ergebnis aber ablehnend *Deutsch/Spickhoff*, Medizinrecht, Rn. 2108; *Gaßner/Reich-Malter*, MedR 2006, 147, 148; eine vertragliche Beziehung zwischen Hersteller oder Importeur und Patient für möglich haltend *Koch*, VersR 2015, 1467, 1472; s. auch *Heil/Mayer-Sandrock*, in: Anhalt/Dieners, Medizinprodukterecht, § 23, Rn. 5; in Ansätzen erkennbar BGH, Urt. v. 9.6.2015 – VI ZR 284/12, NJW 2015, 3096.

140 So die überwiegende Ansicht in der Rechtsprechung zum alten Schuldrecht, vgl. allgemein BGH, Urt. 23.3.1988 – VIII ZR 58/87, NJW 1988, 1726; BGH, Urt. v. 12.3.1986 – VIII ZR 332/84, NJW 1986, 1927; BGH, Urt. v. 15.5.1985 – VIII ZR 105/84, NJW 1985, 2819; BGH, Urt. v. 24.6.1981 – VIII ZR 96/80, NJW 1981, 2248; zweifelnd an der Fortgeltung dieser Rechtsprechung nach Inkrafttreten des Schuldrechtsmodernisierungsgesetzes BGH, Urt. v. 5.12.2012 – I ZR 88/11, MMR 2013, 586, 587 (Rz. 12); vgl. im Übrigen *Faust*, in: BeckOK, BGB, § 443, Rn. 18; *Westermann*, in: MüKo, BGB, § 443, Rn. 5 f.; *Stöber*, in: BeckOGK, BGB, § 443, Rn. 35; *Hanke*, Die Garantie in der kaufrechtlichen Mängelhaftung, S. 136 ff.; *Sigel*, Herstellergarantien in der Nacherfüllung, S. 117 f.

141 *Hanke*, Die Garantie in der kaufrechtlichen Nacherfüllung, S. 137 f.; *Stöber*, in: BeckOGK, BGB, § 443, Rn. 35; s. auch BT-Drucks. 14/6040, S. 237.

142 *Gaßner/Reich-Malter*, MedR 2006, 147, 148; *Ilgner*, Der Schrittmacher als Rechtsobjekt, S. 7. Als Gründe, welche gegen den Abschluss eines Kaufvertrags zwischen dem Hersteller und dem Patienten sprechen, nennt *Ilgner* im Wesentlichen die fehlende Kenntnis des Patienten und Schwierigkeiten bei der Beschaffung; vgl. auch *Oeben*, Der potenzielle Produktfehler nach der EuGH-Rechtsprechung, S. 35.

ständigen, auf die Mangelfreiheit gerichteten *Garantie*vertrags.[143] Ein selbstständiger Garantievertrag kommt zwischen dem Hersteller als einem Dritten i.S.v. § 443 Abs. 1 BGB und dem Käufer allgemein in der Weise zustande, dass der Hersteller dem Produkt eine schriftliche Erklärung (sog. Garantiekarte) beifügt. Dabei beinhaltet die Garantiekarte nach weit überwiegender Auffassung ein an den Käufer gerichtetes Angebot des Herstellers (§ 145 BGB) auf Abschluss eines Garantievertrags, wobei auf den Zugang der Annahmeerklärung gemäß § 151 S. 1 BGB verzichtet wird.[144] So auch typischerweise bei Implantationsbehandlungen: Regelmäßig werden Medizinprodukten seitens des Herstellers schriftliche, als „Empfehlungen" bezeichnete Garantiekarten beigelegt.[145] Die Garantiekarten enthalten üblicherweise Hinweise auf die Beschaffenheit sowie Haltbarkeit des Medizinprodukts einschließlich etwaiger Risiken. Entsprechend §§ 133, 157, 242 BGB sind derartige, dem Medizinprodukt beigelegte Informationen als Angebot des Herstellers auf Abschluss eines Garantievertrags auszulegen. Dieses Angebot geht dem Patienten in dem Moment zu, in welchem ihm der Arzt die schriftliche Garantiekarte übergibt. Denn das Handeln des Arztes dürfte dem Medizinprodukthersteller über die Grundsätze der Botenmacht zugerechnet werden,[146] weil er von ihm regelmäßig zur Übergabe der Garantiekarte legitimiert sein dürfte und damit lediglich eine fremde Willenserklärung übermittelt. Der Patient nimmt das Angebot konkludent an, indem er sich der Implantationsoperation unterzieht, wobei der Medizinprodukthersteller nach § 151 S. 1 BGB auf den Zugang der Annahmeerklärung verzichtet.

Mit welchem Inhalt der Garantievertrag zustande kommt, lässt sich nicht allgemeinverbindlich beantworten. Der genaue Garantieinhalt unterliegt vielmehr der privatautonomen Ausgestaltung.[147] Im Einzelfall ist deshalb danach zu fragen, wie die Erklärungen des Herstellers sowie des Pati-

---

143 *Graf von Westphalen*, in: Graf von Westphalen, Vertragsrecht und AGB-Klauselwerke, Teil Vertragsrecht, Garantieklauseln, Rn. 28; *Westermann*, in: MüKo, BGB, § 443, Rn. 6; *Larenz/Canaris*, Schuldrecht BT II/2, § 64 II. 5. (S. 72).

144 *Sigel*, Herstellergarantien in der Nacherfüllung, S. 118; *Hanke*, Die Garantie in der kaufrechtlichen Nacherfüllung, S. 138; *Westermann*, in: MüKo, BGB, § 443, Rn. 6; *Stöber*, in: BeckOGK, BGB, § 443, Rn. 35; *Picht*, NJW 2014, 2609, 2611.

145 S. BGH, Urt. v. 9.6.2015 – VI ZR 284/12, NJW 2015, 3096; passim *Ilgner*, Der Schrittmacher als Rechtsobjekt, 1990.

146 Allgemein zur Botenmacht BGH, Urt. v. 17.2.1954 – II ZR 63/53, NJW 1954, 797, 798; *Schubert*, in: MüKo, BGB, § 164, Rn. 73; *Huber*, in: BeckOGK, BGB, § 164, Rn. 42; *Ellenberger*, in: Palandt, BGB, Einführung vor § 164, Rn. 11; *Weinland*, in: jurisPK, BGB, § 164, Rn. 14.

147 S. statt aller *Hanke*, Die Garantie in der kaufrechtlichen Nacherfüllung, S. 143 ff.

enten insbesondere in Bezug auf die Beschaffenheit oder die Haltbarkeit des Medizinprodukts zu verstehen sind. Typischerweise wird der Hersteller die Mangelfreiheit des Medizinprodukts für einen Zeitraum von zwei Jahren ab dem Zeitpunkt der Verpflanzung in den Körper des Patienten garantieren. Dieses Ergebnis lässt sich nicht nur aus § 438 Abs. 1 Nr. 3 BGB analog schließen,[148] sondern stellt auch einen angemessenen Ausgleich der Interessen der Medizinprodukthersteller sowie der Patienten dar.

C. Die individuelle Herstellung von Medizinprodukten nach den Bedürfnissen des Patienten

I. Die Pflicht des Behandelnden zur mangelfreien Herstellung des Medizinprodukts als ausnahmsweise geschuldete Leistung

Die Behandlungsseite könnte ausnahmsweise zur *mangelfreien Herstellung* des Medizinprodukts verpflichtet sein, und zwar auch bei ambulant durchgeführten Implantationsbehandlungen. Die Anfertigung von Medizinprodukten – beispielsweise von Zahnimplantaten, Hüftprothesen oder teilweise auch Kniegelenken – ist technisch anspruchsvoll. Sie erfordert neben medizinisch-wissenschaftlichen Kenntnissen[149] handwerkliche Geschicklichkeit,[150] ein hohes Maß an Präzision sowie die Einhaltung rechtlicher Anforderungen und Bestimmungen. Insbesondere muss der Hersteller die Vorgaben des MPG erfüllen.[151] Deshalb fertigt der Behandelnde das Medizinprodukt nur selten selbst oder in einer von ihm betriebenen „Werkstatt" (*Eigenherstellung*) an.[152]

---

148 Zur Verjährung der Ansprüche aus einer Herstellergarantie allgemein *Sigel*, Herstellergarantien in der Nacherfüllung, S. 138; *Hanke*, Die Garantie in der kaufrechtlichen Nacherfüllung, S. 198 f.; *Matusche-Beckmann*, in: Staudinger, BGB, § 443, Rn. 42 ff.

149 Vgl. BGH, Urt. v. 9.12.1974 – VII ZR 182/73, NJW 1975, 305, 306; BSG, Urt. v. 20.7.1966 – 6 RKa 11/63, NJW 1967, 317, 318.

150 So ausdrücklich hinsichtlich der Anfertigung von Zahnimplantaten *Könning*, VersR 1989, 223, 229; vgl. BSG, Urt. v. 14.7.1965 – 6 RKa 50/64, BeckRS 1965, 00394.

151 *Kobel*, in: Spickhoff (Hrsg.), Medizinprodukte in der Anwendung, S. 3.

152 Hierzu BSG, Urt. v. 14.7.1965 – 6 RKa 50/64, BeckRS 1965, 00394; *Martis/Winkhart*, Arzthaftungsrecht, Rn. A 403; vgl. auch BGH, Urt. v. 29.3.2011 – VI ZR 133/10, NJW 2011, 1674 (Rz. 7); OLG Frankfurt, Urt. v. 23.11.2010 – 8 U 111/10, BeckRS 2011, 00354.

Sollte die Behandlungsseite ausnahmsweise über die notwendige Expertise sowie entsprechende Qualitätssicherungsmittel verfügen und verspricht sie die Anfertigung des Implantats nach den besonderen anatomischen Verhältnissen des Patienten, wird *insoweit* auch die Herstellung und Verschaffung des Medizinprodukts Gegenstand des Implantationsvertrags.[153] Die Herstellungspflicht umfasst nicht nur den computergestützten Entwurf der Planungsskizze, in welcher Form, Größe und Material bestimmt werden. Nach dem Inhalt des Implantationsvertrags erstreckt sich die Pflicht vielmehr auch auf die den Berechnungen entsprechende Anfertigung des Implantats. Ob sich die isoliert zu betrachtende Herstellung und Verschaffung des Medizinprodukts dabei nach den Vorschriften des Werkvertrags (§§ 631 ff. BGB) oder Werklieferungsvertrags (§ 650 BGB) richten, lässt sich nicht pauschal beantworten. Maßgeblich sind die Umstände des Einzelfalls. Für die Beurteilung der Frage, ob Herstellung und Lieferung des medizinischen Produkts werk- oder werklieferungsvertraglichen Vorschriften unterfallen, kommt es deshalb – wie auch sonst für die Abgrenzung von Werklieferungs- und Werkvertragsrecht – auf den Leistungsschwerpunkt an.[154] Es ist danach zu fragen, ob der Schwerpunkt der geschuldeten Leistungen bei der gebotenen Gesamtbetrachtung eher auf der Pflicht zur Verschaffung des Medizinprodukts (dann § 650 BGB) oder dessen Herstellung (dann §§ 631 ff. BGB) liegt.

II. Die Herstellung des Medizinprodukts durch ein spezialisiertes Unternehmen

Von der Eigenherstellung des Implantats durch die Behandlungsseite zu unterscheiden sind die Fälle, in denen die Fabrikation des Medizinprodukts durch *spezialisierte* Unternehmen erfolgt, wobei fraglich ist, wie sich die Vertragsbeziehungen in diesen Konstellationen typischerweise darstellen. Zwar könnte man erwägen, den Medizinprodukthersteller als Erfüllungsgehilfen i.S.v. § 278 Abs. 1 Alt. 2 BGB der Behandlungsseite in Bezug

153 *Kobel*, in: Spickhoff (Hrsg.), Medizinprodukte in der Anwendung, S. 3; s. auch *Lafontaine*, in: jurisPK, BGB, § 630a, Rn. 193.

154 Vgl. BGH, Urt. v. 3.3.2004 – VIII ZR 76/03, NJW-RR 2004, 850; *Nietsch*, AcP 211 (2011), 737, 753; ausführlich zu den Anwendungsvoraussetzungen des § 651 BGB a.F. (§ 650 BGB neu) *Metzger*, AcP 204 (2004), 231 ff.

auf die individuelle Fabrikation des Implantats anzusehen.[155] Eine solche Sichtweise würde jedoch unberücksichtigt lassen, dass der Behandelnde sinnvollerweise nur solche vertraglichen Pflichten übernehmen wird, die er selbst sowohl fachlich erbringen wie auch kontrollieren und überwachen kann.[156] Weil die individuelle Herstellung von Medizinprodukten – wie erwähnt – technische Kenntnisse, Präzision und die Einhaltung rechtlicher Vorgaben erfordert, den Ärzten hierfür aber regelmäßig die notwendige Expertise fehlt, liegt es nicht in ihrem Interesse, sich vertraglich zur individuellen Herstellung des Medizinprodukts durch spezialisierte Unternehmen zu verpflichten. Im Übrigen kann der Behandelnde mögliche Haftungsrisiken nicht überschauen. Er wird sich daher in aller Regel nur zur *Veranlassung* der Herstellung durch das spezialisierte Unternehmen, nicht aber zur Herstellung selbst verpflichten. Den Parteien steht es frei, im Einzelfall abweichende Vereinbarungen zu treffen.

Der auf die individuelle Anfertigung des Medizinprodukts gerichtete Werkvertrag (*Individualmedizinproduktherstellungsvertrag*) kommt unmittelbar zwischen dem Patienten und dem Hersteller zustande und zwar in dem Zeitpunkt, in welchem der Behandelnde eine individualisierte Planungsskizze an den Medizinproduktehersteller übermittelt. Die Behandlungsseite handelt im Namen des Patienten und schließt einen entsprechenden Vertrag als dessen Vertreter gemäß § 164 Abs. 1 BGB. Die Annahme einer unmittelbaren vertraglichen Beziehung zwischen Patient und Hersteller bei individuell angefertigten Implantaten entspricht nicht nur der Interessenlage der Parteien. Mehr noch trägt sie den Fähigkeiten und Kenntnissen der beteiligten Akteure Rechnung und grenzt die Verantwortungsbereiche klar voneinander ab. Während sich der Behandelnde auf die Erbringung der medizinischen Behandlungsleistungen konzentrieren kann, fällt die Fabrikation des Implantats in den originären Aufgabenbereich eines Medizinprodukteherstellers. Verletzen die Behandlungsseite oder der Hersteller ihre Pflichten aus der vertraglichen Beziehung mit dem Patienten, kann letzterer Sekundäransprüche gegenüber der jeweils verant-

---

155 Allgemein zur Frage, inwieweit der Hersteller als Erfüllungsgehilfe (des Verkäufers) eingeordnet werden kann BGH, Urt. v. 21.6.1967 – VIII ZR 26/65, NJW 1967, 1903, 1904; BGH, Urt. v. 12.1.1989 – III ZR 231/87, NJW-RR 1989, 1189, 1190; BGH, Urt. v. 15.7.2008 – VIII ZR 211/07, NJW 2008, 2837, 2840 (Rz. 29); BGH, Urt. v. 2.4.2014 – VIII ZR 46/13, NJW 2014, 2183, 2185 (Rz. 31 ff.); BGH, Urt. v. 29.4.2015 – VIII ZR 104/14, NJW 2015, 2244 (Rz. 13); *Lorenz*, in: BeckOK, BGB, § 278, Rn. 27; *Caspers*, in: Staudinger, BGB, § 278, Rn. 37; a.A. *Schroeter*, JZ 2010, 495.

156 Ähnlich BGH, Urt. v. 29.6.1999 – VI ZR 24/98, NJW 1999, 2731, 2732.

wortlichen Person geltend machen. Beruht der Schaden des Patienten auf einer Pflichtverletzung sowohl des Behandelnden als auch Herstellers, ist eine gesamtschuldnerische Haftung i.S.d. §§ 421, 426 BGB in Betracht zu ziehen.

D. Die Gegenleistung aus dem Implantationsvertrag

Die zwischen den Parteien vereinbarte Gegenleistung aus dem Implantationsvertrag ist die vereinbarte Vergütung. Zentrale Pflicht des Patienten ist gemäß § 630a Abs. 1 BGB also die Zahlung der für die Implantationsbehandlung anfallenden Kosten.[157] Selbstzahler sowie privat versicherte Patienten schulden prinzipiell die taxmäßige Vergütung nach GOÄ bzw. GOZ bzw. sonstigen einschlägigen Gebührenordnungen.[158] Ist der Patient gesetzlich krankenversichert, wird das Behandlungsvertragsrecht durch die Bestimmungen des Sozialrechts überlagert und der Patient insoweit von seiner Vergütungspflicht gemäß § 630a Abs. 1 a.E. BGB befreit. Die Kosten sind regelmäßig von der gesetzlichen Krankenversicherung zu begleichen.[159] Sollte der gesetzlich versicherte Patient ausnahmsweise Kostenerstattung gemäß § 13 SGB V wählen, richtet sich der Vergütungsanspruch des Behandelnden unmittelbar gegen ihn. Zur Vergütung verpflichtet ist der Patient auch dann, wenn die Implantationsbehandlung außerhalb des Leistungskatalogs der Krankenkasse liegt[160] – so beispielsweise bei der medizinisch nicht indizierten Implantation von Brustimplantaten.

---

157 Allgemein zu Behandlungsverhältnissen *Katzenmeier*, in: BeckOK, BGB, § 630a, Rn. 122; kritisch zum Gesetzeswortlaut *Katzenmeier/Voigt*, in: Festschrift Meincke, 2015, S. 175, 183 f.; *Walter*, in: BeckOGK, BGB, § 630a, Rn. 56.

158 Vgl. *Lafontaine*, in: jurisPK, BGB, § 630a, Rn. 555; *Katzenmeier*, in: BeckOK, BGB, § 630a, Rn. 123; *Voigt*, Individuelle Gesundheitsleistungen (IGeL), S. 87; zur Unabdingbarkeit von GOÄ und GOZ BGH, Urt. v. 23.3.2006 – III ZR 223/05, NJW 2006, 1879, 1880 (Rz. 10).

159 *Weidenkaff*, in: Palandt, BGB, § 630a, Rn. 8; *Katzenmeier*, in: BeckOK, BGB, § 630a, Rn. 136; zum Entstehungszeitpunkt des Vergütungsanspruchs BGH, Urt. v. 21.2.2019 – IX ZR 246/17, NJW 2019, 1451, 1454 (Rz. 35 ff.).

160 Allgemein *Weidenkaff*, in: Palandt, BGB, § 630a, Rn. 8; *Lafontaine*, in: jurisPK, BGB, § 630a, Rn. 555; vgl. im Übrigen OLG Stuttgart, Urt. v. 16.4.2002 – 1 (14) U 71/2001, NJOZ 2002, 2415.

§ 4 Vertragstypologische Qualifikation des Implantationsvertrags

Das nach dem Implantationsvertrag geschuldete Pflichtenprogramm stimmt mit *keinem gesetzlich geregelten* Vertragstyp überein. Vielmehr schuldet der Behandelnde „mehrfachtypische Leistungen".[161] Fraglich ist daher, wie der Implantationsvertrag rechtlich zu qualifizieren ist. Es könnte sich bei dem Implantationsvertrag um einen gemischten Vertrag handeln,[162] der Elemente des Behandlungsvertragsrechts einerseits sowie des Kauf- oder Werkvertragsrechts andererseits enthält, wobei auf die einzelnen Vertragselemente wiederum die Vorschriften der sie betreffenden Vertragstypen Anwendung finden könnten.

A. *Zur Relevanz der rechtlichen Einordnung des Implantationsvertrags*

Die Bestimmung der für den Implantationsvertrag geltenden Vorschriften ist insbesondere im Hinblick auf mögliche Sekundäransprüche des Patienten gegenüber der Behandlungsseite bei der Verpflanzung eines mangelhaften Medizinprodukts von Relevanz. Legt man dem Implantationsvertrag einheitlich die Vorschriften des medizinischen Behandlungsvertragsrechts zugrunde, haftet der Behandelnde gemäß §§ 280 Abs. 1, 630a BGB nur für die Unterschreitung des fachlichen Standards. Eine verschuldensunabhängige Einstandspflicht wegen der *Mangelhaftigkeit* des Implantats i.S.v. §§ 437 Nr. 1, 434, 439 BGB oder §§ 634 Nr. 1, 633, 635 BGB bestünde nicht. Wendet man auf den Implantationsvertrag hingegen zumindest *auch* die Vorschriften des Kauf- oder Werkvertragsrechts an, wäre der Anwendungsbereich der verschuldensunabhängigen Mängelgewährleistungshaftung eröffnet. Der Patient könnte vom Behandelnden Nacherfüllung gemäß §§ 437 Nr. 1, 434, 439 BGB oder §§ 634 Nr. 1, 633, 635 BGB wegen der Implantation eines mangelhaften Medizinprodukts verlangen.

Auswirkungen hat die rechtliche Qualifikation des Implantationsvertrags – wenn auch für die vorliegende Arbeit von eher untergeordneter Bedeutung – im Übrigen für das Entstehen und die Fälligkeit des Vergü-

---

161 *Larenz/Canaris*, Schuldrecht BT II 2, § 63 II. 1. (S. 46).

162 Vgl. zur Definition des „gemischten Vertrags" sowie zu Beispielen statt aller *Feldmann*, in: Staudinger, BGB, § 311, Rn. 33.

tungsanspruchs, die vorzeitige Beendigung des Implantationsverhältnisses sowie die Verjährung der Ansprüche.

B. Der Implantationsvertrag als typengemischter, aber einheitlicher Vertrag

Der Implantationsvertrag könnte als typengemischter, aber einheitlicher Vertrag einzuordnen sein.

I. Die verschiedenen Vertragselemente des Implantationsvertrags

1. Das behandlungsvertragliche Element des Implantationsvertrags

Der Implantationsvertrag enthält Elemente des Behandlungsvertragsrechts. Der Vertrag ist nämlich auf die *medizinische Behandlung eines Patienten* i.S.v. § 630a Abs. 1 BGB gerichtet. Zwar definiert das Gesetz nicht, wann eine medizinische Behandlung gemäß § 630a Abs. 1 BGB vorliegt.[163] Vielmehr setzt das Gesetz eine solche voraus. Aus der Gesetzesbegründungs geht allerdings hervor, dass dem Begriff der medizinischen Behandlung ein weites Verständnis zugrunde zu legen ist und „sämtliche [ärztliche] Maßnahmen sowie Eingriffe am Körper eines Menschen [erfasst sein sollen], um Krankheiten, Leiden, Körperschäden, körperliche Beschwerden oder seelische Störungen nicht krankhafter Natur zu verhüten, zu erkennen, zu heilen oder zu lindern."[164]

Im Rahmen der Implantationsbehandlung werden dem Patienten Medizinprodukte als künstliche „Hilfsmittel" zum dauernden oder vorübergehenden Verbleib in dessen Körper verpflanzt. Übergeordnetes Ziel einer Implantationsbehandlung ist die Förderung oder Verbesserung der Gesundheit des Patienten, jedenfalls aber die Verhinderung weiterer Schäden. Die Implantationsbehandlung ist somit eine besondere medizinische Behandlung i.S.v. § 630a Abs. 1 BGB.

---

163 *Spickhoff*, in: Spickhoff, Medizinrecht, BGB, § 630a, Rn. 12; *Walter*, in: BeckOGK, BGB, § 630a, Rn. 38; *Hart*, GesR 2012, 385.

164 BT-Drucks. 17/10488, S. 17; *Wagner*, in: MüKo, BGB, § 630a, Rn. 9 f.; *Katzenmeier*, in: BeckOK, BGB, § 630a, Rn. 26; *Lipp*, in: Laufs/Katzenmeier/Lipp, Arztrecht, Kap. III, Rn. 27; *Voigt*, in: NK-BGB, Vor § 630a, Rn. 5.

2. Das kaufvertragliche Element des Implantationsvertrags, insbesondere die Frage nach dem Bestehen eines Verbrauchsgüterkaufs i.S.d. §§ 474 ff. BGB

Soweit sich die Behandlungsseite – wie bei stationären Behandlungen üblich – auch zur Lieferung eines mangelfreien Medizinprodukts verpflichtet, übernimmt sie originäre Pflichten des Verkäufers i.S.v. § 433 Abs. 1 S. 2 BGB. Der Implantationsvertrag enthält insofern kaufvertragliche Elemente.

Unterfällt das Medizinprodukt dem Kaufvertragsrecht, schließt sich die Frage an, ob zugleich ein Verbrauchsgüterkauf gemäß §§ 474 ff. BGB vorliegt. Die Einordnung der kaufvertraglichen Komponente des Implantationsvertrags als Verbrauchsgüterkauf hätte gemäß § 477 BGB eine Beweiserleichterung für die Frage des Zeitpunkts des Mangels sowie nach § 476 BGB eine Beschränkung der Privatautonomie zur Folge.

a) Das Vorliegen eines Verbrauchsgüterkaufs in persönlicher Hinsicht

Für die Anwendung der §§ 474 – 477 BGB ist in persönlicher Hinsicht Voraussetzung, dass der Vertrag zwischen einem Verbraucher nach § 13 BGB als Käufer und einem Unternehmer als Verkäufer i.S.v. § 14 BGB geschlossen wird. Gemäß § 13 BGB ist Verbraucher jede natürliche Person, die ein Rechtsgeschäft zu einem Zweck abschließt, der überwiegend weder ihrer gewerblichen noch selbstständigen beruflichen Tätigkeit zugeordnet werden kann. Mit dem Abschluss des Implantationsvertrags verfolgt der Patient das Ziel, eine Verbesserung seines gesundheitlichen Zustands zu erreichen. Er schließt den Vertrag weder zu gewerblichen noch selbstständigen beruflichen Zwecken. Der Patient ist Verbraucher i.S.d. §§ 474 Abs. 1, 13 BGB.

Der Träger eines Krankenhauses – ganz unabhängig davon, ob dieser natürliche oder juristische Person ist[165] – handelt bei Abschluss des Implantationsvertrags mit dem Patienten im Übrigen in Ausübung seiner gewerbli-

165 Vgl. *Quaas*, in: Quaas/Zuck/Clemens, Medizinrecht, § 25, Rn. 76; *Wernick*, in: Huster/Kaltenborn, Krankenhausrecht, § 20, Rn. 23 ff.; *Brüggemeier*, MedR 2014, 537, 540. Zur Einordnung des Betreibens eines Krankenhauses als berufliche Tätigkeit i.S. von Art. 12 Abs. 1 GG s. BVerfG, Beschl. v. 12.6.1990 – 1 BvR 355/86, NJW 1990, 2306; BVerwG, Urt. v. 26.10.1995 – 3 C 11/94, NVwZ-RR 1996, 393.

chen Tätigkeit. Er ist Unternehmer i.S.v. § 14 BGB. In persönlicher Hinsicht liegt damit ein Verbrauchsgüterkauf vor.

b) Das Vorliegen eines Verbrauchsgüterkaufs in sachlicher Hinsicht

In sachlicher Hinsicht ist gemäß § 474 Abs. 1 S. 1 BGB ein Kaufvertrag über eine bewegliche Sache erforderlich. Zwar hat der Implantationsvertrag auch die dauerhafte Überlassung des Medizinprodukts an den Patienten zum Gegenstand. *Daneben* ist die Behandlungsseite jedoch zur Erbringung einer medizinischen Behandlung des Patienten verpflichtet. Der sachliche Anwendungsbereich ist nicht nach § 474 Abs. 1 S. 1 BGB eröffnet.

Allerdings könnte § 474 Abs. 1 S. 2 BGB einschlägig sein. Danach werden vom Begriff des Verbrauchsgüterkaufs auch solche Verträge umfasst, bei denen sich der Unternehmer neben dem Verkauf einer beweglichen Sache zur Erbringung einer Dienstleistung verpflichtet. Bei der medizinischen Behandlung handelt es sich um eine besondere Form der Dienstleistung.[166] Fraglich ist daher, ob der Implantationsvertrag gemäß § 474 Abs. 1 S. 2 BGB als Verbrauchsgüterkauf einzuordnen ist. Dies erscheint auf den ersten Blick zweifelhaft, weil das behandlungsvertragliche Element des Implantationsvertrags nicht nur von untergeordneter Bedeutung ist, sondern dessen Charakter – wie auch das kaufvertragliche Element – prägt.[167]

---

166 Dass es sich bei dem medizinischen Behandlungsvertragsrecht um besonderes Dienstvertragsrecht handelt, zeigt sich bereits aus der systematischen Stellung des medizinischen Behandlungsvertrags in Titel 8 – „Dienstvertrag und ähnliche Verträge" des achten Abschnitts des Rechts der Schuldverhältnisse. S. dazu *Katzenmeier*, in: BeckOK, BGB, § 630a, Rn. 20; *Spickhoff*, in: Spickhoff, Medizinrecht, BGB, § 630a, Rn. 25 f. BT-Drucks. 17/10488, S. 17; s. zur Einordnung des Behandlungsvertrags als besonderen Dienstvertragstyp auch BGH, Urt. v. 9.12.1974 – VII ZR 182/73, NGHZ 63, 306, 309 = NJW 1975, 305; BGH, Urt. v. 9.11.1989 – IX ZR 269/87, NJW 1990, 761, 764, 766.

167 Die Frage, ob Verbrauchsgüterkaufrecht allgemein auf Verträge anwendbar ist, die neben dem Verkauf einer beweglichen Sache die Erbringung einer Dienstleistung zum Gegenstand haben, wurde in der Literatur – soweit ersichtlich – nur vereinzelt diskutiert, vgl. *Brüggemeier*, MedR 2014, 537, 540; *S. Lorenz*, in: MüKo, BGB, § 474, Rn. 4; *Ball*, in: jurisPK-BGB, § 474, Rn. 16; *Faust*, in: BeckOK, BGB, § 474, Rn. 11: Die Qualifikation einer Operation, bei der dem Patienten ein Herzschrittmacher eingesetzt werden soll, als Verbrauchsgüterkauf sei „evident unsinnig".

Zur Lösung der Problematik ist zunächst vom Wortlaut der Vorschrift auszugehen. Der Wortlaut des § 474 Abs. 1 S. 2 BGB ist weit gefasst und steht einer Subsumtion von Dienstleistungen unter das Verbrauchsgüterkaufrecht nicht prinzipiell entgegen. Aus der Präposition *„neben"* lässt sich weiterhin nicht auf das Verhältnis der kauf- bzw. dienstvertraglichen Elemente des Vertrags zueinander schließen. Hätte der Gesetzgeber zum Ausdruck bringen wollen, dass die Anwendung der Normen über Verbrauchsgüterkaufverträge ein Überwiegen des kaufvertraglichen Vertragselements voraussetzt, hätte er dies zum Beispiel durch die Verwendung der Präposition *„untergeordnet"* kenntlich machen können. Weil eine solche Formulierung fehlt, lässt sich mit guten Argumenten vertreten, dass die Präposition *„neben"* als Öffnungsklausel für weitere, unterschiedliche Vertragsformen neben einem Kaufvertrag fungieren soll. Nach dem Wortlaut des § 474 Abs. 1 S. 2 BGB scheint es somit möglich, auch solche Fälle unter die Regelung zu subsumieren, in denen die Dienstleistung – *in concreto* die medizinische Behandlung des Patienten – nicht nur nachrangige Bedeutung hat.

Gestützt wird dieses Auslegungsergebnis durch die Gesetzgebungsmaterialien zu § 474 BGB.[168] Zwar dachte der Gesetzgeber mit § 474 Abs. 1 S. 2 BGB primär an Fälle, in denen der Unternehmer die Dienstleistung als Nebenleistung zu seiner Haupflicht, dem Verbraucher die gekaufte Sache zu übereignen, erbringt.[169] Wie aus den Gesetzesmaterialien hervorgeht, sollen allerdings auch solche Konstellationen erfasst sein, in denen die Dienstleistung im Verhältnis zur Übereignung der Ware nicht nur untergeordnete Bedeutung hat.[170] Insofern steht auch der historische Gesetzgeberwille einer partiellen Erstreckung des Verbrauchsgüterkaufrechts auf den Implantationsvertrag nicht entgegen.

Im Übrigen spricht auch das *telos* der Vorschrift für die Einordnung des kaufvertraglichen Elements des Implantationsvertrags als Verbrauchsgüterkauf. Die Regelung des § 474 BGB geht namentlich auf Art. 2 Nr. 5 letzter

---

168 BGBl. 2013 I, S. 3642; Gesetzentwurf der Bundesregierung zur Umsetzung der Verbraucherrechterichtlinie und zur Änderung des Gesetzes zur Regelung der Wohnungsvermittlung v. 6.3.2013, BT-Drucks. 17/12637, S. 69. Im Ergebnis ebenso *Brüggemeier*, MedR 2014, 537, 540.

169 Vgl. *Ball*, in: jurisPK-BGB, § 474, Rn. 16.

170 BT-Drucks. 17/12637, S. 69; sich dem anschließend *S. Lorenz*, in: MüKo, BGB, § 474, Rn. 4; *Faust*, in: BeckOK, BGB, § 474, Rn. 10; *Ball*, in: jurisPK-BGB, § 474, Rn. 16.

Hs. der Verbraucherrechte-RL[171] zurück. Ausweislich des Art. 1 der Verbraucherrechte-RL war es Zweck der Richtlinie, ein hohes Verbraucherschutzniveau zu erreichen. Wegen der Vielgestaltigkeit möglicher Vertragsformen lässt sich dieses Ziel jedoch nur umsetzen, wenn die §§ 474 – 477 BGB auch auf Verträge angewandt werden, die neben der Verschaffung einer Sache auch die Erbringung einer Dienstleistung zum Gegenstand haben. Um der gestiegenen Bedeutung des Verbrauchsgüterkaufs in Verbindung mit Dienstleistungen sowie dem Umstand, dass der Patient als eine besonders schutzwürdige Untergruppe des Verbrauchers i.S.v. § 13 BGB zu betrachten ist,[172] gerecht zu werden, sind hinsichtlich des kaufvertraglichen Elements des Implantationsvertrags die Vorschriften über Verbrauchsgüterkaufverträge anzuwenden.

c) Zwischenfazit

Soweit ein Verbrauchsgüterkauf sowohl in persönlicher als auch in sachlicher Hinsicht vorliegt, bestimmt § 474 Abs. 2 S. 1 BGB, dass die „folgenden Vorschriften dieses Untertitels“ gelten. Gemeint sind die §§ 474 – 479 BGB, wobei die Normen nur ergänzend zu den Regelungen des allgemeinen Kaufrechts heranzuziehen sind. Von besonderer Relevanz sind dabei die §§ 476, 477 BGB. Gemäß § 476 BGB sind die Vorschriften des Verbrauchsgüterkaufs sowie die Rechtsbehelfe, die dem Verbraucher aufgrund einer mangelhaften Leistung zustehen (§§ 433 – 435, 437, 439 – 443 BGB), nicht zuungunsten des Verbrauchers abdingbar. Soweit – und wie noch zu prüfen sein wird[173] – für den Implantationsvertrag teilweise Kauf- respektive Verbrauchsgüterkaufrecht gilt, wäre es dem Krankenhausträger demnach nicht möglich, seine Haftung wegen der Mangelhaftigkeit des Medizinprodukts zu beschränken.

Entsprechend § 477 BGB wird im Übrigen vermutet, dass ein Mangel bereits im Zeitpunkt des Gefahrübergangs vorhanden gewesen ist, wenn sich die Abweichung der Ist-Beschaffenheit von der Soll-Beschaffenheit in-

171 Richtlinie 2011/83/EU des Europäischen Parlaments und des Rates vom 25. Oktober 2011 über die Rechte der Verbraucher (Verbraucherrechte-RL), (ABl. Nr. L 304 S. 64), zuletzt geändert durch Art. 27 Abs. 2 ÄndRL (EU) 2915/2302 vom 25.11.2015 (ABl. Nr. L 326 S. 1).

172 S. *Micklitz*, in: MüKo, BGB, § 13, Rn. 11; vgl. auch *Schwenzfeier*, Die kollisionsrechtliche Anknüpfung des Behandlungsverhältnisses im Rahmen einer kosmetischen Operation, S. 101 ff.

173 S.u. Erster Teil § 4 C.

nerhalb von sechs Monaten nach Gefahrübergang zeigt. Sofern auf den Implantationsvertrag partiell die Vorschriften des Kauf- bzw. Verbrauchsgüterkaufrechts anzuwenden wären, wäre nach § 477 BGB davon auszugehen, dass ein etwaiger Mangel des Medizinprodukts bereits bei der Verpflanzung in den Körper des Patienten vorgelegen hat, wenn der Defekt innerhalb von sechs Monaten nach Durchführung der Implantationsoperation aufgetreten ist.

3. Das werkvertragliche Element des Implantationsvertrags bei der ausnahmsweise geschuldeten Herstellung des Medizinprodukts

Verpflichtet sich die Behandlungsseite ausnahmsweise auch zur Herstellung des Medizinprodukts, so zum Beispiel bei Zahnimplantaten oder Kniegelenken denkbar, enthält der Implantationsvertrag werkvertragliche Elemente.[174]

Mit der Feststellung, dass der Implantationsvertrag im Einzelfall werkvertragliche Bestandteile enthält, ist noch nicht gesagt, welche *einzelnen* Leistungen dem Werkvertragsrecht unterfallen. Fraglich ist daher, wo die Grenze zwischen dem Behandlungsvertragsrecht auf der einen und dem Werkvertragsrecht auf der anderen Seite zu ziehen ist.

Die Rechtsprechung hat sich mit der Frage, bis zu welchem Umfang medizinischen Leistungen vorliegen und ab wann die technische Herstellung des Implantats beginnt – soweit ersichtlich – nur auf Grundlage des zahnprothetischen Behandlungsvertrags auseinandersetzt. Nach Ansicht des *BGH*[175] liegt noch medizinische Behandlung vor, wenn der Patient die Bisshöhe, eine fehlende Okklusion und die Größe der gestalteten Zähne rügt. Bei diesen Leistungen handele es sich nämlich nicht um die technische Anfertigung der Zahnprothese, sondern um spezifisch ärztliche Aufgaben. Ähnlich argumentierend qualifizierte das *OLG Köln*[176] den Entwurf

174 S.o. Erster Teil § 3 C. Zur werkvertraglichen Haftung des Behandelnden in Ausnahmefällen auch BGH, 29.3.2011 – VI ZR 133/10, NJW 2011, 1674 (Rz. 7): nur für die reine „technische Anfertigung des Zahnersatzes"; OLG Frankfurt, Urt. v. 23.11.2010 – 8 U 111/10, BeckRS 2011, 00354; OLG Frankfurt, Urt. v. 17.2.2005 – 26 U 56/04, NJW-RR 2005, 701, 702; OLG Jena, Urt. v. 29.5.2012 – 4 U 549/11, NJW 2012, 2357, 2358; KG, Beschl. v. 1.7.2010 – 20 W 23/10, VersR 2011, 402; OLG Karlsruhe, Urt. v. 23.2.1994 – 7 U 193/92, VersR 1996, 62; *Roesch*, VersR 1979, 12, 14.

175 Vgl. BGH, Urt. v. 29.3.32011 – VI ZR 133/10, NJW 2011, 1674.

176 Vgl. OLG Köln, Urt. v. 12.1.1977 – 2 U 100/76, VersR 1977, 843.

einer Zahnprothese als medizinische Maßnahme, obwohl man – wie *Könning*[177] zutreffend bemerkt – den Entwurf einer Planungsskizze auch als Teil der technischen Anfertigung des Implantats begreifen könnte.

Die vorstehenden Ausführungen zeigen, dass die Grenzziehung zwischen medizinischem Behandlungs- und Werkvertragsrecht nicht leichtfällt. Die Übergänge sind fließend. Ob der Entwurf einer Planungsskizze, das Anfertigen von ersten Implantat-Entwürfen, die Herstellung von Arbeitsmodellen oder die Vorbereitung des Schnittblocks als medizinische Behandlungsleistung oder technische Maßnahme zu begreifen ist, lässt sich nicht allgemein beantworten. Maßgeblich kommt es auf die Umstände des jeweiligen Falles an. Insofern ist im Einzelfall und gegebenenfalls durch einen Sachverständigen zu klären, ob die in Frage stehende Maßnahme eher medizinischen Sachverstand (dann Behandlungsvertragsrecht) oder technische Geschicklichkeit (dann Werkvertragsrecht) erfordert.

II. Der Implantationsvertrag als einheitlicher Vertrag

Der Implantationsvertrag könnte als einheitlicher Vertrag zu qualifizieren sein. Im Gegensatz zu einem „zusammengesetzten" Vertrag liegt ein einheitlicher Vertrag vor, wenn in einem Vertrag Elemente mehrerer Vertragstypen zu einer Einheit verbunden sind.[178] Hingegen ist von einem zusammengesetzten Vertrag auszugehen, wenn mehrere Verträge nach dem Parteiwillen sowie nach Sinn und Zweck des Vertrags lediglich Bestandteile eines einheitlichen Gesamtvertrags sein sollen.[179]

---

177 *Könning*, VersR 1989, 223, 229.

178 Vgl. *Larenz/Canaris*, Schuldrecht BT II/2 § 63 I. (S. 41 ff.); *Feldmann*, in: Staudinger, BGB, § 311, Rn. 54; *Stadler*, in: Jauernig, BGB, § 311, Rn. 30; vgl. aus der Rechtsprechung auch BGH, Urt. v. 8.2.1978 – VIII ZR 20/77, NJW 1978, 997 f.; BGH, Urt. v. 21.2.1979 – VIII ZR 88/78, NJW 1979, 1288; BGH, Urt. v. 6.12.1979 – VII ZR 313/78, NJW 1980, 829; BGH, Urt. v. 29.10.1980 – VIII ZR 326/79, NJW 1981, 341, 342; BGH, Urt. v. 6.5.1982 – VII ZR 74/81, NJW 1982, 2243 f.; BGH, Urt. v. 21.11.1985 – VII ZR 366/83, NJW 1986, 925, 926; BGH, Urt. v. 24.9.1987 – VII ZR 306/86, NJW 1988, 132; OLG Frankfurt a.M., Urt. v. 27.9.1994 – 11 U (Kart 30/94), NJWE-WettbR 1996, 142; s. auch *Häublein*, NJW 2009, 2982, 2983.

179 Statt aller *Stadler*, in: Jauernig, BGB, § 311, Rn. 29; BGH, Urt. v. 5.4.1979 – VII ZR 308/77, NJW 1979, 1406, 1407; BGH, Urt. v. 6.12.1979 – VII ZR 313/78, NJW 1980, 829, 830; BGH, Urt. v. 24.9.1987 – VII ZR 306/86, DNotZ 1988, 547; vgl. auch BGH, Urt. v. 26.10.1990 – V ZR 22/89, DNotZ 1992, 25, 25; zur recht-

Das Medizinprodukt kann seine bestimmungsgemäße Funktion nur übernehmen, wenn es in Einklang mit den medizinischen Standards in den Körper des Patienten implantiert wurde *und* es im Übrigen frei von Mängeln ist. Sowohl die Sorgfaltsgemäßheit der medizinischen Behandlungsleistungen als auch die Mangelfreiheit des Medizinprodukts sind unverzichtbare Grundvoraussetzungen für das Gelingen der Implantationsbehandlung. Zwischen den Vertragsbestandteilen besteht nach Sinn und Zweck ein Abhängigkeitsverhältnis.[180] Das eine ist nicht ohne das andere möglich – und umgekehrt. Aber auch nach dem Willen der Parteien sind die Elemente des Implantationsvertrags zu einer Einheit verbunden und können sinnvollerweise nicht getrennt voneinander bestehen. Für den Patienten sind die medizinischen Behandlungsleistungen ohne Implantat sowie ein Implantat ohne die medizinischen Behandlungsleistungen isoliert betrachtet wertlos. Er will die Implantationsbehandlung *insgesamt* erhalten. Dieses Interesse ist für den Behandelnden auch erkennbar. Der Implantationsvertrag ist daher als einheitlicher Vertrag zu qualifizieren.

C. Die Ermittlung der auf den Implantationsvertrag anwendbaren Vorschriften

I. Lösungsmöglichkeiten zur Behandlung typengemischter Verträge

Zur Beantwortung der Frage, welche Vorschriften auf typengemischte Verträge anzuwenden sind, haben sich unterschiedliche Lösungsansätze entwickelt.[181] So sind nach der Absorptionsmethode prinzipiell die Regelungen desjenigen Vertragstyps anzuwenden, dessen Recht im Vordergrund des Vertragsverhältnisses steht.[182] Dabei werden die für die übrigen unter-

---

lichen Behandlung zusammengesetzter Verträge bei einem Formmangel eines Einzelvertrags BGH, Urt. v. 2.3.1978 – VII ZR 240/77, NJW 1978, 1434, 1435.

180 *Brüggemeier*, MedR 2014, 537, 540; vgl. *Kubella*, Patientenrechtegesetz, S. 193 sowie OLG Karlsruhe, Urt. v. 3.5.1967 – 1 U 144/66, NJW 1967, 1512; im Ergebnis ebenso *Roesch*, VersR 1979, 12, 14.

181 Ausführlich zu den Rechtsfindungsmethoden bei typengemischten Verträgen der Rechtsprechung sowie Literatur *Stoffels*, Gesetzlich nicht geregelte Schuldverträge, S. 120 ff., 153 ff.; s. auch *Feldmann*, in: Staudinger, BGB, § 311, Rn. 37 ff.

182 Vgl. *Lotmar*, Der Arbeitsvertrag I, S. 176, 686 ff.; *Blociszewski*, Vermengung der Vertragstypen, S. 41; *Cosack*, Lehrbuch des bürgerlichen Rechts, S. 484, 552; *Endemann*, Lehrbuch des bürgerlichen Rechts 1, S. 908 Anm. 9 und S. 1022 f.; in diese Richtung gehend teilweise die Rechtsprechung, die bei kollidierenden Vorschriften mitunter das Recht desjenigen Vertragstyps anwendet, auf dem der

geordneten Typenelemente geltenden Rechtsfolgenregelungen verdrängt, gewissermaßen absorbiert.[183] Der Implantationsvertrag ist ein besonderer Behandlungsvertrag. Würde man den Implantationsvertrag nach der Absorptionsmethode behandeln, würde sich das den Vertrag insgesamt prägende behandlungsvertragliche Element durchsetzen und die kauf- oder werkvertraglichen Bestandteile absorbieren. Auf den Implantationsvertrag wären demnach ausschließlich die §§ 630a – 630h BGB anzuwenden.

Nach der Kombinationsmethode sind die verschiedenen Bestandteile eines typengemischten Vertrags hingegen zu trennen und jeweils gesondert den für den betreffenden Vertragsbestandteil geltenden Normen zu unterwerfen.[184] Würde man nach der Kombinationsmethode verfahren, wären folglich hinsichtlich des behandlungsvertraglichen Elements des Implantationsvertrags die Vorschriften über Behandlungsverträge zugrunde zu legen, wohingegen für den kauf- oder werkvertraglichen Teil die Bestimmungen des Kauf- oder Werkvertragsrechts Anwendung fänden.

Mittlerweile herrscht jedoch weitgehend Einigkeit, dass keine der zuvor genannten Methoden allein zur Bestimmung der auf typengemischte Verträge anwendbaren Regelungen genügt.[185] Zu vielgestaltig sind denkbare vertragliche Mischverhältnisse, als dass abstrakte Regelungen aufgestellt werden könnten.[186] Entscheidend kommt es vielmehr darauf an, welche Vorschriften nach der Interessenlage der Parteien, dem Zweck der betref-

---

rechtliche oder wirtschaftliche Schwerpunkt liegt, vgl. z.B. BGH, Urt. v. 15.3.2018 – III ZR 126/17, NJW-RR 2018, 683, 685 (Rz. 11); BGH, Urt. v. 12.1.2017 – III ZR 4/16, NJW-RR 2017, 622, 623 (Rz. 10); BGH, Urt. v. 8.10.2009 – III ZR 93/09, NJW 2010, 150, 151; BGH, Urt. v. 4.3.2010 – III ZR 79/09, NJW 2010, 1449, 1450; BGH, Urt. v. 5.7.2007 – IX ZR 185/06, NJW 2007, 3715, 3716; BGH, Urt. v. 29.10.1980 – VIII ZR 326/79, NJW 1981, 341, 342: OLG München, Urt. v. 11.2.2015 – 7 U 3170/14, NJOZ 2015, 886, 888 (Rz. 53, 57); OLG Stuttgart, Urt. v. 7.12.2016 – 3 U 105/16, NZM 2017, 598, 599 (Rz. 19 ff.).

183 Ohne sich diese Auffassung zu eigen zu machen *Stoffels*, Gesetzlich nicht geregelte Schuldverträge, S. 154.

184 *Rümelin*, Dienstvertrag und Werkvertrag, S. 320 ff.; *Hoeniger*, Vorstudien zum Problem der gemischten Verträge; *ders.*, Grundformen, S. 382 ff.; *ders.*, DJZ 1913, 263 ff.; *Witting*, Stellung des § 651 BGB zur Lehre von den gemischten Verträgen, S. 63 ff.; *Larenz/Canaris*, Schuldrecht BT II/2, § 63 I 3. b), II 2. (S. 44, 47).

185 Vgl. *Emmerich*, in: MüKo, BGB, § 311, Rn. 29; *Stadler*, in: Jauernig, BGB, § 311, Rn. 30, 33; *Grüneberg*, in: Palandt, BGB, Überblick vor § 311, Rn. 25, s. auch *Stoffels*, Gesetzlich nicht geregelte Schuldverträge, S. 158 f.

186 S. z.B. *Enneccerus/Lehmann*, Recht der Schuldverhältnisse, § 100 B (S. 395); *Eick*, Problem der gemischten Verträge, S. 106; *Leenen*, Typus und Rechtsfindung,

fenden Normen sowie den besonderen Umständen des Einzelfalls Anwendung finden sollen.[187]

II. Ausschließliche Anwendung des medizinischen Behandlungsvertragsrechts auf den Implantationsvertrag nach der Interessenlage oder dem Zweck der betreffenden Normen?

1. Die Interessenlage der Parteien

Bei klassischen Heilbehandlungen widerspricht es dem berechtigten Interesse des Behandelnden, für das Gelingen seiner Bemühungen haftungsrechtlich einstehen zu müssen.[188] Die Genesung des Patienten hängt nicht nur von seiner Tätigkeit ab, sondern auch von Faktoren, die sich dem ärztlichen Einflussbereich entziehen und selbst bei optimalen Bedingungen und sorgfältigster Durchführung der Heilmaßnahme weder vorhersehbar noch beherrschbar sind.[189] Soweit die Parteien im Einzelfall nichts Abweichendes vereinbaren, sind Behandlungsverträge daher als besondere Dienstverträge i.S.d. §§ 630a – 630h BGB und nicht als Werkvertrag zu qualifizieren.

S. 151 f.; *Emmerich*, in: MüKo, BGB, § 311, Rn. 29; *Feldmann*, in: Staudinger, BGB, § 311, Rn. 38; *Stadler*, in: Jauernig, BGB, § 311, Rn. 30, 33; *Grüneberg*, in: Palandt, BGB, Überblick vor § 311, Rn. 25, s. auch *Stoffels*, Gesetzlich nicht geregelte Schuldverträge, S. 158.

187 Vgl. BGH, Urt. v. 15.3.2018 – III ZR 126/17, NJW-RR 2018, 683, (Rz. 12 ff.); BGH, Urt. v. 13.9.2007 – I ZR 207/04, NJW 2008, 1072, 1073 (Rz. 19); *Emmerich*, in: MüKo, BGB, § 311, Rn. 28 m.w.N.; *Grüneberg*, in: Palandt, BGB, Überblick vor § 311, Rn. 25 f.; *Feldmann*, in: Staudinger, BGB, § 311, Rn. 37, 41; *Lapp*, in: jurisPK, BGB, § 311, Rn. 29; *Graue*, AcP 163 (1964), 407 ff.

188 Vgl. *Katzenmeier*, Arzthaftung, S. 99 f.; *ders.*, in: BeckOK, BGB, § 630a, Rn. 20; BGH, Urt. v. 9.12.1974 – VII ZR 182/73, NJW 1975, 305, 309 (zahnprothetischer Behandlungsvertrag); BGH, Urt. v. 9.11.1989 – IX ZR 269/87, NJW 1990, 761; BGH, Urt. v. 29.3.2011 – VI ZR 133/10, NJW 2011, 1674 f.; OLG Koblenz, Urt. v. 1.9.2011 – 5 U 862/11, MDR 2011, 1278; OLG Köln, Hinweisbeschl. 29.8.2012 – 5 U 18/12, BeckRS 2013, 1561; zur grundsätzlichen Einordnung eines auf die prothetische Behandlung gerichteten Vertrags als Dienstvertrag mit werkvertraglichen Elementen OLG Karlsruhe, Urt. v. 23.2.1994 – 7 U 193/92, VersR 1996, 62; *Lipp*, in: Laufs/Katzenmeier/Lipp, Arztrecht, Kap. III, Rn. 26 ff.; *Kern*, in: Laufs/Kern/Rehborn, Handbuch des Arztrechts, § 38, Rn. 9 ff.; *Wagner*, in: MüKo, BGB, § 630a, Rn. 3.

189 Z.B. *Katzenmeier*, Arzthaftung, S. 99; RG, Urt. v. 1.3.1912 – III 231/11, RGZ 78, 432, 435; RG, Urt. v. 13.12.1940 – III 46/40, RGZ 165, 336, 338 f.

Dieser Gedanke könnte auch bei Implantationsbehandlungen heranzuziehen sein. Die Unberechenbarkeiten des menschlichen Körpers bestehen unabhängig davon, ob ein klassischer Heileingriff oder eine besondere medizinische Behandlung mit einem Medizinprodukt vorliegt. Von Einfluss auf das Gelingen der Implantationsbehandlung ist im Übrigen nicht nur das fachgerechte Bemühen des Arztes. Ausschlaggebend ist im Gegenteil auch der Umstand, ob und gegebenenfalls in welchem Umfang das implantierte Medizinprodukt aufgrund seiner biologischen, chemischen oder chemisch-physikalischen Eigenschaften mit dem menschlichen Gewebe zusammenwirkt und eine etwaige Abstoßreaktion des Körpers hervorruft. Weil der Patient im Übrigen – so ließe sich vertreten – wisse, dass das Implantat seine Substitutionsfunktion nicht sicher zu übernehmen vermag, könnten auf den Implantationsvertrag einheitlich die Vorschriften über medizinische Behandlungsverträge anzuwenden sein.

Soweit die Implantationsbehandlung aufgrund der sorgfaltswidrigen Erbringung der medizinischen Behandlungsleistungen nicht zu dem gewünschten Ergebnis führt, mag der Interessenlage der Parteien durch die Geltung des Behandlungsvertragsrechts entsprochen werden. Davon zu unterschieden sind indes die Konstellationen, in denen das Implantat die Werkzeugfunktion infolge seiner (herstellungs- oder konstruktionsbedingten) Mangelhaftigkeit nicht übernehmen kann. In diesen Fällen liegt die Ursache für das Ausbleiben des Behandlungserfolgs nicht in der Sphäre des Patienten. Die Kausalkette wird vielmehr unmittelbar beim Hersteller in Gang gesetzt und könnte durch den Behandelnden – etwa durch Untersuchungen bzw. Funktionsüberprüfungen – unterbrochen werden. In jedem Fall würde es einer interessengerechten Lösung aber nicht entsprechen, dem Patienten über die einheitliche Anwendung des Behandlungsvertragsrechts das Risiko für die Mangelhaftigkeit des Medizinprodukts ausschließlich zuzuordnen.

2. Der Zweck der betreffenden Normen

Eng verbunden mit der Frage, ob der Implantationsvertrag nach der Interessenlage der Parteien einheitlich nach den Vorschriften über medizinische Behandlungsverträge zu beurteilen ist, ist die Frage, ob die Anwendung kauf- oder werkvertraglicher Gewährleistungsregelungen mit dem

Zweck der betreffenden Normen unvereinbar wäre.[190] Eine Unvereinbarkeit in diesem Sinn könnte sich namentlich aus dem Umstand ergeben, dass die Teilanwendung von kauf- oder werkvertraglichen Vorschriften auf den Implantationsvertrag ein Nachbesserungsrecht der Behandlungsseite zur Folge hätte. Wollte der Patient die ihm bei einem anderen Arzt oder Krankenhausträger für den Austausch oder die Reparatur des mangelhaften Implantats entstandenen Kosten ersetzt verlangen, müsste er den Behandelnden nach § 281 Abs. 1 S. 1 BGB prinzipiell erfolglos zur Nacherfüllung aufgefordert haben. Ein derartiges, sich aus dem Vorrang der Nacherfüllung ergebendes Nachbesserungsrecht der Behandlungsseite lässt sich jedoch – so könnte vertreten werden – nicht mit dem grundsätzlich auf gegenseitiges Vertrauen angelegten Arzt-Patienten-Verhältnis in Einklang bringen.[191] Um Widersprüche zu vermeiden, könnten daher einheitlich die Vorschriften der §§ 630a – 630h BGB anzuwenden sein.

Zweifelsohne ist zu verhindern, dass der Patient über das Fristsetzungserfordernis des § 281 Abs. 1 S. 1 BGB gezwungen wird, am Implantationsvertrag mit dem Erstbehandelnden festzuhalten, wenn ihm ein mangelhaftes Medizinprodukt implantiert worden ist. Dieses Ergebnis kann jedoch entweder über die Entbehrlichkeit der Fristsetzung gemäß § 281 Abs. 2 BGB oder die Auslegung des Aufsuchens eines anderen Arztes als konkludente Kündigung i.S.v. §§ 630b, 627 BGB erzielt werden.[192] Denkbar wäre auch, auf der Rechtsfolgenseite Modifikationen vorzunehmen.[193] Diese könnten derart gelagert sein, dass der Patient im Fall der Mangelhaftigkeit des implantierten Medizinprodukts vom Krankenhausträger gemäß §§ 437 Nr. 1, 434, 439 BGB oder §§ 634 Nr. 1, 633, 635 BGB Nacherfüllung

190 Vgl. zur Bestimmung des auf einen gemischten Vertrag anzuwendenden Rechts anhand des Zwecks der betreffenden Normen *Feldmann*, in: Staudinger, BGB, § 311, Rn. 41; *Lapp*, in: jurisPK, BGB, § 311, Rn. 29.

191 Vgl. *Wagner*, in: MüKo, BGB, § 630a, Rn. 97, 88: Ansprüche bei Schlechtleistung des Behandelnden sind „quasi-Gewährleistungsansprüche auf der Grundlage des Sozialversicherungsrechts"; vgl. zudem OLG Koblenz, Urt. v. 8.10.2014 – 5 U 624/14, BeckRS 2015, 10899; instruktiv *Ballhausen*, NJW 2011, 2964.

192 Die dogmatische Grundlage dafür, dass der Grundsatz des Nacherfüllungsvorrangs bei allgemeinen Behandlungsverhältnissen nicht gilt, ist streitig. Vgl. *Ballhausen*, NJW 2011, 2694, 2695 (§ 281 Abs. 2 BGB); *Spickhoff*, NJW 2011, 1651, 1653; *ders.*, in: Spickhoff, Medizinrecht, BGB, § 630b, Rn. 3 (§ 281 Abs. 2 BGB); *Wagner*, in: MüKo, BGB, § 630a, Rn. 97 (§ 627 BGB); OLG Jena, Urt. v. 29.5.2012 – 4 U 549/11, NJW 2012, 2357 (§ 627 BGB); vgl. im Übrigen OLG Koblenz, Beschl. v. 21.11.2012 – 5 U 623/12, MedR 2014, 250 sowie OLG Koblenz, Beschl. v. 18.6.2009 – 5 U 319/09, BeckRS 2009, 23854.

193 Allgemein *Larenz/Canaris*, Schuldrecht BT II/2, § 63 II 3. a) (S. 51).

in Bezug auf die kauf- oder werkvertraglichen Elemente des Implantationsvertrags verlangen *kann*, der Behandlungsseite allerdings *kein Recht* zur Nachbehandlung korrespondiert. Im Ergebnis ist somit festzuhalten, dass der Zweck der betreffenden Normen es nicht erfordert, auf den Implantationsvertrag einheitlich die Bestimmungen des Behandlungsvertragsrechts anzuwenden.

III. Gründe für eine Behandlung des Implantationsvertrags nach der Kombinationsmethode

1. Die eigene Funktionalität des Medizinprodukts innerhalb des menschlichen Körpers

Für die Kategorisierung des Implantationsvertrags nach der Kombinationsmethode spricht zunächst die eigenständige Funktionalität des Medizinprodukts innerhalb des menschlichen Körpers. Das Implantat tritt an die Stelle des kranken Körperteils oder Organs und substituiert dessen Funktionen. Anders als bei klassischen Heilaufträgen wird bei Implantationsbehandlungen also nicht nur punktuell und von außen „behandelt". Dem Körper des Patienten wird vielmehr dauerhaft bzw. jedenfalls nicht nur vorübergehend ein künstliches „Werkzeug" zur Überwindung von Fehl- oder Unterfunktionen zugeführt. Dabei erlangt das implantierte Medizinprodukt insofern eine eigenständige Bedeutung, als auch Jahre nach Durchführung der Implantationsoperation und somit dem Abschluss der Behandlung i.S.v. § 630a Abs. 1 BGB Mängel des Medizinprodukts zutage treten können, die nicht im Zusammenhang mit der Erbringung der medizinischen Behandlungsleistungen stehen. Um die eigene Funktionalität des Medizinprodukts innerhalb des menschlichen Körpers angemessen zum Ausdruck zu bringen, ist daher zwischen den Vertragsbestandteilen, namentlich der besonderen medizinischen Behandlungsleistungen auf der einen und der Verschaffung eines mangelfreien Medizinprodukts auf der anderen Seite, zu differenzieren.

2. Die Möglichkeit zur Identifikation eines Medizinproduktmangels sowie zur Explantation des mangelhaften Implantats

Ausschlaggebend für eine Behandlung der verschiedenen Elemente des Implantationsvertrags nach den jeweils für sie einschlägigen Vorschriften ist ferner der Umstand, dass Mängel des Medizinprodukts unabhängig von der Sorgfaltsgemäßheit der medizinischen Behandlungsleistungen *möglich* sind, als solche *identifiziert* und im Übrigen durch den Austausch oder eine Reparatur *behoben* werden können. Die Mängelbeseitigung stellt sich dabei nicht nur als praktikables Mittel dar, um die Substitutionsfunktion der implantierten Produkte zu gewährleisten. Sie drängt sich im Gegenteil geradezu auf, wenn sonstige Fehler respektive Sorgfaltspflichtverletzungen des Behandelnden sicher ausgeschlossen werden können und Maßnahmen in Bezug auf die Mangelhaftigkeit des Medizinprodukts für das Gelingen der Implantationsbehandlung unumgänglich sind. Dieser Umstand muss sinnvollerweise auch auf Rechtsfolgenseite Berücksichtigung finden. Dementsprechend sind auf den Implantationsvertrag auch die Vorschriften des Kauf- oder Werkvertragsrechts anzuwenden, soweit der Behandelnde eine typisch kauf- oder werkvertragliche Pflicht verletzt hat.

IV. Fazit

Nach der Kombinationsmethode sind auf die einzelnen Bestandteile des Implantationsvertrags „so weit wie möglich" die Vorschriften der betreffenden Vertragstypen anzuwenden.[194] Der kauf- oder werkvertragliche Teil des Implantationsvertrags ist demnach nach Kauf- oder Werkvertragsrecht zu beurteilen. Der medizinische Behandlungsteil richtet sich hingegen nach dem Behandlungsvertragsrecht. Im Hinblick auf die auf die Bestimmung des Erfüllungsorts oder der gerichtlichen Zuständigkeit kommt es somit darauf an, welcher Teil des Implantationsvertrags betroffen ist. Auch für etwaige Schadensersatzansprüche ist der Vertrag aufzuspalten. Verletzt der Arzt im Rahmen der Implantationsoperation beispielsweise die fachlichen Standards i.S.v. § 630a Abs. 2 BGB und erleidet der Patient hierdurch eine körperliche Beeinträchtigung, kann er seinen Schaden nach §§ 280 Abs. 1, 630a BGB ersetzt verlangen. Wird dem Patienten ein mangelhaftes Medizinprodukt verpflanzt, kann er nur unter den Voraussetzungen des §§ 437 Nr. 3, 280, 281 BGB oder §§ 634 Nr. 4, 280, 281 BGB Schadensersatz geltend machen. Eine Trennung des Implantationsvertrags in seine ver-

194 Vgl. *Brüggemeier*, MedR 2014, 537, 540; allgemein *Larenz/Canaris*, Schuldrecht BT II/2, § 63 II 3. a) (S. 51); in diese Richtung gehend wohl auch BGH, Urt. v. 13.9.2018 – III ZR 294/16, NJW 2018, 3513, 3514 (Rz. 15).

schiedenen Bestandteile scheint außerdem in Bezug auf die Länge der Verjährungsfristen geboten.[195]

D. Die Besonderheiten auf der Rechtsfolgenseite

Nach § 434 Abs. 2 S. 1 BGB liegt ein Sachmangel auch vor, wenn der Verkäufer oder dessen Erfüllungsgehilfe die vereinbarte Montage unsachgemäß durchführt. Die Vorschrift regelt den sog. Montagefehler.[196] Montagfehler i.S.d. § 434 Abs. 2 S. 1 BGB spielen bei Implantationsverträgen allerdings keine Rolle. Die fehlerhafte „Montage" des Medizinprodukts in den Körper des Patienten stellt einen originären dienstvertraglichen Behandlungsfehler i.S.d. § 630a Abs. 2 BGB dar. Um den Charakter der Implantationsbehandlung als medizinische Behandlung zu wahren, ist die (fehlerhafte) Implantation des Medizinprodukts daher ausschließlich nach medizinischem Behandlungsvertragsrecht zu behandeln.

Eine weitere, sich auf Rechtsfolgenseite ergebende Besonderheit ist für die vorzeitige Beendigung des Implantationsverhältnisses anzunehmen. Entscheidet sich der Patient nach Abschluss des Implantationsvertrags gegen die Durchführung der Operation – etwa, weil er das Vertrauen in die Fähigkeiten und Kenntnisse des Arztes verloren hat –, kann er den behandlungsvertraglichen Teil des Vertrags nach §§ 630a, 630b, 627 Abs. 1 BGB jederzeit kündigen. In diesem Fall ist er gemäß § 628 Abs. 1 S. 1 BGB zur anteiligen Vergütung verpflichtet. Ein Rücktrittsgrund i.S.d. § 323 Abs. 1 BGB, welcher Voraussetzung für die vorzeitige Lösung vom kauf- oder werkvertraglichen Bestandteil des Implantationsvertrags ist, würde nicht vorliegen. Allerdings wird der Implantationsvertrag mit der Kündigung des behandlungsvertraglichen Vertragsteils insgesamt hinfällig. Eine Verschaffung des Medizinprodukts ohne medizinische Behandlung ist sinnvollerweise nicht geschuldet. Die Kündigung des behandlungsvertrag-

---

195 Vgl. BGH, Urt. v. 9.12.1974 – VII ZR 182/73, NJW 1975, 305, 307 (zahnprothetischer Behandlungsvertrag); BGH, Urt. v. 8.2.1978 – VIII ZR 20/77, NJW 1978, 997, 998 (Anlageberatung); BGH, Urt. v. 5.4.1979 – VII ZR 308/77, NJW 1979, 1406, 1407 (Kauf vom Bauträger); zur grundsätzlichen Anwendung der Kombinationsmethode auf typengemischte Verträge *Herresthal*, in: BeckOGK, BGB, § 311, Rn. 95; a.A. offensichtlich *Grothe*, in: MüKo, BGB, § 195, Rn. 45; ausführlich s.u. Vierter Teil § 1.

196 Vgl. *Matusche-Beckmann*, in: Staudinger, BGB, § 434, Rn. 114 ff.; *Faust*, in: BeckOK, BGB, § 434, Rn. 91 ff.; *Saenger*, in: Schulze, BGB, § 434, Rn. 18; *Freytag*, Grundstrukturen des Kaufvertrags, S. 83; *Rappenglitz*, JA 2003, 36.

lichen Elements erstreckt sich daher auf den gesamten Implantationsvertrag. Sie verdrängt ein etwaiges, sich aus der kauf- oder werkvertraglichen Komponente ergebendes Rücktrittsrecht des Patienten.[197]

§ 5 Ergebnisse

1. Der Implantationsvertrag ist ein besonderer Behandlungsvertrag i.S.v. § 630a Abs. 1 BGB.
2. Der Implantationsvertrag kommt dadurch zustande, wenn sich der Patient in eine entsprechende ärztliche Behandlung begibt. Sein endgültiger Inhalt steht bei Abschluss noch nicht in allen Einzelheiten fest. Vielmehr konkretisiert sich das Pflichtenprogramm stufenweise mit jedem weiteren Behandlungsschritt in der Art eines Rahmenvertrags. Die stufenweise Konkretisierung des vertraglichen Pflichtenprogramms entspricht der Interessenlage der Parteien. Sie wahrt zum einen die Berufsfreiheit des Behandelnden. Zum anderen trägt sie dem Selbstbestimmungsrecht des Patienten sowie dessen Recht auf körperliche Unversehrtheit Rechnung.
3. Nach dem Inhalt des Implantationsvertrags ist die Behandlungsseite nicht nur zur besonderen medizinischen Behandlung des Patienten mit einem implantierbaren Medizinprodukt i.S.d. § 630a Abs. 2 BGB verpflichtet. Soweit die Implantationsbehandlung stationär im Krankenhaus durchgeführt wird, schuldet er *Krankenhausträger* typischerweise auch die Übergabe und Übereignung eines mangelfreien Medizinprodukts. Die Pflicht besteht jedenfalls dann, wenn der Krankenhausträger die Mangelfreiheit „beeinflussen“ kann.
4. Wird die Implantationsbehandlung durch einen *niedergelassenen Arzt* durchgeführt, ist die Mangelfreiheit grundsätzlich nicht Bestandteil des Pflichtenprogramms. Zum einen liegt die Mangelfreiheit außerhalb des vom Arzt beherrschbaren Verantwortungsbereichs. Zum anderen ist die verschuldensunabhängige Mängelgewährleistungshaftung mit dem

197 Mit der Feststellung, dass die Kündigung des behandlungsvertraglichen Elements zur Beendigung des Implantationsvertrags im Ganzen führt, wird indes keine Aussage zu der Frage getroffen, welche Haftungsfolgen sich aus der Mangelhaftigkeit des implantierten Medizinprodukts für den kauf- oder werkvertraglichen Vertragsteil ergeben. Vgl. hierzu, insbesondere zum Fristsetzungserfordernis als Voraussetzung für die Geltendmachung von Schadensersatz statt der Leistung wegen Verletzung der Nacherfüllungspflicht, die Ausführungen unter Zweiter Teil § 1 C. I. und II.

der Arzthaftung zugrundeliegenden Verschuldensprinzip unvereinbar. Stattdessen übernimmt bei ambulanten Behandlungen üblicherweise der Hersteller die Mangelfreiheit aufgrund eines selbstständigen Garantievertrags. Dabei übermittelt der Arzt als Bote des Herstellers dessen Willenserklärung, wenn er dem Patienten die schriftliche, in der Regel als „Empfehlung“ bezeichnete Garantiekarte übergibt.

5. Der Implantationsvertrag ist als typengemischter, aber einheitlicher Vertrag einzuordnen. Er ist aus einem behandlungsvertraglichen und einem kaufvertraglichen Element, selten einem werkvertraglichen Bestandteil zusammengesetzt. Nach der Kombinationsmethode sind auf die verschiedenen Elemente des Implantationsvertrags die für den betreffenden Bestandteil geltenden Regelungen „so weit wie möglich“ anzuwenden. Der behandlungsvertraglich zu beurteilende Teil richtet sich folglich nach den Regelungen über Behandlungsverträge. Für die kauf- oder werkvertraglich zu beurteilenden Elemente gilt hingegen Kauf- oder Werkvertragsrecht.

Zweiter Teil: Gründe für eine Haftung des implantierenden Arztes oder des Krankenhausträgers

Weil der Krankenhausträger typischerweise die Verpflanzung eines mangelfreien Medizinprodukts schuldet, kommen Ansprüche des Patienten in erster Linie in Betracht, wenn der Krankenhausträger diese Pflicht verletzt. Aufgeworfen ist damit die Frage, inwiefern der *Krankenhausträger* gemäß den kauf- (§§ 434 ff. BGB) oder werkvertraglichen (§§ 633 ff. BGB) Gewährleistungsvorschriften für *Mängel* des implantierten Medizinprodukts haftet. Dessen ungeachtet kann der Patient auch Ansprüche gegen den *implantierenden Arzt* geltend machen. Zwar verspricht der Arzt üblicherweise nicht die Verschaffung eines mangelfreien Implantats, sodass er jedenfalls nicht zur Nacherfüllung verpflichtet ist. Hat er dem Patienten allerdings schuldhaft ein mangelhaftes Medizinprodukt implantiert, könnte er gleichwohl zum Schadensersatz verpflichtet sein (zum gesamten Problemkomplex § 1).

Ansprüche des Patienten sind außerdem denkbar, wenn der Krankenhausträger als Betreiber oder der implantierende Arzt als Anwender des medizinischen Produkts eine *medizinproduktrechtliche* Betreiber- oder Anwenderpflicht verletzt (dazu § 2).

Eine Haftung der Behandlungsseite ist ferner wegen Verletzung einer *ärztlichen Sorgfaltspflicht* denkbar. Unabhängig davon, ob sich die Haftung nach Vertrags- und/oder Deliktsrecht richtet, ist erforderlich, dass der Behandelnde im Rahmen der Implantationsbehandlung die ihm obliegende Sorgfalt missachtet hat und gerade hierdurch eine Verletzung von Körper oder Gesundheit des Patienten eingetreten ist.[198] Ärztliche Sorgfaltspflichtverstöße sind in allen Behandlungsphasen denkbar, beginnend mit der Befragung, Untersuchung und Diagnose, über die operative Implantation des Medizinprodukts bis hin zur Nachsorge.[199] Trotz der Vielgestaltigkeit

---

198 Vgl. *Martis/Winkhart*, Arzthaftungsrecht, Rn. B 22; s. zum Verhältnis des Behandlungsvertragsrechts zu den Regelungen der §§ 823 ff. BGB in Bezug auf die Haftung des Behandelnden *Rehborn*, GesR 2013, 257, 258; *ders.*, MDR 2013, 497; *Katzenmeier*, NJW 2013, 817, 823; *Spickhoff*, VersR 2013, 267, 281.

199 Ausführlich mit Beispielen aus der Rechtsprechung *Wagner*, in: MüKo, BGB, § 630a, Rn. 145 ff.; *Förster*, in: BeckOK, BGB, § 823, Rn. 796 ff.; vgl. zu möglichen, den „medizinischen Alltag“ begleitenden Sorgfaltspflichten – etwa in Be-

möglicher Verstöße lassen sich ärztliche Sorgfaltspflichtverletzungen in zwei Kategorien einteilen. Es ist namentlich zwischen Behandlungsfehlern einerseits (dazu § 3) sowie Aufklärungsfehlern andererseits (dazu § 4) zu differenzieren.[200]

§ 1 Haftung wegen der Mangelhaftigkeit des implantierten Medizinprodukts

Fraglich ist, welche Rechte dem Patienten zustehen, wenn ihm ein *mangelhaftes* Medizinprodukt implantiert wurde.[201] Bevor auf mögliche Ansprüche eingegangen werden kann, ist jedoch zu klären, wann medizinische Produkte überhaupt mit einem Sachmangel behaftet sind (dazu A.). Der Erörterung bedarf zudem die Frage, auf welchen Zeitpunkt zur Beurteilung der Mangelhaftigkeit abzustellen ist (dazu B.). Erst hieran anknüpfend können mögliche Ansprüche untersucht werden. Dabei ist zwischen solchen gegenüber dem Krankenhausträger (dazu C.) und Ansprüchen gegenüber dem implantierenden Arzt (dazu D.) zu differenzieren ist.

---

zug auf regelmäßige Fortbildungen – OLG Koblenz, Urt. v. 20.6.2012 – 5 U 1450/11, NJW-RR 2012, 1302, 1303.

200 Zum Verhältnis von Aufklärungs- und Behandlungsfehlern *Katzenmeier*, Arzthaftung, S. 272; *Förster*, in: BeckOK, BGB, § 823, Rn. 789; s. zu möglichen Unterschieden in Bezug auf die Verjährung der Ansprüche aus einem Behandlungs- und Aufklärungsfehler BGH, Urt. v. 8.11.2016 – VI ZR 594/15, NJW 2017, 949; vgl. auch BGH, Urt. v. 5.12.2006 – VI ZR 228/05, NJW-RR 2007, 414, 415.

201 Der Übersichtlichkeit wegen soll im Folgenden lediglich die Mangelhaftigkeit des implantierten Medizinprodukts nach Kaufrecht dargestellt werden. Kauf- und Werkvertragsrecht folgen im Wesentlichen denselben Prinzipien. Insbesondere deckt sich der kaufvertragliche mit dem werkvertraglichen Mangelbegriff weitestgehend (*J. Schmidt*, in: BeckOGK, BGB, § 633, Rn. 1; *Busche*, in: MüKo, BGB, § 633, Rn. 1; *Scheuch/Ebert*, in: Schulze, BGB, § 633, Rn. 2; s. auch BT-Drucks. 14/7052, S. 204; *Thode*, NZBau 2002, 297, 300). Die Ausführungen gelten daher entsprechend, wenn das Medizinprodukt nach den individuellen Bedürfnissen des Patienten hergestellt wurde und der Vertragsbestandteil deshalb dem Werkvertragsrecht unterfällt.

A. Das Vorliegen eines Sachmangels

I. Der maßgebliche Mangelbegriff

Die Pflicht des Krankenhausträgers, dem Patienten ein mangelfreies Medizinprodukt zu verschaffen, wird durch § 434 Abs. 1 BGB näher bestimmt.[202] § 434 Abs. 1 BGB unterscheidet dabei grundsätzlich zwischen dem Fehlen der vereinbarten Beschaffenheit und der Eignung zur vertraglich vorausgesetzten Verwendung als Ausprägungen eines subjektiven Fehlerverständnisses auf der einen und der fehlenden Tauglichkeit zur gewöhnlichen Verwendung als Ausprägung eines eher objektiven Fehlerbegriffs auf der anderen Seite.

Gemäß § 434 Abs. 1 S. 1 BGB kommt es zuerst darauf an, ob das Medizinprodukt der *vereinbarten Beschaffenheit* entspricht. Beschaffenheit ist mit dem tatsächlichen Zustand einer Sache gleichzusetzen. Gemeint sind jedenfalls alle physischen Eigenschaften.[203] Haben die Parteien zum Beispiel festgelegt, dass die zu verpflanzende Hüftprothese besonders bruchresistent oder aus einer bestimmten Materialkombination gefertigt sein soll, liegt bei Fehlen der zugesicherten Eigenschaften ein Mangel vor. Genauso ist zu entscheiden, wenn ein Herzschrittmacher die vereinbarte verlängerte Haltedauer vermissen lässt. Ein beachtlicher Medizinproduktfehler ist auch anzunehmen, wenn die Behandlungsseite Eigenschaften verspricht, die nach dem Stand der Technik nicht realisiert werden können, ihre Umsetzung also unmöglich ist (§ 275 Abs. 1 Alt. 2 BGB). In diesen Konstellationen ist freilich eine Schadensersatzhaftung wegen anfänglicher Unmöglichkeit i.S.v. § 311a Abs. 2 BGB in Betracht zu ziehen.

Sofern Behandlungs- und Patientenseite keine Absprachen in Bezug auf die Beschaffenheit des Medizinprodukts getroffen haben, ist nach § 434 Abs. 1 S. 2 Nr. 1 BGB ergänzend auf die nach dem Implantationsvertrag *vorausgesetzte Verwendung* abzustellen. Vorausgesetzte Verwendung ist die nicht ausdrücklich vereinbarte, aber von den Parteien unterstellte Nut-

---

202 Ausführlich zum Mangelbegriff *Freytag*, Grundstrukturen des Kaufvertrags, S. 78 ff.; zur Reichweite des Mangelbegriffs *Ostendorf*, JZ 2011, 822, 823 ff.; vgl. auch *Westermann*, NJW 2002, 241, 242 f.

203 Vgl. *Berger*, JZ 2004, 276; *Grigoleit/Herresthal*, JZ 2003, 118, 124; *Saenger*, in: NK-BGB, § 434, Rn. 9; *Weidenkaff*, in: Palandt, BGB, § 434, Rn. 10; *Westermann*, in: MüKo, BGB, § 434, Rn. 9; *Matusche-Beckmann*, in: Staudinger, BGB, § 434, Rn. 36; *Ostendorf*, JZ 2011, 822, 823 ff., 826.

zung.[204] Maßgeblich kommt es darauf an, ob sich das Medizinprodukt für den beabsichtigten Verwendungszweck – die Substitution von Körperfunktionen – eignet.

Haben sich die Vertragsparteien weder ausdrücklich noch konkludent auf bestimmte Eigenschaften des Medizinprodukts geeinigt, ist auf die *gewöhnliche Verwendung* des Implantats i.S.v. § 434 Abs. 1 S. 2 Nr. 2 BGB abzustellen. Mangels einer subjektiven Beschaffenheits- oder Verwendungszweckvereinbarung ist demnach entscheidend, ob das Medizinprodukt eine Beschaffenheit aufweist, die der durchschnittlich gebräuchlichen Verwendung eines Implantats dieser Art entspricht.[205] Der gebräuchlichen Verwendung entspricht beispielsweise eine Hüftprothese nicht, wenn sie eine tatsächliche Bruchrate von 4-5% aufweist, die durchschnittliche Bruchhäufigkeit bei Prothesen dieser Art bei lediglich 0,017-0,1% liegt.[206]

II. Physische Mängel des Medizinprodukts

Mangelhaft ist das implantierte Medizinprodukt zunächst, wenn es aufgrund physischer Defekte nicht oder nur eingeschränkt funktionsfähig ist und seine bestimmungsgemäße Funktion – die Substitution von verlorengegangenen oder beeinträchtigten Körperfunktionen – deshalb nicht zu übernehmen vermag. Ein physischer Mangel ist insbesondere anzuneh-

---

204 Vgl. *Westermann*, in: MüKo, BGB, § 434, Rn. 18 f.; *Matusche-Beckmann*, in: Staudinger, BGB, § 434, Rn. 81 ff.; *Faust*, in: BeckOK, BGB, § 434, Rn. 51; pointiert BGH, Urt. v. 7.2.2007 – VIII ZR 266/06, NJW 2007, 1351, 1352 (Rz. 15 f.); BGH, Urt. v. 4.3.2009 – VIII ZR 160/08, NJW 2009, 2056 (Rz. 8); BGH, Urt. v. 20.5.2009 – VIII ZR 191/07, NJW 2009, 2807, 2808 (Rz. 11); BGH, Urt. v. 16.3.1012 – V ZR 18/11, NJW-RR 2012, 1078; BGH, Urt. v. 26.4.2017 – VIII ZR 80/16, BeckRS 2017, 111034; OLG Düsseldorf, Urt. v. 19.6.2006 – 1 U 38/06, NJW 006, 2858, 2859; OLG Koblenz, Urt. v. 19.4.2007 – 5 U 768/06, NJW 2007, 1828; OLG Stuttgart, Urt. v. 15.8.2006 – 10 U 84/06, NJW-RR 2006, 1720, 1721.

205 Vgl. BGH, Urt. v. 18.10.2017 – VIII ZR 32/16, NJW 2018, 150, 152 (Rz. 23); BGH, Urt. v. 26.4.2017 – VIII ZR 80/16, BeckRS 2017, 111034; BGH, Urt. v. 16.3.1012 – V ZR 18/11, NJW-RR 2012, 1078; BGH, Urt. v. 20.5.2009 – VIII ZR 191/07, NJW 2009, 2807, 2808; BGH, Urt. v. 4.3.2009 – VIII ZR 160/08, NJW 2009, 2056 f.; BGH, Urt. v. 7.2.2007 – VIII ZR 266/06, NJW 2007, 1351, 1352; OLG Düsseldorf, Urt. v. 19.6.2006 – 1 U 38/06, NJW 2006, 2858, 2859; OLG Stuttgart, Urt. v. 15.8.2006 – 10 U 84/06, NJW-RR 2006, 1720, 1721; *Weidenkaff*, in: Palandt, BGB, § 434, Rn. 30; *Westermann*, in: MüKo, BGB, § 434, Rn. 24.

206 KG Berlin, Urt. v. 28.8.2015 – 4 U 189/11, MedR 2016, 349, 350.

men, wenn das Implantat in puncto Material, Größe oder Form, Gewicht sowie Nutz- und Haltbarkeit hinter den Erwartungen zurückbleibt.[207]

Für Aufsehen gesorgt haben Brustimplantate des französischen Herstellers „Poly Implant Prothèse" (PIP).[208] Die Implantate wurden anstatt mit Silikongel mit minderwertigem Industriesilikon gefüllt. Die so zusammengesetzten und in den Körper des Patienten verbrachten Brustimplantate weichen von der üblichen geschuldeten Füllbeschaffenheit ab.[209] Sie sind daher mangelhaft. Zwar mögen mit Industriesilikongel gefüllte Brustimplantate auf den ersten Blick nicht die gleich dramatischen Folgen wie versagende Herzschrittmacher auslösen, weil sie keine lebenserhaltenden Funktionen übernehmen. Nichtsdestotrotz kann das Versagen minderwertiger Brustimplantate – ebenso wie der Bruch einer Knie- oder Hüftprothese – erhebliche Personenschäden zur Folge haben.[210] Im Übrigen ist wegen § 434 Abs. 1 BGB aus haftungsrechtlicher Sicht nicht zwischen Medizinprodukten, die lediglich eine Gesundheitsgefahr begründen, und Medizinprodukten, die eine Gefahr für das Leben des Patienten darstellen, zu differenzieren.

III. Die fehlende Produktsicherheit des Medizinprodukts

Ein relevanter Mangel i.S.v. § 434 Abs. 1 BGB könnte ferner vorliegen, wenn das Medizinprodukt die vertraglich bestimmte oder übliche Produktsicherheit vermissen lässt. Zwar ist die Produktsicherheit kein physisches Merkmal des Implantats. Allerdings haftet sie dem Medizinprodukt dauerhaft an und beschreibt dessen tatsächlichen Zustand. Auch ist der Umstand, dass das Implantat Leib und Leben des Patienten nicht über Gebühr gefährdet, sondern den Produktsicherheitsanforderungen entspricht, nach der Verkehrsauffassung als wertbildender Faktor zu berücksichti-

---

207 Zum Sachmangel i.S.v. § 434 BGB *Büdenbender*, in: NK-BGB, § 434, Rn. 11; vgl. auch *Handorn/Martin*, MPR 2016, 76, 79.

208 Aus der jüngeren Rechtsprechung EuGH, Urt. v. 16.2.2017 – C-219/15 (Schmitt / TÜV Rheinland), NJW 2017, 1161 sowie BGH, Urt. v. 22.6.2017 – VII ZR 36/14, NJW 2017, 2617; zur rechtlichen Aufbereitung und dem Verfahrensgang „einer der größten europäischen Medizinproduktskandale" *Brüggemeier*, JZ 2018, 191 ff.

209 Weiterführend zur Füllbeschaffenheit von Brustimplantaten *Lorz*, Arzthaftung bei Schönheitsoperationen, S. 180 ff.

210 Vgl. *Oeben*, Der potenzielle Produktfehler nach der EuGH-Rechtsprechung, S. 163.

gen.[211] Das Fehlen der Produktsicherheit kann damit einen Mangel i.S.v. § 434 Abs. 1 BGB begründen.

1. Die möglichen Horizonte zur Bestimmung der Sicherheitserwartungen an implantierbare Medizinprodukte

Ausgehend von einem vorrangig maßgeblichen subjektiven Fehlerverständnis müsste für die Bestimmung der Sicherheitsanforderungen bzw. zur Beantwortung der Frage, ob das Implantat im Einzelfall die gebotene Produktsicherheit bietet, primär auf die Vorstellungen des Patienten abgestellt werden.[212] Allerdings kommt es bei der Behandlung mit einem implantierbaren Medizinprodukt zu einem Zusammenwirken verschiedener Verkehrskreise.[213] Beteiligt sind neben den Patienten als Endverbraucher des Produkts nicht nur die behandelnden Ärzte sowie Krankenhäuser, sondern auch die Medizinproduktehersteller und die sog. benannten Stellen.

Zunächst bringen die Hersteller ihre Produkte typischerweise mit solchen Informationen hinsichtlich Sicherheit sowie Leistungsfähigkeit in

---

211 Vgl. zu den nicht notwendigerweise physischen Beschaffenheitsmerkmalen einer Sache i.S.v. § 434 Abs. 1 BGB BGH, Urt. v. 15.6.2016 – VIII ZR 134/15, NJW 2016, 2874 (Rz. 10); BGH, Urt. v. 30.11.2012 – V ZR 25/12, NJW 2013, 1671; BGH, Urt. v. 19.4.2013 – V ZR 113/12, NJW 2013, 1948 (Rz. 15); BGH, Beschl. v. 26.8.2014 – VIII ZR 335/13, BeckRS 2014, 17609.

212 Zur Vorrangigkeit des subjektiven Fehlerbegriffs *Canaris*, Karlsruher Forum 2002, S. 61 ff.; *Grigoleit/Herresthal*, JZ 2003, 118, 123; *Schinkels*, ZGS 2004, 226, 227; *Westermann*, in: MüKo, BGB, § 434, Rn. 9 („subjektive(r) Fehlerbegriff"); *Matusche-Beckmann*, in: Staudinger, BGB, § 434, Rn. 2; *Saenger*, in: Schulze, BGB, § 434, Rn. 1, 7; BGH, Urt. v. 15.6.2016 – VIII ZR 134/15, NJW 2016, 2874 (Rz. 10); BGH, Urt. v. 5.11.2010 – V ZR 228/09, NJW 2011, 1217 (Rz. 11); s. auch die Gesetzesbegründung BT-Drucks. 14/6040, S. 211 f. Zu der verwandten Problematik, auf wessen Vorstellungen bei der Herstellerhaftung i.S.d. §§ 1 Abs. 1 S. 1, 3 Abs. 1 ProdHaftG abzustellen ist BGH, Beschl. v. 30.7.2013 – VI ZR 284/12, NJOZ 2014, 567, 569; BGH, Beschl. v. 30.7.2013 – VI ZR 327/12, BeckRS 2013, 14696; OLG Hamm, Urt. v. 26.10.2010 – 21 U 163/08, VersR 2011, 637; OLG Düsseldorf, Urt. v. 20.6.2012 – I-15 U 25/11, BeckRS 2013, 14716; LG Magdeburg, Urt. v. 22.9.2010 – 9 O 1822/09, BeckRS 2010, 26573.

213 Vgl. *Oeben*, Der potenzielle Produktfehler nach der EuGH-Rechtsprechung, S. 94.

den Verkehr, die aus ihrer Sicht für eine erfolgreiche Behandlung des Patienten erforderlich, aber auch ausreichend sind.[214]

Darüber hinaus haben die sog. benannten Stellen bestimmte Erwartungen an die Sicherheit der medizinischen Produkte. Benannte Stellen (wie zum Beispiel der Technische Überwachungsverein, kurz „TÜV") übernehmen als neutrale Stellen allgemein die Überprüfung eines Qualitätssicherungssystems und führen zu diesem Zweck regelmäßig erforderliche Inspektionen und Bewertungen durch.[215] Gemäß Anhang II der Richtlinie 93/42/EWG[216] ist es ihre Aufgabe, die Sicherheit der (implantierbaren) Medizinprodukte zu zertifizieren. Zertifizieren wird die benannte Stelle ein Medizinprodukt allerdings nur, wenn es ihren Vorstellungen u.a. in Bezug auf die Produktsicherheit entspricht.

Auch hat der Behandelnde konkrete Erwartungen an die Sicherheit des Medizinprodukts.[217] Die Entscheidung, welches Implantat jeweils verpflanzt wird, trifft in der weit überwiegenden Anzahl der Fälle der implantierende Arzt im Rahmen seiner Therapiefreiheit[218] – gegebenenfalls eingeschränkt durch die von der Einkaufsabteilung des Krankenhausträgers vorgegebene Produktauswahl.[219] Der Behandelnde wird im Rahmen seines Auswahl- und Entscheidungsspielraums nur zu solchen Produkten greifen, die nach seinen Erfahrungen und Einschätzungen, der Kenntnis von alternativen implantierbaren Gegenständen derselben Indikation sowie der

---

214 Vgl. BT-Drucks. 11/2447, S. 25; *Wieckhorst*, VersR 1995, 1005, 1012; *Oechsler*, in: Staudinger, ProdHaftG, § 3, Rn. 72; *Oeben*, Der potenzielle Produktfehler nach der EuGH-Rechtsprechung, S. 95.

215 Vgl. aus der jüngeren Rechtsprechung zu der Frage, ob neben dem Hersteller auch der TÜV als benannte Stelle Adressat von Schadensersatzansprüchen des Patienten wegen der Fehlerhaftigkeit des Medizinprodukts sein kann, BGH, Urt. v. 27.2.2020 – VII ZR 151/18, NJW 2020, 1514 m. Besprechung *Bellinghausen/Krause*, NJW 2020, 1480; EuGH, Urt. v. 16.2.2017 – C-219/15 (Schmitt / TÜV Rheinland), NJW 2017, 1161 m. Besprechung *Rott*, NJW 2017, 1146, 1147; m. Anm. *Holtdorf/Trautmann*, GRU-Prax 2017, 134. Lesenswert auch der Vorlagebeschluss des BGH, Beschl. 9.4.2015 – VIII ZR 36/14, NJW 2015, 2737 m. Anm. *Oeben*, MedR 2016, 39; vgl. im Übrigen BGH, Urt. v. 22.6.2017 – VII ZR 36/14, NJW 2017, 2617.

216 Richtlinie 93/42/EWG des Rates vom 14.6.1993 über Medizinprodukte in der Fassung vom 5.9.2007, zuletzt geändert durch Art. 2 ÄndRL 2007/47/EG (Abl. Nr. L 247).

217 *Oeben/Schiwek*, MPR 2011, 145, 149 Anm. zu OLG Hamm, Urt. v. 26.10.21 – U 163/08, BeckRS 2010, 28859.

218 S. hierzu Ausführungen unter Zweiter Teil § 3 C. I. 1.

219 Vgl. *Oeben*, Der potenzielle Produktfehler nach der EuGH-Rechtsprechung, S. 94.

Diskussion in der Fachliteratur, die größtmögliche Produktsicherheit bieten.

Vor diesem Hintergrund stellt sich die Frage, ob die Erwartungen an die Sicherheit eines Medizinprodukts ausschließlich nach den Vorstellungen der Patienten zu beurteilen oder um den Horizont der benannten Personenkreise zu erweitern sind.[220]

2. Stellungnahme

Das Abweichen der Ist- von der Soll-Beschaffenheit wegen der Verletzung von Sicherheitserwartungen betrifft das Äquivalenzinteresse des Patienten. Deshalb ist bezüglich der Vorstellungen an die Sicherheit von Medizinprodukten zuvörderst auf den Erwartungshorizont des Patienten abzustellen.

Gleichwohl darf nicht übersehen werden, dass es sich bei implantierbaren Medizinprodukten um Spezialprodukte handelt. Ihre Anwendung ist dem ärztlichen Personal vorbehalten.[221] In der Regel hat der Patient keine Kenntnis, welches konkrete Implantat aus welchen medizinisch-wissenschaftlichen Gründen verwendet wird. Selbst wenn der Patient über das zu implantierende Produkt aufgeklärt wurde, fehlt ihm als eines medizinischen Laien typischerweise die Expertise, die Nutzen und Risiken richtig einschätzen zu können. Das Gleiche gilt bezüglich der Sicherheit des Medizinprodukts. Der Patient vertraut auf die Risikoeinschätzung des Behandelnden. Zugespitzt ist die Sicherheitserwartung des Patienten nur das Abbild der ärztlichen Empfehlungen und Vorstellungen.

Hervorzuheben ist außerdem, dass der Medizinprodukthersteller die Erwartungen an die Produktsicherheit durch Hinweise auf mögliche Gefahren des Implantats begrenzen oder heben kann.[222] Sichert der Medizinprodukthersteller zum Beispiel besondere Eigenschaften des Implantats zu, darf der Rechtsverkehr davon ausgehen, dass das Produkt die Merkmale

---

220 Zu ähnlichen Überlegungen *Oeben*, Der potenzielle Produktfehler nach der EuGH-Rechtsprechung, S. 94; vgl. auch OLG Hamm, Urt. v. 26.10.2010 – I-21 U 163/08, MPR 2011, 153; OLG Düsseldorf, Urt. v. 20.6.2012 – I-15 U 25/11, BeckRS 2013, 14716.

221 Vgl. *Oeben*, Der potenzielle Produktfehler nach der EuGH-Rechtsprechung, S. 99; *Oeben/Schiwek*, MPR 2011, 145, 148; passim *Kage*, Medizinproduktegesetz, S. 388 f.

222 BT-Drucks. 11/2447, S. 25; *Oeben*, Der potenzielle Produktfehler nach der EuGH-Rechtsprechung, S. 100; *Oechsler*, in: Staudinger, BGB, § 3 ProdHaftG, Rn. 72 f.; *Wieckhorst*, VersR 1995, 1005, 1012.

auch tatsächlich aufweist. Umgekehrt kann allerdings keine weitergehende Produktsicherheit erwartet werden als es der Medizinprodukthersteller im Rahmen des nach § 14 ProdHaftG Zulässigen angegeben hat.[223]

Gemäß Anhang I der Richtlinie 93/42/EWG unter Nr. 13 ff. sowie Anhang I der Richtlinie 90/385/EWG[224] unter Nr. 15 ff. treffen den Medizinprodukthersteller umfassende Informations- und Instruktionspflichten. Die Verpflichtungen bestehen dabei allerdings nur gegenüber den implantierenden Ärzten als Anwendern des Medizinprodukts sowie den Krankenhausträgern als deren Betreiber.[225] Weil im Übrigen auch ein direkter Kontakt des Implantatherstellers mit dem Patienten als Endverbraucher des Medizinprodukts mangels vertraglicher Beziehung regelmäßig nicht zustande kommt,[226] ist er ihm gegenüber typischerweise nicht zur Aufklärung verpflichtet. Die Pflicht zur Aufklärung obliegt vielmehr dem Behandelnden.[227] Die Erwartungen an die Produktsicherheit werden – bildlich gesprochen – von oben nach unten gereicht. Für die Beurteilung der Frage, ob das Medizinprodukt die erforderliche Sicherheit bietet, kann es deshalb nicht ausschließlich auf die Vorstellungen der Patienten ankommen.

Dogmatisch verorten lässt sich dieses Ergebnis in § 434 Abs. 1 S. 2 Nr. 2 BGB. Soweit die Parteien keine Beschaffenheits- oder Verwendungszweckvereinbarung getroffen haben, liegt danach ein Mangel vor, wenn sich die Kaufsache nicht zur gewöhnlichen Verwendung eignet. Ob sich die Sache zur „gewöhnlichen Verwendung" eignet, ist anhand objektiver Kriterien, namentlich der objektiv berechtigten Käufererwartung, zu bemessen.[228] Objektiv berechtigt kann die Erwartung des Patienten als Käufer des Medizinprodukts aber nur sein, wenn sie sich mit den Vorstell-

---

223 Vgl. *Oeben*, Der potenzielle Produktfehler nach der EuGH-Rechtsprechung, S. 100; *Oechsler*, in: Staudinger, BGB, § 3 ProdHaftG, Rn. 73; *Graf von Westphalen*, in: Foerste/Graf von Westphalen, Produkthaftungshandbuch, § 48, Rn. 49.

224 Richtlinie 90/385/EWG des Rates vom 20.6.1990 zur Angleichung der Rechtsvorschriften der Mitgliedsstaaten über aktive implantierbare medizinische Geräte (ABl. Nr. L 189 S. 17), Celex-Nr. 3 1990 L 0385, zuletzt geändert durch Art. 122 ÄndVO (EU) 2017/745 vom 5.4.2017 (Abl. Nr. L 117 S. 1).

225 Vgl. *Oeben*, Der potenzielle Produktfehler nach der EuGH-Rechtsprechung, S. 46 ff.

226 S.o. Einleitung § 2.

227 OLG München, Urt. v. 21.7.2009 – 18 U 1549/09, BeckRS 2010, 18785.

228 Vgl. BGH, Urt. v. 2.7.2007 – VIII ZR 266/06, NJW 2007, 1351, 1353 (Rz. 21); BGH, Urt. v. 20.5.2009 – VIII ZR 191/07, NJW 2009, 2807, 2808 (Rz. 14); OLG Düsseldorf, Urt. v. 19.6.2006 – 1 U 38/06, NJW 2006, 2858; OLG Koblenz, Urt. v. 19.4.2007 – 5 U 768/06, NJW 2007, 1828; *Westermann*, in: MüKo, BGB, § 434, Rn. 24; *Matusche-Beckmann*, in: Staudinger, BGB, § 434, Rn. 84 ff.; enger *Canaris*

ungen der beteiligten Verkehrskreise deckt. Im Ergebnis ist daher jedenfalls hinsichtlich der Erwartungen an die Produktsicherheit auch auf den Horizont der implantierenden Ärzte, Krankenhausträger sowie Medizinprodukthersteller und benannten Stellen Bezug zu nehmen.

IV. Der Medizinproduktfehlerverdacht als Sachmangel?

Eng verbunden mit der Frage, ob das Implantat infolge des Fehlens der vereinbarten oder üblichen Produktsicherheit mangelhaft ist, ist die Problematik, ob ein nach § 434 Abs. 1 BGB beachtlicher Mangel auch dann vorliegt, wenn das implantierte Medizinprodukt mit einem Fehlerverdacht behaftet ist. Von einem Fehlerverdacht ist auszugehen, wenn ein Defekt des Medizinprodukts nicht sicher erwiesen ist, sondern lediglich die Möglichkeit der Mangelhaftigkeit besteht.[229] Zu denken ist beispielsweise an die Fälle, in denen das künstliche Produkt zu einem Produktmodell gehört, dessen Ausfallrisiko nennenswert höher ist als allgemein üblich oder sich bei einer bedeutenden Anzahl von Produkten der gleichen Serie bereits Fehler gezeigt haben.[230]

1. Hinführung

Der Verdachtsmangel ist in der Rechtsprechung seit langem bekannt[231] und von der Literatur überwiegend anerkannt.[232] Die Rechtsprechung hat einen haftungsbegründenden Mangel beim Verdacht der Salmonellenver-

---

(Karlsruher Forum 2002, S. 58 f.), der den Verwendungszweck nur als Hinweis auf die Vertragsauslegung i.S.d. §§ 133, 157 BGB bezüglich der vertraglich geschuldeten Beschaffenheit versteht.

229 BGH, Urt. v. 16.4.1969 – VIII ZR 176/66, NJW 1969, 1171, 1172 (Salmonellenverdacht).

230 Vgl. EuGH, Schlussantrag des Generalanwalts vom 21.10.2014 – C-503/13, BeckRS 2014, 82222 (Rz. 25).

231 S. bereits RG, Urt. v. 23.9.1914 – V 181/14, RGZ 85, 280, 282; BGH, Urt. v. 20.6.1968 – III ZR 32/66, BeckRS 1968, 31169581; BGH, Urt. v. 14.6.1972 – VIII ZR 75/71, NJW 1972, 1462; OLG München, Urt. v. 21.4.1994 – 32 U 2088/94, NJW 1995, 2566 f.; vgl. aus der jüngsten Rechtsprechung auch BGH, Urt. v. 21.7.2017 – V ZR 250/15, NJW 2018, 389 f. (Rz. 7 f.).

232 Zu diesem Befund *v.d.Horst*, NJOZ 2013, 385, 386; *Weidenkaff*, in: Palandt, BGB, § 434, Rn. 58; *Berger*, in: Jauernig, BGB, § 434, Rn. 14; *Magnus*, in: Festschrift Canaris II, 2007, S. 257.

seuchung von Lebensmitteln,[233] dem Verdacht der gesundheitsgefährdenden Dioxinbelastung von Fleisch, Hausschwamm-[234] sowie Hausbockkäferverdacht[235] oder dem Verdacht der Nichteignung von Biodiesel für Dieselfahrzeuge einer bestimmten Baureihe bejaht.[236]

Gemein ist den beispielhaft genannten Fällen, dass in der vorgefundenen Situation aufgrund von konkreten Anhaltspunkten, die den jeweiligen Verdacht begründen, für den Fall, dass sich der Verdacht bestätigt, vom Eintritt eines Schadens ausgegangen werden muss. Nach der allgemeinen Lebenserfahrung ist mit anderen Worten eine „Vorgeschichte" bekannt, anhand derer aus dem Schadenseintritt in vergleichbaren Konstellationen geschlossen werden kann, dass auch im konkreten Fall eine Schädigung mit an Sicherheit grenzender Wahrscheinlichkeit eintritt.[237] So lässt sich etwa nicht ernsthaft in Abrede stellen, dass mit Salmonellen befallene Lebensmittel gesundheitsschädlich sein können oder Hausschwamm geeignet ist, ein Haus zum Einsturz zu bringen.

Fehlerhafte implantierte Medizinprodukte können ebenfalls eine erhebliche Gefahr für die Gesundheit und körperliche Integrität des Patienten begründen. Der Fehlerverdacht ist insofern auch für Implantationsbehandlungen von Relevanz. In der jüngeren Vergangenheit musste die Rechtsprechung in einer Vielzahl von Fällen entscheiden, ob die vermeintliche Fehlerhaftigkeit des Medizinprodukts eine Haftung nach sich zieht. Die Entscheidungen betrafen indes weniger die Haftung der Behandlungsseite. Im Mittelpunkt der Entscheidungen stand vielmehr die Einstandspflicht

---

233 BGH, Urt. v. 16.4.1969 – VIII ZR 176/66, NJW 1969, 1171; BGH, Urt. v. 14.6.1972 – VIII ZR 75/71, NJW 1972, 1462.

234 Vgl. BGH, Urt. v. 2.3.2005 – VIII ZR 67/04, NJW-RR 2005, 1218; OLG Karlsruhe, Urt. v. 25.6.2008 – 7 U 37/07, NJW-RR 2009, 134.

235 Vgl. BGH, Urt. v. 7.2.2003 – V ZR 25/02, NJW-RR 2003, 772; BGH, Urt. v. 10.7.1987 – V ZR 152/86, NJW-RR 1987, 1415.

236 LG Bonn, Urt. v. 23.3.2005 – 2 O 341/04, BeckRS 2006, 01701.

237 *V.d.Horst*, NJOZ 2013, 385, 386.

der Medizinprodukthersteller,[238] des Vertriebshändlers[239] und der benannten Stellen.[240] Fraglich ist deshalb, ob und, wenn ja, inwieweit in den Fällen des Fehlerverdachts auch eine Haftung des *Krankenhausträgers* wegen der Mangelhaftigkeit des implantierten Medizinprodukts besteht. Zugespitzt formuliert: Welche Gründe sprechen für eine Einordnung des Medizinproduktfehlerverdachts als Sachmangel i.S.v. § 434 Abs. 1 BGB und welche Voraussetzungen müssen erfüllt sein, damit das Gefahrenpotential qualitativ in einen haftungsrechtlich relevanten Medizinproduktmangel umschlagen kann?

2. Die Gründe für eine Einordnung des Medizinproduktfehlerverdachts als Sachmangel i.S.v. § 434 Abs. 1 BGB

Bevor der Frage nachgegangen werden kann, unter welchen Voraussetzungen das einem vermeintlich fehlerhaften Medizinprodukt anhaftende Gefahrenpotential in einen beachtlichen Medizinproduktmangel umschlägt, ist zunächst zu klären, welche Gründe für eine Einordnung des Medizinproduktfehlerverdachts als Sachmangel i.S.v. § 434 Abs. 1 BGB streiten. Hierfür lassen sich im Wesentlichen zwei Erwägungen anführen.

---

238 Richtungsweisend EuGH (4. Kammer), Urt. v. 5.3.2015 – C-503/13, C-504/13 (Boston Scientific Medizintechnik GmbH / AOK Sachsen-Anhalt), NJW 2015, 1163 = EuZW 2015, 318 = VersR 2015, 900 mit Anm. *Timke*, NJW 2015, 3060; *ders.*, MedR 2015, 643; *Moelle/Dockhorn*, NJW 2015, 1165; *Reich*, EuZW 2015, 320; *Oechsler*, Jura 2015, 964; BGH, Urt. v. 9.6.2015 – VI ZR 284/12, NJW 2015, 3096 = MedR 2016, 133; BGH, Urt. v. 9.6.2015 – VI ZR 327/12, NJW 2015, 2507; KG Berlin, Urt. v. 28.8.2015 – 4 U 189/11, MedR 2016, 349 = GesR 2016, 96. Aus der älteren Rechtsprechung s. schon OLG München, Urt. v. 21.7.7.2009 – 18 U 1549/09, BeckRS 2010, 18785 (Der BGH hat die Entscheidung des OLG München wegen eines Verfahrensfehlers aufgehoben. Zum Problem des „Fehlerverdachts" hat er keine Stellung bezogen, vgl. BGH, Urt. v. 13.7.2010 – VI ZR 254/09, VersR 2010, 1666); OLG Frankfurt, Urt. v. 20.5.2010 – 1 U 99/09, MPR 2010, 211; OLG Hamm Urt. v. 26.10.2010 – I-21 U 163/08, MPR 2011, 153; vgl. auch *Gassner*, in: Deutsch/Lippert/Ratzel/Tag/Gassner, MPG, Haftung für Medizinprodukte, Rn. 22.

239 OLG Düsseldorf, Urt. v. 14.3.2012 – I-15 U 122/10, 15 U 122/10, MPR 2010, 50.

240 EuGH, Urt. v. 16.2.2017 – C-219/15 (Schmitt / TÜV Rheinland), NJW 2017, 1161 sowie BGH, Urt. v. 22.6.2017 – VII ZR 36/14, BeckRS 2017, 117821; instruktiv zur Haftung der benannten Stellen *Gassner*, in: Deutsch/Lippert/Ratzel/Tag/Gassner, MPG, Haftung für Medizinprodukte, Rn. 44.

a) Förderung der Gesundheit des Patienten

Für eine Anerkennung des Fehlerverdachts als Sachmangel gemäß § 434 Abs. 1 BGB spricht zunächst der Zweck der Implantationsbehandlung. Zweck der Implantationsbehandlung ist die Förderung der Gesundheit des Patienten durch Zurverfügungstellung eines künstlichen „Werkzeugs". Kennzeichnend für die Situation einer Behandlung mit implantierbaren Medizinprodukten ist dabei die „Passivität" des Patienten.[241] Abweichend vom Regelfall der Haftung für mangelhafte Produkte, hat der Patient als Schadensbetroffener nicht die Herrschaft über das Implantat. Er kann das künstliche Produkt mangels Expertise weder auswählen noch prüfen oder beherrschen.[242] Vielmehr obliegt dem Operateur die Entscheidungsbefugnis, welches Implantat im Einzelfall gewählt wird. Darüber hinaus ist einzig der Patient unter allen Gliedern der Vertriebskette – Hersteller, Importeur oder Zwischenhändler sowie behandelnder Arzt – gefährdet, eine Rechtsgutsverletzung an Leib oder Leben zu erleiden. Zum Schutz seiner Gesundheit ist es daher gerechtfertigt, ihn auch vor (nur) potentiellen Gefahren zu schützen.[243]

Zu berücksichtigen ist ferner die „anormale Potenzialität eines Personenschadens",[244] welche sich bei der Realisierung des Fehlerrisikos ergeben würde. Mit der „anormalen Potenzialität" ist primär der Umfang des potentiell eintretenden Schadens,[245] namentlich mögliche Gesundheitsschäden des Patienten, gemeint.[246] Künstliche Gegenstände, die sich im menschlichen Körper befinden, begründen *per se* eine Gefahr für die körperliche Integrität und das Leben des Patienten. Verwirklicht sich zusätzlich das dem potentiellen Fehler anhaftende Risiko, können die Folgen für den Patienten beträchtlich sein. Um den Patienten vor diesen Risiken zu

241 Vgl. *Schrenk*, Medizinproduktegesetz und Arzthaftung, S. 47 f.

242 Vgl. *Schrenk*, Medizinproduktegesetz und Arzthaftung, S. 48; *Mirtsching*, Haftung für den Einsatz von Technik in der Medizin, S. 11.

243 Ähnlich *Schrenk*, Medizinproduktegesetz und Arzthaftung, S. 47.

244 So ausdrücklich EuGH, Urt. v. 5.3.2015 – C-503/13, C-504/13, NJW 2015, 1163 = VersR 2015, 900 = EuZW 2015, 318 (Rz. 40); ähnlich BGH, Urt. v. 9.6.2015 – VI ZR 284/12, NJW 2015, 3096, 3097 (Rz. 14) („außergewöhnliches Schadenspotential").

245 Weiterführend *Oeben*, Der potenzielle Produktfehler nach der EuGH-Rechtsprechung, S. 104 ff. *Oeben* ist – im Hinblick auf die vorliegenden Ausführungen nicht von Relevanz – der Ansicht, dass „anormale Potenzialität" auch im Sinne einer statistischen Wahrscheinlichkeitsberechnung gemeint ist; nach der Funktion des Medizinprodukts differenzierend *Schaub*, LMK 2015, 368607.

246 Vgl. KG Berlin, Urt. v. 28.8.2015 – 4 U 189/11, MedR 2016, 349, 350.

schützen, ist daher auch in den Fällen des Medizinproduktfehlerverdachts ein Sachmangel anzunehmen.

b) Unzumutbarkeit der Beweisführung auf Patientenseite

Die Einordnung des Medizinproduktfehlerverdachts als haftungsrechtlich relevanter Sachmangel ergibt sich außerdem aus der Unzumutbarkeit der Beweisführung auf Patientenseite.[247] Grundsätzlich trifft den Käufer die Beweislast, wenn die Gefahr auf ihn übergegangen ist.[248] Demnach müsste der Patient als Käufer beweisen, dass dem implantierten Medizinprodukt ein Defekt anhaftet. Diesen Beweis kann der Patient regelmäßig nicht durch einfache Funktionsüberprüfungen wie Abklopfen, Abhören oder Abtasten erbringen. In der Praxis wird es vielmehr erforderlich sein, das Medizinprodukt zu explantieren und es sodann auf einen etwaigen Defekt hin zu untersuchen. Die Explantation des Medizinprodukts ist wiederum mit einem erheblichen Eingriff in die körperliche Integrität des Patienten verbunden. Sie erfordert regelmäßig einen stationären Krankenhausaufenthalt. Erhärtet sich der vermeintliche Medizinproduktfehlerverdacht nicht zu einem Sachmangel, sind dem Patienten nicht nur unnötige Kosten für die Operation entstanden. Er müsste im Gegenteil auch einen Eingriff über sich ergehen lassen, der hätte vermieden werden können. Das ist dem Patienten nicht zuzumuten. Ist es dem Patienten aber nicht möglich, den Verdacht der Mangelhaftigkeit des implantierten Medizinprodukts mit zumutbarem Aufwand beseitigen, ist es umgekehrt nicht mehr als gerechtfertigt, einen Sachmangel i.S.v. § 434 Abs. 1 BGB auch in den Fällen des Medizinproduktfehlerverdachts prinzipiell anzuerkennen.

---

247 Allgemein zu diesem Argument BGH, Urt. v. 16.4.1969 – VIII ZR 176/66, NJW 1969, 1171, 1172; BGH, Urt. v. 22.10.2014 – VIII ZR 195/12, NJW 2015, 544; in diese Richtung gehend auch BGH, Urt. v. 7.2.2003 – V ZR 25/02, NJW-RR 2003, 772 sowie OLG Naumburg, Urt. v. 6.11.2008 – 1 U 30/08, BeckRS 2008, 25864, das darauf abstellt, dass der Mangelverdacht „praktisch nicht ausräumbar" ist; *Kleefisch/Durynek*, NJOZ 2018, 121, 128 f.

248 So die ganz herrschende Auffassung, z.B. BGH, Urt. v. 9.3.2011 – VIII ZR 266/09, NJW 2011, 1664; BGH, Urt. v. 23.11.2005 – VIII ZR 43/05, NJW 2006, 434 (Rz. 9); BGH, Urt. v. 31.5.1989 – VIII ZR 140/88, NJW 1989, 2532, 2533; OLG Hamm, Urt. v. 1.4.1981 – 19 U 199/80, BeckRS 2007, 02284; *Matusche-Beckmann*, in: Staudinger, BGB, § 434, Rn. 265, 267; *Westermann*, in: MüKo, BGB, § 434, Rn. 53.

3. Die Voraussetzungen für die Annahme eines Sachmangels in den Fällen der vermeintlichen Fehlerhaftigkeit des implantierten Medizinprodukts

Fraglich ist, unter welchen Voraussetzungen die Bejahung eines Sachmangels in den Fällen der vermeintlichen Fehlerhaftigkeit des implantierten Medizinprodukts gerechtfertigt ist.

a) Gewichtigkeit des Fehlers, auf den sich der Verdacht bezieht

Erstens wird für die Annahme eines Sachmangels in den Fällen des Fehlerverdachts zu fordern sein, dass es sich um ernsthafte Gefahren für das Leben und die körperliche Integrität handeln muss und das implantierte Medizinprodukt verdächtig ist, diese Gefahren zu verursachen.[249] Der Fehler, auf den sich der Verdacht bezieht, muss mit anderen Worten so gewichtig sein, dass der Patient den Austausch des implantierten Medizinprodukts verlangen könnte, wenn der Fehler tatsächlich vorläge. Nur dann könnte das Implantat nämlich nicht ohne erhebliche Bedenken im Körper des Patienten belassen werden und nur dann scheint eine Gleichstellung von bloßem Mangelverdacht und Sachmangel gerechtfertigt.

b) Begründeter Verdacht für das Vorliegen eines Medizinproduktfehlers

Zweitens wird zu verlangen sein, dass ein begründeter Verdacht für das Vorliegen eines Medizinproduktfehlers besteht. Ein begründeter Verdacht in diesem Sinne ist zu bejahen, wenn sich der Fehlerverdacht nicht auf bloße Vermutungen, sondern auf konkrete Tatsachen stützt.[250] Es müssen objektive Anhaltspunkte vorliegen, die aus tatsächlichen und logischen Gründen nicht widerlegbar erscheinen und rational nachvollziehbar sowie wissenschaftlich substantiiert darauf hindeuten, dass das betreffende Medizinprodukt mit einem Mangel behaftet ist. Bloße Vermutungen dürfen

---

249 Hinsichtlich des Mangelverdachts bei Lebensmitteln *U. Magnus*, in: Festschrift Canaris II, 2007, S. 257, 262.

250 Vgl. BGH, Urt. v. 16.4.1969 – VIII ZR 176/66, NJW 1969, 1171; BGH, Urt. v. 22.10.2014 – VIII ZR 195/13, NJW 2015, 544, 547; OLG Naumburg, Urt. v. 6.11.2008 – 1 U 30/08, BeckRS 2008, 25864; *U. Magnus*, in: Festschrift Canaris II, 2007, S. 257, 262; *Kleefisch/Durynek*, NJOZ 2018, 121 f.; *Knoche*, NJW 1995, 1985, 1988.

nicht ausreichen, um eine verschuldensunabhängige Gewährleistungshaftung der Behandlungsseite auszulösen.

c) Belassen des potentiell fehlerhaften Medizinprodukts im Körper des Patienten medizinisch nicht vertretbar

Drittens wird zu fordern sein, dass das Belassen des potentiell fehlerhaften Medizinprodukts im Körper des Patienten medizinisch nicht mehr vertretbar ist. Letzten Endes ist die Entscheidung über die Frage, ob das vermeintlich fehlerhafte Medizinprodukt zu explantieren und gegen ein neues auszutauschen ist, eine medizinische. Der Behandelnde muss daher zu dem Schluss kommen, dass die von dem potentiell fehlerhaften Medizinprodukt ausgehenden Risiken so gewichtig sind, dass das Belassen des Implantats im Körper des Betroffenen im Einzelfall schlechterdings unvertretbar ist.

d) Keine Widerlegung des Fehlerverdachts im konkreten Einzelfall

Viertens wird vorauszusetzen sein, dass sich der Fehlerverdacht im konkreten Einzelfall nicht widerlegen lässt. Widerlegen kann die Behandlungsseite einen potentiellen Mangel zum einen durch einfache Untersuchungen.[251] Damit sollen nicht nur kleinere Eingriffe in die körperliche Integrität des Patienten (mit dessen Einwilligung) oder Funktionsüberprüfungen durch Abklopfen, Abhören oder Abtasten gemeint sein. Widerlegbarkeit in diesem Sinne schließt vielmehr auch die Kontaktaufnahme zum Medizinprodukthersteller mit dem Ziel, die Zugehörigkeit des betreffenden Implantats zu einer fehlerhaften Produktgruppe oder -serie zu erfragen, ein. Entkräften könnte der Krankenhausträger den Fehlerverdacht zum anderen durch Erbringung des Nachweises, dass das Implantat die vermuteten Gefahren für das Leben und die körperliche Integrität des Patienten nicht auslöst, sondern unschädlich ist. Hierfür bieten sich insbesondere Beiträge in Fachzeitschriften, Studien oder neueste wissenschaftliche Erkenntnissen an.

Das Kriterium soll dem Krankenhausträger die Möglichkeit eröffnen, den Verdacht auszuräumen und sich damit von einer Einstandspflicht wegen der Mangelhaftigkeit des implantierten Medizinprodukts zu befreien.

251 Vgl. *U. Magnus*, in: Festschrift Canaris II, 2007, S. 257, 263.

Um die Rechtsgüter des Patienten nicht über Gebühr zu gefährden, muss der Verdacht angemessen zügig entkräftet werden.[252] Was „angemessen zügig" ist, lässt sich nicht allgemein beantworten. Maßgeblich sind in hohem Maße die Umstände des Einzelfalls. Ausschlaggebend können unter anderem folgende Aspekte sein: Art und Ausmaß möglicher Gesundheitsschäden, Erreichbarkeit belastbarer Informationen sowie eine zeitliche Differenz zwischen der Kenntnis der vermeintlichen Fehlerhaftigkeit des betroffenen Produkts und der Erkenntnis, dass das implantierte Medizinprodukt mit einem Mangel tatsächlich nicht behaftet ist.

4. Zwischenfazit

Liegt ein Fall vor, in dem alle zuvor genannten Voraussetzungen erfüllt sind, und ist der Medizinproduktfehlerverdacht deshalb als Mangel i.S.v. § 434 Abs. 1 BGB zu behandeln, stehen dem Patienten sämtliche Rechte zu, die er auch sonst bei Mängeln des implantierten Medizinprodukts hat.

B. Der maßgebliche Zeitpunkt für das Vorliegen des Sachmangels

Der Mangel muss dem Medizinprodukt im relevanten Zeitpunkt anhaften. Relevanter Zeitpunkt ist allgemein die Übergabe der verkauften Sache an den Käufer, § 446 S. 1 BGB. Übertragen auf die zu untersuchenden Konstellation bedeutet dies, dass die Übergabe in der Implantation des Medizinprodukts in den Körper des Patienten zu erblicken ist.

Prinzipiell vermögen Mängel, die erst nach Gefahrübergang auftreten, nur dann Gewährleistungsansprüche des Patienten gegenüber dem Krankenhausträger zu begründen, wenn ersterer darlegen kann, dass die Ursache bereits im Zeitpunkt des Gefahrübergangs vorgelegen hat.[253] Eine Ausnahme hiervon statuiert § 477 BGB. Danach wird vermutet, dass das Medizinprodukt bereits im maßgeblichen Zeitpunkt mangelhaft war, wenn sich der Sachmangel innerhalb von sechs Monaten nach Durchführung der Implantationsoperation zeigt. Zwar gibt es – soweit ersichtlich – bislang kei-

---

252 Vgl. *U. Magnus*, in: Festschrift Canaris II, 2007, S. 257, 263.

253 Allgemein *Westermann*, in: MüKo, BGB, § 434, Rn. 50; *Matusche-Beckmann*, in: Staudinger, BGB, § 434, Rn. 160; *Weidenkaff*, in: Palandt, BGB, § 434, Rn. 8 m.w.N.; *Ernst*, in: Festschrift Huber, 2006, S. 165, 181 ff.; monographisch *Filios*, Die Gefahrtragung beim Kauf (§ 446 BGB) im Rahmen des Synallagmas, 2006.

ne höchstrichterlichen oder obergerichtlichen Entscheidungen zur (qualifizierten) Beweislastregelung des § 477 BGB in Bezug Implantatmängel. § 477 BGB könnte jedoch insbesondere dann relevant werden, wenn das Medizinprodukt an sich sorgfaltsgemäß verpflanzt wurde,[254] der behandelnde Arzt den Patienten vorab auf das Risiko eines Implantatbruchs hingewiesen hat[255] und es innerhalb von sechs Monaten nach Durchführung der Implantationsoperation bricht. In der vorgezeichneten Konstellation ist weder ein Behandlungs- noch ein Aufklärungsfehler anzunehmen. Der Erfolg eines etwaigen Haftungsprozesses wegen implantationsbedingter Schäden hinge einzig von der Frage ab, ob das Medizinprodukt bereits bei dessen Verpflanzung mangelhaft war. Hier stellt § 477 BGB dem Patienten eine gewinnbringende Beweislastregelung zur Verfügung.

C. *Die strukturellen Folgen der Pflicht zur Verschaffung eines mangelfreien Medizinprodukts sowie Haftung des Krankenhausträgers bei Verletzung dieser Pflicht*

I. Zur Nacherfüllungspflicht des Krankenhausträgers

Welche Folgen sich aus der Verpflanzung eines mangelhaften Medizinprodukts hinsichtlich des kaufvertraglichen Bestandteils des Implantationsvertrags ergeben, regelt die als „Schaltzentrale"[256] fungierende Regelung des § 437 BGB. Demnach kann der Patient im Fall der Mangelhaftigkeit des Implantats unter den Voraussetzungen des § 439 BGB Nacherfüllung verlangen. Je nach Fallkonstellation kann der Patient zu sekundären Rechten übergehen und Schadensersatz nach §§ 437 Nr. 3, 280, 281 BGB geltend machen, weil etwa eine gesetzte Frist zur Nacherfüllung fruchtlos abgelaufen oder eine solche nach den besonderen Umständen entbehrlich ist.[257] Entsprechend der Zielsetzung dieses Abschnitts soll im Folgenden auf die Pflichten der Behandlungsseite in der Nacherfüllungsphase eingegangen

254 Vgl. zum Sorgfalts- und Haftungsmaßstab bei Implantationsbehandlungen die Ausführungen unter Zweiter Teil § 3 B.

255 Vgl. zur Abgrenzung von therapeutischer Informationspflicht und Risiko- bzw. Selbstbestimmungsaufklärung in diesen Fällen Zweiter Teil § 3 C. III. 3.

256 *Freytag*, Grundstrukturen des Kaufvertrags, S. 98; *Höpfner*, in: BeckOGK, BGB, § 437, Rn. 1 („Brückennorm"); *Faust*, in: BeckOK, BGB, § 434, Rn. 2 („Brückenfunktion").

257 S.u. Zweiter Teil § 1 C. II.

werden. Dabei wird der Fokus auf den Inhalt und die Reichweite der Nacherfüllungspflicht i.S.d. §§ 437 Nr. 1, 439 Abs. 1 BGB gelegt.

1. Die Pflicht des Krankenhausträgers zur Beseitigung von Mängeln des implantierten Medizinprodukts sowie Grenzen dieser Pflicht

Die Behandlungsseite könnte gemäß §§ 437 Nr. 1, 439 Abs. 1 Alt. 1 BGB zur Beseitigung der Mängel des implantierten Medizinprodukts verpflichtet sein. Allgemein beinhaltet die Nacherfüllungspflicht des Verkäufers zur Beseitigung von Mängeln dessen Obligation, den vertragsgemäßen Soll-Zustand durch entsprechende Änderung des vertragswidrigen Ist-Zustands herbeizuführen.[258] Ob dies durch den Austausch einzelner Teile oder die Reparatur mangelhafter Bestandteile geschieht, ist unerheblich, solange die Nachbesserung ohne jede Einschränkung zu einem vertragsgemäßen Zustand der Sache führt.[259] Demnach kann der Patient von der Behandlungsseite grundsätzlich die Behebung von Mängeln des implantierten Medizinprodukts im Wege einer Revisionsoperation verlangen.

An ihre Grenze stößt die Nacherfüllungspflicht des Krankenhausträgers, wenn der Mangel des implantierten Produkts seiner Art wegen nicht durch eine Nachbesserung behoben werden kann. In diesen Fällen ist die Beseitigung der Mängel des Medizinprodukts gemäß § 275 Abs. 1 BGB unmöglich. Dies hat wiederum zur Folge, dass der Patient auf den Austausch des defekten Implantats zu verweisen ist. Weiterhin könnte die Behandlungsseite im Einzelfall berechtigt sein, Nachbesserungen am Medizinprodukt entsprechend §§ 275 Abs. 2 und 3, 439 Abs. 4 BGB zu verweigern. Zu denken ist insbesondere an die Konstellationen, in denen sich der Behandelnde aufgrund der Komplexität sowie Schwierigkeit einer Reparatur des Medizinprodukts nicht zur Nachbesserung imstande sieht.[260]

---

258 Vgl. *Freytag*, Grundstrukturen des Kaufvertrags, S. 115; *Matusche-Beckmann*, in: Staudinger, BGB, § 439, Rn. 31 ff.; *Faust*, in: BeckOK, BGB, § 439, Rn. 20 f.; *Horn*, NJW 2017, 289; zu den Änderungen des kaufrechtlichen Gewährleistungsrechts 2018 *Höpfner/Fallmann*, NJW 2017, 3745.

259 *Westermann*, in: MüKo, BGB, § 439, Rn. 6; s. auch *B. Gsell*, in: Festschrift Derleder, 2015, S. 135, 145 ff. zu möglichen Verschlechterungen im Zuge der Nachbesserung.

260 Vgl. zu den Anforderungen an die Aufklärungspflicht vor einer Revisionsoperation OLG München, Urt. v. 24.11.2011 – 1 U 976/11, BeckRS 2011, 27544; s. auch OLG Hamm, Urt. v. 12.5.2003 – 3 U 206/02, BeckRS 2013, 05101.

2. Die Pflicht des Krankenhausträgers zum Austausch des mangelhaften Medizinprodukts

Der Krankenhausträger könnte außerdem zum Austausch des defekten Medizinprodukts durch Lieferung und Verpflanzung eines mangelfreien, identitätsverschiedenen Implantats verpflichtet sein. Als Nacherfüllung i.S.v. § 439 Abs. 1 Alt. 2 BGB hat der Verkäufer dem Käufer prinzipiell eine mangelfreie Sache zu verschaffen, wobei letzterer zur Rückgabe der zuerst gelieferten mangelhaften Sache verpflichtet ist (§ 439 Abs. 5).[261] Demnach kann der Patient vom Behandelnden die Explantation des mangelhaften Medizinprodukts sowie den Einsatz eines neuen Implantats verlangen.

Ob der Krankenhausträger auch die für eine Revisionsoperation *zusätzlich* anfallenden Kosten entsprechend § 439 Abs. 2 und 3 BGB zu tragen hat, ist fraglich. Nach § 439 Abs. 3 S. 1 BGB kann der Käufer allgemein die Ein- und Ausbaukosten geltend machen, wenn er die Sache ihrem Verwendungszweck entsprechend in eine andere Sache einbaut. Zwar stellt der menschliche Körper keine Sache dar. Auch verliert das Medizinprodukt mit dessen Verpflanzung seine Sachqualität,[262] mit der Konsequenz, dass es gerade nicht „in eine andere Sache eingebaut“ wird. Allerdings lässt sich die Vorschrift zumindest entsprechend auf eine dem Verwendungszweck entsprechende Implantation des Medizinprodukts anwenden. Hintergrund der vom EuGH konzipierten Kostentragungspflicht des Verkäufers für den Ein- und Ausbau einer mangelhaften Sache ist, dass nur so die von Art. 3 Abs. 3 Verbrauchsgüterkauf-RL[263] geforderte unentgeltliche Ersatzlieferung erreicht werden kann.[264] Die unentgeltliche Herstellung des vertragsgemäßen Zwecks gilt ebenso für den „Einbau“ eines Medizinprodukts in den menschlichen Körper wie auch für den bestimmungsgemäßen Ein-

---

261 Statt aller *Freytag*, Grundstrukturen des Kaufvertrags, S. 110; zur Nutzungsentschädigung bei kaufrechtlicher Nacherfüllung *B. Gsell*, NJW 2003, 1969 ff.; *dies.*, JuS 2006, 203 ff.; zur einschränkenden Auslegung des § 439 Abs. 4 BGB a.F. BGH, Urt. v. 26.11.2008 – VIII ZR 200/05, NJW 2009, 427.

262 S.o. Erster Teil § 3 B. II. 2.

263 Richtlinie 1999/44/EG des Europäischen Parlaments und des Rates vom 25. Mai 1999 zu bestimmten Aspekten des Verbrauchsgüterkaufs und der Garantien für Verbrauchsgüter (ABl. Nr. L 171 S. 12), Celex-Nr. 3 1999 L 0044, geändert durch Art. 33 ÄndRL 2011/83/EU vom 25.10.2011 (ABl. Nr. L 304 S. 64); s. zum Einfluss der Kaufrechtsrichtlinie auf das BGB *Ernst/Gsell*, ZIP 2000, 1410.

264 Vgl. zur Anwendbarkeit der Verbrauchsgüterkauf-RL auf den „Einbau“ des Medizinprodukts in den menschlichen Körper die Ausführungen unter Erster Teil § 4 B. I. 2.

bau einer Sache in eine andere. Insofern kann der Patient auch die Kosten der Revisionsoperation ersetzt verlangen.

II. Die Schadensersatzhaftung des Krankenhausträgers statt der möglichen Leistung nach §§ 437 Nr. 3, 280 Abs. 1, 3, 281 BGB

Im vorherigen Abschnitt wurde die Nacherfüllungspflicht des Behandelnden wegen der Verpflanzung eines mangelfreien Medizinprodukts in ihren Grundzügen untersucht. Hieran anknüpfend stellt sich die Frage, welche Haftungsfolgen den Krankenhausträger als Verkäufer des Implantats treffen, wenn er die Nacherfüllungspflicht schuldhaft verletzt. Entsprechend der allgemeinen Schadensersatzdogmatik ist die zentrale Anspruchsgrundlage für den Ersatz der durch die Verletzung der Nacherfüllungspflicht adäquat-kausal verursachten Schäden § 280 Abs. 1 BGB, der über § 437 Nr. 3 BGB Anwendung findet. Liegen außerdem die zusätzlichen Voraussetzungen der §§ 280 – 286 BGB vor, kann der Patient den Ersatz bestimmter Schadensposten ersetzt verlangen. Zu den Schadensposten in diesem Sinne könnten auch die Kosten für den Austausch eines mangelhaften Medizinprodukts durch einen ärztlichen Dritten gehören. Dem Zweck des vorliegenden Abschnitts entsprechend soll daher im Folgenden untersucht werden, unter welchen Voraussetzungen der Patient die Kosten einer Revisionsoperation vom Erstbehandelnden ersetzt verlangen kann.

1. Das Fristsetzungserfordernis des § 281 Abs. 1 S. 1 BGB

Schadensersatz statt der Leistung steht dem Patienten gemäß §§ 437 Nr. 3, 280 Abs. 1, 3, 281 Abs. 1 S. 1 BGB prinzipiell nur zu, wenn er dem Krankenhausträger eine angemessene Frist zur Nacherfüllung gesetzt hat und diese fruchtlos verstrichen ist. Der Behandlungsseite soll so die Möglichkeit eröffnet werden, die Leistung in Natur zu erbringen und hierdurch Schadensersatzansprüche statt der Leistung abzuwenden.[265] Aus dem Fristsetzungserfordernis folgt umgekehrt aber auch, dass der Krankenhausträ-

265 *Schroeter*, AcP 207 (2007), 28, 38; s. auch *Ebert*, NJW 2004, 1761, 1763; *Herresthal/Riehm*, NJW 2005, 1457, 1458; *Riehm*, Der Grundsatz der Naturalerfüllung, S. 277, 380 f.; *Lorenz*, NJW 2006, 1175; *Ballhausen*, NJW 2011, 2694; kritisch zum „Primat der Nacherfüllung" bei Kaufverträgen *Brömmelmeyer*, JZ 2006, 493 ff.; *Münch*, Jura 2002, 361, 365 f.

ger zunächst zur Nacherfüllung verpflichtet bleibt, er Mängel des implantierten Medizinprodukts zu beseitigen oder ein defektes durch ein mangelfreies Implantat auszutauschen hat.

Zwar wird überwiegend vertreten, der Vorrang der Nacherfüllung gelte nicht für medizinische Behandlungsverträge. Der Patient müsse den Arzt nicht erfolglos zur Nacherfüllung aufgefordert haben, sofern er die ihm bei einem Dritten entstandenen Behandlungskosten vom Erstschuldner ersetzt verlangen will.[266] Bei Implantationsverträgen verpflichtet sich der Krankenhausträger indes typischerweise zur Verschaffung eines mangelfreien Medizinprodukts.[267] Weil der Implantationsvertrag nach der Kombinationsmethode soweit wie möglich nach den Vorschriften des jeweils betreffenden Vertragsbestandteils zu behandeln ist, ergibt sich das Fristsetzungserfordernis mithin *unmittelbar* aus §§ 437 Nr. 3, 280 Abs. 1, 3, 281 Abs. 1 S. 1 BGB.

2. Die Entbehrlichkeit der Nachfristsetzung i.S.v. § 281 Abs. 2 BGB

Das grundsätzliche Fristsetzungserfordernis kann nach § 281 Abs. 2 BGB im Einzelfall entbehrlich sein. Gemäß § 281 Abs. 2 BGB bedarf es einer Fristsetzung nicht, wenn der Schuldner die Leistung ernsthaft und endgültig verweigert oder besondere Umstände vorliegen, die unter Abwägung der beiderseitigen Interessen die sofortige Geltendmachung des Schadensersatzanspruchs rechtfertigen. Das Setzen einer Frist zur Nacherfüllung ist wegen *Leistungsverweigerung* des Behandelnden entbehrlich, wenn dieser unmissverständlich, endgültig und ernstlich zu verstehen gibt,[268] das man-

---

266 Vgl. *Wagner*, in: MüKo, BGB, § 630a, Rn. 97; *Ballhausen*, NJW 2011, 2694, 2695; s. auch *Deutsch/Spickhoff*, Medizinrecht, Rn. 319; *Spickhoff*, NJW 2011, 1651, 1653; *ders.*, in: Spickhoff, Medizinrecht, BGB § 630b, Rn. 3. *Spickhoff* erklärt § 281 Abs. 1 S. 1 BGB nicht per se für unanwendbar. Aufgrund des besonderen Persönlichkeitsbezugs sowie des Eingriffs in die körperliche Integrität des Patienten geht er jedoch davon aus, dass eine Fristsetzung regelmäßig nach § 281 Abs. 2 BGB entbehrlich ist, vgl. hierzu die sogleich folgenden Ausführungen unter Zweiter Teil § 1 C. II. 2; OLG Koblenz, Beschl. v. 21.11.2012 – 5 U 623/12, NJOZ 2013, 1774, 1775; OLG Jena, Urt. v. 29.5.2012 – 4 U 549/11, NJW 2012, 2357, 2358; a.A. offenbar OLG Koblenz, Beschl. v. 18.6.2009 – 5 U 319/09, MedR 2010, 263, 264.

267 S.o. Erster Teil § 3 B. IV.

268 Allgemein *Lorenz*, in: BeckOK, BGB, § 281, Rn. 24; *Ernst*, in: MüKo, BGB, § 281, Rn. 56; BGH, Urt. v. 16.3.1988 – VIII ZR 184/87, BGHZ 104, 6, 13 = NJW 1988, 1778; BGH, Urt. v. 20.9.1996 – V ZR 191/95, NJW 1997, 51, 52; s. zu den Anfor-

gelhafte Medizinprodukt weder austauschen noch Reparaturmaßnahmen vornehmen zu wollen. Eine Leistungsverweigerung der Behandlungsseite dürfte in der Praxis nur selten vorliegen. Der Nacherfüllungsvorrang vor Schadensersatzansprüchen entspricht typischerweise ihren Interessen, weil sie so die Revisionsoperation selbst und in Natur erbringen und hierdurch die bei einem Dritten anfallenden Behandlungskosten vermeiden kann.

Weitaus relevanter dürften demgegenüber die Konstellationen sein, in denen die sofortige Geltendmachung von Schadensersatzansprüchen statt der Leistung wegen der *besonderen Umstände* des Einzelfalls gemäß § 281 Abs. 2 Alt. 2 BGB gerechtfertigt ist.[269] Dabei sind an das Vorliegen der „besonderen Umstände" strenge Anforderungen zu stellen.[270] Die Generalklausel des § 281 Abs. 2 BGB darf nicht dazu zweckentfremdet werden, das (versehentliche) Unterlassen der Fristsetzung nachträglich zu heilen.[271] Auch sind die *beiderseitigen* Interessen[272] zu berücksichtigen und gegeneinander abzuwägen.

a) Der objektive Fortfall des Interesses an der Leistung

Die Aufforderung zur Nacherfüllung ist gemäß § 281 Abs. 2 Alt. 2 BGB entbehrlich, wenn der Patient infolge der Implantation eines mangelhaften Medizinprodukts das Interesse an der Leistung verloren hat. Das Interesse an der Leistung muss dabei *objektiv* entfallen sein.[273]

---

derungen an eine endgültige Erfüllungsverweigerung BGH, Urt. v. 21.10.1992 – XII ZR 173/90, NJW-RR 1993, 139, 140; BGH, Urt. v. 18.9.1985 – VIII ZR 249/84, NJW 1986, 661; BGH, Urt. v. 7.3.2013 – VII ZR 162/12, NJW 2013, 1431, 1433 (Rz. 36); BGH, Urt. v. 14.6.2012 – VII ZR 148/10, BGHZ 193, 315 = NJW 2012, 3714; BGH, Urt. v. 17.10.2008 – V ZR 31/08, NJW 2009, 1813, 1816.

269 Vgl. *Spickhoff*, in: Spickhoff, Medizinrecht, BGB, § 630b, Rn. 3; *ders.*, NJW 2011, 1651, 1653; *Ballhausen*, NJW 2011, 2694, 2695; OLG Koblenz, Beschl. v. 21.11.2012 – 5 U 623/12, MedR 2014, 250.

270 Allgemein *Schwarze*, in: Staudinger, BGB, § 281, Rn. B 100; zu § 326 BGB in der bis zum 31.12.2001 geltenden Fassung BGH, Urt. v. 17.12.1996 – X ZR 74/95, NJW-RR 1997, 622, 624; BGH, Urt. v. 19.11.1999 – V ZR 321/98, NJW 2000, 803, 804.

271 Vgl. OLG München, Urt. v. 20.2.1958 – 6 U 2068/57, NJW 1958, 752.

272 Vgl. *Lorenz*, NJW 2006, 1175; a.A. nur *Unberath* (Die Vertragsverletzung, 2007, S. 247), der im Rahmen der Abwägung i.S. von § 281 Abs. 2 Alt. 2 BGB die Interessen des Schuldners unberücksichtigt lassen will. Denn der Schuldner sei im Hinblick auf den Sekundäranspruch nicht schutzwürdig.

273 BGH, Urt. v. 25.2.1971 – VII ZR 102/69, NJW 1971, 798; *Schwarze*, in: Staudinger, BGB, § 281, Rn. B 103.

Zwar scheint schwer vorstellbar, dass der Patient, dem ein defektes Medizinprodukt verpflanzt wurde, das Interesse an einem mangelfreien Implantat objektiv verloren hat. Dies gilt umso mehr, als nur ein mangelfreies und funktionstaugliches Medizinprodukt geeignet ist, beeinträchtigte Körperfunktionen zu substituieren. Die Fristsetzung wäre demnach gerade nicht sinnlos. Sie würde den Patienten im Gegenteil vor weiteren körperlichen und gesundheitlichen Schäden bewahren. Eine solche Sichtweise ließe indes unberücksichtigt, dass das Fristsetzungserfordernis auch zu einer zeitlichen Verzögerung führen kann. Eine zeitliche Verzögerung ist insbesondere denkbar, wenn der Austausch des Medizinprodukts durch einen anderen Operateur schneller möglich ist. Ob der Patient das Interesse an der Leistung verloren hat, lässt daher nicht allgemein, sondern nur unter Berücksichtigung der Umstände des jeweiligen Einzelfalls bestimmen.

b) Die Unzumutbarkeit der Fristsetzung

Trotz des objektiven Fortbestands des Leistungsinteresses kann das Nacherfüllungserfordernis im Einzelfall wegen Unzumutbarkeit der Fristsetzung gemäß § 281 Abs. 2 Alt. 2 BGB entbehrlich sein. Von einer Unzumutbarkeit in diesem Sinne ist wiederum auszugehen, wenn die Einhaltung des Fristsetzungserfordernisses eine erhebliche Beeinträchtigung der Rechtsgüter des Patienten zur Folge hat oder die Vertrauensbeziehung zwischen ihm und dem Krankenhausträger nachhaltig gestört wurde (dazu aa)).[274]

Mit dem Rechtsgüterschutz auf der einen und dem Vertrauensverhältnis auf der anderen Seite sind die maßgeblichen Parameter genannt, anhand derer die Interessenabwägung i.S.v. § 281 Abs. 2 Alt. 2 BGB zu erfolgen hat. Es ist eine wertende Gesamtabwägung anzustellen. Wie die Abwägung im Einzelfall ausfällt, kann an dieser Stelle freilich nicht abschließend bestimmt werden. Um die sich daraus ergebenden Unsicherheiten bei der Rechtsfindung zu beheben und Rechtssicherheit zu schaffen, soll daher

---

274 Zur Zumutbarkeit der Behandlungsfortsetzung und den Rechtsfolgen einer fehlerhaften zahnprothetischen Behandlung *Schellenberg*, VersR 2007, 1343: Bei der Zumutbarkeit handelt es sich um „ein Kriterium, das die maßgeblichen rechtlichen Zusammenhänge zu verschleiern geeignet ist." Allgemein *Schwarze*, in: Staudinger, BGB, § 281, Rn. B 118; *Grüneberg*, in: Palandt, BGB, § 281, Rn. 15; zur Unzumutbarkeit der Fristsetzung zur Nachbesserung bei nur sporadisch auftretenden Mängeln vgl. auch BGH, Urt. v. 26.10.2016 – VIII ZR 240/15, NJW 2017, 153, 154.

versucht werden, die vorgenannten Kriterien innerhalb einer noch abstrakten Betrachtung näher zu konkretisieren (dazu bb)).

aa) Zumutbarkeitsabwägung im Lichte des besonderen Vertrauensmoments der Arzt-Patienten-Beziehung sowie des Persönlichkeitsbezugs

Wie kaum ein anderes Rechtsverhältnis[275] wurzelt die Beziehung zwischen Behandlungs- und Patientenseite in den sittlichen Bindungen der Menschen untereinander. Es ist nur dort für die Gesundheit des Patienten förderlich, wo eben diese sittlichen Momente es tragen und seinen Gehalt bestimmen.[276] Das Vertrauen des Patienten in die Fähigkeiten, Kenntnisse und das Wissen des Behandelnden wird im Falle der Implantation eines erkennbar mangelhaften Medizinprodukts regelmäßig erschüttert. Weil der Behandelnde als „Vertrauensstörer" aber umgekehrt keinen Vertrauensschutz verdient, soll der Patient nicht an einem Vertrag festgehalten werden, den er infolge der Erschütterung des Vertrauensverhältnisses nicht mehr geschlossen hätte.[277] Insofern ist es konsequent, ein Nacherfüllungsverlangen wegen Unzumutbarkeit entsprechend § 281 Abs. 2 Alt. 2 BGB als entbehrlich anzusehen. Gestützt wird dieses Ergebnis im Übrigen mit dem Rechtsgedanken der §§ 630b, 627 BGB. Danach kann der Patient einen Behandlungsvertrag bei Vertrauensverlust *jederzeit kündigen*.

Einfluss auf die vorzunehmende, umfassende Interessenabwägung hat außerdem die Betroffenheit höchstpersönlicher Rechtsgüter der Seite des Patienten. Anders als bei sonstigen Austauschverträgen üblich, tangiert die Einhaltung des Nacherfüllungsverlangens *unmittelbar* die körperliche Integrität des Patienten.[278] Zwar sind Grundrechte gemäß Art. 1 Abs. 3 GG grundsätzlich Abwehrrechte des Bürgers gegenüber dem Staat. Allerdings enthalten sie auch objektiv-rechtliche Wertentscheidungen. Diese strahlen

---

275 *Wiegand*, Arzt und Recht, S, 81, 82: „Es gibt [...] wohl nur ein Rechtsverhältnis, das im Hinblick auf die Intensität der menschlichen Beziehungen und in seiner Komplexität dem Arzt-Patienten-Verhältnis vergleichbar ist, nämlich die Ehe.".

276 So ausdrücklich *Katzenmeier*, Arzthaftung, S. 5; *E. Schmidt*, in: Ponsold [Hrsg.], Lehrbuch der Gerichtlichen Medizin, S. 2.

277 Vgl. *Ballhausen*, NJW 2011, 2694, 2696; *ders.*, NJW 2012, 2359; im Ergebnis ebenso *Spickhoff*, NJW 2011, 1651, 1653; *ders.*, in: Spickhoff, Medizinrecht, BGB, § 630b, Rn. 3; *ders.*, NJW 2002, 2530, 2533; *Schwab*, JuS 2013, 256, 257 f.

278 Vgl. *Spickhoff*, NJW 2011, 1651, 1653; *Ballhausen*, NJW 2011, 2694, 2696; allgemein *Schwarze*, in: Staudinger, BGB, § 281, Rn. 118.

auf das Privatrecht aus und finden bei der Auslegung von unbestimmten Rechtsbegriffen sowie im Rahmen von Interessenabwägungen Berücksichtigung.[279] Die Interessenabwägung i.S.v. § 281 Abs. 2 Alt. 2 BGB hat daher im Lichte der betroffenen Grundrechte des Patienten zu erfolgen. Es ist zu prüfen, ob die Einhaltung der Nachfristsetzung zu einer erheblichen und nicht mehr zumutbaren Beeinträchtigung der höchstpersönlichen Rechtsgüter des Patienten führt. Das ist in aller Regel wegen des besonderen Persönlichkeitsbezugs einer Implantationsbehandlung zu bejahen.[280] Etwas anderes kann allenfalls in solchen Konstellationen gelten, in denen der Mangel nur geringfügig ist und durch minimale Korrekturen behoben werden kann.[281]

bb) Konkretisierung der für die Zumutbarkeitserwägung maßgeblichen Kriterien

Im Interesse der Rechtssicherheit sowie Rechtsklarheit ist es sinnvoll, die für § 281 Abs. 2 Alt. 2 BGB maßgeblichen Kriterien des Rechtsgüterschutzes einerseits sowie des Vertrauensmoments der Arzt-Patienten-Beziehung andererseits weiter zu konkretisieren. Um die Rechtsfindung zu erleichtern, müssen die Merkmale freilich abstrakt formuliert sein. Die Zumutbarkeitsabwägung lässt sich namentlich anhand der nachfolgenden Kriterien spezifizieren.

Zuerst ist im Rahmen der Zumutbarkeitsabwägung die Erheblichkeit der Störung des Vertrauensverhältnisses zu berücksichtigen. Es gilt der Grundsatz: Je stärker das Vertrauensmoment der Arzt-Patienten-Beziehung in Mitleidenschaft gezogen wurde, desto weniger kann es dem Patienten zugemutet werden, dem Krankenhausträger die Möglichkeit zur Nacherfüllung zu eröffnen. Immer dann, wenn die Verpflanzung eines defekten Implantats die sittliche Beziehung zwischen dem Behandelndem und dem Patienten prinzipiell in Frage stellt und nicht mehr gewährleistet ist, dass

---

279 Vgl. BVerfG, Beschl. v. 27.1.1998 – 1 BvL 15/87, BVerfGE 97, 169, 175 ff. = NJW 1998, 1475; BVerfG, Beschl. v. 12.12.2000 – 1 BvR 1762/95, 1 BvR 1787/95, BVerfGE 102, 347, 362 = NJW 2001, 591; BVerfG, Beschl. v. 11.4.2019 – 1 BvR 3080/09, NJW 2018, 1667, 1668 (Rz. 32); BGH, Urt. v. 29.10.1970 – KZR 3/70, GRZR 1971, 171, 172; *Schubert*, in: MüKo, BGB, § 242, Rn. 53; *Larenz/Canaris*, Methodenlehre der Rechtswissenschaft, S. 159 ff.; *Canaris*, Grundrechte und Privatrecht, S. 47 f.; *ders.*, AcP 184 (1984), 201 ff.

280 *Spickhoff*, NJW 2002, 2530, 2533.

281 *Spickhoff*, NJW 2002, 2530, 2533.

sie sich in einer für die Gesundheit des Patienten förderlichen Weise auswirkt, liegt die Entbehrlichkeit des Nachbehandlungsverlangens entsprechend § 281 Abs. 2 Alt. 2 BGB nahe.[282]

Berücksichtigung muss außerdem finden, ob der Mangel des Medizinprodukts tendenziell der Sphäre des Krankenhausträgers oder der des Medizinproduktherstellers zuzuordnen ist. Der Hersteller tritt regelmäßig in keine vertragliche Beziehung zum Patienten.[283] Gleichwohl ist er für Mängel des Medizinprodukts verantwortlich, wenn diese auf einem Konstruktions- oder Fabrikationsfehler beruhen. Ist dem so und war der Medizinproduktfehler auch bei Beachtung der größtmöglichen Sorgfalt für den Krankenhausträger nicht erkennbar, ist fraglich, inwiefern der Patient berechtigterweise das Vertrauen in die Behandlungsseite verliert. Denn der haftungsbegründende Umstand stammt aus der Sphäre des *Medizinproduktherstellers*. Insofern liegt es näher, dem Patienten im Rahmen einer Revisionsoperation ein Implantat eines anderen Herstellers zu verpflanzen, als die Vertrauensbeziehung zwischen dem Behandelndem und dem Patienten generell in Frage zu stellen. In jedem Fall muss in derartigen Konstellationen gründlich geprüft werden, ob der Vertrauensverlust des Patienten gewichtig genug ist, um vom Erfordernis eines Nachbehandlungsverlangens i.S.v. § 281 Abs. 2 Alt. 2 BGB abzusehen.

In die Zumutbarkeitserwägung miteinzubeziehen ist außerdem, wie erheblich ein Eingriff in die körperliche Integrität des Patienten im Rahmen der Revisionsoperation ist. Es ist danach zu fragen, wie schwerwiegend der Austausch oder die Reparatur des mangelhaften Implantats die Rechtsgüter des Patienten beeinträchtigen würde und ob ihm unter diesem Aspekt die Mitwirkung[284] an einer Revisionsoperation zugemutet werden kann.

---

282 So wohl auch vorsichtig der BGH (Urt. v. 29.3.2011 – VI ZR 133/10, NJW 2011, 1674, 1675) hinsichtlich der zumindest verwandten Frage, wann ein Vertragsverstoß des Dienstverpflichteten den Entgeltanspruch des Dienstberechtigten gemäß § 628 Abs. 1 S. 2 Alt. 2 BGB entfallen lässt.

283 S.o. Erster Teil § 3 B. IV. 3.

284 Zur Notwendigkeit einer Mitwirkung des Gläubigers bei der Nacherfüllung *Weller*, Die Vertragstreue, S. 467 ff.; *Riehm*, Der Grundsatz der Naturalerfüllung, S. 253 f.

c) Annex: Die beweisrechtlichen Konsequenzen für das Nacherfüllungsverlangen

Im Zivilprozess gilt der Grundsatz, dass jede Partei die Beweislast für das Vorliegen des für sie günstigen Rechtssatzes selbst zu tragen hat.[285] Demnach wäre der Patient sowohl hinsichtlich einer möglichen Erfüllungsverweigerung des Krankenhausträgers als auch der „besonderen Umstände" i.S.v. § 281 Abs. 2 BGB darlegungs- und beweispflichtig.[286] In der Praxis wird dem Patienten der Nachweis in der Regel nur schwer gelingen. Auch ist die Entbehrlichkeit der Fristsetzung im Hinblick auf die Erstattungsfähigkeit der Kosten einer Revisionsoperation von weitreichender Bedeutung. Vor diesem Hintergrund stellt sich die Frage, ob an der grundsätzlichen Beweislastverteilung festzuhalten ist. Zum Schutz des Patienten könnte es geboten sein, der Behandlungsseite die Darlegungslast dafür aufzuerlegen, dass sie zur Nacherfüllung willens und diese dem Patienten zumutbar ist.

Beweislastmodifikationen stellen eine Abweichung vom Gesetz dar und sind deshalb nur in engen Grenzen zulässig.[287] Es ist nachvollziehbar und verallgemeinerungsfähig zu begründen, weshalb von der gesetzlichen Konzeption zwingend eine Ausnahme zuzulassen ist.[288] Eine Umkehr der Beweislast im Einzelfall – etwa aus Billigkeits- oder Gerechtigkeitsgründen – ist abzulehnen.[289] Im Arzthaftungsprozess werden „Beweiserleichterungen

---

285 Vgl. z.B. BGH, Urt. v. 17.2.1970 – III ZR 139/67, BGHZ 53, 245, 250 = NJW 1970, 946, 947 f.; BGH, Urt. v. 24.6.1987 – I ZR 127/85, BGHZ 101, 172, 179 = NJW 1988, 640, 642; BGH, Urt. v. 14.1.1991 – II ZR 190/89, BGHZ 113, 222, 224 f. = NJW 1991, 1052, 1053; BGH, Urt. v. 11.10.1994 – X ZR 30/93, NJW 1995, 49, 50; *Foerste*, in: Musielak/Voit, ZPO, § 286, Rn. 35; *Prütting*, in: MüKo, ZPO, § 286, Rn. 114 f.; *Oberheim*, JuS 1996, 636, 637; BT-Drucks. 17/10488, S. 27.

286 Allgemein zu den Beweisproblemen des Gläubigers *Wendehorst*, AcP 206 (2006), 205, 265.

287 So ausdrücklich für die Möglichkeit einer Beweislastumkehr *Prütting*, in: MüKo, ZPO, § 286, Rn. 126; *Schneider*, in: Jahrbuch Junger Zivilrechtswissenschaftler, 2012, S. 91 ff.

288 Vgl. *Foerste*, in: Musielak/Voit, ZPO, § 286, Rn. 37 („Unbilligkeit" nicht ausreichend, da eine solche mit jeder Beweislastentscheidung verbunden ist); *Prütting*, in: MüKo, ZPO, § 286, Rn. 126; s. auch BGH, Urt. v. 10.3.2010 – IV ZR 264/08, NJW-RR 2010, 1378, 1379.

289 S. die Minderheitsvoten der Richter *Hirsch*, *Niebler* und *Steinberger* zu BVerfG, Beschl. v. 25.7.1979 – 2 BvR 878/74, BVerfGE 52, 131, 158 = NJW 1979, 1925; BGH, Urt. v. 10.3.2010 – IV ZR 264/08, NJW-RR 2010, 1378, 1379; *Reinhardt*, NJW 1994, 93 ff.; *Foerste*, in: Musielak/Voit, ZPO, § 286, Rn. 37.

bis hin zur Beweislastumkehr“ generell für zulässig erachtet.[290] Legitimiert werden Beweismodifikationen durch die mehrfach unterlegene Stellung des Patienten.[291] Dem Patienten ist es typischerweise nicht möglich, das Behandlungsgeschehen (infolge seiner Narkose) zu verfolgen, die angewandte Implantationsmethode zu erkennen, entsprechendes Beweismaterial zusammenzutragen oder die Übereinstimmung der Behandlung mit den medizinischen Standards zu überprüfen.[292] Eine solche Situation der informationellen Unterlegenheit des Patienten, die zwingend die Herstellung von Waffengleichheit erfordert, liegt in der zu beurteilenden Problemstellung indes nicht vor. Die Zumutbarkeitsabwägung i.S.v. § 281 Abs. 2 Alt. 2 BGB betrifft die Frage, ob die Fortführung der Implantationsbehandlung respektive der Austausch des Implantats oder die Beseitigung von Mängeln mit den Interessen des Patienten in Einklang zu bringen ist. Jedenfalls soweit eine Störung des Vertrauensverhältnisses in Betracht kommt, sind allein sittliche Motive wie Fürsorge, Vertrauen und Verständnis ausschlaggebend. Diese Elemente sind Ausfluss der sittlichen Beziehungen der Menschen untereinander und im Rahmen einer umfassenden Interessenabwägung zu berücksichtigen. Zur Gewährleistung eines fairen Verfahrens ist allerdings nicht erforderlich, dass über das Vehikel der Beweislastumkehr das Ergebnis der Zumutbarkeitsabwägung vorweggenommen wird. Im Ergebnis ist dem Krankenhausträger die Beweislast für die Zumutbarkeit der Nacherfüllung daher nicht aufzuerlegen. Es bleibt bei der gesetzlichen Konzeption, wonach der Patient für das Vorliegen der „besonderen Umstände“ i.S.v. § 281 Abs. 2 Alt. 2 BGB darlegungs- und beweispflichtig ist.

---

290 Statt aller *Katzenmeier*, Arzthaftung, S. 421 f.; ausführlich Vierter Teil § 2.

291 Vgl. BVerfG, Beschl. v. 25.7.1979 – 2 BvR 878/74, NJW 1979, 1925; BGH, Urt. v. 17.4.1984 – VI ZR 220/82, NJW 1984, 1823; zum Informationsgefälle OLG Hamm, Urt. v. 30.1.2015 – 26 U 5/14, BeckRS 2015, 06909; *Franzki/Franzki*, NJW 1975, 2225; *Spindler*, in: BeckOGK, BGB, § 823, Rn. 1024 f.; s. auch *Wagner*, in: MüKo, BGB, § 630h, Rn. 77 („unüberwindliche Hürde“); s. BT-Drucks. 17/10488, S. 30.

292 Vgl. BGH, Urt. v. 17.4.1984 – VI ZR 220/82, NJW 1984, 1823; *Spindler*, in: BeckOGK, BGB, § 823, Rn. 1025; ausführlich *Krämer*, in: Festschrift Hirsch, 2008, S. 387 ff.

3. Fazit

Ausgehend von der Regelung der §§ 437 Nr. 3, 434, 280 Abs. 1, 3, 281 Abs. 1 BGB muss der Patient den Krankenhausträger erfolglos zur Nacherfüllung durch Mängelbeseitigung oder Neulieferung aufgefordert haben, sofern er die ihm bei einem Dritten für den Austausch oder die Reparatur des implantierten Medizinprodukts entstandenen Kosten ersetzt verlangen will. In der Praxis dürfte das Nacherfüllungsverlangen allerdings die Ausnahme bleiben und eine Fristsetzung in der Regel gemäß § 281 Abs. 2 Alt. 2 BGB entbehrlich sein. Entsprechend der vorstehenden Überlegungen lassen sich nämlich kaum Fallkonstellationen denken, in denen ein hinreichender, die Entbehrlichkeit eines Nacherfüllungsverlangens nach § 281 Abs. 2 Alt. 2 BGB rechtfertigender Vertrauensverlust der Arzt-Patienten-Beziehung nicht eintritt.

D. Die Haftung des implantierenden Arztes für die Verpflanzung eines mangelhaften Medizinprodukts

Im vorherigen Abschnitt wurden die strukturellen Folgen der aus dem Implantationsvertrag resultierenden Pflicht zur Verschaffung eines mangelfreien Medizinprodukts sowie eine mögliche Haftung des Krankenhausträgers bei Verletzung dieser Pflicht behandelt. Offengeblieben ist die nun zu erörternde Frage, inwiefern auch der *implantierende Arzt* im Falle der Mangelhaftigkeit des Medizinprodukts in Anspruch genommen werden kann. Im Mittelpunkt der Ausführungen wird dabei die Frage stehen, ob der Arzt die Mangelhaftigkeit des implantierten Produkts zu vertreten hat: Welche Sorgfaltsanforderungen muss der implantierende Arzt beachten? Hat er das Medizinprodukt vor dessen Implantation zu untersuchen? Und wenn ja, in welchem Umfang?

I. Ausgangslage: Die Implantation eines mangelhaften Medizinprodukts als objektive Pflichtverletzung i.S.v. § 280 Abs. 1 S. 1 BGB

Nach dem Inhalt des Implantationsvertrags ist der implantierende Arzt typischerweise nicht zur Lieferung eines mangelfreien Medizinprodukts verpflichtet.[293] Der Patient kann bei Mängeln des implantierten Medizinpro-

293 S.o. Erster Teil § 3 B IV. 3.

dukts daher nicht auf die Rechtsbehelfe des § 437 BGB zurückgreifen, will er Ansprüche gegenüber dem behandelnden Arzt geltend machen. Unbenommen bleibt dem Patienten aber das Recht, Schadensersatz gemäß § 280 Abs. 1 BGB zu verlangen. Dafür müsste der implantierende Arzt gemäß § 280 Abs. 1 S. 1 BGB mit der Verpflanzung eines mangelhaften Medizinprodukts eine „Pflicht aus dem Schuldverhältnis" verletzt haben.

Kraft des Implantationsvertrags schuldet der behandelnde Arzt nicht nur die Durchführung der Implantationsbehandlung in Einklang mit den medizinischen Standards gemäß § 630a Abs. 2 BGB. Wie sich aus der ergänzenden Vertragsauslegung i.S.d. §§ 133, 157, 242 BGB ergibt, ist der Arzt leistungsbegleitend[294] vielmehr auch dazu verpflichtet, nur solche Medizinprodukte zu implantieren, die frei von Mängeln sind. Damit soll sichergestellt werden, dass der Zweck der Implantationsbehandlung gefördert wird und höchstpersönliche Rechtsgüter des Patienten nicht verletzt werden. Das gilt umso mehr, wenn man sich das immense Schädigungspotential vor Augen führt, das von mangelhaften, implantierten Medizinprodukten für Leib und Leben des Patienten ausgeht. Soweit der Arzt ein mangelhaftes Medizinprodukt verpflanzt, verletzt er daher typischerweise die ihm objektiv obliegende Pflicht zur Verwendung mangelfreier Implantate i.S.v. § 280 Abs. 1 S. 1 BGB.

---

294 Eine einheitliche Terminologie für leistungsbegleitendes Verhalten im Rahmen eines vertraglichen Schuldverhältnisses hat sich bis heute nicht herausdestilliert. Die von der Literatur verwendeten Begriffe divergieren. So wird vielfach die Bezeichnung „Nebenpflichten" verwendet (s. z.B. *Grüneberg*, in: Palandt, BGB, § 242, Rn. 23 f.; *Teichmann*, in: Soergel, § 242, Rn. 162). Auch der Terminus „Verhaltenspflichten" ist gebräuchlich (exemplarisch *Larenz*, Schuldrecht AT, § 2 I. (S. 10); *Wiegand*, in: Festschrift Gagnér, 1991, 547, 557). Teilweise werden leistungsbegleitende Pflichten auch als „Sorgfalts- oder Diligenzpflichten" bezeichnet (vgl. *R. Stürner*, JZ 1976, 384, 390). Ungeachtet der begrifflichen Divergenzen stimmen die vertretenen Ansichten darin überein, dass sich leistungsbegleitende Pflichten auf die Verwirklichung des Leistungserfolgs richten und der Vorbereitung, der ordnungsgemäßen Durchführung sowie der Sicherung einer Hauptleistung dienen (*Olzen*, in: Staudinger, BGB, § 241, Rn. 151; *Bachmann*, in: MüKo, BGB, § 241, Rn. 29 ff. jeweils m.w.N.; *Hadding*, in: Festschrift Konzen, 2006, 193, 205 f.).

II. Haftung des implantierenden Arztes (nur) für ein schuldhaftes Verkennen der Mangelhaftigkeit des Medizinprodukts

Gemäß § 280 Abs. 1 S. 2 BGB ist der implantierende Arzt nicht zum Schadensersatz verpflichtet, wenn er die Pflichtverletzung nicht zu vertreten hat. Was der behandelnde Arzt zu vertreten hat, richtet sich nach § 276 Abs. 1 BGB. Verantwortlich ist er demnach im Regelfall für Vorsatz und Fahrlässigkeit, wenn er also die fragliche Tatbestandverwirklichung wissentlich und willentlich herbeigeführt[295] oder die im Verkehr erforderliche Sorgfalt außer Acht gelassen hat (§ 276 Abs. 2 BGB). Die im Verkehr erforderliche Sorgfalt hat der implantierende Arzt wiederum außer Acht gelassen, wenn er den Mangel des medizinischen Produkts hätte erkennen müssen und dessen Implantation vermeiden können.[296]

Die wissentliche und willentliche Implantation eines mangelbehafteten Medizinprodukts dürfte in der Praxis nur eine untergeordnete Rolle spielen. Weitaus relevanter sind die Fälle, in denen der Arzt die Mangelhaftigkeit des Produkts hätte erkennen müssen und vermeiden können.[297] Ob der Arzt mit der Implantation des Medizinprodukts die erforderliche Sorgfalt missachtet hat, ist anhand eines objektiven Maßstabs und grundsätzlich losgelöst von den individuellen Fähigkeiten des Behandelnden zu bestimmen.[298] Entscheidend ist, ob der Mangel des Medizinprodukts von

---

295 S. zur Definition des Vorsatzes insbesondere BGH, Urt. v. 19.12.20127 - VI ZR 128/16, NJW 2018, 1751, 1752 (Rz. 13); BGH, Urt. v. 15.10.2013 – VI ZR 124/12, NJW 2014, 1380, 1381 (Rz. 12); BGH, Urt. v. 20.11.2012 – VI ZR 268/11, NJW-RR 2013, 550, 552 (Rz. 32); BGH, Urt. v. 20.12.2011 – VI ZR 309/10, NJW-RR 2012, 404 (Rz. 10); BGH, Urt. v. 5.3.2002 – VI ZR 398/00, NJW 2002, 1643, 1645; BGH, Urt. v. 8.2.1965 – III ZR 170/63, NJW 1965, 962, 963; *Schaub*, in: BeckOGK, BGB, § 276, Rn. 45; *Grundmann*, in: MüKo, BGB, § 276, Rn. 154; *Pfeiffer*, in: Soergel, BGB, § 276, Rn. 45.

296 Allgemein *Schaub*, in: BeckOGK, BGB, § 276, Rn. 57; *Grundmann*, in: MüKo, BGB, § 276, Rn. 53; *Pfeiffer*, in: Soergel, BGB, § 276, Rn. 77; Bedenken gegen die Verbindung von objektivem Fahrlässigkeitsbegriff und Vorwerfbarkeit äußernd *Weyers*, Unfallschäden, S. 387 ff.

297 S. BGH, Urt. v. 24.6.1975 – VI ZR 72/74, NJW 1975, 2245 (Überprüfung eines medizinischen Geräts); BGH, Urt. v. 11.10.1977 – VI ZR 110/75, NJW 1978, 584, 585 (Kenntnis von der Funktionsweise eines Narkosegeräts); OLG Saarbrücken, Urt. v. 12.11.2014 – 1 U 90/13, GesR 2015, 101; LG Karlsruhe, Urt. v. 25.11.2014 – 2 O 25/12, BeckRS 2015, 07880; *Wagner*, in: MüKo, BGB, § 630a, Rn. 119 ff.

298 Vgl. BGH, Urt. v. 16.5.200 – VI ZR 321/98, NJW 2000, 2737, 2740; BGH, Urt. v. 16.3.1999 – VI ZR 34/98, NJW 1999, 1778, 1779; vgl. auch BGH, Urt. v. 29.11.1994 – VI ZR 189/93, NJW 1995, 776: objektiv berufsspezifisch; *Pfeiffer*,

einem durchschnittlichen Arzt der Implantationschirurgie hätte aufgespürt werden müssen. Kennenmüssen und Vermeidbarkeit knüpfen dabei an die Pflichtwidrigkeit des Verhaltens an,[299] also daran, gerade ein mangelhaftes Medizinprodukt zu verwenden und in den Körper des Patienten zu implantieren. Die Vermeidbarkeit lässt sich daher nicht schon mit dem Argument begründen, der Arzt hätte die Verpflanzung des Implantats insgesamt unterlassen können. Vermeidbarkeit wird man vielmehr nur annehmen können, wenn der Arzt die Implantation eines mangelhaften durch die Implantation eines mangel*freien* Medizinprodukts hätte vermeiden können.[300]

Zur Beurteilung der Frage, welches Maß an Sorgfalt zu wahren ist, kommt es grundsätzlich auf den Zeitpunkt an, in welchem die Maßnahmen zu treffen waren.[301] Entscheidend ist, dass der Arzt den Mangel des medizinischen Produkts im Zeitpunkt der Implantationsoperation hätte erkennen müssen und vermeiden können.[302]

III. Kennenmüssen des Mangels wegen erforderlicher Untersuchung des Medizinprodukts

Erkennbar ist die Mangelhaftigkeit des Medizinprodukts nicht nur, wenn der Mangel offen zutage tritt und durch den implantierenden Arzt ohne größere Anstrengungen festgestellt werden kann. Ein erkennbarer Umstand liegt im Allgemeinen vielmehr ebenfalls vor, wenn eine bestehende Prüfungspflicht nicht oder nicht mit der erforderlichen Sorgfalt wahrge-

---

in: Soergel, BGB, § 276, Rn. 83; *Grundmann*, in: MüKo, BGB, § 276, Rn. 55. Der objektive Fahrlässigkeitsbegriff ist für die vertragliche Haftung angemessen (*Unberath*, Die Vertragsverletzung, 2007, S. 312) und rechtfertigt sich für die deliktsrechtliche Haftung aus dem Wortlaut des § 276 Abs. 2 BGB (die „im Verkehr" erforderliche Sorgfalt) sowie dem historischen Gesetzgeberwillen (dazu *Grundmann*, in: MüKo, BGB, § 276, Rn. 57 m.w.N.). Für ein subjektives Verständnis des Fahrlässigkeitsmaßstab *Koziol*, AcP 196 (1996), 593 ff.

299 Statt aller *Schaub*, in: BeckOGK, BGB, § 276, Rn. 56.

300 Allgemein zum Kriterium der Erkennbarkeit als Fahrlässigkeit *Pfeiffer*, in: Soergel, BGB, § 276, Rn. 108 ff.; *Grüneberg*, in: Palandt, BGB, § 276, Rn. 20; s. zum Begriff der Fahrlässigkeit allein über das Merkmal der Erkennbarkeit begründend *Schroeder*, JZ 1989, 776, 780.

301 Vgl. BGH, Urt. v. 17.3.1981 – VI ZR 191/79, NJW 1981, 1603, 1604; *Pfeiffer*, in: Soergel, BGB, § 276, Rn. 107.

302 *Gassner*, in: Deutsch/Lippert/Ratzel/Tag/Gassner, MPG, Haftung für Medizinprodukte, Rn. 46.

nommen wird und die zur Tatbestandverwirklichung gehörenden Umstände bei ordnungsgemäßer Prüfung hätten erkannt werden können.[303] Erkennbar ist die Mangelhaftigkeit des medizinischen Produkts mit anderen Worten, wenn der implantierende Arzt eine Untersuchung des betreffenden Produkts vollständig unterlassen hat und der Mangel bei der gebotenen Überprüfung aufgespürt worden wäre. Problematischer gestalten sich die Fälle, in denen der Arzt kleinere Untersuchungen – zum Beispiel durch eine optische Kontrolle des Implantats – durchgeführt hat und ein Mangel nicht erkennbar war, ein solcher bei einer intensiveren Untersuchung aber hätte festgestellt werden können. Aufgeworfen ist damit die Frage, wie *umfangreich* der implantierende Arzt das Medizinprodukt vor dessen Verpflanzung untersuchen muss, um den Sorgfaltsanforderungen zu genügen.

Wie umfangreich die Untersuchung zur Fehlerauffindung zu erfolgen hat, lässt sich nicht allgemein beantworten. Es kommt auf den jeweiligen Einzelfall an.[304] Zu berücksichtigen ist dabei insbesondere der Inhalt des jeweiligen Schuldverhältnisses.[305] In Bezug auf die Haftung des Arztes wegen der Implantation eines mangelhaften Medizinprodukts ist deshalb in erster Linie auf konkret vereinbarte Untersuchungspflichten abzustellen. Soweit Arzt- und Patientenseite – wie regelmäßig – keine diesbezüglichen Vereinbarungen getroffen haben, sind in zweiter Linie gesetzliche Vorgaben heranzuziehen.[306] Insofern könnte zur Konkretisierung der Erkennbarkeit auf die Bestimmungen des MPG sowie der MPBetreibV[307] zurückgegriffen werden. Der Umfang der Prüfungspflichten könnte sich insbe-

303 Vgl. z.B. BGH Urt. v. 29.1.1991 – VI ZR 206/90, NJW 1991, 1535 (Anforderungen an Heilpraktiker); BGH, Urt. v. 27.9.1983 – VI ZR 230/81, NJW 1984, 655, 657 (zur Pflicht, Anfängeroperationen zu überwachen); BGH, Urt. v. 30.4.1991 – VI ZR 178/90, NJW 1991, 1948 (zur Pflicht, Blutkonserven auf HIV zu untersuchen); Deutsch, NJW 1991, 1937; *Pfeiffer*, in: Soergel, BGB, § 276, Rn. 117; *Grundmann*, in: MüKo, BGB, § 276, Rn. 69.

304 BGH Urt. v. 29.1.1991 – VI ZR 206/90, NJW 1991, 1535; vgl. zur Frage, ob die Durchführung der Funktionsprüfung eines Medizinprodukts delegiert werden kann *Lippert*, GesR 2006, 249; *Pitz*, GesR 2006, 491.

305 Vgl. *Pfeiffer*, in: Soergel, BGB, § 276, Rn. 96, 117; vgl. BGH, Urt. v. 15.4.2014 – VI ZR 382/12, NJW-RR 2014, 1053, 1054 f. (medizinische Leitlinien); BGH, Urt. v. 10.7.2003 – VII UR 329/02, NJW-RR 2003, 1454, 1455; BGH Urt. v. 29.1.1991 – VI ZR 206/90, NJW 1991, 1535.

306 *Grundmann*, in: MüKo, BGB, § 276, Rn. 69; zur Berücksichtigung von medizinischen Leitlinien BGH, Urt. v. 15.4.2014 – VI ZR 382/12, NJW-RR 2014, 1053, 1054 f.

307 Nach § 14 S. 1 MPG sind die Vorschriften der nach § 37 Abs. 5 MPG erlassenen Rechtsverordnung zu beachten. Aufgrund der nunmehr in § 37 Abs. 5 MPG

sondere nach § 4 Abs. 6 MPBetreibV bestimmen. Danach muss sich der Arzt als Anwender des Medizinprodukts vor dessen Anwendung von seiner *Funktionsfähigkeit* und dem *ordnungsgemäßen Zustand überzeugen*. Zwar scheint die Regelung des § 4 Abs. 6 MPBetreibV gegenüber den allgemeinen Sorgfaltspflichten eine Klarstellung zu bewirken. Ob § 4 Abs. 6 MPBetreibV die Anforderungen an den Umfang der Prüfungs- oder Untersuchungspflichten i.S.d. Erkennbarkeit abschließend regelt, erscheint indes zweifelhaft.[308] Der Wortlaut der Norm setzt nämlich nur voraus, dass sich der Anwender von den Funktionen und der Beschaffenheit des Medizinprodukts überzeugt hat.[309]

Eine bloß optische Kontrolle ist im Hinblick auf die Besonderheiten einer Implantationsbehandlung sowie das hohe Gefährdungspotential, welches von mangelhaften, implantierten Medizinprodukten ausgeht, nicht ausreichend. Ob das Medizinprodukt die beeinträchtigten oder verlorengegangenen Körperfunktionen zu substituieren vermag, kann der Arzt wegen der Unwägbarkeiten des menschlichen Körpers nämlich weder vorhersehen noch sicher beherrschen. Wenn er aber nicht garantieren kann, dass das Medizinprodukt seine „Werkzeugfunktion" übernimmt und eine Abstoßreaktion des menschlichen Gewebes nicht hervorruft, so hat er doch wenigstens alle zumutbaren Maßnahmen *bis* zur Anwendung des Medizinprodukts zu ergreifen, um das Gelingen der Implantationsbehandlung *so weit wie möglich* zu fördern. Zudem begründen implantierte und mit einem Mangel behaftete Medizinprodukte immense Gefahren für Leib und Leben des Patienten. Zum Schutz der höchstpersönlichen Rechtsgüter des Patienten ist daher zu fordern, dass sich die Prüfungspflicht nicht nur auf die optische Kontrolle des medizinischen Produkts beschränkt. Sie muss im Gegenteil auch kleinere Funktionskontrollen – etwa durch Abklopfen, Abtasten oder Testen der Bewegungsfähigkeit – umfassen. Derartige Maßnahmen lassen sich beiläufig im Rahmen der Im-

---

enthaltenen Verordnungsermächtigung wurde die Verordnung über das Errichten, Betreiben und Anwenden von Medizinprodukten (Medizinprodukte-Betreiberverordnung – MPBetreibV) erlassen. Verwiesen wird insoweit auf die Bekanntmachung vom 21.8.2002 (BGBl. I S. 3396), zuletzt geändert durch Art. 4 VO zur Fortschreibung der Vorschriften für Blut- und Gewebezubereitungen und zur Änd. anderer Vorschriften vom 7.7.2017 (BGBl. I S. 2842).

308 *Schrenk*, Medizinproduktegesetz und Arzthaftung, S. 308; indifferent daher auch *Lippert*, GesR 2006, 249; *Pitz*, GesR 2006, 491 f.

309 Passim *Schrenk*, Medizinproduktegesetz und Arzthaftung; *Nöthlichs/Weber*, Sicherheitsvorschriften für Medizinprodukte, Rn. 9610; *Weimer*, MPR 2007, 68, 76.

plantationsoperation erbringen und sind mit keinem nennenswerten zusätzlichen Aufwand verbunden. In Bezug auf den übergeordneten Zweck der Implantationsbehandlung sowie zur Vermeidung von körperlichen und gesundheitlichen Schädigungen sind derartige Untersuchungen jedoch effektiv und vom implantierenden Arzt daher zu erwarten.

Eine zumindest stichprobenartige Funktionskontrolle kann durchzuführen sein, wenn Produkte eines bestimmten Herstellers in der Vergangenheit häufig oder gar regelmäßig mit Mängeln behaftet waren.[310] Zu denken ist beispielsweise an die mit Industriesilikon gefüllten Brustimplantate des französischen Herstellers Poly Implant Prothèse. Im Übrigen können im Hinblick auf den Umfang der Untersuchungspflichten von Einfluss sein: Art und Ausmaß des Mangels, Mangelneigung und Fehleranfälligkeit des Medizinprodukts, Gefährdungs- und Schädigungspotential sowie die technische Komplexität des Implantats.[311] War die Mangelhaftigkeit des implantierten Medizinprodukts im Zeitpunkt der Implantationsoperation nach alledem nicht erkennbar, scheidet eine Haftung des behandelnden Arztes konsequenterweise aus.

§ 2 Verletzung einer Betreiber- oder Anwenderpflicht aus dem Medizinprodukterecht durch den Krankenhausträger oder den implantierenden Arzt

Erleidet der Patient infolge der fehlerhaften *Verwendung* des zu implantierenden Medizinprodukts eine körperliche oder gesundheitliche Beeinträchtigung, ist fraglich, wer für seine Schäden haftet. Als Haftungsschuldner kommen namentlich der Krankenhausträger als Betreiber sowie der implantierende Arzt als Anwender des Medizinprodukts in Betracht. Krankenhausträger sind juristische Personen, die für den Betrieb einer Gesundheitseinrichtung verantwortlich sind, in der medizinische Produkte durch dessen Beschäftigte betrieben oder angewendet werden. Sie sind somit als Betreiber i.S.v. § 2 Abs. 2 S. 1 MPBetreibV zu qualifizieren und können da-

310 Für eine dahingehende Verpflichtung des Verkäufers *Freytag*, Grundstrukturen des Kaufvertrags, S. 343.

311 Vgl. zu den genannten Kriterien hinsichtlich des Kaufrechts *Freytag*, Grundstrukturen des Kaufvertrages, S. 342; *Schubel/T.Koch*, DB 2004, 119, 122; *Beckmann*, in: Staudinger, Eckpfeiler des Zivilrechts, Kap. N, Rn. 179; BGH, Urt. 5.7.1978 – VIII ZR 172/77, NJW 1978, 2241, 2243; BGH, Urt. v. 3.11.1982 – VIII ZR 282/81, NJW 1983, 217 f.; BGH, Urt. v. 14.4.2010 – VIII ZR 145/09, NJW 2010, 2426, 2429.

her für Schäden ersatzpflichtig sein, die sich aus dem fehlerhaften Betrieb eines Medizinprodukts ergeben.[312] Der implantierende Arzt setzt demgegenüber das Medizinprodukt im wahrsten Sinne des Wortes am Patienten ein. Er ist Anwender gemäß § 2 Abs. 3 MPBetreibV und haftet folglich für Schäden, die aus der fehlerhaften Anwendung des medizinischen Produkts ergeben.[313]

Die Anforderungen an das Betreiben und Anwenden von Medizinprodukten richten sich nach den öffentlich-rechtlichen Bestimmungen des MPG sowie der MPBetreibV. Aus der Literatur liegen umfassende Untersuchungen zu den Anforderungen an den Umgang mit und der Verwendung von Medizinprodukten vor.[314] Zur Vermeidung von Redundanzen soll mit den sich anschließenden Erläuterungen daher das Ziel verfolgt werden, die medizinprodukterechtlichen Grundzüge darzustellen und die sich in Bezug auf Implantationsverhältnisse ergebenden Besonderheiten herauszuarbeiten.

A. Dogmatische Grundlagen

Für die vertragliche Schadensersatzhaftung des Krankenhausträgers als Betreiber oder des implantierenden Arztes als Anwender des medizinischen Produkts ist § 280 Abs. 1 BGB die zentrale Anspruchsgrundlage. Soweit die Parteien – wie in der Praxis üblich – einen wirksamen Implantationsvertrag geschlossen haben, schuldet die Behandlungsseite dem Patienten aus der getroffenen Abrede neben der Verpflanzung eines mangelfreien Medizinprodukts auch das Betreiben und Anwenden des medizinischen Produkts in Übereinstimmung mit den Vorschriften des MPG sowie der MPBetreibV. Bei der Pflicht zum Betreiben und Anwenden des Medizinpro-

312 Vgl. *Friedrich*, in: MAH MedR, § 17, Rn. 320; Deutsch/Lippert/Ratzel/Tag/Gassner, MPBetreibV, § 1, Rn. 7.

313 Vgl. *Kern*, in: Laufs/Kern/Rehborn, Handbuch des Arztrechts, § 57, Rn. 3; *Wagner*, in: Rehmann/Wagner, MPG, § 4, Rn. 15 f.; *Ambs*, in: Erbs/Kohlhaas, Strafrechtliche Nebengesetze, MPBetreibV, § 2, Rn. 3; *Friedrich*, in: MAH MedR, § 17, Rn. 343; *Gassner*, in: Deutsch/Lippert/Ratzel/Tag/Gassner, MPG, Haftung für Medizinprodukte, Rn. 43; *Hoxhaj*, Quo vadis Medizintechnikhaftung?, S. 126.

314 Allen voran *Schrenk*, Medizinproduktegesetz und Arzthaftung, S. 91 ff.; s. *Knauer*, Rechtliche Fragen der Aufbereitung von Medizinprodukten, S. 214 ff.; *Hoxhaj*, Quo vadis Medizintechnikhaftung?, S. 100 ff.; *Kage*, Medizinproduktegesetz, S. 388 ff.; *Weimer*, MPR 2007, 68, 71.

dukts in Übereinstimmung mit den öffentlich-rechtlichen Bestimmungen handelt es sich um eine Nebenleistungspflicht i.S.v. § 241 Abs. 1 BGB.[315] Sie besteht akzessorisch zur Hauptleistung. Die Pflicht dient der ordnungsgemäßen Durchführung der Implantationsbehandlung und soll sicherstellen, dass der Behandlungserfolg nicht durch den fehlerhaften Umgang mit dem zu implantierenden Produkt gefährdet wird. Verstößt die Behandlungsseite gegen die an Medizinprodukte nach dem MPG oder der MPBetreibV zu stellenden öffentlich-rechtlichen Sicherheitsanforderungen, ist hierin eine Verletzung der Betreiber- oder Anwenderpflicht zu erblicken, die wiederum als Pflichtverletzung i.S.v. § 280 Abs. 1 BGB zu qualifizieren ist. Dementsprechend hat der Patient einen Anspruch auf Schadensersatz neben der Leistung, es sei denn der Krankenhausträger als Betreiber oder der implantierende Arzt als Anwender des Medizinprodukts hat die Pflichtverletzung nach §§ 280 Abs. 1 S. 2, 276, 278 BGB nicht zu vertreten.[316]

Der vertraglichen Verpflichtung entspricht die deliktsrechtliche Pflicht, nur solche Implantate zu verwenden, die die erforderliche Produktsicherheit gewährleisten und keine Gefahr für Leben, Körper oder Gesundheit des Patienten begründen. Verletzt der Behandelnde eine mithilfe des MPG bzw. der MPBetreibV näher zu konkretisierende Verkehrssicherungspflicht und wird hierdurch ein absolut geschütztes Rechtsgut des Patienten verletzt, ist er gemäß § 823 Abs. 1 BGB zum Schadensersatz verpflichtet. Behandelnder im vorgenannten Sinne kann einerseits der Krankenhausträger sein, der als Betreiber die Verwendung des Medizinprodukts umfassend zu organisieren hat. Gemeint sein kann andererseits aber auch der implantierende Arzt, der die korrekte Anwendung des medizinischen Produkts zu gewährleisten hat.[317] Neben der persönlichen Haftung i.S.v. § 823 Abs. 1 BGB ist der Krankenhausträger je nach Konstellation als Geschäftsherr für das Handeln seiner Verrichtungsgehilfen nach § 831 Abs. 1 S. 1 BGB ersatzpflichtig. Ausgeschlossen ist die Haftung nach § 831 Abs. 1 S. 2 BGB, wenn er sich exkulpieren kann.

---

315 Weiterführend zu den Nebenleistungspflichten *Olzen*, in: Staudinger, BGB, § 241, Rn. 147 ff.; *Larenz/Canaris*, Schuldrecht I, § 10 II. c) (S. 138 ff.).

316 Vgl. *Weimer*, MPR 2007, 119, 121; *Gokel*, in: Quaas/Zuck/Clemens, Medizinrecht, § 47, Rn. 1; *Gassner*, in: Deutsch/Lippert/Ratzel/Tag/Gassner, MPG, Haftung für Medizinprodukte, Rn. 41, 43.

317 *Schrenk*, Medizinproduktegesetz und Arzthaftung, S. 49 ff.; *Hoxhaj*, Quo vadis Medizintechnikhaftung?, S. 111 ff., 121 ff.; *Droste*, MPR 2018, 109, 112.

Im Zusammenhang mit der medizinproduktbezogenen Haftung ist § 823 Abs. 2 BGB ebenfalls von Relevanz.[318] Danach ist zum Schadensersatz verpflichtet, wer gegen ein Schutzgesetz verstößt. Schutzgesetz in diesem Sinne sind nur solche Gesetze, die nach Inhalt und Zweck zumindest auch dem Individualschutz dienen.[319] Die Bestimmungen des MPG sowie der MPBetreibV verfolgen in weiten Teilen, so insbesondere die §§ 14 S. 2, 4 Abs. 1 MPG und §§ 4 Abs. 1 und 6, 15 Abs. 1 MPBetreibV, das Ziel, die Gesundheit und Sicherheit der Patienten zu gewährleisten. Es handelt sich um Schutzgesetze i.S.v. § 823 Abs. 2 BGB. Im Falle ihrer Verletzung stehen dem Patienten daher entsprechende Schadensersatzansprüche zu.[320]

Das vertraglich geschuldete Pflichtenprogramm beim Betrieb oder dem Anwenden von Medizinprodukten entspricht weitestgehend den deliktsrechtlichen Verkehrssicherungspflichten, die sich aus dem MPG sowie der MPBetreibV ergeben.[321] Die nachfolgende Darstellung differenziert deshalb nicht zwischen vertraglichem und deliktsrechtlichem Pflichtenprogramm.

---

318 Vgl. *Friedrich*, in: MAH MedR, § 17, Rn. 343.

319 Vgl. BGH, Urt. v. 18.11.2003 – VI ZR 385/02, NJW 2004, 356, 357; BGH, Urt. v. 21.10.1991 – II ZR 204/90, NJW 1992, 241; *Sprau*, in: Palandt, BGB, § 823, Rn. 56.

320 OLG Saarbrücken, Urt. v. 3.8.2011 – 1 U 316/10, MPR 2011, 156, 160; *Wagner*, in: Rehmann/Wagner, MPG, § 4, Rn. 8; *Friedrich*, in: MAH MedR, § 17, Rn. 346 (Zweck der Bestimmungen des MPG sowie der MPBetreibV ist es, „Patienten, Anwender und Dritte vor den von Medizinprodukten ausgehenden Gefahren zu schützen"); *Lippert*, in: Deutsch/Lippert/Ratzel/Tag/Gassner, MPG, § 14, Rn. 5, Rn. 8; *Heil/Mayer-Sandrock*, in: Handbuch des Medizinprodukterechts, § 23, Rn. 80-82; *Schrenk*, Medizinproduktegesetz und Arzthaftung, S. 305 f. Ein Anspruch aus § 823 Abs. 2 BGB ist nach allgemeinen Grundsätzen abzulehnen, wenn der Schaden nicht vom Schutzzweck der verletzten Norm erfasst wird. Ein solcher Fall liegt vor, wenn eine experimentelle Herzklappe implantiert wird, der Patient infolgedessen körperliche Schäden erleidet, der einzige Fehler jedoch im Versäumnis des Einschaltens der zuständigen Ethikkommission zu erblicken ist, vgl. zu dieser Konstellation *Deutsch*, PharmaR 2001, 346.

321 In diese Richtung gehend auch *Knauer*, Rechtliche Fragen der Aufbereitung von Medizinprodukten, S. 211 m.w.N.; *Weimer*, MPR 2007, 68, 71; vgl. auch *Gokel*, in: Quaas/Zuck/Clemens, Medizinrecht, § 47, Rn. 1.

B. Die einzelnen Betreiber- und Anwenderpflichten des Krankenhausträgers sowie des implantierenden Arztes

Um einen möglichst umfassenden Schutz vor den Gefahren zu gewähren, die sich aus der Verwendung implantierbarer Medizinprodukte für den Patienten ergeben, statuieren das MPG sowie die MPBetreibV eine Vielzahl von Pflichten, die beim Betreiben und Anwenden von Medizinprodukten zu erfüllen sind. So dürfen nur solche Implantate verwendet werden, die frei von Mängeln sind und im Rahmen ihrer Zweckbestimmung eingesetzt werden (dazu I.). Auch sind Anforderungen an die Person des Medizinproduktbetreibers bzw. -anwenders zu stellen (dazu II.). Im Übrigen treffen den Betreiber respektive Anwender eines Medizinprodukts Informations- und Dokumentationspflichten (dazu III.).

I. Die medizinproduktrechtliche Pflicht zum Betrieb und zur Anwendung „mangelfreier" Medizinprodukte

Gemäß § 14 S. 2 MPG dürfen Medizinprodukte durch den Krankenhausträger nicht betrieben und durch den implantierenden Arzt nicht angewendet werden, wenn sie ex ante Mängel aufweisen, durch welche die Patienten gefährdet werden können. Mangelhaft ist ein Medizinprodukt i.S.d. Norm, wenn die Ist-Beschaffenheit des Produkts negativ von der Soll-Beschaffenheit abweicht, wobei die Soll-Beschaffenheit im Wesentlichen durch die grundlegenden Anforderungen des § 7 MPG bestimmt wird.[322] Der Begriff des „Mangels" ist dabei nicht auf bestimmte Mängel beschränkt. Hätte der Gesetzgeber nur bestimmte Mängel erfassen wollen, hätte er dies im Wortlaut der Vorschrift kenntlich machen können.[323] Aus dem Umkehrschluss ist daher zu schließen, dass eine Einschränkung des § 14 S. 2 MPG nicht über den Begriff des Mangels vorzunehmen ist. Maßgeblich ist im Gegenteil, ob die Implantation des Medizinprodukts zu einer Gefährdung des Patienten führen kann.[324]

Zwar geht aus dem Wortlaut von § 14 S. 2 MPG ebenfalls nicht hervor, für welche Rechtsgüter die Gefährdung des Patienten im Rahmen der Implantationsbehandlung bestehen muss. Schutzzweck des MPG ist gemäß dessen § 1 die Gesundheit und der Schutz des Patienten. Insofern liegt der

---

322 Vgl. *Wagner*, in: Rehmann/Wagner, MPG, § 14, Rn. 8.
323 Vgl. *Wagner*, in: Rehmann/Wagner, MPG, § 14, Rn. 8.
324 Vgl. *Wagner*, in: Rehmann/Wagner, MPG, § 14, Rn. 9.

Schluss nahe, dass auch § 14 S. 2 MPG den Schutz vor Gefahren für die Sicherheit, Gesundheit und körperliche Integrität des Patienten meint. Außerdem ist der Gesetzesbegründung zu § 14 MPG zu entnehmen, dass die Regelung den Zweck verfolgt, die medizinische und technische Qualität sowie die der ärztlichen Leistung zu sichern.[325] Eine mögliche Gefährdung von Eigentum und Vermögen des Patienten im Rahmen der Implantationsbehandlung kann folglich kein Verbot zum Betrieb oder zur Anwendung des Medizinprodukts i.S.d. § 14 S. 2 MPG begründen.[326] Gestützt wird dieses Auslegungsergebnis im Übrigen durch einen systematischen Vergleich mit § 4 Abs. 1 Nr. 1 MPG. Danach ist der Betrieb und die Anwendung von Medizinprodukten unzulässig, wenn der begründete Verdacht besteht, dass ihr Einsatz die Sicherheit und die Gesundheit des Patienten in einem nicht mehr vertretbaren Maß gefährdet. Weil davon auszugehen ist, dass eine Gefährdungseignung i.S.d. § 14 S. 2 MPG immer dann vorliegt, wenn auch ein begründeter Gefahrenverdacht nach § 4 Abs. 1 Nr. 1 MPG besteht, setzt § 14 S. 2 MPG in systematischer Zusammenschau konsequenterweise eine Gefährdung der Gesundheit des Patienten voraus. Wird im konkreten Fall also ein i.S.v. § 14 S. 2 MPG ex ante mangelhaftes Medizinprodukt verwendet, haftet der Krankenhausträger oder implantierende Arzt für Körper- oder Gesundheitsschäden die dem Patienten infolge der Pflichtverletzung entstehen.

II. Die Pflicht des Krankenhausträgers zur Beauftragung „befähigter" Personen mit der Anwendung des Medizinprodukts

Nach § 4 Abs. 5 MPBetreibV darf der Krankenhausträger als Betreiber des Medizinprodukts nur Personen mit deren Anwendung beauftragen, die über die erforderliche Ausbildung sowie ausreichende Kenntnisse mit deren Umgang verfügen. Hierdurch soll sichergestellt werden, dass das Medizinprodukt sachgerecht angewendet und der Patient nicht über Gebühr belastet wird.[327]

Welche Anforderungen an den Normadressaten zu stellen sind, ist gesetzlich nicht geregelt. Maßgeblich sind die Umstände des jeweiligen Ein-

325 Vgl. *Wagner*, in: Rehmann/Wagner, MPG, § 14, Rn. 9; BT-Drucks. 12/6991, S. 31, 35.

326 Allgemein *Wagner*, in: Rehmann/Wagner, MPG, § 14, Rn. 9.

327 *Schrenk*, Medizinproduktegesetz und Arzthaftung, S. 300; *Webel*, in: Bergmann/Pauge/Steinmeyer, Gesamtes Medizinrecht, MPBetreibV, § 2, Rn. 2.

zelfalls. Von Einfluss auf die geforderte Befähigung des Arztes als Anwender sind insbesondere die *Art* des zu implantierenden Medizinprodukts sowie die von ihm bei zweckentsprechender Handhabung ausgehenden *Gefahren*. Dabei liegt es auf der Hand, dass umso höhere Anforderungen zu stellen sind, je komplexer die Funktionsweise des Medizinprodukts ist und je größer die von ihm für Leib und Leben des Patienten ausgehenden Gefahren sind.

Der Rechtsprechung lagen – soweit ersichtlich – bisher noch keine Fälle zur Entscheidung vor, in denen es um die persönliche Qualifikation des Medizinproduktanwenders ging. Problematisch könnten indes die Fälle werden, in denen der Krankenhausträger die Überprüfung des zu Medizinprodukts nicht etwa dem behandelnden Arzt überträgt, sondern die Aufgabe an nichtärztliches Personal delegiert.[328] Ob die Delegation der Funktionsprüfung auf nichtärztliche Personen mit § 4 Abs. 2, 5 MPBetreibV vereinbar ist, erscheint zweifelhaft. Gegen die Zulässigkeit einer Delegation an nichtärztliches Personal spricht, dass nur der implantierende Arzt eine zutreffende Risikoanalyse, -bewertung und -beurteilung vornehmen und mögliche Nebenwirkungen auf ihre Vertretbarkeit hin einschätzen kann.[329] Dem steht jedoch der Wortlaut von § 4 Abs. 5 MPBetreibV entgegen. Danach ist lediglich vorauszusetzen, dass der Anwender über die *erforderliche Ausbildung oder Kenntnis und Erfahrung* verfügt. Auch muss er in das anzuwendende Medizinprodukt entsprechend *eingewiesen* worden sein. Nach dem Wortlaut der Norm scheint die Hinzuziehung von nichtärztlichem Personal also zulässig. Dieses Auslegungsergebnis wird durch Sinn und Zweck der Vorschrift gestützt. Das *telos* der Regelung ist, den Patienten vor unnötigen Risiken zu bewahren, welche sich aus dem Umgang mit Medizinprodukten ergeben können. Sofern aber das nichtärztliche Personal zur Kontrolle des Medizinprodukts ausreichend befähigt ist, besteht kein Bedürfnis, an der Gegenauffassung festzuhalten. Zu berücksichtigen ist im Übrigen die zunehmende Spezialisierung im medizinischen Bereich.[330] Die moderne Medizin ist gekennzeichnet durch ein arbeitsteiliges Zusammenwirken der im Krankenhaus beschäftigten Personen.[331] Ärzte

328 Ausführlich s.u. Zweiter Teil § 3 C. I. 2.; s. auch *Droste*, MPR 2018, 109, 112, 115.

329 In diese Richtung gehend *Schrenk*, Medizinproduktegesetz und Arzthaftung, S. 303.

330 Vgl. *Katzenmeier*, Arzthaftung, S. 11.

331 Zur Arbeitsteilung und Spezialisierung im Medizinbetrieb *Katzenmeier*, in: Laufs/Katzenmeier/Lipp, Arztrecht, Kap. X. Rn. 46 ff.; *Spickhoff*, in: Spickhoff, Medizinrecht, BGB, § 630a, Rn. 23.

sind hochspezialisiert und überblicken wegen der Vielgestaltigkeit der Erkrankungsbilder nur noch selten das gesamte Behandlungsgeschehen. Konsequenterweise muss daher die Wahrnehmung medizinprodukterechtlicher Aufgaben durch Dritte, insbesondere nichtärztliches Personal, zulässig sein.

III. Die Pflicht des implantierenden Arztes zur Information des Patienten über notwendige Verhaltensmaßnahmen sowie die Pflicht des Krankenhausträgers zur Dokumentation der Behandlungsergebnisse

Gemäß § 15 Abs. 1 Nr. 1 lit. a) MPBetreibV hat der Arzt den Patienten nach der Implantation des Medizinprodukts unverzüglich schriftlich oder elektronisch darüber zu informieren, welche Verhaltensmaßnahmen einschließlich der im Schadensfall zu ergreifenden Schritte der Patient vorzunehmen hat. Auch ist der Patient i.S.v. § 15 Abs. 1 Nr. 1 lit. b) MPBetreibV auf das Erfordernis etwaiger Kontrolluntersuchungen hinzuweisen. In welchem zeitlichen Rahmen die Patienteninformation nach Durchführung des operativen Eingriffs zu erfolgen hat, wird vom Verordnungsgeber nicht näher geregelt. Freilich ist zu verhindern, dass die Information den Patienten überfordert. Auch muss ihm die Möglichkeit eingeräumt werden, den ärztlichen Instruktionen zu folgen. Dies setzt indes keinen Hinweis unmittelbar im Anschluss an die Implantationsoperation voraus. Dem Unverzüglichkeitserfordernis des § 15 Abs. 1 Nr. 1 lit. b) MPBetreibV ist genüge getan, wenn der Arzt den Patienten im näheren zeitlichen Umfeld des operativen Eingriffs ohne schuldhaftes (vorsätzliches oder fahrlässiges) Zögern informiert.[332]

Gemäß § 15 Abs. 2 MPBetreibV trifft den Krankenhausträger als Betreiber des Medizinprodukts bei Implantationsbehandlungen eine Dokumentationspflicht. Über die Anforderungen des § 630f BGB[333] hinausgehend ist der Krankenhausträger verpflichtet, die im Hinblick auf das implantierte Medizinprodukt wesentlichen Unterlagen für eine Zeit von 20 Jahren so

332 Die gesetzliche Definition des § 121 Abs. 1 BGB gilt nach der ganz überwiegenden Auffassung für alle Rechtsbereiche, also auch die Bestimmungen des öffentlich-rechtlichen Medizinprodukterechts, vgl. BVerwG, Urt. v. 6.9.1988 - 1 C 71/86, NJW 1989, 52, 53; VG Neustadt a.d. Weinstraße, Urt. v. 5.3.2015 - 4 K 894/14, BeckRS 2015, 43662; BPatG, Beschl. v. 29.10.2013 – 20 W (pat) 69/13, BeckRS 2013, 19664; *Wendtland*, in: BeckOK, BGB, § 121, Rn. 6.

333 Ausführlich *Fiekas*, § 630f BGB – Die Dokumentation der Behandlung, 2015.

aufzubewahren, dass der jeweilige Patient im Falle von korrektiven Maßnahmen eindeutig identifiziert und erreicht werden kann.

IV. Fazit

Das MPG und die MPBetreibV enthalten eine Vielzahl von Anforderungen, die beim Betreiben und Anwenden von Medizinprodukten zu erfüllen sind. Wie noch zu erörtern sein wird,[334] lassen sich die normierten Pflichten strukturell mit den Anforderungen an eine mit dem medizinischen Standard i.S.v. § 630a Abs. 2 BGB in Einklang stehende Implantationsbehandlung vergleichen und bewirken für den von ihnen angesprochenen Bereich eine Klarstellung.[335] Zu berücksichtigen ist im Übrigen, dass die Einhaltung der medizinprodukterechtlichen Pflichten einen Aufwand erfordert, der sich proportional zur Komplexität des Medizinprodukts einerseits und seiner Bedeutung für den menschlichen Körper andererseits steigert: Je komplexer das Medizinprodukt ist, desto umfangreicher gestalten sich die Anforderungen an dessen Umgang und Einsatz. Und umso grundlegendere Körperfunktionen oder -glieder oder Organe das Implantat ersetzt, desto größer sind mögliche Risiken und desto gründlicher muss die Funktionsüberprüfung des Medizinprodukts erfolgen.

§ 3 Behandlungsfehler

Der Behandlungsfehler ist ein weiterer zentraler Haftungsgrund bei der Implantation von Medizinprodukten. Das Gesetz hält keine Definition des Behandlungsfehlers bereit.[336] Um die praktisch kaum überschaubare Anzahl denkbarer ärztlicher Sorgfaltsverstöße bei der Implantation von künstlichen Produkten in den menschlichen Körper erfassen zu können, ist mit „Behandlungsfehler" entsprechend § 630a Abs. 2 BGB jedes nach dem Stande der Medizin unsachgemäße Verhalten des Behandelnden im Rahmen der Implantationsbehandlung gemeint.[337] Der Behandlungsfehler kann in einem Tun oder Unterlassen, der Nichtvornahme einer medizi-

334 S. dazu sogleich die Ausführungen unter Zweiter Teil § 3.

335 *Schrenk*, Medizinproduktegesetz und Arzthaftung, S. 312.

336 Statt aller *Katzenmeier*, in: BeckOK, BGB, § 630a, Rn. 193.

337 Allgemein *Katzenmeier*, Arzthaftung, S. 276; *ders.*, in: BeckOK, BGB, § 630a, Rn. 193; *ders.*, in: NK-BGB, § 823, Rn. 365; s. auch BGH, Urt. v. 15.4.2014 – VI ZR 382/12, NJW-RR 2014, 1053, 1054; BGH, Urt. v. 16.5.2000 – VI ZR 321/98,

nisch gebotenen sowie der Vornahme einer medizinisch nicht gebotenen Maßnahme, in, vor und nach dem operativen Eingriff sowie im „Behandlungsumfeld“ liegen.[338]

Ob die Durchführung der Implantationsbehandlung im Einzelfall fehlerhaft ist, beurteilt sich danach, „ob der Arzt unter Einsatz der von ihm zu fordernden medizinischen Kenntnisse und Erfahrungen im konkreten Fall vertretbare Entscheidungen über die diagnostischen sowie therapeutischen Maßnahmen getroffen und diese Maßnahmen sorgfältig durchgeführt hat.“[339]

A. Dogmatische Grundlagen

Für die Haftung des Arztes wegen eines Behandlungsfehlers bei der Implantation von medizinischen Produkten kommen sowohl Ansprüche aus Vertrag als auch aus Delikt in Betracht. Es ist zwischen vertraglichen (dazu I.) und deliktsrechtlichen Anspruchsgrundlagen (dazu II.) zu unterscheiden. Wie Ansprüche aus Vertrag und Delikt im Hinblick auf die Verpflanzung von künstlichen Produkten in den Körper des Patienten zusammenspielen, ist ebenfalls Gegenstand der Untersuchungen (dazu III.).

I. Vertragliche Anspruchsgrundlagen

Im Bereich der vertraglichen Arzthaftung wegen eines Behandlungsfehlers bei der Implantation von Medizinprodukten ist §§ 280 Abs. 1, 630a BGB die zentrale Anspruchsgrundlage. Soweit die Parteien – wie in der Praxis üblich – einen Implantationsvertrag geschlossen haben, schuldet der Arzt dem Patienten aus der getroffenen Vereinbarung die sorgfaltsgerechte Durchführung der Implantationsbehandlung. Verletzt die Behandlungsseite eine Pflicht aus dem Vertrag, ist hierin ein Behandlungsfehler zu erblicken, der wiederum als Pflichtverletzung i.S.v. § 280 Abs. 1 BGB zu qualifizieren ist. Danach hat der Patient einen Anspruch auf Schadensersatz ne-

---

NJW 2000, 2737, 2740; BGH, Urt. v. 16.3.1999 – VI ZR 34/98, NJW 1999, 1778, 1779; BGH, Urt. v. 29.11.1994 – VI ZR 189/93, NJW 1995, 776, 777.

338 Vgl. *Katzenmeier*, in: Laufs/Katzenmeier/Lipp, Arztrecht, Kap. X, Rn. 3; *ders.*, Arzthaftung, S. 276; *Giesen*, Arzthaftungsrecht, Rn. 99 ff.

339 BGH, Urt. v. 10.3.1987 – VI ZR 88/86, NJW 1987, 2291, 2292; s. auch *E. Schmidt*, in: Ponsold [Hrsg.], Lehrbuch der gerichtlichen Medizin, S. 45 f.; *Engisch*, Die rechtliche Bedeutung der ärztlichen Operation, S. 22 f.

ben der Leistung, es sei denn, der Behandelnde hat die Pflichtverletzung gemäß §§ 280 Abs. 1 S. 2, 276, 278 BGB nicht zu vertreten.

Die vorsätzliche Verletzung einer Pflicht aus dem Implantationsvertrag spielt in der Praxis eine nur untergeordnete Rolle. Es fehlt in aller Regel an einem bewusst unsorgfältigen Verhalten des Arztes.[340] Zu fragen ist deshalb danach, ob die Behandlungsseite gemäß § 276 Abs. 1 S. 2, Abs. 2 BGB die im Verkehr erforderliche Sorgfalt außer Acht gelassen hat. Die im Verkehr erforderliche Sorgfalt wird dabei nach dem medizinischen Standard i.S.v. § 630a Abs. 2 BGB bestimmt. Haben die Parteien wie gewöhnlich einen „totalen Krankenhausaufnahmevertrag mit oder ohne Arztzusatzvertrag“ geschlossen, wird dem Krankenhausträger das Verschulden der leitenden Krankenhausärzte gemäß §§ 31, 89 BGB und dasjenige der nachgeordneten Ärzte über § 278 BGB zugerechnet.[341]

Im Zusammenhang mit der Durchführung von Implantationsbehandlungen könnten außerdem Ansprüche auf Schadensersatz statt der Leistung von Bedeutung sein. In Betracht kommt insbesondere ein Anspruch aus §§ 280 Abs. 1, 3, 281 BGB. Danach kann der Gläubiger statt der Leistung ihr Äquivalent in Geld verlangen.[342] Zu denken ist namentlich an die Fälle, in denen sich der Patient nach der fehlerhaften Verpflanzung des Medizinprodukts an einen anderen Arzt wendet und Ersatz der Kosten für die Korrekturmaßnahmen vom Erstbehandelnden verlangt. Zwar wird allgemein angenommen, Ansprüche auf Schadensersatz statt der Leistung seien im Hinblick auf Behandlungsverhältnisse von nur geringer Relevanz.[343] Begründet wird die Ansicht mit dem Argument, der geltend gemachte

340 *Deutsch/Spickhoff*, Medizinrecht, Rn. 323.

341 Zur Zurechnung des Verschuldens der Chefärzte i.S.d. §§ 31, 89 BGB vgl. BGH, Urt. v. 18.6.1985 – VI ZR 234/83, NJW 1985, 2189, 2190; OLG Frankfurt, Urt. v.11.10.2005 – 8 U 47/04, NJOZ 2006, 166; OLG Hamburg, Urt. v. 20.4.1990 – 1 U 34/89, NJW 1990, 2322; OLG München, Urt. v. 27.3.1975 – 1 U 1190/74, NJW 1977, 2123. Vgl. zur Haftung des Krankenhausträgers gemäß § 278 BGB für das Verschulden angestellter Ärzte BGH, Urt. v. 31.1.2006 – VI ZR 66/05, NJW-RR 2006, 811; *Rawert*, in: Staudinger, BGB, § 89, Rn. 38; *Ellenberger*, in: Palandt, § 89, Rn. 6; s. im Übrigen zu den Organisationspflichten des Krankenhausträgers *Deutsch*, NJW 2000, 1745.

342 Erstmals zum neuen Schuldrecht *Canaris*, JZ 2001, 499, 512.

343 *Deutsch/Spickhoff*, Medizinrecht, Rn. 182; *Wagner*, in: MüKo, BGB, § 630a, Rn 90; *Middendorf*, in: Bergmann/Pauge/Steinmeyer, Gesamtes Medizinrecht, BGB, § 280, Rn. 36; *Spickhoff*, NJW 2002, 2530, 2533: Begehren, „das im Arzthaftungsprozeß meist nicht im Vordergrund stehen wird“; ausführlich zu möglichen Nacherfüllungsansprüchen des Dienstberechtigten *Tillmanns*, Strukturfragen des Dienstvertrages, S. 348.

Schaden würde auf einer irreversiblen Verletzung der körperlichen Integrität des Patienten beruhen. Er sei einer Nachbehandlung deshalb nicht zugänglich. Soweit der Behandlungsfehler aber nach seiner Art typischerweise *behoben* werden kann – zum Beispiel durch Korrektur des Prothesensitzes oder Feinjustierungen am Implantat –, eine irreversible Gesundheitsverletzung also gerade nicht vorliegt, scheinen Schadensersatzansprüche statt der Leistung zumindest denkbar.[344] Vorauszusetzen wäre prinzipiell, dass der Patient den Behandelnden gemäß § 281 Abs. 1 S. 1 BGB erfolglos zur Nacherfüllung aufgefordert hat. Im Einzelfall können aber auch besondere Umstände vorliegen, wonach unter Abwägung der beiderseitigen Interessen die sofortige Geltendmachung des Schadensersatzanspruchs gerechtfertigt und eine Fristsetzung damit gemäß § 281 Abs. 2 Alt. 2 BGB entbehrlich ist.[345] Das Fristsetzungserfordernis spielt außerdem keine Rolle, wenn der Patient nur den „einfachen" Integritätsschaden oder Schmerzensgeld nach § 253 Abs. 2 BGB verlangt. Im Übrigen bedarf die Geltendmachung von Schadensposten „statt der Leistung" eines Nacherfüllungsverlangens jedenfalls dann nicht, wenn der Implantationsvertrag nach §§ 630b, 627 BGB fristlos gekündigt worden ist.[346]

Verletzt die Behandlungsseite eine sonstige, nichtleistungsbezogene Pflicht aus dem Implantationsvertrag, kann der Patient den ihm hierdurch entstandenen Schaden gemäß § 282 BGB ersetzt verlangen.

---

344 Weitestgehend anerkannt ist ein „Nachbesserungsrecht" des Behandelnden bei zahnprothetischen Behandlungsverträgen. S. OLG Dresden, Beschl. v. 6.12.2016 – 4 U 1119/16, BeckRS 2016, 112176 (Rz. 7 – 11); OLG Jena, Urt. v. 29.5.2012 – 4 U 549/11, NJW 2012, 2357, 2358 (Rz. 26): Nacherfüllungsverlangen gemäß § 281 Abs. 1, 2 BGB erforderlich, soweit der Mangel nachbesserungsfähig ist; OLG Düsseldorf, Urt. v. 13.7.2016 – I-18 U 95/15, BeckRS 2016, 13819; OLG Frankfurt, Urt. v. 22.4.2010 – 22 U 153/08, NJOZ 2011, 900, 901; OLG Dresden, Beschl. v. 21.1.2008 – 4 W 28/08, NJW-RR 2009, 30, 31; OLG Naumburg, Urt. v. 25.6.2009 – 1 U 27/09, BeckRS 2009, 29078; einen Anspruch i.S.d. §§ 280 Abs. 1, 3, 283 BGB für möglich haltend, wenn der Behandlungsfehler wegen des fortgeschrittenen Krankheitsbildes nicht mehr nachholbar ist *Schwab*, JuS 2013, 258.

345 Zur Entbehrlichkeit eines Nacherfüllungsverlangens bei Behandlungsverhältnissen *Ballhausen*, NJW 2011, 2694, 2696; *Spickhoff*, NJW 2011, 1651, 1653; im Ergebnis übereinstimmend, aber in der Begründung divergierend BGH, Urt. v. 29.3.2011 – VI ZR 133/10, NJW 2011, 1674, 1675: Ein einfacher Behandlungsfehler ist als vertragswidriges Verhalten i.S.d. § 628 Abs. 1 S. 2 Alt. 2 BGB zu qualifizieren, welches den Patienten zur Kündigung berechtigt.

346 Vgl. OLG Jena, Urt. v. 29.5.2012 – 4 U 549/11, NJW 2012, 2357, 2358.

II. Deliktsrechtliche Anspruchsgrundlagen

Der vertraglichen Pflicht zur Erbringung der Implantationsbehandlung im Einklang mit den allgemein anerkannten fachlichen Standards entspricht die deliktsrechtliche Pflicht, die Rechtsgüter Leben, Körper und Gesundheit des Patienten nicht zu verletzen. Verstößt der implantierende Arzt gleichwohl gegen die ärztlichen Sorgfaltspflichten als berufsspezifische Ausprägung der allgemeinen Verkehrspflichten[347] und beeinträchtigt er hierdurch ein Rechtsgut des Patienten, ist er zum Ersatz des kausalen Schadens verpflichtet. Ergänzend kommt § 823 Abs. 2 BGB i.V.m. §§ 223 ff. StGB (Körperverletzung) oder § 222 StGB (fahrlässige Tötung des Patienten) als Anspruchsgrundlage in Betracht. Handelt der Arzt in Ausübung eines öffentlichen Amts, findet § 839 BGB Anwendung.[348]

Wird die Implantationsbehandlung im Krankenhaus durchgeführt, ist an eine Haftung des Krankenhausträgers gemäß § 823 Abs. 1 BGB wegen eines Organisationsverschuldens zu denken. Der Krankenhausträger kann für die widerrechtliche Schadenszufügung seiner Verrichtungsgehilfen außerdem gemäß § 831 Abs. 1 S. 1 BGB verantwortlich sein, sofern er sich nicht nach § 831 Abs. 1 S. 2 BGB exkulpieren kann. Verrichtungsgehilfe im Sinne der Norm sind insbesondere die beim Krankenhausträger angestellten Ärzte und das nichtärztliche Personal.[349] Leitende Ärzte haften demgegenüber nach §§ 823 Abs. 1, 31, 89 BGB ohne die Möglichkeit einer Entlastung.[350]

III. Zusammenspiel von Vertrags- und Deliktsrecht

Vertragliche und deliktsrechtliche Ansprüche wegen eines Behandlungsfehlers bei der Implantation von Medizinprodukten stehen in Idealkon-

---

347 Vgl. BGH, Urt. v. 9.12.2008 – VI ZR 277/07, NJW 2009, 993, 994 (Rz. 12); BGH, Urt. v. 7.7.1994 – III ZR 52/93, NJW 1994, 3012; zur Haftung des Durchgangarztes BGH, Urt. v. 29.11.2016 – VI ZR 208/15, NJW 2017, 1742 (Rz. 11 ff.); BGH, Urt. v. 28.11.2019 – 1 U 75/18, NJW 2020, 1445, 1446 (Rz. 30 ff.) *Förster*, in: BeckOK, BGB, § 823, Rn. 786.

348 Zur Amtshaftung *Wagner*, in: MüKo, BGB, § 823, Rn. 730; s. auch *Geiß/Greiner*, Arzthaftpflichtrecht, A 58 ff.

349 Vgl. BGH, Urt. v. 20.9.1988 – VI ZR 296/87, NJW 1987, 769, 771; OLG Stuttgart, Urt. v. 19.9.2000 – 14 U 65/99, RDG 2012, 259; *Sprau*, in: Palandt, BGB, § 831, Rn. 6; *Katzenmeier*, Arzthaftung S. 129 ff.

350 *Ellenberger*, in: Palandt, BGB, § 89, Rn. 6; *Rawert*, in: Staudinger, § 89, Rn. 38.

kurrenz selbstständig nebeneinander und unterliegen unterschiedlichen Voraussetzungen.[351] Während die vertragliche Haftung die Verletzung einer Pflicht aus dem Implantationsvertrag erfordert, setzt die deliktsrechtliche Einstandspflicht eine schuldhafte Verletzung von Körper oder Gesundheit des Patienten durch ein zurechenbares Verhalten des behandelnden Arztes voraus.[352] Weil gemeinsame Grundlage der Haftung jedoch ein ärztlicher Sorgfaltspflichtverstoß ist und die Tatbestandsvoraussetzungen der Anspruchsgrundlagen inhaltlich letztlich gleichlaufend sind, wird der Haftung des Arztes bisweilen ein einheitlicher „Arzthaftungstatbestand" zugrunde gelegt.[353]

B. Haftungsmaßstab

Der Arzt schuldet dem Patienten die sorgfaltsgemäße, das heißt dem medizinischen Standard i.S.v. § 630a Abs. 2 BGB entsprechende Durchführung der Implantationsbehandlung.

I. Grundprinzipien

Der im Rahmen der Implantationsbehandlung einzuhaltende Standard wird durch die gegenläufigen Interessen der Patienten- und Behandlungsseite bestimmt. Zum einen gilt es, den Patienten als Subjekt der Behand-

---

351 Vgl. *Hager*, in: Staudinger, BGB, § 823, Rn. I 7; *Förster*, in: BeckOK, BGB, § 823, Rn. 787, der die Gemeinsamkeiten der verschiedenen Anspruchsgrundlagen hervorhebt. In diese Richtung gehend auch BGH, Urt. v. 20.9.1988 – VI ZR 37/88, NJW 1989, 767, 768 („identische Sorgfaltspflichten"); BGH, Urt. v. 24.6.1986 – VI ZR 21/85, NJW 1987, 705, 706 („Strukturgleichheit") sowie OLG Karlsruhe, Urt. v. 12.10.2005 – 7 U 132/04, NJW-RR 2007, 458.

352 *Greiner*, in: Spickhoff, Medizinrecht, § 823, Rn. 1.

353 Aus der Rechtsprechung BGH, Urt. v. 25.6.1985 – VI ZR 270/83, NJW 1985, 2749, 2750; BGH, Urt. v. 24.6.1986 – VI ZR 21/85, NJW 1987, 705, 706; BGH, Urt. v. 20.9.1988 – VI ZR 37/88, NJW 1989, 767, 768 („vertragliche und deliktsrechtliche Sorgfaltspflichten sind grundsätzlich identisch"); OLG Karlsruhe, Urt. v. 12.10.2005 – 7 U 132/04, NJW-RR 2006, 458; *Kern/Rehborn*, in: Laufs/Kern/Rehborn, Handbuch des Arztrechts, § 92, Rn. 24, 29 („Strukturgleichheit"); *Sprau*, in: Palandt, BGB, § 823, Rn. 144; *Greiner*, in: Spickhoff, Medizinrecht, BGB, § 823, Rn. 1 („Gleichlauf des Vertrags- mit dem Deliktsrecht"); *Hager*, in: Staudinger, BGB, § 823, Rn. I 7 („Angleichung der Maßstäbe"); *Wagner*, VersR 2012, 789, 791.

lung zu schützen.[354] Die Implantation von Medizinprodukten ist mit einem erheblichen Eingriff in die körperliche Integrität des Betroffenen als eines der bedeutendsten Rechtsgüter verbunden. Damit sich die körperlichen Beschwerden durch die Implantationsbehandlung nicht verschlimmern oder unerwünschte Nebenfolgen eintreten, ist die Behandlungsseite gehalten, das Medizinprodukt möglichst schonend in den Körper des Patienten zu verpflanzen. Insofern hat sie stets diejenige Behandlungsmethode zu ergreifen, die die Rechtsgüter des Patienten am geringsten beeinträchtigt.

Zum anderen ist zu berücksichtigen, dass der Behandelnde den Erfolg seiner Bemühungen wegen der Unwägbarkeiten des menschlichen Körpers nicht versprechen kann und will.[355] Nicht jeder Fehlschlag der Implantationsbehandlung kann daher auf ein pflichtwidriges Verhalten des Behandelnden zurückgeführt werden.[356] Vielmehr hat der Patient – allen Anforderungen an die ärztliche Sorgfaltspflicht zum Trotz – prinzipiell sein eigenes Lebensrisiko und das Risiko des Fehlschlags der Implantationsbehandlung selbst zu tragen.[357]

II. Der nach § 630a Abs. 2 Hs. 1 BGB einzuhaltende Behandlungsstandard

Ob die Durchführung der Implantationsbehandlung im konkreten Fall fehlerfrei erfolgte, ist anhand eines Vergleichs der tatsächlich durchgeführten Behandlungsleistungen mit den nach dem Erkenntnisstand der medizinischen Wissenschaft angezeigten Maßnahmen zu ermitteln.[358] Eine derart gelagerte Ist-/Soll-Betrachtung muss sich an rechtlich nachprüfbaren

---

354 S. *Hager*, in: Staudinger, BGB, § 823, Rn. I 8; *Spindler*, in: BeckOGK, BGB, § 823, Rn. 766, der hierin zugleich die Begründung der ärztlichen Informations- und Aufklärungspflichten sieht.

355 Vgl. *Wagner*, VersR 2012, 789, 790.

356 Allgemein BGH, Urt. v. 29.11.1994 – VI ZR 189/93, NJW 1995, 776; *Spindler*, in: BeckOGK, BGB, § 823, Rn. 767 f.

357 Ähnlich BGH, Urt. v. 22.1.1980 – VI ZR 263/78, NJW 1980, 1333, 1334; allgemein *Hager*, in: Staudinger, BGB, § 823, Rn. I 11; *Spindler*, in: BeckOGK, BGB, § 823, Rn. 767 f.

358 Vgl. *Katzenmeier*, Arzthaftung, S. 277; *ders.*, in: BeckOK, BGB, § 630a, Rn. 147; *Kern/Rehborn*, in: Laufs/Kern/Rehborn, Handbuch des Arztrechts, § 96, Rn. 17; *G. Müller*, GesR 2004, 257, 258; *Deutsch*, NJW 1987, 1479, 1480 f.; *ders.*, JZ 1997, 1030, 1031; *Terbille/Feifel*, in: MAH MedR, § 1, Rn. 548.

Maßstäben orientieren.[359] Als Maßstab dient namentlich der medizinische Standard i.S.v. § 630a Abs. 2 Hs. 1 BGB (dazu 1.). Welche Bedeutung in diesem Zusammenhang sog. ärztlichen Leitlinien spielen, soll ebenfalls Gegenstand der Untersuchungen sein (dazu 2.).

1. Der Begriff des medizinischen Standards

Das Gesetz spricht in § 630a Abs. 1 Hs. 1 BGB – ohne dass dies in den Gesetzgebungsmaterialien erläutert würde – nicht etwa vom medizinischen, wohl aber vom allgemein anerkannten *fachlichen* Standard. Der Gesetzesbegründung kann indes entnommen werden, dass auch nach Kodifikation des medizinischen Behandlungsvertrags in den §§ 630a – 630h BGB keine anderen Anforderungen an die ärztliche Sorgfalt zu stellen sind als vorher.[360] Die Regelung bewirkt weder eine generelle Anhebung des einzuhaltenden Sorgfaltsmaßstabs auf den Facharztstandard, noch rechtfertigt sie ein Zurückbleiben des vom Arzt einzuhaltenden Standards hinter dem medizinischen.[361]

Ob eine Behandlung dem medizinischen Standard entspricht, bemisst sich nach objektiven Kriterien und ist unabhängig von den individuellen Fähigkeiten sowie Kenntnissen des jeweiligen Arztes zu beurteilen.[362] Geschuldet ist diejenige Behandlung, „die ein durchschnittlich qualifizierter Arzt des jeweiligen Fachgebiets nach dem jeweiligen Stand von medizinischer Wissenschaft und Praxis an Kenntnissen, Wissen, Können und Auf-

---

359 *Katzenmeier*, Arzthaftung, S. 277; *ders.*, in: BeckOK, BGB, § 630a, Rn. 147; zu den Maßstäben bei Spezialkenntnissen des Behandelnden BGH, Urt. v. 10.2.1987 – VI ZR 68/86, NJW 1987, 1478 m. Anm. *Deutsch*, NJW 1987, 1480.

360 BT-Drucks. 17/10488, S. 19.

361 *Lafontaine*, in: jurisPK-BGB, § 630a, Rn. 205; *Katzenmeier* (in: NK-BGB, § 823, Rn. 366, Fn. 1) bezeichnet die gesetzliche Formulierung in § 630a Abs. 2 BGB als „ungenau".

362 BT-Drucks. 17/10488, S. 19: „Die individuellen Kenntnisse und Fähigkeiten des Arztes sind hingegen nicht von Bedeutung"; vgl. BGH, Urt. v. 24.2.2015 – VI ZR 106/13, NJW 2015, 1601 f.; BGH, Urt. v. 6.5.2003 – VI ZR 259/02, NJW 2003, 2311, 2313; BGH, Urt. v. 13.2.2001 – VI ZR 34/00, NJW 2001, 1786, 1787; BGH, Urt. v. 22.9.1987 – VI ZR 238/86, BGHZ 102, 17, 24 f. = NJW 1988, 763; BGH, Urt. v. 21.11.1994 – VI ZR 189/93, VersR 1995, 659, 660; *Deutsch*, NJW 1993, 1506, 1508 („Gruppenfahrlässigkeit"); *Boemke*, NJW 2010, 1562; *Weidenkaff*, in: Palandt, BGB, § 630a, Rn. 9; *Middendorf*, in: Bergmann/Pauge/Steinmeyer, Gesamtes Medizinrecht, BGB, § 280, Rn. 3; *Wagner*, in: MüKo, BGB, § 630a, Rn. 99 jeweils m.w.N.

merksamkeit zu erbringen in der Lage ist."[363] Implantationsbehandlungen sind folglich nach den Regeln der Implantationschirurgie durchzuführen. Verfügt der Behandelnde über überdurchschnittliche Kenntnisse oder spezielle Fähigkeiten im Hinblick auf die Implantation von künstlichen Medizinprodukten, hat er diese zugunsten des Patienten einzusetzen.[364]

Auch wenn die Implantation des Medizinprodukts nicht zum Ausgleich der verlorengegangenen oder beeinträchtigten Körperfunktionen führt, liegt nicht automatisch ein relevanter Behandlungsfehler vor. Ein haftungsbegründender Behandlungsfehler ist vielmehr nur zu bejahen, wenn der Arzt bei der Durchführung der Implantationsbehandlung die medizinischen Standards unterschreitet. Eine Unterschreitung des medizinischen Standards i.S.d. § 630a Abs. 2 Hs. 1 BGB liegt beispielsweise vor, wenn der Arzt dem Patienten ein Medizinprodukt implantiert, obwohl für die Verpflanzung des künstlichen Produkts keine Indikation bestand.[365] Ebenso ist zu entscheiden, wenn der Operateur eine Prothese an einer Stelle einsetzt, an welcher niemals eine belastungsstabile Position erreicht werden kann.[366]

Maßgeblicher Zeitpunkt zur Beurteilung der Frage, ob der Behandelnde die geltenden Standards beachtet hat, ist gemäß § 630a Abs. 2 Hs. 1 BGB der „Zeitpunkt der Behandlung".

---

363 Vgl. *Katzenmeier*, in: BeckOK, BGB, § 630a, Rn. 149; *ders.*, Arzthaftung, S. 279; *ders.*, in: Laufs/Katzenmeier/Lipp, Arzthaftung, Kap. X, Rn. 7; *Weidenkaff*, in: Palandt, BGB, § 630a, Rn. 10; s. auch *Wagner*, in: MüKo, BGB, § 823, Rn. 776; *Caspers*, in: Staudinger, BGB, § 276, Rn. 35; *Hager*, in: Staudinger, BGB, § 823, Rn. I 18a; *Kern/Rehborn*, in: Laufs/Kern/Rehborn, Handbuch des Arztrechts, § 96, Rn. 3; *Terbille/Feifel*, in: MAH MedR, § 1, Rn. 548; BGH, Urt. v. 10.5.1983 – VI ZR 270/81, NJW 1983, 2080, 2081; vgl. ferner BGH, Urt. v. 22.9.1987 – VI ZR 238/86, NJW 1988, 763; BGH, Urt. v. 21.12.2010 – VI ZR 284/09, NJW 2011, 1672 (Rz. 11); BGH, Urt. v. 15.4.2014 – VI ZR 382/12, NJW-RR 2014, 1053, 1054; BGH, Urt. v. 24.2.2015 – VI ZR 106/13, NJW 2015, 1601 f.; BGH, Beschl. v. 22.12.2015 – VI ZR 67/15, NJW 2016, 713, 714 (Rz. 8); OLG Hamm, Urt. v. 6.5.2002 – 3 U 31/01, NJOZ 2003, 1437, 1438 f.

364 Vgl. BGH, Urt. v. 10.2.1987 – VI ZR 68/86, NJW 1987, 1479, 1480; BGH, Urt. v. 8.3.1988 – VI ZR 201787, NJW 1988, 1511, 1512 f.; *Spickhoff*, in: Spickhoff, Medizinrecht, BGB, § 630a, Rn. 43; *Kern/Rehborn*, in: Laufs/Kern/Rehborn, Handbuch des Arztrechts, § 96, Rn. 30; *Wagner*, in: MüKo, BGB, § 630a, Rn. 121; allgemein zur Schärfung des Sorgfaltsstandards bei besonderen subjektiven Stärken *Grundmann*, in: MüKo, BGB, § 276, Rn. 57 f.

365 S. dazu LG Arnsberg, Urt. v. 1.12.2015 – 5 O 2/14, BeckRS 2016, 09309.

366 OLG Hamm, Urt. v. 28.2.2011 – I-3 U 63/10, 3 U 63/10, BeckRS 2014, 15550.

2. Die Konkretisierung des medizinischen Standards durch ärztliche Leitlinien auf dem Gebiet der Implantationschirurgie

Zur Konkretisierung des im Rahmen einer Implantationsbehandlung einzuhaltenden medizinischen Standards kann auf die von der *Arbeitsgemeinschaft der Wissenschaftlichen Medizinischen Fachgesellschaften (AWMF)*[367] veröffentlichten ärztlichen Leitlinien zurückgegriffen werden. Leitlinien werden von ärztlichen Fachgremien erstellt. Sie dienen als Entscheidungshilfe zur Ermittlung des im jeweiligen Einzelfall gebotenen medizinischen Vorgehens.[368] Ärztliche Leitlinien verfolgen den Zweck, den Stand der medizinischen Erkenntnisse festzuhalten und damit die an eine standardgemäße Behandlung zu stellenden Anforderungen zu umschreiben.[369] Ihre Einhaltung indiziert eine sorgfaltsgemäße Behandlung. Unmittelbar rechtsverbindliche Wirkung entfalten Leitlinien nur, wenn das erkennende Gericht sie zum Inhalt seiner Entscheidung macht.[370] Außerdem kann der gerichtliche Sachverständige auf Grundlage der Leitlinien ein ärztlich-institutionelles und nicht bloß individuelles Gutachten erstellen, das Gericht die Einschätzung des Sachverständigen auf ihre Plausibilität hin überprüfen und der Kläger den Nachweis eines Behandlungsfehlers möglicherweise leichter führen.[371]

Auf dem Gebiet der Implantationschirurgie existiert eine Vielzahl von Leitlinien, welche als Handlungsempfehlung herangezogen werden können. So gibt es beispielsweise nicht nur die Leitlinie „Indikation Knieendo-

---

367 *AWMF*, http://www.awmf.org/awmf-online-das-portal-der-wissenschaftlichen-medizin/awmf-aktuell.html, zuletzt besucht am 25.6.2018.

368 Vgl. *Spickhoff*, in: Spickhoff, Medizinrecht, BGB, § 630a, Rn. 38; *Terbille/Feifel*, in: MAH MedR, § 1, Rn. 571; *Katzenmeier*, in: BeckOK, BGB, § 630a, Rn. 154; *ders.*, Arzthaftung, S. 280; *Ihle*, Ärztliche Leitlinien, Standards und Sozialrecht, S. 70 f.; *Hart*, MedR 1998, 8, 12 f.; *ders.*, ZaeFQ 2000, 65, 67; *Heyers*, ArztR 2016, 201.

369 Instruktiv *Hart*, MedR 1998, 8, 12 f.; *ders.*, ZaeFQ 2000, 65, 67; *Katzenmeier*, Arzthaftung, S. 280; *Dressler*, in: Festschrift Geiß, 2000, S. 379 ff.; *A. Walter*, GesR 2003, 165, 168.

370 Vgl. OLG Karlsruhe, Urt. v. 12.10.2005 – 7 U 132/04, NJW-RR 2006, 458, 459; OLG Naumburg, Urt. v. 19.12.2001 – 1 U 46/01, BeckRS 2001, 30228609; *Diederichsen*, in: Hart (Hrsg.), Klinische Leitlinien und Recht, S. 105; *Dressler*, in: Festschrift Geiß, 2000, S. 379; *Spickhoff*, in: Spickhoff, Medizinrecht, BGB, § 630a, Rn. 40.

371 Statt aller *Hart*, MedR 1998, 8, 12 f.

prothese“ oder „Prothesenwechsel am Hüftgelenk“.[372] Leitlinien sind vielmehr auch für die Verpflanzung von Defibrillatoren sowie die implantatprothetische Versorgung des zahnlosen Oberkiefers vorhanden.[373]

III. Abweichende Vereinbarungen in Bezug auf den Behandlungsstandard gemäß § 630a Abs. 2 Hs. 2 BGB

Gemäß § 630a Abs. 2 Hs. 2 BGB können die Parteien im Rahmen ihrer Privatautonomie einen von medizinischen Standards abweichenden Standard vereinbaren.[374] Den Vertragsparteien steht es somit im Einzelfall und in den Grenzen von § 138 BGB sowie § 228 StGB frei, nicht standardgemäße Untersuchungs- oder Implantationsmethoden zu vereinbaren. Die Vereinbarung eines vom medizinischen Standard abweichenden Behandlungsstandards trägt dem Selbstbestimmungsrecht des Patienten und der Therapiefreiheit des Behandelnden Rechnung.[375] Privatautonome Standardabweichungen können prinzipiell durch Individualvereinbarung (dazu 1.) sowie Allgemeine Geschäftsbedingungen (dazu 2.) getroffen werden.

1. Standardabweichungen durch Individualvereinbarung

Behandlungs- und Patientenseite können bei der Implantation von Medizinprodukten gemäß § 630a Abs. 2 Hs. 2 BGB einen abweichenden Standard durch Individualvereinbarung festlegen. So können sich die Parteien beispielsweise auf neue, nicht ausreichend erprobte Therapieformen sowie

---

372 Jeweils abrufbar unter *AWMF*, http://www.awmf.org/awmf-online-das-portal-der-wissenschaftlichen-medizin/awmf-aktuell.html, zuletzt besucht am 25.6.2018.

373 *AWMF*, http://www.awmf.org/awmf-online-das-portal-der-wissenschaftlichen-medizin/awmf-aktuell.html, zuletzt besucht am 25.6.2018.

374 Das Gesetz definiert den Begriff der Vereinbarung nicht. Nach dem allgemeinen Sprachgebrauch ist davon auszugehen, dass damit das Vorliegen zweier inhaltlich übereinstimmender Willenserklärungen gemäß §§ 104 ff. BGB gemeint ist (dazu *Lafontaine*, in: jurisPK-BGB, § 630a, Rn. 508). Instruktiv zur einvernehmlichen Unterschreitung ärztlicher Standards *Neelmeier*, NJW 2015, 374.

375 BT-Drucks. 17/10488, S. 20; *Katzenmeier*, in: BeckOK, BGB, § 630a, Rn. 189; *ders.*, MedR 2012, 576, 579; *ders.*, NJW 2013, 817, 818; *Weidenkaff*, in: Palandt, BGB, § 630a, Rn. 12; *Spickhoff*, VersR 2013, 267, 272.

Außenseitermethoden oder medizinisch nicht indizierte Implantationsverfahren verständigen.[376]

Haben Behandlungs- und Patientenseite einen abweichenden Behandlungsstandard wirksam verabredet, ist der Behandelnde verpflichtet, die Behandlung mit dem medizinischen Produkt nach *diesem* Maßstab zu erbringen. Dabei ist in der Vereinbarungserklärung des Patienten über diesen einzuhaltenden Standard eine – zumindest konkludent erteilte – Einwilligung des Patienten zu dieser Form der Implantationsbehandlung zu erblicken.[377]

Im Übrigen strahlt die vertragliche Modifikation des Haftungsmaßstabs auf die Bestimmung der deliktsrechtlichen Sorgfaltspflichten aus. Gemeinhin wird angenommen, vertraglich vereinbarte Modifikationen des Sorgfaltsmaßstabs gelten auch für deliktsrechtliche Ansprüche, um ein Leerlaufen der Vereinbarung zu verhindern.[378] Insofern kann der Patient nach Deliktsrecht keinen anderen Sorgfaltsmaßstab erwarten als vertraglich bestimmt. Dass sich die vertragliche Modifikation des Sorgfaltsmaßstabs auch auf deliktsrechtliche Ansprüche erstreckt, ergibt sich bei Implantationsbehandlungen aus einem weiteren Grund. Sowohl vertraglich als auch deliktsrechtlich besteht die Pflicht des Behandelnden, weitere Körper- und Gesundheitsschäden vom Patienten abzuwenden. Einigen sich die Parteien des Implantationsvertrags gleichwohl darauf, dass ein anderer Sorgfaltsmaßstab gelten soll, so muss die vertragliche Modifikation des Haftungsmaßstabs wegen des Gleichlaufs der geschützten Rechtsgüter auch für das Deliktsrecht gelten.[379] Folglich haftet die Behandlungsseite nach Deliktsrecht nur für solche Schäden, die sich aus der Unterschreitung des nach § 630a Abs. 2 Hs. 2 BGB vereinbarten Standards ergeben.

Soweit ersichtlich musste die Rechtsprechung bisher noch keine Fälle entscheiden, in denen die Vertragsparteien in Bezug auf die Implantation von künstlichen Produkten einen vom medizinischen Standard abweichenden Sorgfaltsmaßstab vereinbart haben. Grund hierfür mag sein, dass der Einsatz von Implantaten stets ein äußerst sensibles Vorgehen erfordert und insoweit keine strengeren oder milderen Sorgfaltsanforderungen zu

---

376 Allgemein *Voigt*, in: NK-BGB, § 630a, Rn. 46; *Weidenkaff*, in: Palandt, BGB, § 630a, Rn. 12; *Lafontaine*, in: jurisPK-BGB, § 630a, Rn. 513 ff.

377 Vgl. *Voigt*, in: NK-BGB, § 630a, Rn. 47.

378 *Caspers*, in: Staudinger, BGB, § 823, Rn. 117.

379 Vgl. BGH, Urt. v. 5.10.2006 – I ZR 240/03, NJW 2007, 58; BGH, Urt. v. 23.10.1984 – VI ZR 30/83, NJW 1985, 791, 792 f.; BGH, Urt. v. 20.11.1984 – IV a ZR 104/83, NJW 1985, 794, 795 f.; BGH, Urt. v. 23.3.1966 – I b ZR 150/63, BGHZ 46, 140, 145 = NJW 1967, 42; *Grundmann*, in: MüKo, BGB, § 276, Rn. 37.

stellen sind. Relevant könnten indes die Konstellationen werden, in denen bereits bei Vertragsschluss absehbar ist, dass ein neuartiges Medizinprodukt oder bisher umstrittenes Implantationsverfahren zur Anwendung kommen soll. Bestimmen die Parteien in solchen Fällen, dass die Außenseitermethode[380] Gegenstand der Implantationsbehandlung sein soll – etwa, weil die Methode bessere Heilungs- und Erfolgsaussichten verspricht – ist hierin eine abweichende Vereinbarung des Haftungsmaßstabs i.S.v. § 630a Abs. 2 Hs. 2 BGB zu erblicken.

2. Standardabweichungen durch Allgemeine Geschäftsbedingungen

Von praktischer Bedeutung dürfte der Versuch der Behandlungsseite sein, einen abweichenden Behandlungsstandard durch Allgemeine Geschäftsbedingungen zum Gegenstand des Implantationsvertrags zu machen. So könnte in Klauseln beispielsweise die Formulierung *„Dem Patienten wird eine neuartige, klinisch noch nicht ausreichend erprobte Prothese des Modells ... zu Forschungszwecken implantiert"* verwendet werden. Insoweit stellt sich die Frage nach der Zulässigkeit eines solchen Vorhabens im Hinblick auf die §§ 305 ff. BGB.

a) Überraschende Klauseln i.S.v. § 305c Abs. 1 BGB

Die Vereinbarung eines abweichenden Behandlungsstandards durch Allgemeine Geschäftsbedingungen könnte zunächst überraschend i.S.v. § 305c Abs. 1 BGB sein. Dafür müsste die Klausel so ungewöhnlich sein, dass der Patient mit ihr nicht zu rechnen braucht. Mit einer Klausel muss nicht gerechnet werden, wenn sie dem Leitbild des Vertrags bei Betrachtung der wesentlichen Umstände objektiv zuwiderläuft.[381] Ob der Vertragspartner die Regelung zu erwarten hat, bestimmt sich nach den allgemeinen und individuellen Begleitumständen des Vertragsschlusses.[382]

---

380 Zur Haftung für Neulandverfahren BGH, Urt. v. 13.6.2006 – VI ZR 323/04, BGHZ 168, 103, 111 = NJW 2006, 2477, 2478; OLG Köln, Beschl. v. 10.2.2010 – 5 U 120/09, BeckRS 2010, 13580; vgl. zu den Anforderungen an die Selbstbestimmungsaufklärung in diesen Fällen z.B. *Terbille/Feifel*, in: MAH MedR, § 1, Rn. 410 ff. sowie die Ausführungen unter Zweiter Teil § 4 C. I. 3. c).

381 S. BGH, Urt. v. 22.12.1992 – VI ZR 341/91, NJW 1993, 779, 780.

382 So die herrschende Ansicht der Rechtsprechung, vgl. z.B. BGH, Urt. v. 26.2.2013 – XI ZR 417/11, NJW 2013, 1803, 1804; BGH, Urt. v. 11.12.2003 – III

Die Behandlung mit implantierbaren Medizinprodukten ist *ultima ratio*, um den körperlichen Beeinträchtigungen des Patienten entgegenzutreten.[383] Würde man der Behandlungsseite in derartigen Fällen durch die Verwendung Allgemeiner Geschäftsbedingungen das Recht eingestehen, den medizinischen Standard zu unterschreiten oder klinisch nicht ausreichend erprobte Medizinprodukte zu verwenden, konterkarierte man den Zweck des Implantationsvertrags. Im Übrigen erwartet der Patient gerade beim Einsatz von künstlichem Material in den eigenen Körper, dass der Behandelnde den medizinischen Standard in jeder Hinsicht erfüllt und ihn – sofern Abweichungen indiziert oder aus anderen Gründen in Betracht zu ziehen sind – hierüber entsprechend *aufklärt*. Anderslautende Klauseln liegen auch vor dem Hintergrund des besonderen Vertrauenscharakters der Arzt-Patienten-Beziehung außerhalb des Vorstellbaren. Der Patient braucht mit ihnen nicht zu rechnen. Allgemeine Geschäftsbedingungen, durch die der Haftungsmaßstab generalklauselartig abbedungen wird, sind überraschend i. S. von § 305c Abs. 1 BGB und damit unzulässig.[384]

Anders ist freilich zu entscheiden, wenn dem Patienten nach dem Inhalt des Implantationsvertrags klar ist, dass ein abweichender Standard gelten soll. Ein solcher Fall liegt beispielsweise vor, wenn sich der Patient nach entsprechender Aufklärung ausdrücklich zur Teilnahme an einem Forschungsprojekt bereit erklärt.[385]

b) § 309 Nr. 7 lit. a) BGB

Die abweichende Bestimmung eines im Rahmen der Implantationsbehandlung einzuhaltenden Behandlungsstandard könnte in vorformulierten Vertragsbedingungen ferner gemäß § 309 Nr. 7 BGB unzulässig sein. Danach sind Klauseln mit Haftungsausschlüssen bei Verletzung von Leben, Körper, Gesundheit und bei grobem Verschulden unzulässig.

§ 309 Nr. 7 lit. a) BGB ist einschlägig, wenn der Verwender generalklauselartig die Haftung für die Verletzung von höchstpersönlichen Rechtsgü-

---

ZR 118/03, NJW-RR 2004, 780; BGH, Urt. 21.11.1991 – IX ZR 60/91, NJW 1992, 1234; *Grüneberg*, in: Palandt, BGB, § 305c, Rn. 3.

383 S.o. Einleitung § 1.

384 Vgl. *Weidenkaff*, in: Palandt, BGB, § 630a, Rn. 12; *Lafontaine*, in: jurisPK-BGB, § 630a, Rn. 525.

385 Allgemein zum Sorgfaltsmaßstab bei der Teilnahme an Forschungsprojekten *Lafontaine*, in: jurisPK-BGB, § 630a, Rn. 527.

tern auszuschließen oder zu begrenzen versucht. Ohne Wertungsmöglichkeit wären demnach jedenfalls solche klauselartigen Formulierungen in Implantationsverträgen unzulässig, durch welche der Arzt seine Einstandspflicht für Körperschäden des Patienten beschränkt. Aber auch die Vereinbarung eines klinisch noch nicht ausreichend erprobten Medizinprodukts in Allgemeinen Geschäftsbedingungen verstößt gegen § 309 Nr. 7 lit. a) BGB. Die Implantation von Medizinprodukten betrifft nämlich unmittelbar Körper und Gesundheit des Patienten, sodass hinsichtlich formularmäßiger Standardabweichungen der Schutzzweck des § 309 Nr. 7 lit. a) BGB greift.[386]

IV. Maßgeblichkeit der allgemein anerkannten Regeln der Technik?

Der im Rahmen der Implantationsbehandlung einzuhaltende Standard könnte ferner durch die allgemein anerkannten Regeln der Technik beeinflusst werden.[387] Eine technische Regel ist allgemein anerkannt, wenn sie der Meinung der Mehrheit der maßgeblichen Fachleute entspricht, in der Praxis erprobt ist und sich bewährt hat.[388] Zugegebenermaßen sind die allgemein anerkannten Regeln der Technik primär im privaten Bau- und Architektenrecht von Relevanz. Allerdings richtet sich das Ausmaß der Sorgfaltsanforderungen allgemein nach dem Inhalt des jeweiligen Schuldverhältnisses und konkret nach dem Fachgebiet bzw. Fachzuschnitt, in dem der Schuldner auftritt.[389] Insofern ist zu überlegen, ob die allgemein anerkannten Regeln der Technik im Rahmen einer Implantationsbehandlung einzuhalten sind.

---

386 *Todt*, MPR 2008, 152.

387 Zur Abgrenzung der „allgemein anerkannten Regeln der Technik" vom „Stand der Technik" *Seibel*, NJW 2013, 3000.

388 *Seibel*, NJW 2013, 3000, 3001; s. zum privaten Bau- und Architektenrecht *Koenen*, in, BeckOK, VOB/B, § 13, Rn. 19; *Merkens*, in: Kapellmann/Messerschmidt, VOB/B, § 4, Rn. 54.

389 Vgl. *Caspers*, in: Staudinger, BGB, § 276, Rn. 36; *Grüneberg*, in: Palandt, BGB, § 276, Rn. 27 f.; *Grundmann*, in: MüKo, BGB, § 276, Rn. 111; BGH, Urt. v. 14.11.1961 – VI ZR 129/61, VersR 1962, 250 (bzgl. praktischer Arzt); BGH, Urt. v. 27.11.1952 – VI ZR 25/52, NJW 1953, 257 f. (bzgl. Gleichbehandlung von Zahnärzten und Dentisten); BGH, Urt. v. 29.1.1991 – VI ZR 206/90, NJW 1991, 1535 (bzgl. Heilpraktiker); OLG München, Entsch. v. 26.4.1989 – 27 U 68/88, VersR 1991, 471.

1. Zur Geltung der allgemein anerkannten Regeln der Technik bei Implantationsverhältnissen

Nach dem – nicht ganz eindeutigen[390] – Wortlaut des § 630a Abs. 2 BGB muss die Implantationsbehandlung „nach den zum Zeitpunkt der Behandlung bestehenden, allgemein anerkannten *fachlichen* Standards [...] erfolgen“. Insofern könnte man sich auf den Standpunkt stellen, fachlicher Standard i.S.d. Norm seien auch die allgemein anerkannten Regeln der Technik. Gegen eine solche Sichtweise spricht jedoch, dass der Arzt bei Implantationsbehandlungen gemäß §§ 630b, 627 Abs. 1 BGB Dienste höherer Art erbringt. Wollte man gleichwohl technische Standards bei der Bestimmung des Sorgfaltsmaßstabs heranziehen, würde man die Eigenart des Implantationsvertrags als besonderen medizinischen Behandlungsvertrag und die soziale Funktion des Arztberufs missachten. Es ist – zugespitzt formuliert – zu verhindern, dass der Arzt einem „Techniker im Arztkittel“ gleichkommt.[391] Zweitens orientiert sich der Haftungsmaßstab an der jeweiligen Pflichtverletzung. Der Behandlungsfehler betrifft die unsachgemäße Erbringung der medizinischen Leistungen. Dass hinsichtlich der Frage, ob das Verhalten des Behandelnden im Einzelfall sorgfaltsgemäß ist, nicht auf technische Standards zurückgegriffen werden kann, ergibt sich aus der Natur der Sache. Soweit also in Frage steht, ob die Implantationsbehandlung insgesamt sorgfaltsgemäß erbracht wurde, sind die allgemein anerkannten Regeln der Technik nicht maßgeblich.

Zu berücksichtigen sind die allgemein anerkannten Regeln der Technik allerdings in Bezug auf die sich nach Werkvertragsrecht richtende,[392] *technische* Herstellung des Medizinprodukts. Bei der Herstellung von Implantaten handelt es sich nicht um Dienste höherer Art, sondern um technische Einzelleistungen. Technische Leistungen lassen sich mit anderen Leistungen vergleichen. Um sicherzustellen, dass die Herstellung des Medizinprodukts im Einzelfall nicht hinter den technischen Anforderungen zurückbleibt, sind daher *insoweit* die allgemein anerkannten Regeln der Technik maßgeblich.

---

390 Vgl. hierzu die obigen Ausführungen unter Zweiter Teil § 1 B. II. 1.

391 Vgl. *Giesen*, JZ 1982, 345, 349, *ders.*, Arzthaftungsrecht, Rn. 119.

392 S.o. Erster Teil § 3 C. und § 4 B. I. 3.

2. Annex: Konkretisierung der allgemein anerkannten Regeln der Technik mithilfe der Bestimmungen des MPG sowie der MPBetreibV

Zur Konkretisierung der allgemein anerkannten Regeln der Technik könnte auf die Bestimmungen des MPG sowie der auf der Grundlage der § 14 S. 1 MPG i.V.m. § 37 Abs. 5 Nr. 1 MPG ergangenen Vorschriften der MPBetreibV zurückgegriffen werden.

Bei den Bestimmungen des MPG sowie der MPBetreibV handelt es sich um öffentlich-rechtliches Sicherheitsrecht.[393] Die Vorschriften sollen sicherstellen, dass Medizinprodukte hinsichtlich ihrer Sicherheit, Eignung und Leistung keine Gefahren für die Gesundheit des Patienten und – wie für die vorliegende Arbeit allerdings von nur untergeordneter Bedeutung – der Betreiber sowie Anwender darstellen.[394] Sowohl MPG als auch MPBetreibV normieren daher grundlegende Anforderungen an Medizinprodukte, welche alle Hersteller, Betreiber und Anwender von medizinischen Produkten einzuhalten haben. Soweit die Behandlungsseite das Medizinprodukt nach den individuellen anatomischen Verhältnissen des Patienten herstellt, sind für ihn insoweit die nach MPG sowie der MPBetreibV für Hersteller einzuhaltenden Vorgaben maßgeblich.[395]

C. Einzelne Behandlungsfehler im Spiegel der Rechtsprechung

Das Spektrum denkbarer Behandlungsfehler bei der Implantation von Medizinprodukten ist groß. Behandlungsfehler sind in allen Phasen der Implantationsbehandlung denkbar. Möglich sind zunächst präoperative Befunderhebungs- und Diagnosefehler. Diese weisen gegenüber sonstigen Heilbehandlungen keine Besonderheiten auf. Sie werden an dieser Stelle deshalb nicht näher erläutert. Besondere Relevanz erlangen bei der Implantation von Medizinprodukten hingegen folgende Behandlungsfehler:

- Fehlerhafte Methodenwahl (dazu I.)
- Fehlerhafte Durchführung der Implantationsoperation (dazu II.)

---

393 Vgl. *Zuck/Gokel*, in: Quaas/Zuck/Clemens, Medizinrecht, § 43, Rn. 1, 2; *Webel*, in: Bergmann/Pauge/Steinmeyer, Gesamtes Medizinrecht, MPG, § 1, Rn. 1.

394 So ausdrücklich *Zuck/Gokel*, in: Quaas/Zuck/Clemens, Medizinrecht, § 43, Rn. 1, 2.

395 Ausführlich zu den im Einzelnen einzuhaltenden Anforderungen nach MPG sowie MPBetreibV s.u. Zweiter Teil § 3 A. II.

- Fehlerhafte therapeutische Information (dazu III.) sowie
- Unterlassene Fehlerinformation (dazu IV.).

I. Die fehlerhafte Implantationsmethode

Zunächst liegt ein haftungsbegründender Behandlungsfehler vor, wenn die vom Behandelnden gewählte Therapiemethode in der konkreten Behandlungssituation fehlerhaft ist. Gemeint sind namentlich die Fälle, in denen die Implantation eines Medizinproduktprodukts aus medizinischer Sicht entweder nicht die sicherste unter mehreren gleichwertigen Behandlungsalternativen darstellt oder die gewählte Vorgehensweise insgesamt nicht sachgerecht ist. Die richtige Therapiemethode ergibt sich dabei aus einem Wechselspiel zwischen der Therapiefreiheit des Arztes (dazu 1.) und dem Grundsatz der patientenbezogenen, auf den Einzelfall abgestimmten Methodenwahl (dazu 2.).[396]

1. Die Therapiefreiheit des Arztes

Im Anschluss an die Befunderhebung und Diagnose hat der behandelnde Arzt die Therapie einzuleiten. Kommen im Einzelfall mehrere medizinisch vertretbare Implantationsmethoden in Betracht, kann er die zu ergreifende Therapiemethode nach seinem Ermessen frei wählen.[397] Die dem Arzt so zukommende *Therapiefreiheit* ist für seine Tätigkeit unverzichtbar. *Kern* zu-

---

396 *Katzenmeier*, in: Laufs/Katzenmeier/Lipp, Arztrecht, Kap. X, Rn. 93: „therapeutisches Arbeitsbündnis".

397 So die ganz herrschende Auffassung, s. etwa BGH, Urt. v. 15.10.2019 – VI ZR 105/18, NJW 2020, 1358, 1359 (Rz. 14); vgl. ferner BGH, Urt. v. 30.5.2017 – VI ZR 203/16, NJW 2017, 2685 (Rz. 6 f.); BGH, Urt. v. 13.6.2006 – VI ZR 323/04, BGHZ 168, 103 = NJW 2006, 2477, 2478; BGH, Urt. v. 22.9.1987 – VI ZR 238/86, BGHZ 102, 17, 22 = NJW 1988, 763; BGH, Urt. v. 6.12.1988 – VI ZR 132/88, BGHZ 106, 153, 157 = NJW 1989, 1538; BGH, Urt. v. 11.5.1982 – VI ZR 171/80, NJW 1982, 2121; OLG Karlsruhe, Urt. v. 31.7.2019 – 7 U 118/18, BeckRS 2019, 16206 (Rz. 20); OLG Dresden, Hinweisbeschluss v. 16.10.2017 – 4 U 1081/17, BeckRS 2017, 133918 (Rz. 5); OLG Koblenz, Hinweisbeschluss v. 21.10.2016 – 5 U 881/16, NJOZ 2018, 188, 190 (Rz. 14); *Weidenkaff*, in: Palandt, BGB, § 630a, Rn. 27; *Förster*, in: BeckOK, BGB, § 823, Rn. 803; *Hager*, in: Staudinger, BGB, § 823, Rn. I 39; instruktiv auch *Katzenmeier*, Arzthaftung, S. 304 ff., *ders.*, in: Laufs/Katzenmeier/Lipp, Arztrecht, Kap. X, Rn. 83 ff.

folge stellt die Therapiefreiheit gar „das Kernstück der ärztlichen Profession" dar.[398]

Als Ausprägung der Therapiefreiheit darf der Arzt unter mehreren gleich geeigneten, in Erfolgsaussicht und Risiken nicht wesentlich divergierenden Implantationsmethoden das konkret zu ergreifende Therapiekonzept frei wählen. Er kann nach seinem Ermessen dasjenige Medizinprodukt nach demjenigen Verfahren einsetzen, welches er nach seinen Erfahrungen und Kenntnissen am besten beherrscht. So wird gewährleistet, dass der Patient die für ihn beste Behandlung erhält und den Besonderheiten seines speziellen Krankheitsbildes entsprochen wird.[399]

Die ärztliche Therapiefreiheit besteht nicht grenzenlos. Der Beurteilungs- und Entscheidungsspielraum des Arztes ist insofern eingeschränkt, als er von mehreren gleich geeigneten Implantationsmethoden diejenige mit dem geringsten Risiko und von Behandlungsmöglichkeiten mit gleichwertigen Gefahren diejenige mit den größten Erfolgsaussichten wählen muss.[400] Liegen besondere sachliche Gründe oder eine günstigere Heilungsprognose vor, kann ausnahmsweise auch die Wahl risikoträchtiger Methoden zulässig sein.[401] In diesen Fällen muss der Behandelnde den Patienten vollständig aufklären[402] und ihm die Entscheidung überlassen, auf welchem Weg die Behandlung erfolgen soll.[403]

---

398 Vgl. *Kern*, in: Laufs/Kern/Rehborn, Handbuch des Arztrechts, § 3, Rn. 22; *ders.*, NJW 1997, 1609; *ders.*, in: Festschrift Deutsch, 1999, S. 625 ff. („Grundpfeiler des ärztlichen Dienstes"); a.A. scheint hingegen *Wagner* (in: MüKo, BGB, § 630e, Rn. 21) zu sein, der die Therapiefreiheit nicht als originär ärztliche Befugnis begreift. Die Therapiewahlfreiheit beruhe vielmehr auf dem Umstand, dass der Patient so lange nicht an medizinischen Detailfragen interessiert sei, wie diese keinen Einfluss auf seine Risikoentscheidung haben.

399 Ausführlich zu den Gründen des ärztlichen Beurteilungs- und Entscheidungsspielraums *Katzenmeier*, Arzthaftung, S. 304 ff.

400 Vgl. *Greiner*, in: Spickhoff, Medizinrecht, BGB, § 823, Rn. 37; *Hager*, in: Staudinger, BGB, § 823, Rn. I 39b; *Weidenkaff*, in: Palandt, BGB, § 630a, Rn. 27; *Kern*, in: Laufs/Kern/Rehborn, Handbuch des Arztrechts, § 3, Rn. 26; BHG, Urt. v. 7.7.1987 – VI ZR 146/86, NJW 1987, 2927.

401 Vgl. BGH, Urt. v. 7.7.1987 – VI ZR 146/86, NJW 1987, 2927; *Hager*, in: Staudinger, BGB, § 823, Rn. I 39.

402 Zu möglichen Aufklärungsfehlern s.u. Zweiter Teil § 4.

403 Vgl. BGH, Urt. v. 13.6.2006 – VI ZR 323/04, BGHZ 168, 103 ff. m.w.N.; OLG Köln, Urt. v. 4.4.2012 – 5 U 99/11, GesR 2012, 507; OLG Saarbrücken, Urt. v. 12.11.2014 – 1 U 90/13, GesR 2015, 101.

Die Therapiefreiheit setzt außerdem voraus, dass überhaupt gleichwertige Behandlungsalternativen existieren. Es darf also nicht eine ganz bestimmte Methode indiziert sein.[404]

2. Die patientenbezogene, auf den Einzelfall abgestimmte Methodenwahl

Die Wahl der geeigneten Implantationsmethode wird nicht allein durch die ärztliche Therapiefreiheit bestimmt. Um eine größtmögliche Erfolgs- und Heilungswahrscheinlichkeit zu erzielen, hat sich das Behandlungskonzept an der Individualität des jeweiligen Behandlungsgeschehens zu orientieren.[405] Streng schematisches Vorgehen nach den Methoden der Schulmedizin verbietet sich. Maßgeblich sind die Besonderheiten des Einzelfalls.[406] Für die Frage, ob die Implantation des Medizinprodukts im konkreten Fall indiziert und somit behandlungsfehlerfrei ist, spielen eine Vielzahl von Faktoren eine Rolle. Insbesondere die körperlichen Besonderheiten des Patienten, dessen soziale Stellung, seine Lebenserwartung, die Einordnung in Umwelt und Arbeitsleben sowie die Beschwerdeursachen sind einzubeziehen.[407] Die vorgenannten Parameter haben nicht nur Einfluss auf das jeweils zu verwendende Medizinprodukt, sondern auch auf das im Einzelfall anzuwendende Implantationsverfahren.

a) Anatomische Verhältnisse des Patienten und Einbindung in Umwelt sowie Arbeitsleben

Zuerst ist die Wahl der Implantationsmethode behandlungsfehlerhaft, wenn der Behandelnde seine Vorgehensweise nicht an die anatomischen Verhältnisse des Patienten anpasst. Der behandelnde Arzt hat namentlich

---

404 Zur fehlenden Indikation für die Implantation einer Hüftprothese OLG Koblenz, Hinweisbeschluss v. 21.10.2016 – 5 U 881/16, NJOZ 2018, 188, 190 (Rz. 14 f.); s. auch OLG Brandenburg, Urt. v. 9.10.2002 – 1 U 7/02, NJOZ 2003, 2379, 2381 f.; OLG Zweibrücken, Urt. v. 12.5.1998 – 5 U 35/96, VersR 1999, 719 f.; *Förster*, in: BeckOK, BGB, § 823, Rn. 804.

405 Vgl. *Katzenmeier*, Arzthaftung, S. 308; *ders.*, in: Laufs/Katzenmeier/Lipp, Arztrecht, Kap. X, Rn. 92; *Jung*, ZStW 97 (1985), 47, 55.

406 Vgl. *Katzenmeier*, in: Laufs/Katzenmeier/Lipp, Arztrecht, Kap. X, Rn. 92 m.w.N.

407 Vgl. *Katzenmeier*, in: Laufs/Katzenmeier/Lipp, Arztrecht, Kap. X, Rn. 92.

die Größe des Patienten,[408] sein Gewicht, die Knochendichte, aber auch den Körperfettanteil zu berücksichtigen. Das *OLG München*[409] hatte beispielsweise über einen Fall zu urteilen, in dem der Patient vortrug, die ihm implantierte Hüftdruckscheibenprothese hätte nach seinem Knochenzustand nicht gewählt werden dürfen. Das Gericht folgte der Ansicht des Patienten nicht. Es argumentierte, dass mittels bildgebender Verfahren nicht auf schwere Osteoporose geschlossen werden konnte. Die Verwendung einer Druckscheibenprothese sei im konkreten Fall daher nicht als Fehler der Methodenwahl einzustufen. Auch das *OLG Nürnberg*[410] bescheinigte dem Patienten eine gute Knochensubstanz. Im zu entscheidenden Fall war die Implantation einer Hüftkappenprothese daher nicht behandlungsfehlerhaft.

Erwähnung verdient auch eine Entscheidung des *OLG Koblenz.*[411] Im konkreten Fall wurde dem Patienten rechtsseitig ein Herzschrittmacher implantiert. Der Betroffene machte geltend, dass der Implantationsort auf der rechten Seite fehlerhaft gewählt worden sei, weil sein Beruf als Schreiner eine linksseitige Implantation des Schrittmachers zwingend erfordert habe. Dieser Argumentation folgte das Gericht nicht. Die Einbindung des Patienten in sein Arbeitsleben begründe im konkreten Fall keinen haftungsauslösenden Behandlungsfehler. Eine linksseitige Implantation hätte keine Vorteile versprochen, „da Arbeiten über dem Kopf sowie weiter ausholende Bewegungen nach komplikationsloser Implantation eines Schrittmacheraggregates auf beiden Seiten möglich seien.“[412]

Ein Fehler der Methodenwahl liegt vor, wenn das verwendete Implantat in seiner Größe über- oder unterdimensioniert ist.[413] Nach Ansicht des *KG Berlin*[414] ist ein Behandlungsfehler beispielsweise anzunehmen, wenn der Behandelnde einen zu großen Hüftgelenksendoprothesenschaft wählt, sodass es beim Einschlagen des Schafts zur Sprengung des Femurschafts kommt und er nicht rechtzeitig anhand von Röntgenaufnahmen überlegt und geplant hat, ob die gewählte Prothese überhaupt passt. Das implantierte Medizinprodukt kann in seiner Größe auch zu klein sein. So erblick-

---

408 Verwiesen sei in diesem Zusammenhang nochmals auf die Entscheidung des OLG Zweibrücken, Urt. v. 12.5.1998 – 5 U 35/96, VersR 1999, 719 f.

409 OLG München, Urt. v. 23.9.2008 – 1 U 5234/02, BeckRS 2005, 12299.

410 OLG Nürnberg, Urt. v. 30.3.2012 – 5 U 1610/11, AHRS 5000/448.

411 OLG Koblenz, Urt. v. 20.1.2016 – 5 U 1209/13, BeckRS 2016, 14816.

412 OLG Koblenz, Urt. v. 20.1.2016 – 5 U 1209/13, BeckRS 2016, 14816 (Rz. 49).

413 Vgl. OLG Zweibrücken, Urt. v. 12.5.1998 – 5 U 35/96, VersR 1999, 719 f.

414 KG Berlin, Urt. v. 22.8.1988 – 20 U 5367/86, VersR 1989, 915.

te das *LG Arnsberg*[415] in der Implantation eines Halswirbelimplantats, welches nicht an die Wirbelkörperhinterkante heranreicht, einen Behandlungsfehler.

b) Lebenserwartung des Patienten als Richtschnur für die Methodenwahl

Für die Wahl der im Einzelfall anzuwendenden Implantationsmethode ist außerdem das Lebensalter des Patienten von Bedeutung. Die Rechtsprechung hat sich hierzu in der Vergangenheit mit einer Vielzahl von Fällen beschäftigt. Dem *OLG Koblenz*[416] lag ein Fall zur Entscheidung vor, in dem einer 53-jährigen Patientin linksseitig eine Hüftprothese in Form eines Kurzschaftimplantats eingesetzt wurde. Bei dieser Behandlungsmethode wird der Oberschenkelhals ausgehöhlt sowie der Oberschenkelkopf vollständig entfernt und durch künstliches Material ersetzt, ebenso die Gelenkpfanne im Beckenknochen. Hierfür stehen verschiedene Materialkombinationen zur Verfügung. Die Patientin beanstandete, dass bei ihr ein Gelenkkopf aus Keramik verwendet worden sei. Gelenkköpfe aus Keramik seien gegenüber solchen aus Metall bruchanfälliger. Das Gericht verneinte einen Fehler hinsichtlich der Methodenwahl. Zur Begründung führte es aus, dass bei Metallkugeln zwar eine geringere Bruchgefahr bestünde, diese jedoch zu einem erhöhten Abrieb führten und deshalb gesundheitsgefährdend seien. Gerade bei jüngeren Patienten sei daher die Verwendung von Metall-Metall-Gleitpaarungen kontraindiziert.

Mit der medizinischen Indikation einer endoprothetischen Hüftgelenkversorgung hatte sich auch das *OLG Oldenburg*[417] zu beschäftigen. Im zugrundeliegenden Fall wurde einem jüngeren Patienten – das genaue Lebensalter geht aus den Entscheidungsgründen nicht hervor – linksseitig eine zementfreie Hüftprothese eingesetzt. Der Betroffene machte geltend, dass der gewählte Behandlungsweg fehlerhaft gewesen sei. Es seien andere Behandlungsalternativen in Betracht gekommen. Dem widersprach das *OLG Oldenburg*. Es urteilte, dass zwar prinzipiell konservative Behandlungsmethoden – etwa die Einnahme von Medikamenten oder physikalische Maßnahmen – denkbar gewesen seien. Im konkreten Fall sei das Hüftgelenk aber derart weitgehend funktionsunfähig gewesen, dass andere Behandlungskonzepte allenfalls kurzzeitig Erfolg versprochen hätten. In-

---

415 LG Arnsberg, Urt. v. 1.12.2015 – 5 O 2/14, BeckRS 2016, 09309 (Rz. 51).
416 OLG Koblenz, Beschl. v. 26.2.2013 – 5 U 1474/12, NJOZ 2015, 845.
417 OLG Oldenburg, Urt. v. 11.5.1993 – 5 U 150/92, BeckRS 1993, 9776.

folgedessen war die Implantation des medizinischen Produkts relativ indiziert und alternativlos.

Auch das *LG Augsburg*[418] wertete die Wahl einer künstlichen Doppelschlittenprothese zur Stabilisierung des Kniegelenks 2012 nicht als Behandlungsfehler. Zwar hätte im konkreten Fall auch eine Bandersatzplastik eingesetzt werden können, bei welcher körpereigenes Sehnenmaterial aus der Kniescheibe oder Oberschenkelrückseite zu verwenden gewesen wäre. Weil sich aber die erhebliche Gefahr einer Arthrose aufdrängte und die Stabilisierung allenfalls für einen relativ kurzen Zeitraum von maximal eineinhalb Jahren bestanden hätte, war die Wahl der Implantation einer Prothese im Hinblick auf das Alter des Patienten mit 68 Jahren indiziert und somit nicht fehlerhaft.

c) Neuartige Implantationsverfahren

Die Entscheidung für ein neuartiges Implantationsverfahren kann im Einzelfall fehlerhaft sein. Das *OLG Dresden*[419] erblickte in der Wahl einer neuartigen Implantationsmethode indes keinen Behandlungsfehler. Der Patient litt mehrere Jahre unter einer erheblichen Beschwerdesymptomatik mit Bewegungseinschränkungen. Ihm wurde eine Hüfttotalendoprothese mittels eines computergestützten Fräsverfahrens (Robodoc) eingesetzt. Diese Art der Implantationsmethode wurde im Zeitpunkt der Implantation im Jahre 2000 nur vereinzelt angewandt. Der Betroffene machte geltend, die bei ihm eingetretenen Nervenschäden seien auf das Robodoc-Verfahren zurückzuführen. Dem widersprach das *OLG Dresden*. Es betonte, dass das computergestützte Fräsverfahren zum Zeitpunkt der Operation keine grundlegend neue Operationsmethode gewesen sei und ihr Einsatz durch den „perfekten" Sitz der Prothese gerechtfertigt werde. Insofern verneinte es einen haftungsbegründenden Behandlungsfehler bei der Methodenwahl.

Ohne weitere höchstrichterliche und obergerichtliche Entscheidungen im Einzelnen zu rezipieren, ist festzuhalten, dass die Wahl neuer Implantationsverfahren für den medizinischen Fortschritt geradezu unerlässlich ist. Um das Selbstbestimmungsrecht des Patienten zu schützen, dürfen neuartige Verfahren allerdings erst angewandt werden, wenn der Patient über die Möglichkeit unbekannter Risiken aufgeklärt wurde. Der Patient ist in

---

418 LG Augsburg, Schlussurteil v. 25.7.2012 – 73 O 1230/11, BeckRS 2014, 15575.

419 OLG Dresden, Urt. v. 13.9.2007 – 4 U 601/06, MedR 2008, 430.

die Lage zu versetzen, für sich abzuwägen, ob er sich auf die bekannten Risiken einer herkömmlichen Behandlungsmethode oder aber die mit einem neuen Konzept in Aussicht gestellten Vorzüge einlassen möchte.[420] Dies ist keine Frage des Fehlers bei der Methodenwahl, sondern eines möglichen Aufklärungsfehlers.[421]

d) Zwischenfazit

Die vorstehenden Ausführungen sollten einen Eindruck davon vermittelt haben, dass die im Einzelfall zu wählende Implantationsmethode von unterschiedlichen Parametern beeinflusst wird und insofern viele Behandlungsfehler denkbar sind. Je nach Konstellation kann die Anwendung desselben Therapiekonzepts sorgfaltsgemäß oder sorgfaltswidrig sein. Für die Wahl der richtigen Implantationsmethode ist deshalb eine verantwortliche medizinische Abwägung erforderlich. Der implantierende Arzt muss einen sorgfältigen Vergleich der zu erwartenden Vorteile einer Methode und ihrer zu vermutenden Nachteile unter Berücksichtigung des Patientenwohls vornehmen. Nur so wird er der Individualität des Behandlungsgeschehens gerecht.

Außerdem ist festzuhalten, dass die Gerichte in den skizzierten Fällen stets einen Fehler bei der Wahl der geeigneten Implantationsmethode verneinten. Darin spiegelt sich jedoch nicht etwa eine fehlende Wertschätzung der Spruchkörper gegenüber dem Recht des Patienten auf körperliche Integrität wider. Die Zurückhaltung bei der Annahme eines Fehlers bei der Methodenwahl ist vielmehr Konsequenz des Wechselspiels zwischen der Therapiefreiheit einerseits und dem Grundsatz der patientenbezogenen Methodenwahl andererseits. Die Wahl des richtigen Implantationskonzepts ist von einer Vielzahl einzelfallbezogener Umstände abhängig, die sich im Nachhinein nur schwer nachvollziehen lassen und einen Beurteilungs- und Entscheidungsspielraum des implantierenden Arztes im konkreten Fall erfordern. Das so gestaltete ärztliche Ermessen ist allerdings juristisch kaum greifbar und – vergleichbar mit verwaltungsrechtlichen Er-

---

420 BGH, Urt. v. 13.6.2006 – VI ZR 323/04, NJW 2006, 2477, 2478.

421 S.u. Zweiter Teil § 2. Sofern Behandlungsalternativen in Betracht kommen, ist in Rechtsprechung und Literatur eine deutliche Dominanz des Aufklärungsfehlertatbestands und Zurückhaltung gegenüber dem Behandlungsfehlervorwurf zu verzeichnen, s. *Katzenmeier*, in: NK-BGB, § 823, Rn. 382.

messensentscheidungen einer Behörde – gerichtlich nur eingeschränkt überprüfbar.

II. Die fehlerhafte Durchführung der Implantationsoperation

Aus Sicht des medizinischen Laien stellt die operative Implantation des Medizinprodukts – gleichgültig wie aufwändig oder anspruchsvoll die vorausgehenden Behandlungsschritte waren – die „eigentliche Behandlung" dar.[422] Aufgrund der Komplexität des Implantationsvorgangs sind bei der Durchführung der Implantationsoperation vielfältige Behandlungsfehler denkbar. Grob umrissen ist zwischen Fehlern bei der Verpflanzung des Medizinprodukts (dazu 1.) und der Verletzung von Sicherungsmaßnahmen (dazu 2.) zu differenzieren. Zu untersuchen ist im Übrigen, ob das Ergebnis der Implantationsoperation vom Idealbild einer entsprechenden Behandlung *lege artis* abweichen kann, ohne als behandlungsfehlerhaft eingestuft werden zu müssen (dazu 3.).

1. Fehler bei der Implantation des Medizinprodukts

Ein typischer Behandlungsfehler liegt vor, wenn die Verpflanzung des Medizinprodukts sorgfaltswidrig vorgenommen wird. Davon ist beispielsweise auszugehen, wenn das Medizinprodukt fehlpositioniert worden ist.[423] Gemeint sind die Fälle, in denen das Implantat entweder nicht richtig sitzt oder an einer Stelle eingesetzt wurde, an welcher es *lege artis* nicht sitzen sollte. Ebenso pflichtwidrig ist die Implantationsoperation, wenn der Arzt, trotz intraoperativ erkannter Fehlplatzierung des Medizinprodukts, sein operatives Vorgehen nicht ändert und es in dieser Position belässt.[424] Das *OLG München*[425] verneinte hingegen einen Behandlungsfehler wegen falscher Positionierung eines Hüftimplantats, obwohl postoperativ eine Beinlängendifferenz von 7 mm festgestellt wurde, die auf den Einsatz der Prothese zurückzuführen war. Zur Begründung führte das Gericht an, dass die Differenz der Beinlängen zwar kein „optimale[s] Ergebnis" sei. Entscheidend sei aber, dass das Implantat insgesamt hinreichend festsitzt. Zugege-

422 Vgl. *Förster*, in: BeckOK, BGB, § 823, Rn. 802.
423 OLG Hamm, Urt. v. 28.2.2011 – 3 U 63/10, BeckRS 2014, 15550.
424 LG Arnsberg, Urt. v. 1.12.2015 – 5 O 2/14, BeckRS 2016, 09309 (Rz. 58 f.).
425 OLG München, Schlussurt. v. 28.1.2010 – 1 U 4408/08, BeckRS 2010, 29112.

benermaßen wird die vorgenannte Auffassung des *OLG München* aus Patientensicht auf Ablehnung stoßen. Allerdings darf nicht übersehen werden, dass der Implantationsvertrag als besonderer Behandlungsvertrag zu qualifizieren ist.[426] Der Arzt schuldet gerade nicht den Erfolg seiner Bemühungen, sondern bloß den Versuch einer nicht gewährleisteten Heilung. Insofern ist ein ärztlicher Behandlungsfehler abzulehnen, wenn das Ergebnis der Versorgung mit einem künstlichen Medizinprodukt zwar nicht hundertprozentig den Wünschen des Patienten entspricht, die beeinträchtigten Körperfunktionen im Ergebnis jedoch vollständig ausgeglichen werden.

Ein Behandlungsfehler kann weiter vorliegen, wenn der Arzt ohne medizinisch nachvollziehbaren Grund beim Einsatz eines Hüftgelenksersatzes eine größer als notwendig dimensionierte Prothese verwendet, weil er damit dem Grundsatz zuwiderhandelt, möglichst viel Knochensubstanz zu erhalten.[427]

Fehlerhaft ist die Implantation auch dann, wenn der Arzt Fremdkörper sowie Operationsinstrumente im Körper des Patienten zurücklässt[428] oder erforderliche Kontrollmaßnahmen des Schrauben-[429] bzw. Prothesensitzes unterlässt. Auch wenn sich intraoperativ nur mit großer Mühe und einigem Aufwand überprüfen lässt, ob die Implantation des Medizinprodukts fachgerecht durchgeführt wurde,[430] ist der Arzt verpflichtet, den Sitz des Implantats sorgfältig zu kontrollieren. Die Pflicht resultiert unmittelbar aus dem besonderen Gefahrenpotential und der Verletzlichkeit, welches von implantierten Medizinprodukten für das Leben und die körperliche Integrität des Patienten ausgeht. Unterlässt der Operateur die nach dem medizinischen Standard notwendigen Kontrollmaßnahmen, handelt er behandlungsfehlerhaft.

---

426 Ausführlich s.o. Erster Teil § 3 und § 4.

427 OLG Köln, Urt. v. 16.2.1995 – 5 U 42/94, VersR 1996, 712.

428 S. OLG München, Urt. v. 22.8.2013 – 1 U 3971/12, RDG 2014, 83; OLG Koblenz, Urt. v. 31.7.1998 – 10 U 629/97, VersR 1999, 1420, 1421; *Wagner*, in: MüKo, BGB, § 630a, Rn. 154; a.A. LG Köln, Urt. v. 25.10.2016 – 25 O 98/15, BeckRS 2016, 127950 sowie OLG Köln, Hinweisbeschluss v. 3.5.2017 – 5 U 147/16, BeckRS 2017, 133998.

429 OLG Hamm, Urt. v. 22.4.1996 – 3 U 95/95, VersR 1997, 1359.

430 OLG Hamm, Urt. v. 22.4.1996 – 3 U 95/95, VersR 1997, 1359.

2. Die Verletzung von Sicherungsmaßnahmen

Neben Fehlern bei der Implantation des Medizinprodukts kommen Behandlungsfehler zudem wegen Verletzung einer Sicherungsmaßnahme in Betracht. Der Behandelnde verletzt seine Pflicht zur Ergreifung notwendiger Sicherungsmaßnahmen, wenn er den Patienten einer Gefahrenquelle aussetzt, die über die therapieimmanenten Risiken hinausgeht.[431] Um den Erfolg der Behandlung nicht aufs Spiel zu setzen, hat er folglich alle bekannten und medizinisch vertretbaren Maßnahmen zu ergreifen, die für eine komplikationsfreie Durchführung der Implantationsbehandlung erforderlich sind.[432] Von Einfluss auf den Umfang der zu ergreifenden Sicherungsmaßnahmen ist dabei der Schwierigkeitsgrad des Eingriffs sowie die potentiellen Auswirkungen eines Fehlers.[433]

Allgemein ist die Behandlungsseite verpflichtet, dafür Sorge zu tragen, dass keine Hygienemängel auftreten.[434] Auch muss das ärztliche wie nichtärztliche Personal Schutzkleidung tragen, um den Patienten vor zusätzlichen Krankheitserregern zu schützen.[435] Ebenso obliegt dem implantierenden Arzt die sorgfältige Lagerung des Betroffenen vor und nach der Operation. Hierdurch soll das Risiko von Lagerungsschäden möglichst gering gehalten werden.[436] Eine Verletzung von Sicherungsmaßnahmen liegt nach Ansicht des *LG Kiel*[437] hingegen nicht vor, wenn ein unter alkoholbeding-

---

431 Vgl. OLG Köln, Urt. v. 5.10.2015 – 5 U 2/15, BeckRS 2015, 17916 (Rz. 23); s. auch OLG Köln, Urt. v. 17.12.1984 – 7 U 27/84, NJW 1985, 1402; OLG Köln, Urt. v. 7.10.2015 – 5 U 105/13, BeckRS 2015, 18034; OLG Hamm, Urt. v. 17.8.2015 – 3 U 28/15, BeckRS 2015, 16468; *Greiner*, in: Spickhoff, Medizinrecht, BGB, § 823, Rn. 46; *Förster*, in: BeckOK, BGB, § 823, Rn. 819.

432 Vgl. BGH, Urt. v. 9.7.1985 – VI ZR 8/84, VersR 1985, 969, 970; OLG Köln, Urt. v. 5.10.2015 – 5 U 2/15, BeckRS 2015, 17916.

433 BGH, Urt. v. 22.5.2007 – VI ZR 35/06, NJW 2007, 2774 (Rz. 13); BGH, Urt. v. 9.7.1985 – VI ZR 8/84, VersR 1985, 969, 970; vgl. im Übrigen die medizinisch zwar teils überholten, gleichwohl anschaulichen Ausführungen des BGH, Urt. v. 27.11.1952 – VI ZR 25/52, NJW 1953, 257; BGH, Urt. v. 13.10.1964 – VI ZR 169/63, NJW 1965, 345, 346; *Förster*, in: BeckOK, BGB, § 823, Rn. 820.

434 Vgl. BGH, Urt. v. 20.3.2007 – VI ZR 158/06, NJW 2007, 1682 f.

435 Vgl. *Förster*, in: BeckOK, BGB, § 823, Rn. 819; OLG Köln, Urt. v. 17.12.1984 – 7 U 27/84, NJW 1985, 1402 f.; OLG Köln, Urt. v. 7.10.2015 – 5 U 105/13, BeckRS 2015, 18034.

436 S. OLG Köln, Urt. v. 8.2.2012 – 5 U 141/11, BeckRS 2012, 05126; OLG Koblenz, Urt. v. 22.10.2009 – 5 U 662/08, NJW 2010, 1759, 1760.

437 LG Kiel, Urt. v. 4.4.2008 – 8 O 27/05, BeckRS 2009, 18584; zur Fixierung eines Demenzpatienten OLG Düsseldorf, Urt. v. 2.3.2006 – I-8 U 163/04, 8 U 163/04, BeckRS 2006, 07154.

ter Demenz leidender Patient mit einer frisch implantierten Hüftgelenksprothese nicht an seinem Bett fixiert wird, um ein Auskugeln des kürzlich eingesetzten Implantats und insoweit eine Destabilisierung des Bewegungsapparats zu verhindern. Eine Haftung des Behandelnden wegen Verletzung einer Obhuts- bzw. Verkehrssicherungspflicht kommt ferner nicht in Betracht, wenn der Patient nach der Implantation einer künstlichen Hüftgelenksprothese beim Aufstehen aus seinem Bett stürzt.[438]

Die Haftung wegen Verletzung von Sicherungsmaßnahmen soll nicht ins Uferlose gehen. Deshalb muss das Risiko aus einem Bereich stammen, dessen Gefahrenquellen durch den Arzt objektiv voll ausgeschlossen werden können und müssen.[439] Vorauszusetzen ist also, dass der Patient im Gefahren- und Herrschaftsbereich des Behandelnden verletzt wird und seine vertraglichen Pflichten gerade dahingehen, ersteren vor einem solchen Schaden zu schützen. Daran fehlt es aber, wenn sich das allgemeine Lebensrisiko verwirklicht hat, die Risiken aus den Eigenheiten des menschlichen Organismus erwachsen oder die Beeinträchtigung nur bei medizinisch unvertretbarer Organisation und Koordinierung des Behandlungsgeschehens vermieden worden wäre.[440]

3. Keine nur unwesentliche Abweichung des Behandlungsergebnisses vom medizinischen Standard

Ein haftungsbegründender Behandlungsfehler ist abzulehnen, wenn das Ergebnis der Implantationsbehandlung zwar vom Idealbild einer entsprechenden Behandlung abweicht, die Abweichung jedoch *insgesamt noch* als sorgfaltsgemäß einzustufen ist. Unterscheidet sich das Resultat der Implantationsbehandlung nur unwesentlich vom medizinischen Standard i.S.d. § 630a Abs. 2 BGB zuungunsten des Patienten, ist eine Haftung des Arztes mit anderen Worten abzulehnen.[441]

Die Ablehnung eines haftungsbegründenden Behandlungsfehlers bei nur unwesentlichem Zurückbleiben des Behandlungsergebnisses hinter

---

438 OLG Dresden, Urt. v. 13.9.2007 – 4 U 601/06, NJOZ 2008, 247 (Rz. 30).

439 Ähnlich BGH, Urt. v. 20.3.2007 – VI ZR 158/06, NJW 2007, 1682 f. m.w.N.; BGH, Urt. v. 10.1.1984 – VI ZR 297/81, BGHZ 89, 263, 269; zur Darlegungs- und Beweislast bei objektiv voll beherrschbaren Risiken s.u. Vierter Teil § 2 B. II. 1.

440 Vgl. BGH, Urt. v. 20.3.2007 – VI ZR 158/06, NJW 2007, 1682, 1683; s. im Übrigen die Ausführungen unter § 3 D.

441 OLG Koblenz, Urt. v. 27.4.2016 – 5 U 848/14, ArztR 2016, 299.

dem medizinischen Standard widerspricht den Interessen des Patienten. Aus medizinischer Sicht sind minimale Unterschiede zwischen dem tatsächlich erzielten Behandlungsergebnis und dem Behandlungsstandard nicht zu vermeiden. Sie sind der Behandlung mit implantierbaren Medizinprodukten immanent. Über die Risiken möglicher Abweichungen wird der Patient im Übrigen aufgeklärt. Auch wenn die Verpflanzung eines bestimmten Implantattyps in tausend Fällen komplikationslos erfolgte, ist wegen der Unwägbarkeiten des Körpers damit zu rechnen, dass der Einsatz desselben Produkts bei dem tausendundersten Patienten zu geringfügigen Diskrepanzen gegenüber dem Idealbild der Behandlung führt. Ferner ist der Implantationsvertrag als besonderer Behandlungsvertrag zu qualifizieren.[442] Die Erreichung eines Behandlungsziels, also eines „Erfolgs" ist gerade nicht Vertragsgegenstand. Der Behandelnde schuldet nur die Erbringung der ärztlichen Behandlungsmaßnahmen im Einklang mit den medizinischen Standards. Weicht das Ergebnis der Implantationsbehandlung nur unbedeutend vom Idealzustand ab, obwohl die allgemeinen Behandlungsstandards eingehalten worden sind, kann ein haftungsbegründender Behandlungsfehler folglich nicht angenommen werden.

Ob die Abweichung vom medizinischen Standard wesentlich ist, ist eine Frage des Einzelfalls. Entscheidend kommt es darauf an, ob das Vorgehen des behandelnden Arztes insgesamt noch als regelkonform angesehen werden kann.[443] Es gilt der Grundsatz: Je größer die Abweichung des Behandlungsergebnisses im Einzelfall vom Musterbild einer vergleichbaren Implantationsbehandlung ist, desto eher ist von einem Behandlungsfehler auszugehen. Ausschlaggebend ist ferner der Grad möglicher Gefahren für das Leben und die körperliche Integrität des Patienten. Es liegt auf der Hand, dass eine Diskrepanz zwischen dem tatsächlichen Zustand des Patienten und dem Idealbild einer entsprechenden Implantationsbehandlung hinsichtlich der Annahme eines Behandlungsfehlers umso gewichtiger ist, je größer sich die Risiken für den Patienten darstellen. Während die geringfügige Fehlpositionierung einer Schulterprothese beispielsweise nicht zwingend einen Behandlungsfehler begründen muss, kann bei der falschen Positionierung eines Herzschrittmachers anders zu entscheiden sein.

---

442 S.o. Erster Teil § 4.

443 Ähnlich OLG Koblenz, Urt. v. 27.4.2016 – 5 U 848/14, BeckRS 2016, 11850.

III. Die fehlerhafte therapeutische Information des Patienten i.S.v. § 630c Abs. 2 S. 1 BGB

Gemäß § 630c Abs. 2 S. 1 BGB erschöpft sich der ärztliche Gesundheitsdienst nicht in der Erbringung „spürbarer" Behandlungsmaßnahmen. Zentraler Bestandteil einer Heilbehandlung ist vielmehr auch die Information des Patienten über die für die jeweilige Behandlung relevanten Umstände.[444] Anders als die Selbstbestimmungsaufklärung, welche Grundlage für eine wirksame Einwilligung des Patienten in die jeweilige Behandlung ist, dient die therapeutische Information der Sicherung des Behandlungserfolgs.[445] Es sollen Folgeerkrankungen vermieden und konkrete Verhaltensmaßregeln unterbreitet werden.[446] Verstößt die Behandlungsseite gegen ihre Pflicht zur Information des Patienten, liegt nach allgemeiner An-

444 BGH, Urt. v. 7.7.1994 – III ZR 52/93, NJW 1994, 3012; BGH, Urt. v. 22.1.1960 – VI ZR 121/58, VersR 1960, 416; BGH, Urt. v. 25.4.1989 – VI ZR 175/88, BGHZ 107, 222, 226 f. = NJW 1989, 2318 („selbstverständliche ärztliche Behandlungspflicht"); s. auch BGH, Urt. v. 14.6.2005 – VI ZR 179/04, NJW 2005, 2614, 2616 f.; OLG Köln, Hinweisbeschluss v. 19.5.2014 – 5 U 001/14, BeckRS 2014, 17667; OLG Köln, Beschl. v. 11.6.2014 – 5 U 001/14, BeckRS 2014, 17668; *Kern*, in: Laufs/Kern/Rehborn, Handbuch des Arztrechts, § 64, Rn. 13; *Wagner*, in: MüKo, BGB, § 630c, Rn. 1; *Walter*, in: BeckOGK, BGB, § 630c, Rn. 14, 16 („Basis-Anforderung"); *Katzenmeier*, in: BeckOK, BGB, § 630c, Rn. 7; *Mansel*, in: Jauernig, BGB, § 630c, Rn. 3; ablehnend *Montgomery/Brauer/Hüber/Seebohm*, MedR 2013, 149, 151; zur Abgrenzung von therapeutischer Informationspflichtverletzung und Befunderhebungsfehler BGH, Urt. v. 17.11.2015 – VI ZR 476/14, NJW 2016, 563, 564; BGH, Urt. v. 11.4.2017 – VI ZR 576/15, NJW 2018, 621, 622.

445 Statt aller *Wagner*, VersR 2012, 789, 792 f.

446 Vgl. *Wagner*, in: MüKo, BGB, § 630c, Rn. 14; *ders.*, in: MüKo, BGB, § 823, Rn. 802; *Greiner*, in: Spickhoff, Medizinrecht, BGB, § 823, Rn. 49; s. auch *Ankermann*, in: Festschrift Steffen, 1995, S. 1, 4; s. aus der jüngeren Rechtsprechung z.B. BGH, Urt. v. 17.11.2015 – VI ZR 476/14, NJW 2016, 563, 564 (Rz. 18); BGH, Urt. v. 26.6.2018 – VI ZR 285/17, NJW 2018, 3382, 3383 (Rz. 11); OLG Hamm, Urt. v. 19.3.2018 – 3 U 63/15, BeckRS 2018, 7534 sowie BGH, Urt. v. 10.3.1981 – VI ZR 202/79, NJW 1981, 2002, 2003; BGH, Urt. v. 8.7.2008 – VI ZR 259/06, NJW 2008, 2846 (Rz. 29, 31); zur therapeutischen Informationspflicht vor Inkrafttreten des Patientenrechtegesetzes BGH, Urt. v. 8.7.2008 – VI ZR 259/06, NJW 2008, 2846, 2849 (Rz. 29 f.); BGH, Urt. v. 27.6.1995 – VI ZR 32/94, NJW 1995, 2407; BGH, Urt. v. 10.3.1981 - VI ZR 202/79, NJW 1981, 2002, 2003.

sicht ein Behandlungsfehler vor, der sie gemäß §§ 280 Abs. 1, 630c Abs. 2 S. 1 BGB zum Schadensersatz verpflichtet.[447]

Gemäß § 630c Abs. 2 S. 1 BGB schuldet die Behandlungsseite dem Patienten im Rahmen eines bestehenden Implantationsverhältnisses umfassende, sich über den *gesamten* Behandlungsverlauf erstreckende Informationspflichten.[448] Betrachtet man den operativen Einsatz des Medizinprodukts als Mittelpunkt des Behandlungsgeschehens, ist zwischen der vor- und nachoperativen Phase zu trennen. Folglich ist zwischen der präoperativen therapeutischen Information einerseits (dazu 1.) und der postoperativen Information andererseits (dazu 2.) zu differenzieren. Vor dem Hintergrund der Besonderheiten einer Implantationsbehandlung stellt sich zudem die Frage, ob der Behandelnde im Vorfeld der Implantationsoperation auch auf eine nur ganz geringe Bruchgefahr des Medizinprodukts hinweisen muss (dazu 3.). Virulent wird die Problematik, weil der Patient im Rahmen der Risiko- bzw. Selbstbestimmungsaufklärung gemäß § 630e Abs. 1 BGB nur über die für die Einwilligung *wesentlichen* Umstände aufzuklären ist. Seltene Schadensrisiken könnten daher nach § 630e BGB außen vor bleiben.[449]

1. Die präoperative therapeutische Information des Patienten

Präoperativ muss der Arzt dem Patienten in Ausprägung der therapeutischen Informationspflicht i.S.d. § 630c Abs. 2 S. 1 BGB beispielsweise mögliche Diagnosemaßnahmen unterbreiten[450] und mit ihm auf Grundlage

---

447 So die ganz herrschende Meinung, s. nur BGH, Urt. v. 16.9.2009 – VI ZR 157/08, NJW 2009, 2820; BGH, Urt. v. 15.3.2005 – VI ZR 289/03, BGHZ 162, 320, 323 = NJW 2005, 1716; BGH, Urt. v. 14.9.2004 – VI ZR 186/03, NJW 2004, 3703, 3704; OLG Köln, Urt. v. 6.6.2012 – 5 U 28/10, VersR 2013, 237, 238; *Wagner*, in: MüKo, BGB, § 630c, Rn. 15; *Katzenmeier*, Arzthaftung, S. 327; *ders.*, NJW 2013, 817, 818; *Geiß/Greiner*, Arzthaftpflichtrecht, Kap. B, Rn. 97.

448 Der Hinweis auf § 630c Abs. 2 S. 1 BGB soll nicht etwa zum Ausdruck bringen, dass die therapeutische Aufklärung allein die vertragliche Haftung betrifft. Vielmehr wurden die Grundsätze zur Sicherungsaufklärung durch die Rechtsprechung zu § 823 Abs. 1 BGB entwickelt und maßgeblich geprägt. Insofern gelten für § 630c Abs. 2 S. 1 BGB sowie die Vorschriften des Deliktsrechts einheitliche Maßstäbe, s. BT-Drucks. 17/10488, S. 21.

449 S.u. Zweiter Teil § 4.

450 Statt aller *Walter*, in: BeckOGK, BGB, § 630c, Rn. 14.

der Diagnose die in Betracht kommenden Behandlungswege eruieren.[451] Ferner ist er verpflichtet, auf die medizinische Notwendigkeit einer Implantationsbehandlung hinzuweisen, wenn sich der Patient – aus welchen Gründen auch immer – der Behandlung mit einem implantierbaren Medizinprodukt nicht unterziehen will.[452] Das hat auch der *BGH* hervorgehoben: „Gerade weil ein Arzt grundsätzlich gegen den erklärten Willen des Patienten zu Eingriffen in dessen körperliche Integrität nicht berechtigt ist, gehört es zu den besonders bedeutungsvollen Berufspflichten jedes Arztes, wenn er erkennt, dass bestimmte ärztliche Maßnahmen erforderlich sind, um drohende Gesundheitsschäden von dem Patienten abzuwenden, diesen mit aller Eindringlichkeit auf die Notwendigkeit der Behandlung hinzuweisen und alles nach der Sachlage Gebotene zu unternehmen, damit der Patient seine Weigerung aufgibt und seine Einwilligung zu notwendigen ärztlichen Eingriffen erteilt."[453]

2. Die postoperative therapeutische Information des Patienten

Die Pflicht zur therapeutischen Information des Patienten endet nicht mit Abschluss der Implantationsoperation. Um den Behandlungserfolg zu gewährleisten und mögliche Folgeerkrankungen oder -beeinträchtigungen zu verhindern, muss der Behandelnde dem Patienten je nach Konstellation auch postoperativ Verhaltensmaßnahmen an die Hand geben. Das gilt insbesondere in den Fällen, in denen eine präoperative Aufklärung nicht erfolgt ist. Ebenso besteht eine postoperative Informationspflicht, wenn sich die Umstände mit der Implantation des Medizinprodukts geändert haben – etwa aufgrund von Komplikationen während der Operation.[454]

---

451 Vgl. BGH, Urt. v. 25.4.1989 – VI ZR 175/88, BGHZ 107, 222, 226 ff. = NJW 1989, 2318, 2319 f.; *Wagner*, in: MüKo, BGB, § 823, Rn. 804; *Hager*, in: Staudinger, BGB, § 823, Rn. I 28; *Spickhoff*, in: Spickhoff, Medizinrecht, BGB, § 630c, Rn. 9.

452 Allgemein *Kern*, in: Laufs/Kern/Rehborn, Handbuch des Arztrechts, § 64, Rn. 17; zur Information über die Gefahren einer Nichtbehandlung OLG Schleswig, Urt. v. 8.6.2001 – 4 U 28/00, NJW 2002, 227; zur Pflicht des Arztes, den Patienten auf die Notwendigkeit der vorgeschlagenen Therapiemethode, die Folgen eines Verzichts sowie die Entstehung möglicher (Folge-)Schäden hinzuweisen OLG Hamm, Urt. v. 12.9.2014 – 26 U 56/13, BeckRS 2014, 19578; OLG Stuttgart, Urt. v.28.12.1984 – 1 U 136/82, MedR 1985, 175.

453 Vgl. BGH, Urt. v. 16.12.1953 – VI ZR 143/52, VersR 1954, 98, 99.

454 *Greiner*, in: Spickhoff, Medizinrecht, BGB, § 823, Rn. 50; *ders.*, in: Geiß/Greiner, Arzthaftpflichtrecht, Kap. B, Rn. 95; s. *Förster*, in: BeckOK, BGB, § 823, Rn. 809;

Die postoperative Information beinhaltet nicht nur die Pflicht, den Kranken auf die nunmehr gebotene Lebensweise[455] oder die Einnahme bestimmter Medikamente hinzuweisen.[456] Abhängig von den Umständen des Einzelfalls muss der Arzt auch über Risiken und Symptome informieren, auf die der Betroffene zu achten hat.[457] Ein unter einer angeborenen Herzkrankheit leidender Patient ist deshalb darüber aufzuklären, dass ein Defibrillator keine hundertprozentige Gewähr dafür liefern kann, dass es nicht noch einmal zu Herzrhythmusstörungen kommt. Sollte zusätzlich die Medikation umgestellt worden sein, ist der Betroffene dezidiert auf das dadurch begründete gesteigerte Risiko von Herzrhythmusstörungen und bleibenden Organschäden hinzuweisen.[458] Nach Ansicht des *OLG Braunschweig*[459] besteht allerdings keine Pflicht des Behandelnden, den Patienten darüber zu informieren, dass nach der Verpflanzung eines Defibrillators die Funktionen des Geräts durch die Auflage von Magneten abgeschaltet werden können.

Die Behandlungsseite ist hingegen zur postoperativen Information des Patienten verpflichtet, wenn das Medizinprodukt an einer falschen Stelle implantiert wurde und eine Revisionsoperation zur Korrektur der Fehlstellung zwingend erforderlich ist. Unterlässt der behandelnde Arzt die gebotene Information und verordnet er dem Patienten lediglich Krankengymnastik zur Stärkung der Muskulatur, liegt nach Ansicht des *OLG Hamm*[460] ein haftungsbegründender Behandlungsfehler vor.

3. Die Pflicht zum Hinweis auf die Bruchgefahr des Medizinprodukts im Rahmen der therapeutischen Information

Als Ausfluss der präoperativen therapeutischen Informationspflicht könnte der Behandelnde gemäß § 630c Abs. 2 S. 1 BGB verpflichtet sein, über das

---

BGH, Urt. v. 14.6.2005 – VI ZR 179/04, NJW 2005, 2614, 2616; vgl. ferner KG, Urt. v. 25.11.13 – 20 U 49/1, GesR 2014, 401; zur posttherapeutischen Aufklärung nach einem mit Komplikationen verbundenen Eingriff OLG Koblenz, Urt. v. 24.8.1999 – 3 U 1078/95, NJW 2000, 3435, 3436.

455 Vgl. *Hager*, in: Staudinger, BGB, § 823, Rn. I 29; OLG Köln, Urt. v. 10.4.1991 – 27 U 35/90, VersR 1992, 1231.

456 Vgl. *Greiner*, in: Geiß/Greiner, Arzthaftpflichtrecht, Kap. B, Rn. 95.

457 OLG Koblenz, Urt. v. 24.8.1999 – 3 U 1078/95, NJW 2000, 3435, 3437.

458 OLG Köln, Urt. v. 6.6.2012 – I-5 U 28/10, 5 U 28/10, VersR 2013, 237.

459 OLG Braunschweig, Urt. v. 6.11.2008 – 1 U 48/07.

460 OLG Hamm, Urt. v. 28.2.2011 – I-3 U 63/10, 3 U 63/10, BeckRS 2014, 15550.

(auch nur geringe) Bruchrisiko des betreffenden Medizinprodukts zu informieren. In Erwägung zu ziehen ist eine Informationspflicht zum Beispiel bei Hüft-,[461] Kniegelenk- oder Schulterprothesen. Insbesondere dann, wenn die Gefahr eines Bruchs des Implantats durch die Übergewichtigkeit des Patienten zusätzlich erhöht wird,[462] liegt nahe, dass die Behandlungsseite zu einem entsprechenden Hinweis verpflichtet ist.

a) Abgrenzung zwischen therapeutischer Informationspflicht und Risiko- bzw. Selbstbestimmungsaufklärung im Zusammenhang mit der Aufklärung über die Risiken eines Implantatbruchs

Zweifel an der Einbeziehung eines Hinweises auf die auch nur geringen Gefahren eines Implantatbruchs in die therapeutische Information ergeben sich daraus, dass der Behandelnde zur Aufklärung über die Risiken einer Implantationsbehandlung prinzipiell über die Grundsätze der *Selbstbestimmungsaufklärung* verpflichtet ist.[463] Insofern stellt sich die Frage, wie therapeutische Information auf der einen und Selbstbestimmungsaufklärung auf der anderen Seite voneinander abzugrenzen sind. Von Bedeutung ist die Abgrenzung der beiden Pflichten insbesondere im Hinblick auf die Darlegungs- und Beweislast. Die Verletzung der therapeutischen Information stellt einen vom Patienten zu beweisenden Behandlungsfehler dar.[464] Demgegenüber ist die Behandlungsseite gemäß § 630h Abs. 2 S. 1 BGB für die Risikoaufklärung beweispflichtig.

Zwar sollte mit der Regelung der therapeutischen Information in § 630c Abs. 2 S. 1 BGB und der Selbstbestimmungsaufklärung in § 630e BGB die Abgrenzung der beiden Pflichten nach dem Willen des Gesetzgebers akzentuiert werden.[465] Allerdings lässt sich eine Zuordnung der Information über die Risiken eines Bruchs des Medizinprodukts nicht zweifelsfrei vornehmen. Schwer fällt die Zuordnung, weil § 630c Abs. 2 S. 1 BGB und

---

461 Z.B. KG Berlin, Urt. v. 25.11.2013 – 20 U 49/12, MedR 2014, 887.

462 Vgl. OLG Köln, Urt. v. 4.4.2012 – 5 U 99/11, GesR 2012, 507, 509.

463 *Katzenmeier*, in: Laufs/Katzenmeier/Lipp, Arztrecht, Kap. V., Rn. 16; *ders.*, Arzthaftung, S. 322 ff.; s.u. Zweiter Teil § 4 B. II.

464 Grundlegend BGH, Urt. v. 10.3.1981 – VI ZR 202/79, NJW 1981, 2002, 2003; BGH, Urt. v. 16.11.2004 – VI ZR 328/03, VersR 2005, 228, 229; *Geiß/Greiner*, Arthaftpflichtrecht, Kap. B, Rn. 98; *Spickhoff*, NJW 2002, 1758, 1763.

465 BT-Drucks. 17/10488, S. 21; *Wagner*, in: MüKo, BGB, § 630c, Rn. 14.

§ 630e Abs. 1 S. 2 BGB schon nach dem Wortlaut im Wesentlichen dieselben Anforderungen an die Aufklärung stellen.[466]

Zur Beantwortung der Frage, ob der Hinweis auf ein (auch nur geringes) Bruchrisiko des Medizinprodukts von der therapeutischen Information oder der Risikoaufklärung als Teil des Selbstbestimmungsaufklärung erfasst wird, kommt es auf die *Funktion* und den *Inhalt* der Aufklärung an.[467] Entscheidend ist der Zweck der Information.[468] Die Information über die Gefahren eines Implantatbruchs ist der Selbstbestimmungsaufklärung zuzuordnen, wenn sie dem Patienten primär mögliche Schädigungsrisiken vor Augen führen soll, die trotz fehlerfreier Durchführung der Implantationsbehandlung bestehen. Sie soll dem Patienten die Möglichkeit eröffnen, anhand einer Risiko-Nutzen-Abwägung eine selbstbestimmte Entscheidung über das weitere medizinische Vorgehen treffen zu können. Liegt der Zweck der Aufklärung hingegen schwerpunktmäßig in der Unterrichtung über *Schutz- und Vorsichtsmaßnahmen*, unterfällt die Pflicht der therapeutischen Information. Im Rahmen der therapeutischen Information hat der Behandelnde darauf hinzuweisen, dass die Gefahr eines Bruchs durch die Vermeidung von stärkeren Belastungen, aber auch einer gesünderen Lebensweise – wie beispielsweise einem geringeren Körpergewicht – reduziert werden kann.[469]

Freilich sind Konstellationen vorstellbar, in denen die Aufklärung sowohl als therapeutische Information als auch Risikoaufklärung einzuordnen ist.[470] Davon ist etwa auszugehen, wenn die Unterrichtung einen Hinweis auf die zur Verringerung des Bruchrisikos gebotenen Schutzmaßnahmen enthält, welche die Entscheidung des Patienten über das Für und Wider der Behandlung maßgeblich beeinflusst.

b) Zur Bedeutung von Risikostatistiken

Liegt im Einzelfall das Schwergewicht der Information auf dem Hinweis zu gebotenen Schutzmaßnahmen und ist deshalb die therapeutische Infor-

466 Kritisch hierzu *Spickhoff*, in: Spickhoff, Medizinrecht, BGB, § 630c, Rn. 13.

467 *Wagner*, in: MüKo, BGB, § 630c, Rn. 14.

468 KG Berlin, Urt. v. 25.11.2013 – 20 U 49/12, MedR 2014, 887, 889; OLG Stuttgart, Urt. v. 20.5.2008 – 1 U 122/07, VersR 2008, 927.

469 Vgl. OLG Köln, Urt. v. 4.4.2012 – 5 U 99/11, GesR 2012, 507, 509.

470 *Spickhoff*, in: Spickhoff, Medizinrecht, BGB, § 630c, Rn. 12; BGH, Urt. v. 15.3.2005 – VI ZR 289/03, NJW 2005, 1716; *Stöhr*, GesR 2006, 145, 148.

mationspflicht i.S.v. § 630c Abs. 2 S. 1 BGB betroffen, ist fraglich, ob und inwieweit der Arzt auch auf nur geringe Schadensrisiken hinzuweisen hat.

Hinsichtlich der Selbstbestimmungsaufklärung spielt die Häufigkeit der Realisierung einer Gefahr prinzipiell eine nur untergeordnete Rolle.[471] Nach Auffassung des *BGH*[472] muss der Behandelnde jedoch auch über sehr geringe Risiken informieren, wenn die Lebensführung des Patienten bei ihrer Verwirklichung massiv beeinträchtigt würde. Das muss in erhöhtem Maße für die therapeutische Information gemäß § 630c Abs. 2 S. 1 BGB gelten. Sinn und Zweck der therapeutischen Information ist es, dem Patienten Verhaltensmaßregeln zur Verfügung zu stellen, die den Behandlungserfolg sicherstellen und Folgebeeinträchtigungen möglichst ausschließen sollen.[473] Anders als bei der Risikoaufklärung besteht die Sorge, dass der Patient durch die Information belastet werden könnte, gerade nicht.[474] Kann der Patient umgekehrt durch einen Hinweis auf statistisch unwahrscheinliche Schadensrisiken zu Verhaltensweisen angeregt werden, die einer Realisierung des Gefahrenpotentials entgegenwirken, muss der Arzt zum Schutz des Patienten und zur Förderung des Behandlungszwecks daher auch über das nur geringe Risiko eines Implantatbruchs informieren.[475]

---

471 Vgl. *Borgmann*, NJW 2010, 3190, 3191; in diese Richtung gehend auch schon BGH, Urt. v. 7.7.1994 – III ZR 52/93, NJW 1994, 3012.

472 Vgl. BGH, Urt. v. 18.11.2008 – VI ZR 198/97, NJW 2009, 1209, 1210; BGH, Urt. v. 29.9.2009 – VI ZR 251/08, NJW-RR 2010, 833 = NJW 2010, 3230. Aus der älteren Rechtsprechung BGH, Urt. v. 7.2.1984 – VI ZR 188/82, NJW 1984, 1395, 1396; BGH, Urt. v. 12.12.1989 – VI ZR 83/89, NJW 1990, 1528; BGH, Urt. v. 7.7.1994 – III ZR 52/93, NJW 1994, 3012, 3013.

473 Vgl. BGH, Urt. v. 7.7.1994 – III ZR 52/93, NJW 1994, 3012, 3013; BGH, Urt. v. 10.3.1981 – VI ZR 202/79, NJW 1981, 2002, 2003; BGH, Urt. v. 8.7.2008 – VI ZR 259/06, NJW 2008, 2846 (Rz. 29, 31); s. auch OLG Hamm, Urt. v. 12.9.2014 – 26 U 56/13, BeckRS 2014, 19578; OLG Stuttgart, Urt. v. 28.12.1984 – 1 U 136/82, MedR 1985, 175; *Kern*, in: Laufs/Kern/Rehborn, Handbuch des Arztrechts, § 64, Rn. 17; *Wagner*, in: MüKo, BGB, § 630c, Rn. 14; *ders.*, in: MüKo, BGB, § 823, Rn. 802; *Greiner*, in: Spickhoff, Medizinrecht, BGB, § 823, Rn. 49; s. auch *Ankermann*, in: Festschrift Steffen, 1995, S. 1, 4; zur Einordnung des Unterlassens einer Aufklärung über die Dringlichkeit weiterer Diagnostikmaßnahmen als Verletzung der therapeutischen Informationspflicht BGH, Urt. v. 11.4.2017 – VI ZR 576/15, NJW 2018, 621, 622 (Rz. 15); BGH, Urt. v. 17.11.2015 – VI ZR 476/14, NJW 2016, 563, 564 (Rz. 18).

474 *Borgmann*, NJW 2010, 3190, 3191.

475 In diese Richtung gehend, eine Sicherungsaufklärung im zugrundeliegenden Sachverhalt jedoch ablehnend KG, Teilurt. v. 25.11.2013 – 20 U 49/12, BeckRS 2014, 6104; OLG Stuttgart, Urt. v. 20.5.2008 – 1 U 122/07, BeckRS 2008, 10980;

IV. Die unterlassene Fehlerinformation i.S.v. § 630c Abs. 2 S. 2 BGB

Ein im Rahmen von Implantationsbehandlungen haftungsrechtlich relevanter Behandlungsfehler liegt außerdem vor, wenn der Behandelnde die gemäß § 630c Abs. 2 S. 2 BGB gebotene Fehlerinformation des Patienten unterlässt.

1. Zur Relevanz der Fehleroffenbarungspflicht des Behandelnden bei Implantationsbehandlungen

Gemäß § 630c Abs. 2 S. 2 BGB muss der Behandelnde dem Patienten einen eigenen oder fremden Behandlungsfehler bei der Implantation des Medizinprodukts offenlegen. Die Vorschrift statuiert eine Pflicht zur Fehleroffenbarung.[476]

Praktische Relevanz gewinnt die Vorschrift, wenn der Behandelnde es *unterlassen* hat, den Patienten auf ein Fehlverhalten hinzuweisen.[477] So ist vorstellbar, dass der Arzt dem Patienten ein über- oder unterdimensioniertes Implantat verpflanzt und diesen Umstand verschweigt. Möglich ist außerdem, dass der Behandelnde zu einer Implantationsmethode greift, die nicht den medizinischen Standards entspricht. Wird der Behandlungsfehler zu einem späteren Zeitpunkt erkannt, kann der Patient den ihm hieraus entstandenen Schaden ersetzt verlangen. Ersatzfähig sind dabei nur solche Schadensposten, die der Patient durch das pflichtwidrige Unterlassen der Fehlerinformation *zusätzlich* erleidet.[478] An einem zusätzlichen Schaden dürfte es hingegen fehlen, wenn der Patient bereits durch die sorgfaltswidrige Verpflanzung des Medizinprodukts eine Schädigung seiner Gesundheit davongetragen hat. Die Verletzung der Pflicht zur Fehleroffenba-

---

allgemein *Kern*, in: Laufs/Kern/Rehborn, Handbuch des Arztrechts, § 64, Rn. 15 ff.; *Wagner*, in: MüKo, BGB, § 630c, Rn. 17.

476 Aus der umfassenden Literatur z.B. *Taupitz*, Die zivilrechtliche Pflicht zur unaufgeforderten Offenbarung eigenen Fehlverhaltens, 1989, S. 57-61; *Kleuser*, Die Fehleroffenbarungspflicht des Arztes, 1995, S. 89 ff.; *Gutmann*, in: Festschrift Bergmann, 2016, S. 59 ff.; *Jäger*, in: Festschrift für Heintschel-Heinegg, 2015, S. 211 f.; *Kett-Straub/Sipos-Lay*, MedR 2014, 867; *Prütting*, in: Festschrift Laufs, 2006, S. 1009 ff.; *Schellenberg/Warntjen*, MedR 2012, 506; *Wagner*, VersR 2012, 789, 795 ff.; *Spickhoff*, JZ 2015, 15; kritisch zur Nichteinbeziehung von Aufklärungsfehlern in § 630c Abs. 2 S. 2 BGB *ders.*, VersR 2013, 267, 273; *ders.*, MedR 2015, 845, 849.

477 Statt aller *Spickhoff*, in: Spickhoff, Medizinrecht, BGB, § 630c, Rn. 16.

478 *Spickhoff*, in: Spickhoff, Medizinrecht, BGB, § 630c, Rn. 16.

rung deshalb als Regelung „ohne nennenswerte eigenständige haftungsrechtliche Bedeutung“[479] zu bezeichnen, ist allerdings zu kurz gegriffen. Durch die Nichtoffenbarung der sorgfaltswidrigen Implantation des Medizinprodukts kann der Patient nämlich einen Verzögerungsschaden (§ 286 BGB) erleiden. Verzögerungsschäden sind gerade bei einer fehlerhaften Implantationsbehandlung denkbar, wenn sich der Patient einer aufwendigeren, weil verzögerten Revisionsoperation unterziehen muss oder zusätzliche Kosten für medizinische Hilfsmittel aufzubringen hat.

2. Die Pflicht zur Information über die Mangelhaftigkeit des implantierten Medizinprodukts als Ausprägung der Fehleroffenbarungspflicht

Die Behandlungsseite könnte darüber hinaus gemäß § 630c Abs. 2 S. 2 BGB zur Information über die Mangelhaftigkeit des implantierten Medizinprodukts verpflichtet sein. Nach dem Wortlaut der Vorschrift besteht eine Fehleroffenbarungspflicht des Behandelnden, wenn Umstände erkennbar sind, die die Annahme eines *Behandlungsfehlers* begründen. Die Mangelhaftigkeit des Medizinprodukts ist indes nicht als Behandlungsfehler i.S.d. Behandlungsvertragsrechts (§ 630a Abs. 2 BGB) zu qualifizieren. Sie stellt im Gegenteil eine Verletzung der kauf- oder werkvertraglichen Pflichten zur Verschaffung eines mangelfreien Medizinprodukts aus dem Implantationsvertrag dar.[480] Eine Informationspflicht des Behandelnden kann folglich jedenfalls nicht in direkter Anwendung des § 630c Abs. 2 S. 2 BGB angenommen werden. Insofern stellt sich die Frage, ob die Norm auf die vorgezeichnete Konstellation analog anzuwenden ist.

a) Zur analogen Anwendbarkeit des § 630c Abs. 2 S. 2 BGB auf die Fälle eines implantierten, mangelhaften Medizinprodukts

Eine analoge Anwendung des § 630c Abs. 2 S. 2 BGB auf Fälle, in denen für den Behandelnden Umstände erkennbar sind, die die Annahme der

479 *Katzenmeier*, in: BeckOK, BGB, § 630c, Rn. 15; ähnlich *Wagner*, in: MüKo, BGB, § 630c, Rn. 50: „Die Verletzung der Pflicht zur Fehleroffenbarung löst zwar theoretisch einen Schadensersatzanspruch gemäß § 280 BGB aus, doch praktisch läuft dieser ins Leere […].“

480 S.o. Zweiter Teil § 1.

Mangelhaftigkeit des implantierten Medizinprodukts begründen, setzt eine planwidrige Regelungslücke sowie eine vergleichbare Interessenlage voraus.

Nach den Vorschriften des Kauf- bzw. Werkvertragsrechts existiert keine Pflicht des Schuldners oder eines Dritten zum Hinweis auf die Mangelhaftigkeit des Kauf- oder Werkgegenstands. Eine Regelungslücke liegt somit vor. Die Regelungslücke müsste auch planwidrig sein. Die Pflicht zur Offenbarung eigenen oder fremden Fehlverhaltens ist dem deutschen Privatrecht an sich fremd.[481] Von wenigen Ausnahmen abgesehen,[482] enthält die deutsche Rechtsordnung keine zivilrechtlichen Informationsansprüche. Es existiert keine allgemeine Pflicht, sich oder einen Dritten eines Fehlers zu bezichtigen. Vielmehr gilt der Grundsatz der Eigenverantwortlichkeit der Vertragsparteien.[483] Danach hat jede Partei ihre eigenen Interessen selbst wahrzunehmen.[484] Berücksichtigt man zudem, dass der Kodifikation der Fehleroffenbarungspflicht nach § 630c Abs. 2 S. 2 BGB eine kontrovers geführte Diskussion vorangegangen war,[485] kann die Planwidrigkeit der Regelungslücke mit guten Argumenten abgelehnt werden. Denn hätte der Gesetzgeber eine Ausdehnung der Fehleroffenbarungspflicht auf die Verletzung anderer Pflichten als die zur Erbringung der Behandlung in Einklang mit den medizinischen Standards (§ 630a Abs. 2 BGB) erstrecken wollen, hätte er dies entsprechend regeln können. Eine dahingehende Regelung ist jedoch unterblieben.

Zwar ist zu verhindern, dass dem Behandelnden über die Fehleroffenbarungspflicht i.S.v. § 630c Abs. 2 S. 2 BGB eine umfassende Obligation zur Offenlegung eigenen oder fremden Fehlverhaltens auferlegt wird. Gleichwohl ist der Begründung zum Patientenrechtegesetz von 2013 nicht zu entnehmen, dass die Informationspflicht des § 630c Abs. 2 S. 2 BGB bewusst auf Behandlungsfehler beschränkt wurde und die Verletzung ande-

---

481 *Spickhoff*, in: Spickhoff, Medizinrecht, BGB, § 630c, Rn. 15; s. schon *Taupitz*, Die zivilrechtliche Pflicht zur unaufgeforderten Offenbarung eigenen Fehlverhaltens, 1989, S. 57 ff.

482 Eine Aufklärungspflicht wird beispielsweise im Anwaltsvertragsrecht bejaht, s. BGH, Urt. v. 23.6.2003 – IX ZR 197/01, NJW-RR 2006, 279; BGH, Urt. v. 24.3.2011 – IX ZR 197/09, BeckRS 2011, 08321.

483 *Schilling/Warntjen*, MedR 2012, 506, 510.

484 *Taupitz*, NJW 1992, 713, 718.

485 S. schon *Taupitz*, Die zivilrechtliche Pflicht zur unaufgeforderten Offenbarung eigenen Fehlverhaltens, 1989, S. 56, 59 ff.; *ders.*, NJW 1992, 713, 715; *Spickhoff*, JZ 2015, 15; *Schelling/Warntjen*, MedR 2012, 506; *Kett-Straub/Sipos-Lay*, MedR 2014, 867.

rer Pflichten ausgeschlossen werden sollte.[486] Stellt man zudem in Rechnung, dass das Patientenrechtegesetz insgesamt den Schutz des Patienten vor Gefahren für dessen Leib oder Leben bezweckt[487] und es hierfür nicht auf die Art der Pflichtverletzung ankommen darf, ist von der Planwidrigkeit der Regelungslücke auszugehen. Denn hätte der Gesetzgeber bedacht, dass bei Implantationsbehandlungen nicht nur die Verletzung behandlungsvertraglicher Pflichten denkbar ist, sondern Pflichtverletzungen auch unter dem Aspekt der Implantation eines mangelhaften Medizinprodukts in Betracht kommen, hätte er zum Schutz des Patienten eine entsprechende Regelung getroffen.

Ferner müsste auch eine vergleichbare Interessenlage bestehen. § 630c Abs. 2 S. 2 BGB verfolgt das Ziel, dem Patienten die Geltendmachung und Durchsetzung tatsächlich bestehender Ersatzansprüche zu erleichtern.[488] Ein Interesse an der Durchsetzung von Ersatzansprüchen des Patienten besteht bei Behandlungsfehlern sowie der Implantation eines mangelhaften Medizinprodukts gleichermaßen. In beiden Fällen wird es dem Patienten nämlich darauf ankommen, die ihm durch die Pflichtverletzung erlittenen Nachteile zu beseitigen, sei es durch den Austausch des defekten Medizinprodukts oder den Ersatz des ihm durch die fehlerhaft erbrachten Behandlungsleistungen entstandenen Schadens. Deshalb spricht nichts dagegen, eine vergleichbare Interessenlage zu bejahen und § 630c Abs. 2 S. 2 BGB analog auf die Fälle eines implantierten mangelhaften Medizinprodukts anzuwenden.

b) Die Voraussetzungen der Pflicht zur Information über die Mangelhaftigkeit des implantierten Medizinprodukts

Sind für den Behandelnden Umstände erkennbar, die die Annahme der Mangelhaftigkeit des implantierten Medizinprodukts begründen, hat er den Patienten hierüber analog § 630c Abs. 2 S. 2 BGB auf Nachfrage oder zur Abwendung gesundheitlicher Gefahren zu informieren. Nach dem Wortlaut unterscheidet die Vorschrift in Bezug auf die Offenbarungs-

---

486 *Wagner*, in: MüKo, BGB, § 630c, Rn. 40; vgl. BT-Drucks. 17/10488, S. 21 ff.

487 Vgl. *Jaeger*, Patientenrechtegesetz, Rn. 159; *Spickhoff*, JZ 2015, 15, 19; s. auch BT-Drucks. 17/10488, S. 21, 38.

488 Vgl. *Wagner*, in: MüKo, BGB, § 630c, Rn. 38, 40.

pflichten nicht zwischen eigenen und fremden Fehlern.[489] Dementsprechend muss der Behandelnde den Patienten auf Mängel des Medizinprodukts hinweisen, ungeachtet des Umstands, ob er oder ein Dritter die Implantation durchgeführt hat.

Nach dem Wortlaut des § 630c Abs. 2 S. 2 BGB setzt eine Informationspflicht in analoger Anwendung der Vorschrift weiterhin die „Erkennbarkeit" des Mangels für den Behandelnden voraus. Daraus könnte geschlossen werden, dass nur solche Mängel gemeint sind, die *objektiv*, für einen durchschnittlich qualifizierten Arzt des betreffenden Fachgebiets nach dem jeweiligen Stand der medizinischen Wissenschaft und Praxis erkennbar sind. War die Mangelhaftigkeit des Implantats für einen anderen Arzt hingegen nicht erkennbar, wäre eine Informationspflicht i.S.d. Vorschrift folglich abzulehnen. Für ein in diesem Sinn allein objektives Verständnis der Erkennbarkeit spricht, dass es im Haftpflichtprozess für die Frage, ob das implantierte Medizinprodukt mangelhaft ist, auf die Einschätzung des gerichtlichen Sachverständigen ankommt (§ 284 ZPO i.V.m. §§ 402 ff. ZPO). Den Richtern fehlt die notwendige Expertise, um die Mangelhaftigkeit beurteilen zu können. Sie vertrauen daher auf die Einschätzung des Sachverständigen. Würde man die Erkennbarkeit des Medizinproduktfehlers an subjektiven Maßstäben messen, hätten die Sachverständigen „freie Hand". Sie könnten mit ihrer Beurteilung den Ausgang des Haftungsprozesses maßgeblich beeinflussen. Ein solches Ergebnis ist aus verfahrensrechtlicher Sicht nicht wünschenswert. Das Gericht muss die Aussagen des gerichtlichen Sachverständigen deshalb wenigstens auf ihre Plausibilität hin kontrollieren können. Eine Plausibilitätskontrolle setzt wiederum voraus, dass dem Gericht ärztlich-institutionelle und damit allgemeinverbindliche Leitlinien zur Verfügung stehen, anhand derer bestimmt werden kann, ob der Mangel des Medizinprodukts erkennbar war. Dabei orientieren sich Leitlinien „als Form der Festsetzung von Regeln guter ärztlicher Behandlung durch professionelle Institutionen"[490] stets an objektiven Maßstäben.[491,492]

Zugegebenermaßen ist das Bedürfnis, einen objektiv-typisierenden Maßstab anzulegen, aus dem vorgenannten Grund verständlich. Allerdings ist

489 Vgl. *Spickhoff*, in: Spickhoff, Medizinrecht, BGB, § 630c, Rn. 24; kritisch hierzu *Wagner*, VersR 2012, 789, 795 f.; *dies.*, in: MüKo, BGB, § 630c, Rn. 37.

490 *Katzenmeier*, Arzthaftung, S. 280.

491 S. *Hart*, MedR 1998, 8, 12 f.; vgl. *Dressler*, in: Festschrift Geiß, 2000, S. 379 ff.

492 Zu Leitlinien auf dem Gebiet der Implantationschirurgie s. Zweiter Teil § 3 B. II. 2.

der Patient auf eine Information am wenigsten angewiesen, wenn der Mangel objektiv erkennbar war.[493] Besonders dringend ist das Informationsbedürfnis des Patienten hingegen, wenn der Mangel für einen durchschnittlichen Arzt der Implantationschirurgie gerade *nicht* erkennbar ist, der Arzt hiervon aber Kenntnis hat. Kenntnis des Arztes kommt in Betracht, wenn er das betreffende Exemplar entweder selbst verpflanzt hat oder den Defekt infolge seiner besonderen Expertise erkennen konnte. In derartigen Konstellationen ist der Patient auf die Information gerade durch *diesen* Behandelnden angewiesen, will er die ihm infolge der Mangelhaftigkeit des Implantats zustehenden Ansprüche geltend machen. Um dieses widersprüchliche Ergebnis zu vermeiden, sind unter Rückgriff auf die allgemeine Verschuldensdogmatik subjektives Sonderkönnen sowie subjektive Sonderkenntnisse im Rahmen eines objektiv-typisierenden Sorgfaltsmaßstabs auch demjenigen abzuverlangen, der über solche Fähigkeiten verfügt.[494] Leitend hierfür ist die Überlegung, dass über das zivilrechtliche Verschuldensdogma generell ein Ausgleich zwischen der Handlungsfreiheit auf der einen und dem Verantwortungsprinzip auf der anderen Seite durch Zugrundelegung eines objektiv-typisierten Sorgfaltsmaßstab erreicht werden soll.[495] Dort, wo der Pflichtige infolge eines individuellen Sonderkönnens oder -wissens auf die freiheitssichernde Wirkung des objektiv-typisierenden Sorgfaltsmaßstabs nicht angewiesen ist, muss er dieses auch zugunsten des Rechtsgüterschutzes anwenden. Dies gilt umso mehr vor dem Hintergrund der Gefahren, die von einem implantierten, mangelhaften Medizinprodukt für die Gesundheit und das Leben des Patienten ausgehen. Zusammenfassend ist der Behandelnde daher analog § 630 Abs. 2 S. 2 BGB verpflichtet, den Patienten über den Mangel des Implantats zu informieren, auch wenn dieser nur für ihn aufgrund besonderer Fähigkeiten oder Erkenntnisse erkennbar war.

Die Pflicht zur Information über erkennbare Medizinproduktmängel setzt im Übrigen eine Nachfrage des Patienten oder die Notwendigkeit des Hinweises zur Abwehr gesundheitlicher Gefahren voraus. Um eine Haftung des Behandelnden wegen Verletzung der Fehleroffenbarungspflicht i.S.d. § 630c Abs. 2 S. 2 BGB analog nicht ins Uferlose ausweiten zu lassen

493 Allgemein *Spickhoff*, in: Spickhoff, Medizinrecht, BGB, § 630c, Rn. 27; *ders.*, VersR 2013, 267, 273; *Wagner*, VersR 2012, 789, 795 f.; *dies.*, in: MüKo, BGB, § 630c, Rn. 42.

494 Allgemein zu diesem Gedankengang *Spickhoff*, in: Spickhoff, Medizinrecht, BGB, § 630c, Rn. 26; *ders.*, VersR 2013, 267, 273; *ders*, JZ 2015, 15, 20; *Wagner*, in: MüKo, BGB, § 630c, Rn. 42.

495 *Spickhoff*, JZ 2015, 15, 20; *ders*, in: Spickhoff, Medizinrecht, BGB, § 630c, Rn. 26.

und das der Norm zugrundeliegende Regel-Ausnahme-Verhältnis nicht in sein Gegenteil zu verkehren, sollen in der ersten Alternative nur *konkrete* Nachfragen erfasst sein.[496] Nicht ausreichend ist demnach eine gänzlich allgemein gehaltene Nachfrage („Ist alles in Ordnung?“).[497] In Einklang mit dem historischen Gesetzgeberwillen wird vielmehr zu fordern sein, dass die Nachfrage deutlich zu erkennen gibt, worauf sich das Informationsinteresse des Patienten erstreckt („Ist mit *dem Medizinprodukt* alles in Ordnung oder weist es Mängel auf?“). Ausgelöst wird die Informationspflicht analog § 630c Abs. 2 S. 2 a.E. BGB im Übrigen, wenn ein entsprechender Hinweis zur Abwendung gesundheitlicher Gefahren erforderlich ist. Weil mangelhafte Implantate typischerweise erhebliche Gefahren für die körperliche Integrität und Gesundheit des Patienten hervorrufen, wird diese Voraussetzung in aller Regel erfüllt sein.

3. Konsequenzen der Pflicht zur Information über Mängel des implantierten Medizinprodukts analog § 630c Abs. 2 S. 2 BGB

a) Die Fehlerinformationspflicht und Ansprüche auf Schadloshaltung des Krankenversicherers

Keine unmittelbare, wohl aber mittelbare Auswirkung hat die Pflicht zur Information über die Mangelhaftigkeit des implantierten Medizinprodukts analog § 630c Abs. 2 S. 2 BGB in Bezug auf etwaige Regressansprüche eines Krankenversicherers gegenüber der Behandlungsseite.

Sowohl private wie auch gesetzliche Krankenversicherungen sind generell zur Übernahme der Kosten einer medizinisch indizierten Implantationsbehandlung verpflichtet. Dies gilt auch dann, wenn dem Patienten ein mangelhaftes Medizinprodukt verpflanzt worden ist.[498] Wurde im konkreten Fall ein mangelhaftes Produkt implantiert, geht der *Ersatzanspruch* des Patienten nach dem Recht der privaten Krankenversicherung gemäß § 86 Abs. 1 VVG kraft Gesetzes auf den Versicherer über, soweit der Versicherer den infolge der Mangelhaftigkeit des Medizinprodukts entstandenen Schaden ersetzt. Demgegenüber statuiert § 630c Abs. 2 S. 2 BGB die Pflicht des Behandelnden, den Patienten in bestimmten Konstellation zu informie-

496 *Wagner*, in: MüKo, BGB, § 630c, Rn. 45.

497 So aber *Spickhoff*, VersR 2013, 267, 273; *ders.*, in: Spickhoff, Medizinrecht, BGB, § 630c, Rn. 27; *U. Walter*, Das neue Patientenrechtegesetz, Rn. 120.

498 Allgemein *Spickhoff*, JZ 2015, 15, 24.

ren. Die Regelung ist auf ein *Auskunftsverlangen* gerichtet.[499] Wie aus dem eindeutigen Wortlaut des § 86 Abs. 1 VVG („*Ersatzanspruch* gegen einen Dritten") hervorgeht, erstreckt sich die Norm allerdings nicht auf Auskunftsverlangen. Der Krankenversicherer könnte vom Behandelnden folglich keine Informationen in Bezug auf die Mangelhaftigkeit des implantierten Medizinprodukts verlangen. Weil der Krankenversicherer zur effektiven Durchsetzung seiner Rechte auf derartige Informationen angewiesen ist und es im Übrigen zu verhindern gilt, dass der Versicherer auf den Kosten sitzen bleibt, wird man den Patienten jedoch gemäß § 242 BGB nach Treu und Glauben dazu verpflichten können, den Auskunftsanspruch analog § 630c Abs. 2 S. 2 BGB geltend zu machen.[500]

Gesetzlich versicherte Patienten sollen gemäß § 116 SGB X an der Durchsetzung ihrer Ansprüche mithelfen.[501] Aus dem Rechtsgedanken der Vorschrift i.V.m. dem Grundsatz von Treu und Glauben lässt sich schließen, dass auch diese zum Verlangen der Auskunft verpflichtet sind, um den Krankenkassen die Durchsetzung ihrer Ansprüche auf Schadloshaltung zu ermöglichen.

b) Die zeitliche Reichweite der Fehlerinformationspflicht

Die Pflicht des Behandelnden zur Information über die Mangelhaftigkeit des Medizinprodukts analog § 630c Abs. 2 S. 2 BGB kann zeitlich nicht unbegrenzt bestehen. Insbesondere dann, wenn zwischen der Durchführung der Implantationsbehandlung und dem Erkennen des Mangels mehrere Jahre liegen, ist zweifelhaft, inwieweit der Behandelnde den Patienten hierüber zu informieren hat. Zweifel an einer weitreichenden Pflicht zur Fehleroffenbarung ergeben sich schon deshalb, weil die Behandlungsseite nach dem Inhalt des Implantationsvertrags die einmalige Durchführung der Implantationsbehandlung schuldet. Eine umfassende „Gesundheitsfürsorgepflicht" besteht nicht. Auch trägt nach der vertraglichen Risikoverteilung grundsätzlich der Patient das Risiko, dass die Implantationsbehandlung nicht zu dem gewünschten Ergebnis führt. Aufgeworfen ist damit die Frage, wie weit die Fehlerinformationspflicht in zeitlicher Hinsicht reicht.

---

499 *Spickhoff*, JZ 2015, 15, 24.

500 *Spickhoff*, JZ 2015, 15, 24; weiterführend zu Auskunftsansprüchen in der Medizinproduktehaftung *Koyuncu/Müller*, MPR 2012, 158, 162 f.

501 *Spickhoff*, JZ 2015, 15, 24.

Der Gesetzgeber hat in § 630c Abs. 2 S. 2 BGB die zeitliche Reichweite der Fehleroffenbarungspflicht nicht ausdrücklich geregelt. Auch die Literatur hat sich mit dieser Fragestellung – soweit ersichtlich – noch nicht vertieft beschäftigt.[502] Hinsichtlich *nachvertraglicher Leistungssicherungspflichten* findet sich in der Literatur meist der (pauschale) Hinweis, nachwirkende Leistungssicherungspflichten seien für eine angemessene Übergangsphase anzuerkennen.[503] Über welchen Zeitraum sie sich erstrecken, bleibt dabei oft im Dunkeln. Zutreffend ist die Feststellung, die Intensität nachsorgender Pflichten nehme mit zunehmendem Abstand zur Leistungserbringung ab.[504] Sie kann jedoch allenfalls als grobe Richtschnur dienen. Mangels die Fehleroffenbarungspflicht begrenzender Regelungen, richtet sich die zeitliche Reichweite daher nach den Bestimmungen der Verjährung.

aa) Die Fehlerinformationspflicht als abhängige Nebenleistung i.S.v. § 217 BGB?

Die Fehlerinformationspflicht könnte als abhängige Nebenleistung i.S.d. § 217 BGB einzuordnen sein. Gemäß § 217 BGB verjährt mit dem Hauptanspruch auch der Anspruch auf die von ihm abhängigen Nebenleistungen. „Hauptanspruch" i.S.d. Norm meint den Anspruch des Patienten auf Zurverfügungstellung eines mangelfreien Medizinprodukts. Hinsichtlich der Verjährung dieses Anspruchs sind die §§ 438 Abs. 1 Nr. 3, 634 Abs. 1 Nr. 3 BGB maßgeblich. Ob es sich bei der Fehlerinformationspflicht i.S.d. § 630c Abs. 2 S. 2 BGB um eine abhängige Nebenleistung i.S.v. § 217 BGB handelt, ist fraglich.

Gesetzlich ist nicht geregelt, welche Nebenleistungspflichten von der Norm erfasst sind. Aus den Gesetzgebungsmaterialien geht hervor, dass abhängige Nebenleistungen gemäß § 217 BGB solche sind, die *zusätzlich* zur Hauptschuld zu erbringen sind und mit dieser in einem Zusammenhang stehen. Gemeint sind vor allem Zinsen, Früchte, Nutzungen, Kosten und

---

502 Einzig wohl nur *Spickhoff*, JZ 2015, 15, 25 f.

503 Z.B. *Bachmann*, in: MüKo, BGB, § 241, Rn. 109 („angemessene Übergangsphase [endet] spätestens nach 30 Jahren"); *Olzen*, in: Staudinger, BGB, § 241, Rn. 268; *Teichmann*, in: Soergel, BGB, § 242, Rn. 168; OLG Saarbrücken, Urt. v. 19.7.2005 – 4 U 122/04, OLGR 2005, 770, 771.

504 *Bodewig*, Jura 2005, 505, 510; kritisch hierzu *Binder*, AcP 211 (2011), 587, 623.

Verzugsschäden.[505] Das schließt nicht aus, die Fehleroffenbarungspflicht des § 630c Abs. 2 S. 2 BGB hierunter zu subsumieren.

Für eine Einordnung der Informationspflicht als abhängige Nebenleistungspflicht gemäß § 217 BGB spricht, dass die Obligation einzig und allein zur Sicherung des Behandlungserfolgs existiert. Sie gelangt nur dann zur Entstehung, wenn dem Patienten ein mangelhaftes Medizinprodukt implantiert wurde. Zwar ist zutreffend, dass die Pflicht zur Fehleroffenbarung hinsichtlich ihres Entstehungsgrundes von der Hauptleistungspflicht abhängig ist. Anders als im Verhältnis von Haupt- und Ersatzanspruch tritt die Pflicht zur Information über die Mangelhaftigkeit des Implantats allerdings weder rechtlich noch wirtschaftlich an die Stelle der Hauptleistung. Sie entwickelt sich *unabhängig*.[506] Gegen die Einordnung der Informationspflicht als abhängige Nebenleistung i.S.d. § 217 BGB spricht ferner, dass der Patient auch nach Verjährung des kauf- bzw. werkvertraglichen Mängelgewährleistungsanspruchs ein Interesse an der betreffenden Information haben kann. Zu denken ist insbesondere an die Fälle, in denen der Patient nach Eintritt der Verjährung das ihm implantierte mangelhafte Medizinprodukt durch einen anderen Operateur austauschen lässt, um weitere Gefahren für Leib und Leben auszuschließen. Die Pflicht zur Information über die Mangelhaftigkeit des medizinischen Produkts ist somit nicht als abhängige Nebenleistung i.S.d. § 217 BGB einzuordnen. Sie verjährt nicht mit dem Hauptanspruch.

bb) Die Begrenzung der Pflicht zur Information über die Mangelhaftigkeit des Medizinprodukts analog §§ 438 Abs. 1 Nr. 3, 634a Abs. 1 Nr. 3 BGB

Die Pflicht zur Information über die Mangelhaftigkeit des Medizinprodukts könnte analog §§ 438 Abs. 1 Nr. 3, 634a Abs. 1 Nr. 3 BGB[507] auf ein zeitliches Höchstmaß festgelegt sein. Dieses könnte sich an der Verjährung der Mängelansprüche orientieren. Zwar verjährt der Informationsanspruch des Patienten nicht als akzessorische Nebenleistung gemäß

---

505 BT-Drucks. 14/6040, S. 124; ausführlich *Bach*, in: BeckOGK, BGB, § 217, Rn. 4 ff.; *Mansel/Stürner*, in: Heidel/Hüßtege/Mansel/Noack, BGB: AT – EGBGB, § 217, Rn. 5.

506 Ähnlich *Lüneborg*, NJW 2012, 2145, 2149 f.

507 Ob § 438 Abs. 1 Nr. 3 BGB oder § 634a Abs. 1 Nr. 3 BGB maßgeblich ist, richtet sich nach dem vertraglich geschuldeten Pflichtenprogramm, s.o. Erster Teil § 3 C. und § 4.

§ 217 BGB. Gleichwohl wird man nicht von der Hand weisen können, dass der Patient nach Eintritt der Verjährung der kauf- bzw. werkvertraglichen Mängelrechte mit dem Hinweis auf einen etwaigen Mangel des medizinischen Produkts nichts mehr anfangen kann, weil seinen Rechten die Einrede der Verjährung (§ 214 BGB) entgegensteht. Um umgekehrt für Rechtssicherheit auf Behandlungsseite zu sorgen und dem Behandelnden keine zeitlich uneingeschränkte „Gesundheitsfürsorgepflicht" aufzuerlegen, ist es daher sachgerecht, die Informationspflicht analog §§ 438 Abs. 1 Nr. 3, 634a Abs. 1 Nr. 3 BGB auf ein zeitliches Höchstmaß zu beschränken.[508]

4. Fazit

Der Pflicht zur Information über die Mangelhaftigkeit des implantierten Medizinprodukts analog § 630c Abs. 2 S. 2 BGB dürfte eine große praktische Relevanz zukommen. Denn sie sichert das Interesse des Patienten, auf etwaige Mängel des Implantats auch nach Beendigung der Implantationsbehandlung durch den Behandelnden hingewiesen zu werden. Freilich darf die Fehlerinformationspflicht keine umfassende Gesundheitsfürsorgepflicht der Behandlungsseite zur Folge haben. Ob die Voraussetzungen des § 630c Abs. 2 S. 2 BGB im Einzelfall vorliegen, bedarf daher der sorgfältigen Überprüfung.

Die vorstehenden Ausführungen konzentrierten sich auf die Frage, ob und unter welchen Voraussetzungen eine *vertragliche* Pflicht zur Fehlerinformation besteht. Vertragliches und deliktsrechtliches Pflichtenprogramm entsprechen sich bei medizinischen Behandlungsverhältnissen im Allgemeinen und Implantationsverhältnissen im Besonderen weitestgehend. Insofern ist die Behandlungsseite auch nach deliktsrechtlichen Maßstäben zur Information über ein mangelhaftes implantiertes Medizinprodukt als Ausprägung der ärztlichen Verkehrspflichten verpflichtet. Im Fal-

---

508 Vgl. zu ähnlichen Überlegungen BGH, Urt. v. 2.11.1960 – V ZR 124/59, NJW 1961, 602, 604; BGH, Urt. v. 3.10.1984 – IV a ZR 56/83, NJW 1985, 384; BGH, Urt. v. 4.10.1989 – IV a ZR 198/88, NJW 1990, 180; BGH, Urt. v. 12.6.1991 – XII ZR 17/90, NJW 1991, 3031; BGH, Urt. v. 26.5.1994 – IX ZR 39/93, NJW 1994, 3102, 3106; *Bach*, in: BeckOGK, BGB, § 217, Rn. 18 f.; vgl. zur umgekehrten Konstellation, nämlich zu der Frage, ob ein Hilfsanspruch vor dem Hauptanspruch verjähren kann BGH, Urt. v. 25.7.2017 – VI ZR 222/16, NJW 2017, 2755, 2756 f.

le ihrer Verletzung haftet die Behandlungsseite für Schäden des Patienten gemäß § 823 Abs. 1 BGB bzw. § 831 Abs. 1 S. 1 BGB.

D. Haftungsbegründende Kausalität und Zurechnung

Der Behandlungsfehler muss für die Verletzung von Leben, Körper oder Gesundheit des Patienten kausal und diesem auch zurechenbar sein. Kausalität i.S.d. Äquivalenzformel liegt vor, wenn der Behandlungsfehler nicht hinweggedacht werden kann, ohne dass die Rechtsgutsverletzung des Patienten entfiele.[509] Die gewählte Formulierung entspricht der ständigen Rechtsprechung und ganz herrschenden Auffassung zur Haftung des Arztes aus unerlaubter Handlung. Nach der Rechtsprechung des *BGH* gilt für die vertragliche Haftung das Gleiche. Daran ändert auch der Umstand nichts, dass der Ursachenzusammenhang zwischen der Pflichtverletzung und dem Schadenseintritt streng genommen nicht zur haftungs*begründenden* (§ 286 ZPO) wohl aber zur haftungs*ausfüllenden* (§ 287 ZPO) Kausalität gehört.[510]

509 Vgl. *Wagner*, in: MüKo, BGB, § 630a, Rn. 180; *Spindler*, in: BeckOGK, BGB, § 823, Rn. 970; *Weidenkaff*, in: Palandt, BGB, § 630a, Rn. 40; *Terbille/Feifel*, in: MAH MedR, § 1, Rn. 755; *Greiner*, in: Spickhoff, Medizinrecht, BGB, § 823, Rn. 143 f.; zu den Entwicklungen in der neueren Rechtsprechung *von Pentz*, MedR 2016, 16, 18. Allgemein BGH, Urt. v. 28.6.2011 -KZR 75/10, NJW 2012, 928; BGH, Urt. v. 6.6.2013 – IX ZR 204/12, NJW 2013, 2345, 2346 (Rz. 20); BGH, Urt. v. 19.10.2016 – IV ZR 521/14, NJW 2017, 263 (Rz. 14); BGH, Urt. v. 9.11.2017 – IX ZR 270/16, NJW 2018, 541, 542 (Rz. 18); BGH, Urt. v. 28.6.2011 – KZR 75/10, NJW 2012, 928, 933; *Oetker*, in: MüKo, BGB, § 249, Rn 103; *Flume*, in: BeckOK, BGB, § 249, Rn. 280.

510 Vgl. BGH, Urt. v. 5.11.2013 – VI ZR 527/12, NJW 2014, 688; BGH, Urt. v. 20.3.2008 – IX ZR 104/05, NJW 2008, 2647; BGH, Urt. v. 24.6.1986 – VI ZR 21/85, NJW 1987, 705; BGH, Urt. v. 3.2.1987 – VI ZR 56/86, NJW 1987, 1482; BGH, Urt. v. 22.5.2012 – VI ZR 157/11, NJW 2012, 2024; instruktiv *Greiner*, in: Spickhoff, Medizinrecht, BGB, § 823, Rn. 114: „Die Schuldrechtsreform hat nichts daran geändert, dass die vertragliche Haftung des Arztes für Behandlungsfehler an die Verletzung von Verhaltenspflichten anknüpft, die in gleicher Weise und mit demselben Inhalt auf den Schutz der Gesundheit des Patienten bezogen sind wie die Pflichten, deren Verletzung zur deliktischen Arzthaftung führt. Stimmen aber vertragliche und deliktische Verhaltenspflicht völlig überein und besteht ‚Strukturgleichheit' [...] von vertraglichen und deliktischen Sorgfaltspflichten, dann muss auch der Haftungsgrund in gleicher Weise abgegrenzt werden. Eine Differenzierung würde jedenfalls in diesem Bereich zu unhaltbaren Ergebnissen führen." S. auch *Förster*, in: BeckOK, BGB, § 823, Rn. 828.

Der Behandlungsfehler braucht nicht „die überwiegende, wesentliche, richtunggebende, unmittelbare oder alleinige Ursache gewesen sein."[511] Ausreichend ist, dass der Fehler des Behandelnden bei Durchführung der Implantationsbehandlung mitursächlich für die körperliche oder gesundheitliche Primärschädigung des Patienten ist.[512] Liegt der Behandlungsfehler im Unterlassen einer gebotenen Behandlungsmaßnahme, liegt Kausalität vor, wenn die nach dem medizinischen Standard erforderliche Handlung nicht hinzugedacht werden kann, ohne dass die Rechtsgutsverletzung des Patienten entfiele.[513] Ein Unterlassen liegt beispielsweise vor, wenn der Arzt Diagnose- oder Kontrolluntersuchungen nicht vornimmt oder den Patienten nicht auf eigene oder fremde Fehler bei der Verpflanzung des Medizinprodukts hinweist.

Außerdem muss der Ursachenzusammenhang adäquat sein. Die Adäquanz ist zu bejahen, wenn ein Ereignis aus der Sicht eines optimalen Beobachters „im Allgemeinen und nicht nur unter besonders eigenartigen, ganz unwahrscheinlichen und nach dem regelmäßigen Verlauf der Dinge außer Betracht zu lassenden Umständen zur Herbeiführung eines Erfolgs

---

511 *Spindler*, in: BeckOGK, BGB, § 823, Rn. 972; *Förster*, in: BeckOK, BGB, § 823, Rn. 829; BGH, Urt. v. 16.3.2010 – VI ZR 64/09, NJW-RR 2010, 1331; BGH, Urt. v. 27.6.2000 – VI ZR 201/99, NJW 2000, 3423, 3424; BGH, Urt. v. 19.4.2005 – VI ZR 175/04, NJW-RR 2005, 897, 898.

512 Allgemein BGH, Urt. v. 27.6.2000 – VI ZR 201/99, NJW 2000, 3423, 3424; BGH, Urt. v. 19.4.2005 – VI ZR 175/04, NJW-RR 2005, 897, 898; BGH, Urt. v. 16.3.2010 – VI ZR 64/09, NJW-RR 2010, 1331, 1332; BGH, Urt. v. 20.5.2014 – VI ZR 187/13, NJW-RR 2014, 1118, 1120; s. auch BGH, Urt. v. 26.1.1999 – VI ZR 374/97, NJW-RR 1999, 819; *Terbille/Feifel*, in: MAH MedR, § 1, Rn. 759. Ein Fall der Teilkausalität liegt nach der Rechtsprechung vor, wenn der Behandlungsfehler nachweislich nur zu einem abgrenzbaren Teil des Schadens geführt hat. Voraussetzung einer Teilkausalität ist, dass sich der Schadensbeitrag des Behandlungsfehlers von dem anderen Schadensbeitrag abgrenzen und sich die Haftungsquote des Behandelnden damit zweifelsfrei bestimmen lässt, vgl. BGH, Urt. v. 20.5.2014 – VI ZR 187/13, NJW-RR 2014, 1118, 1121 (Rz. 25); BGH, Beschl. v. 13.11.2007 – VI ZR 155/07, BeckRS 2007, 18609; BGH, Urt. v. 5.4.2005 – VI ZR 216/03, NJW 2005, 2072, 2073; BGH, Urt. v. 1.10.1996 – VI ZR 10/96, NJW 1997, 796, 797.

513 S. BGH, Urt. v. 7.2.2012 – VI ZR 63/11, NJW 2012, 850, 851; BGH, Urt. v. 12.2.2008 – VI ZR 221/06 = NJW 2008, 1381, 1382; allgemein BGH, Urt. v. 17.10.2002 – IX ZR 3/01, NJW 2003, 295, 296; BGH, Urt. v. 6.6.2013 – IX ZR 204/12, NJW 2013, 2345, 2346 (Rz. 20); OLG Köln, Urt. v. 13.3.2017 – 5 U 78/16, BeckRS 2017, 145769; *Greiner*, in: Spickhoff, Medizinrecht, BGB, § 823, Rn. 117; *Spindler*, in: BeckOGK, BGB, § 823, Rn. 972; *Oetker*, in: MüKo, BGB, § 249, Rn. 103; *Flume*, in: BeckOK, BGB, § 249, Rn. 282; *Musielak*, JA 2013, 241 (Fn. 1).

geeignet war".[514] Judikate, in denen der Ursachenzusammenhang nach der Adäquanzformel verneint wurde, liegen zur behandlungsfehlerhaften Implantation eines Medizinprodukts – soweit ersichtlich – bislang nicht vor. Dies mag vor allem daran liegen, dass es für den optimalen Arzt, der über das gesamte Erfahrungswissen seiner Zeit auf dem Gebiet der Implantationschirurgie verfügt und aus ex-ante-Perspektive urteilt, kaum völlig unwahrscheinliche Schadensverläufe gibt.[515] Zu komplex sind die Vorgänge im Körper des Patienten, als dass sich Unverträglichkeiten zwischen Medizinprodukt und menschlichem Gewebe oder Abstoßreaktionen des Körpers als gänzlich unwahrscheinliche Schadensfolgen ausschließen ließen.

Der haftungsrechtliche Zurechnungszusammenhang zwischen dem Behandlungsfehler und den Primär- bzw. Folgeschäden wird ferner unterbrochen, wenn der ärztliche Sorgfaltspflichtverstoß die Verletzung des Patienten nicht verursacht hat oder die Rechtgutverletzung des Patienten auch ohne dessen Dazutun eingetreten wäre.[516] Die Rechtsgutsverletzung ist dem Behandelnden folglich nicht zuzurechnen, wenn sie auch bei sachgerechtem Behandlungsverhalten eingetreten wäre.[517] Nicht zurechenbar ist die Gesundheitsverletzung des Patienten auch dann, wenn sie auf eine schicksalshafte Komplikation der Implantationsbehandlung zurückzuführen ist[518] oder es sich bei den körperlichen oder gesundheitlichen Beeinträchtigungen um nicht (eindeutig nachweisbare) Spätfolgen handelt.

---

514 So erstmals RG, Urt. v. 23.10.1931 – VI 46/31, RGZ 133, 126, 127; BGH, Urt. v. 23.10.1951 – I ZR 31/51, BGHZ 3, 261, 267; BGH, Urt. v. 11.1.2005 – X ZR 163/02, NJW 2005, 1420, 1421; BGH, Urt. v. 16.4.2002 – VI ZR 227/01, NJW 2002, 2232, 2233; OLG Hamm, Urt. v. 18.5.1976 – 9 U 197/75, VersR 1977, 261; *Flume*, in: BeckOK, BGB, § 249, Rn. 284; *Terbille/Feifel*, in: MAH MedR, § 1, Rn. 770.

515 S. zu dieser Argumentationslinie *Terbille/Feifel*, MAH MedR, § 1, Rn. 770 sowie BGH, Urt. v. 2.7.1957 – VI ZR 205/56, NJW 1957, 1475 m. Anm. *Larenz*, NJW 1958, 627.

516 Vgl. *Spindler*, in: BeckOGK, BGB, § 823, Rn. 973; *Kern/Rehborn*, in: Laufs/Kern/Rehborn, Handbuch des Arztrechts, § 105, Rn. 4; *Greiner*, in: Geiß/Greiner, Arzthaftpflichtrecht, Kap. B, Rn. 195 f.; vgl. auch BGH, Urt. v. 27.1.1981 – VI ZR 138/79, VersR 1981, 462.

517 Vgl. BGH, Urt. v. 22.5.2012 – VI ZR 157/11, NJW 2012, 2024, 2025 (Rz. 12); BGH, Urt. v. 7.2.2012 – VI ZR 63/11, NJW 2012, 850, 851; BGH, Urt. v. 14.7.1992 – VI ZR 214/91, NJW 1992, 2962, 2964; *Olzen/Kaya*, GesR 2013, 1, 4; *Schütz/Dopheide*, VersR 2009, 475; *Greiner*, in: Spickhoff, Medizinrecht, BGB, § 823, Rn. 118 f.; zur Frage der Beweislast s.u. die Ausführungen zu Vierter Teil § 2.

518 OLG Hamburg, Urt. v. 30.1.2004 – 1 U 25/03, BeckRS 2004, 18540; OLG Hamm, Urt. v. 12.9.2011 – I-3 U 195/10, 3 U 195/10, BeckRS 2014, 16060.

Eine „schicksalhafte Komplikation" nahm beispielsweise das *OLG Köln*[519] in einem Fall an, in welchem der Patientin eine Knieoberflächenersatzprothese implantiert wurde. Im Verlauf der Operation verletzte der implantierende Arzt die Schlagader in der Kniekehle, weshalb ein Venenbypass angelegt werden musste. Das Gericht folgte der Argumentation der gerichtlichen Sachverständigen und wertete die intraoperative Verletzung der Schlagader nicht als zurechenbaren Behandlungsfehler. Die Anlage des Venenbypasses sei vielmehr als Folge eines schicksalshaften Verlaufs der Operation haftungsrechtlich irrelevant. Dem *OLG Koblenz*[520] lag ein Fall zu den sog. Spätschäden zur Entscheidung vor. In dem zu beurteilenden Fall wurde dem Patienten eine Kunststoffprothese verpflanzt, in dessen weiterer Folge Infektionen auftraten. Das Gericht lehnte eine Haftung des Behandelnden ab. Die Rechtsgutsverletzung des Patienten sei derart verspätet eingetreten, dass nicht mit absoluter Sicherheit festgestellt werden könne, ob die Primärschädigung auf die Implantation des Medizinprodukts zurückzuführen sei. Die Symptome könnten auch andere Ursachen haben, weshalb es an der nachweisbaren Mitursächlichkeit fehle.

§ 4 Aufklärungsfehler

Aufklärungsfehler sind neben Behandlungsfehlern der zweite Anknüpfungspunkt für eine Haftung des Behandelnden wegen eines genuin *ärztlichen* Sorgfaltspflichtverstoßes. Die Aufklärung des Patienten ist bei Implantationsbehandlungen von besonderer Bedeutung. Mehr noch als bei „klassischen" Heilbehandlungen üblich, dient sie der Gewährleistung des Selbstbestimmungsrechts des Patienten. Während die ärztliche Aufklärungspflicht generell das Recht des Patienten verbürgt, über den eigenen Körper selbstbestimmt zu entscheiden,[521] sichert sie ihm im Hinblick auf Implantationsbehandlungen darüber hinaus die Befugnis, auch über die *Verpflanzung eines Medizinprodukts* in den eigenen Körper zu befinden.

---

519 OLG Köln, Urt. v. 1.6.2016 – 5 U 43/15, BeckRS 2016, 16886.

520 OLG Koblenz, Urt. v. 7.8.2013 – 5 U 1311/11, BeckRS 2014, 19689.

521 Grundlegend das Sondervotum der Bundesverfassungsrichter *Hirsch, Niebler* und *Steinberger* zu BVerfG, Beschl. v. 25.7.1979 – 2 BvR 878/47, BVerfGE 52, 131, 173 ff. = NJW 1979, 1925, 1930 ff.; BGH, Urt. v. 14.2.1989 – VI ZR 65/88, BGHZ 106, 391, 397 f. = NJW 1989, 1533, 1535; BGH, Urt. v. 15.3.2005 – VI ZR 313/03, NJW 2005, 1718, 1719; OLG München, Urt. v. 22.4.2010 – 1 U 3807/09, BeckRS 2010, 10559; *Kern*, in: Laufs/Kern/Rehborn, Handbuch des Arztrechts, § 63, Rn. 7; *Terbille/Feifel*, in: MAH MedR, § 1, Rn. 289; *Giesen*, Arzthaftungsrecht, Rn. 201; *Katzenmeier*, Arzthaftung, S. 324; *Deutsch*, VersR 1981, 293, 296.

A. Grundprinzipien

Ein Aufklärungsfehler liegt vor, wenn der Behandelnde im Rahmen der Implantationsbehandlung in die körperliche Integrität des Patienten eingreift, ohne zuvor eine wirksame Einwilligung des Einwilligungsberechtigten eingeholt zu haben. Jeder Eingriff in die körperliche Integrität stellt – unabhängig davon, in welchem Stadium sich die Behandlung mit dem Medizinprodukt befindet – eine Verletzung der sich aus dem Implantationsvertrag ergebenden Pflichten gemäß § 630e BGB und eine tatbestandsmäßige und rechtswidrige Körperverletzung i.S.v. § 823 Abs. 1 BGB dar, solange er nicht durch wirksame Einwilligung des Patienten gerechtfertigt wird.[522] Der Einwilligung kommt daher die Funktion zu, die sich anbahnende Verletzung von Leib oder Leben „rechtlich zu neutralisieren."[523] Voraussetzung einer wirksamen Einwilligung ist wiederum eine ausreichende Aufklärung über das Wesen, die Bedeutung und Tragweite sowie die möglichen Risiken einer Implantationsbehandlung.

I. Das Selbstbestimmungsrecht des Patienten

Sinn und Zweck der Selbstbestimmungsaufklärung ist es, dem Patienten eine selbstbestimmte Entscheidung über das Für und Wider einer Implantationsbehandlung ermöglichen. Der Patient soll vor die freie Wahl gestellt werden, ob er sich der Behandlung mit einem implantierbaren Medizinprodukt unterziehen will, auf alternative Behandlungsmethoden vertraut oder gänzlich auf eine Behandlung verzichtet. Oberstes Ziel der Aufklärungspflicht ist, das in Art. 2 Abs. 1 GG i.V.m. Art. 1 Abs. 1 GG verfas-

---

522 Vgl. BGH, Urt. v. 19.7.2016 – VI ZR 75/15, NJW 2016, 3523, 3524 (Rz. 9); BGH, Urt. v. 14.2.1989 – VI ZR 65/88, BGHZ 106, 391, 397 f. = NJW 1989, 1533, 1535; BGH, Urt. 18.3.2003 – VI ZR 266/02, NJW 2003, 1862, 1863; *Greiner*, in: Spickhoff, Medizinrecht, BGB, § 823, Rn. 200; *Wagner*, in: MüKo, BGB, § 630e, Rn. 4; *Kern*, in: Laufs/Kern/Rehborn, Handbuch des Arztrechts, § 72, Rn. 22; *Kern/Rehborn*, in: Laufs/Kern/Rehborn, § 102, Rn. 4 *Katzenmeier*, in: Laufs/Katzenmeier/Lipp, Arztrecht, Kap. V, Rn. 9.

523 *Förster*, in: BeckOK, BGB, § 823, Rn. 831; s. zur Rechtsnatur der Einwilligung BGH, Urt. v. 9.12.1958 – VI ZR 203/57, NJW 1959, 811, 812; BGH, Urt. v. 28.6.1988 – VI ZR 288/87, NJW 1988, 2946, 2947; vgl. auch BGH, Urt. v. 2.12.1963 – III ZR 222/62, NJW 1964, 1177.

sungsrechtlich verbürgte Selbstbestimmungsrecht des Patienten zu gewährleisten.[524]

Patienten, die einen Behandelnden zum Zwecke der Durchführung einer Implantationsbehandlung konsultieren, befinden sich regelmäßig nicht nur in einer gesundheitlich schwierigen Lage. Zwischen ihnen und dem Behandelnden besteht darüber hinaus ein Informationsgefälle.[525] Der Patient vermag als medizinischer Laie die Chancen und Risiken der Behandlung mit einem zu implantierenden Medizinprodukt nicht abzusehen. Ihm fehlt die Möglichkeit, den Nutzen sowie die von einer Implantationsbehandlung ausgehenden Gefahren mit denkbaren Behandlungsalternativen zu vergleichen. Eine rationale und autonome Entscheidung ist auf dieser Grundlage nicht möglich.[526] Die Entscheidung für oder gegen die Durchführung einer Implantationsbehandlung kann jedoch umgekehrt folgenschwer sein. Sie kann die komplette Lebensführung verändern. Daher muss es dem Patienten überlassen bleiben, ob er sich für die Durchführung einer Implantationsbehandlung entscheidet oder nicht. Der Behandelnde hat den Patienten deshalb mit allen wesentlichen Informationen zu versorgen, die für eine Entscheidung in freier Selbstbestimmung erforderlich sind.[527]

II. Dogmatische Grundlagen

Ihren gesetzlichen Anknüpfungspunkt findet die Pflicht des Behandelnden zur Aufklärung des Patienten über die Implantationsbehandlung für

524 Vgl. BVerfG, Beschl. v. 25.7.1979 – 2 BvR 878/24, NJW 1979, 1925, 1930; BGH, Urt. v. 9.12.1958 – VI ZR 203/57, NJW 1959, 811, 813; BGH, Urt. v. 14.2.1989 – VI ZR 65/88, NJW 1989, 1533, 1535; BGH, Urt. v. 19.7.2016 – VI ZR 75/15, NJW 2016, 3523, 3524 (Rz. 9); BGH, Urt. v. 28.8.2018 – VI ZR 509/17, NJW-RR 2019, 17, 18; BGH, Urt. v. 28.5.2019 – VI ZR 27/17, NJW 2019, 2320, 2321; vgl. auch BT-Drucks. 17/10488, S. 23; *Katzenmeier*, Arzthaftung, S. 324; *Kern/Laufs*, Die ärztliche Aufklärungspflicht, S. 53; *Wagner*, in: MüKo, BGB, § 630e, Rn. 2; *Greiner*, in: Geiß/Greiner, Arztpflichtrecht, Kap. C, Rn. 1; *Martis/Winkhart*, Arzthaftungsrecht, Rn. A 501 f.; *Mansel*, in: Jauernig, BGB, § 630e, Rn. 1; *Spann/Liebhardt*, in: Festschrift Weißauer, 1986, S. 143; *Glatz*, Der Arzt zwischen Aufklärung und Beratung, S. 239; *Deutsch*, NJW 1979, 1905.

525 *Wagner*, in: MüKo, BGB, § 630e, Rn. 4; *Becker*, MedR 2014, 475, 477.

526 *Wagner*, in: MüKo, BGB, § 630e, Rn. 4.

527 Statt aller *Katzenmeier*, Arzthaftung, S. 325 m.w.N.

das Vertragsrecht in § 630e BGB.[528] Gemäß § 630e Abs. 1 S. 1 BGB ist der Behandelnde verpflichtet, den Patienten über sämtliche für die Einwilligung wesentlichen Umstände aufzuklären. Verletzt der Arzt seine Pflicht, indem er die gebotene Aufklärung unterlässt oder ist sie fehlerhaft oder unvollständig, ist der Eingriff in die körperliche Integrität des Patienten wegen fehlender Einwilligung i.S.d. § 630d BGB rechtswidrig. Die Durchführung einer Implantationsbehandlung ohne wirksame Einwilligung ist somit – *unabhängig* von der medizinischen Indikation des operativen Eingriffs – als Pflichtverletzung i.S.d. § 280 Abs. 1 BGB zu qualifizieren. Liegen die übrigen Voraussetzungen vor, kann der Patient gemäß §§ 280 Abs. 1, 630e BGB den Ersatz seiner kausalen Schäden verlangen.[529]

Die Verpflanzung eines Medizinprodukts in den Körper des Patienten stellt eine tatbestandsmäßige und rechtswidrige Körperverletzung i.S.d. § 823 Abs. 1 BGB und § 823 Abs. 2 BGB i.V.m. § 229 StGB dar, die nur durch eine wirksame Einwilligung des Betroffenen gerechtfertigt werden kann. Voraussetzung der Einwilligung ist – wie bereits erörtert – die ausreichende Aufklärung des Patienten über alle für die Implantationsbehandlung wesentlichen Umstände. Dogmatisch ist die ärztliche Aufklärungspflicht im Deliktsrecht damit auf der Rechtswidrigkeitsebene angesiedelt.[530]

528 § 630e BGB wurde im Rahmen des Gesetzes zur Verbesserung der Rechte von Patientinnen und Patienten 2013 in das Bürgerliche Gesetzbuch eingeführt. Nach dem Willen des Gesetzgebers (vgl. BT-Drucks. 17/10488, S. 24) kodifiziert die Regelung die Rechtsprechung des BGH zur sog. Selbstbestimmungsaufklärung. Sinn und Zweck der gesetzlichen Normierung war es dabei nicht, an den gewachsenen Grundsätzen etwas zu ändern, sodass die bisher vornehmlich auf Grundlage des § 823 Abs. 1 BGB gewachsene Judikatur zur ärztlichen Aufklärungspflicht verwertbar bleibt (*Wagner*, in: MüKo, BGB, § 630e, Rn. 1). Vor Kodifikation des medizinischen Behandlungsvertrags wurde allgemein angenommen, die Aufklärung als Voraussetzung für eine wirksame Einwilligung des Patienten in die medizinische Behandlung finde ihren normativen Anknüpfungspunkt unmittelbar in den Verfassungsprinzipien, die zu Achtung und Schutz der Würde des Patienten, der Freiheit des Menschen, seines Rechts auf Leben und körperliche Unversehrtheit verpflichten, Art. 1 Abs. 1 GG, Art. 2 Abs. 1 GG sowie Art. 2 Abs. 2 S. 1 GG. Ausführlich *Katzenmeier*, Arzthaftung, S. 324 ff.

529 *Wever*, in: Bergmann/Pauge/Steinmeyer, Gesamtes Medizinrecht, BGB, § 630e, Rn. 61; *Schreiber*, in: Schulze, BGB, § 630e, Rn. 10; *Deutsch*, VersR 2006, 1145, 1147; BT-Drucks. 17/10488, S. 11, 28.

530 Vgl. *Bodenburg*, NJW 1981, 601, 602; vgl. auch *Deutsch*, NJW 1980, 1305, 1306.

Die schuldhafte[531] Verletzung einer Aufklärungspflicht begründet sowohl einen vertraglichen wie auch deliktsrechtlichen – und vom Behandlungsfehler unabhängigen – Schadensersatzanspruch des Patienten. Erleidet der Patient infolge der Implantationsbehandlung Gesundheitsschäden, über welche der Behandelnde nicht aufgeklärt hat, kann der Patient den Ersatz seines kausalen Schadens ersetzt verlangen. Dabei unterliegen die Aufklärungspflichten nach Vertrags- und Deliktsrecht den gleichen Anforderungen und Maßstäben.[532] Denn während die fehlerhafte Aufklärung des Patienten im Rahmen der Implantationsbehandlung nach Vertragsrecht als Pflichtverletzung i.S.v. § 280 Abs. 1 BGB einzuordnen ist, führt sie nach deliktsrechtlichen Grundsätzen zur Unwirksamkeit der Einwilligung und damit zur Rechtswidrigkeit des ärztlichen Eingriffs in die körperliche Integrität des Patienten.

B. Zum Umfang der Aufklärung bei Implantationsbehandlungen

Der Umfang der im Rahmen einer Implantationsbehandlung geschuldeten Aufklärung lässt sich nicht abstrakt bestimmen. Der Behandelnde ist entsprechend § 630e Abs. 1 S. 1 BGB vielmehr verpflichtet, den Patienten über sämtliche für die Einwilligung *wesentlichen* Umstände aufzuklären. Maßgeblich sind die Umstände des jeweiligen Einzelfalls (*patientenbezogene Aufklärung*).[533] Grob gesagt hat der Behandelnde den Patienten so aufzuklären, dass letzterer Wesen, Bedeutung und Tragweite der Implantationsbehandlung erfassen und „das Für und Wider in den Grundzügen so

---

531 Das Berufen des behandelnden Arztes auf fehlendes Verschulden wegen mangelnder Kenntnis von Risiken bleibt in der Praxis meist erfolglos (so hinsichtlich Individueller Gesundheitsleistungen *Voigt*, Individuelle Gesundheitsleistungen (IGeL), S. 138); vgl. im Übrigen *Förster*, in: BeckOK, BGB, § 823, Rn. 890; BGH, Urt. v. 19.10.2010 – VI ZR 241/09, NJW 2011, 375; BGH, Urt. v. 12.12.1989 – VI ZR 83/89, NJW 1990, 1528 f. = VersR 1990, 522, 523; BGH, Urt. v. 21.11.1995 – VI ZR 329/94, NJW 1996, 776.

532 Vgl. *Greiner*, in: Spickhoff, Medizinrecht, BGB, § 823, Rn. 201; BGH, Urt. v. 15.3.2005 – VI ZR 313/03, NJW 2005, 1718; BGH, Urt. v. 8.5.1990 – VI ZR 227/89, NJW 1990, 2929; BGH, Urt. v. 27.5.2008 – NJW 2008, 2345; *Hassner*, VersR 2013, 23, 31.

533 *Katzenmeier*, Arzthaftung, S. 327; BGH, Urt. v. 4.11.1975 – VI ZR 226/73, NJW 1976, 363, 364; BGH, Urt. v. 22.4.1980 – VI ZR 37/79, NJW 1980, 1905, 1907; *Quaas*, in: Quaas/Zuck/Clemens, Medizinrecht, § 14, Rn. 85; *Weidenkaff*, in: Palandt, BGB, § 630e, Rn. 2; BT-Drucks. 17/10488, S. 24; zur patientenbezogenen, auf den Einzelfall abgestimmten Methodenwahl s.o. Zweiter Teil § 3 C. I. 2.

verstehen [kann], dass ihm eine verständige Abwägung und damit Ausübung seines Selbstbestimmungsrechts überhaupt möglich ist."[534] Der Patient muss im „Großen und Ganzen" wissen, worin er einwilligt.[535] Nicht erforderlich ist, dass ihm die im Rahmen der Implantationsbehandlung zu ergreifenden Behandlungsschritte medizinisch exakt erläutert werden. Auch setzt eine den Anforderungen des § 630e Abs. 1 BGB genügende Aufklärung nicht voraus, dass auf alle denkbaren Risiken eingegangen wird.[536] Ausreichend ist im Gegenteil eine Aufklärung, die dem Patienten ein allgemeines Bild davon vermittelt, was die Verpflanzung des Medizinprodukts für seine persönliche Situation nach Art, Umfang, den zu erwartenden Folgen sowie der Dringlichkeit und den Erfolgsaussichten der Behandlung bedeuten kann.[537]

I. Die Schwere eines möglichen Gesundheitsschadens

Von Einfluss auf den Umfang der Aufklärung könnte zuerst die Schwere eines möglichen Gesundheitsschadens sein. Zwar ist die operative Verpflanzung eines Medizinprodukts in den menschlichen Körper *per se* mit erheblichen Gefahren für die Gesundheit und das Leben des Patienten verbunden. Gleichwohl können die aus einer Implantationsbehandlung unter Umständen resultierenden Gesundheitsschäden nach ihrem Schweregrad divergieren. Es sind vielgestaltige, gesundheitliche Beeinträchtigungen vor-

534 Allgemein *Katzenmeier*, Arzthaftung, S. 327; *ders*, in: BeckOK, BGB, § 630e, Rn. 11; BGH, Urt. v. 19.11.1985 – VI ZR 134/84, NJW 1986, 780; BGH, Urt. v. 8.5.1990 – VI ZR 227/89, NJW 1990, 2929, 2930.

535 So die ständige Rechtsprechung, vgl. BGH, Urt. v. 7.2.1984 – VI ZR 174/82, BGHZ 90, 103, 105 f. = NJW 1984, 1397, 1398; BGH, Urt. v. 2.11.1976 – VI ZR 134/75, NJW 1977, 337 = VersR 1977, 255, 256; BGH, Urt. v. 22.9.1987 – VI ZR 238/86, BGHZ 102, 17, 23 = NJW 1988, 763, 764; BGH, Urt. v. 15.2.2000 – VI ZR 48/99, BGHZ 144, 1, 7 = NJW 2000, 1784, 1786; BGH, Urt. v. 19.10.2010 – VI ZR 241/09, NJW 2011, 375 (Rz. 7); BGH, Urt. v. 11.10.2016 – VI ZR 462/15, NJW-RR 2017, 533, 534 (Rz. 10); BGH, Urt. v. 29.1.2019 – VI ZR 117/18, NJW 2019, 1283, 1284 (Rz. 15); *Laufs/Kern*, Die ärztliche Aufklärungspflicht, S. 53; *Katzenmeier*, in: BeckOK, § 630e, Rn. 11.

536 Vgl. aus der jüngeren Rechtsprechung z.B. BGH, Urt. v. 29.1.2019 – VI ZR 117/18, NJW 2019, 1283, 1284 (Rz. 15); BGH, Urt. v. 11.10.2016 – VI ZR 462/15, NJW-RR 2017, 533, 534 (Rz. 10); BGH, Urt. v. 6.7.2010 – VI ZR 198/09, NJW 2010, 3230, 3231 (Rz. 10).

537 *Martis/Winkhart*, Arzthaftungsrecht, Rn. A 505; *Katzenmeier*, Arzthaftung, S. 328; *Kage*, Medizinproduktegesetz, S. 403; s. auch BGH, Urt. v. 29.1.2019 – VI ZR 117/18, NJW 2019, 1283, 1284 (Rz. 15).

stellbar. So können nicht nur kleinere und unwesentliche Beeinträchtigungen auftreten.[538] Auch die vorübergehende oder dauerhafte Lähmung[539] bzw. Nervschädigung[540] eines Körperteils bis hin zum Erfordernis, ein Körperglied amputieren zu müssen,[541] liegt im Rahmen des Möglichen. Im schlimmsten Fall droht der Tod des Patienten. Um diesen Umstand angemessen zu berücksichtigen, richten sich die Anforderungen an den Umfang der Aufklärung daher nach der Schwere möglicher Gesundheitsschäden.[542]

Dabei gilt der Grundsatz: Je stärker höchstpersönliche Rechtsgüter des Patienten möglicherweise in Mitleidenschaft gezogen werden, desto eher liegt eine Aufklärungspflicht des Behandelnden nahe. In zeitlicher Hinsicht kommt es darauf an, ob der gesundheitliche Schaden nur vorübergehender Natur oder die gesamte Lebensführung des Patienten zu belasten geeignet ist.[543]

II. Die Wahrscheinlichkeit erfahrungsgemäß auftretender Schadensfolgen unter Berücksichtigung der besonderen Behandlungssituation

Ausschlaggebend für den Umfang der Aufklärung ist nach der Rechtsprechung außerdem die Wahrscheinlichkeit erfahrungsgemäß auftretender Schadensfolgen unter Berücksichtigung der Behandlungssituation des *je-*

538 Mit einer nur geringfügigen Abweichung vom Idealzustand und damit unwesentlichen Beeinträchtigung der Gesundheit des Patienten hatte sich das OLG Koblenz (Urt. v. 27.4.2016 – 5 U 848/14, ArztR 2016, 299) zu beschäftigen. Dem Patienten wurde eine Hüftgelenksendoprothese implantiert. Nach dem Einsatz der Prothese war eine Beinlängendifferenz von 1,5 cm zu verzeichnen, die aber – so das Gericht – in Anbetracht der Komplexität der Operation als nicht wesentlich zu betrachten sei. Vgl. zu einem ähnlich gelagerten Fall das OLG München, Schlussurt. v. 28.1.2010 – 1 U 4408/08, BeckRS 2010, 29112.

539 Zur Aufklärungspflicht des Arztes über die Möglichkeit einer dauernden Lähmung des Fußapparats bei der Implantation Hüfttotalendoprothese vgl. z.B. BGH, Urt. v. 11.10.2016 – VI ZR 462/15, VersR 2017, 100, BeckRS 2016, 20315.

540 OLG Koblenz, Beschl. v. 6.7.2012 – 5 U 496/12, BeckRS 2012, 19653.

541 OLG Hamm, Urt. v. 9.11.2015 – 3 U 68/15, BeckRS 2015, 20703.

542 Statt aller *Katzenmeier*, Arzthaftung, S. 329; *ders.*, in: BeckOK, BGB, § 630e, Rn. 14 jeweils m.w.N.

543 So die stetige Rechtsprechung s. BGH, Urt. v. 11.10.2016 – VI ZR 462/15, VersR 2017, 100; BGH, Urt. v. 30.9.2014 – VI ZR 443/13, NJW 2015, 74, 75; BGH, Urt. v. 15.2.2000 – VI ZR 48/99, BGHZ 144, 1, 5 f. = NJW 2000, 1784; BGH, Urt. v. 7.2.1984 – VI ZR 174/82, BGHZ 90, 103, 106 = NJW 1984, 1397; *Weimer*, MPR 2007, 119, 122.

weiligen Patienten.[544] Zwar können statische Daten über die Erfolgsquote und Schadenshäufigkeit der ins Auge gefassten Implantationsmethode als grobe Richtschnur zur Beurteilung der Frage dienen, wie umfassend der Patient im Einzelfall aufzuklären ist.[545] Um den Anforderungen an eine *patientenbezogene* Aufklärung zu genügen, ist zusätzlich zu berücksichtigen, wie schwer etwaige Risiken der Implantationsbehandlung für die Entscheidung gerade des betreffenden Patienten wiegen.[546] Insofern kann eine allgemeinverbindliche Risikodichte, jenseits derer der Arzt nicht zur Aufklärung verpflichtet wäre, nicht festgelegt werden.[547] Vielmehr ist auch über die Risiken einer Implantationsbehandlung im Promillebereich aufzuklären, wenn sie, wenn sie sich verwirklichen, die Lebensführung erheblich zu ändern geeignet sind und trotz ihrer Seltenheit für die Behandlung spezifisch sind.[548]

544 Vgl. BGH, Urt. v. 7.2.1984 – VI ZR 188/82, NJW 1984, 1395; BGH, Urt. v. 12.12.1989 – VI ZR 83/89, NJW 1990, 1528, 1529 f.; BGH, Urt. v. 7.7.1994 – III ZR 52/93, NJW 1994, 3012; BGH, Urt. v. 14.3.2006 – VI ZR 279/04, NJW 2006, 2108; OLG Hamm, Urt. v. 3.9.2013 – I-26 U 85/12, BeckRS 2013, 16226; *Greiner*, in: Geiß/Greiner, Arzthaftpflichtrecht, Kap. C., Rn. 8, 44.

545 Vgl. *Wagner*, in: MüKo, BGB, § 630e, Rn. 12; kritisch aber BGH, Urt. v. 15.2.2000 – VI ZR 48/99, NJW 2000, 1784, 1785: „Entscheidend für die ärztliche Hinweispflicht ist nicht ein bestimmter Grad der Risikodichte, insbesondere nicht eine bestimmte Statistik"; ferner BGH, Urt. v. 7.7.1994 – III ZR 52/93, NJW 1994, 3012.

546 Vgl. BGH, Urt. v. 2.11.1976 – VI ZR 134/75 = NJW 1977, 337; BGH, Urt. v. 7.2.1984 – VI ZR 188/82, NJW 1984, 1395, 1396; BGH, Urt. v. 12.12.1989 – VI ZR 83/89, NJW 1990, 1528; BGH, Urt. v. 7.7.1994 – III ZR 52/93, BGHZ 126, 386, 389 ff. = NJW 1994, 3012 f.; BGH, Urt. v. 14.3.2006 – VI ZR 279/04, NJW 2006, 2108, 2109; OLG Hamm, Urt. v. 3.9.2013 – I-26 U 85/12, MedR 2014, 309, 311; *Greiner*, in: Geiß/Greiner, Arzthaftpflichtrecht, Kap. C, Rn. 44 f., 50 ff.

547 S. zur herrschenden Auffassung BGH, Urt. v. 23.10.1979 – VI ZR 197/78, NJW 1980, 633, 634; BGH, Urt. v. 7.7.1994 – III ZR 52/93, NJW 1994, 3012 f.; BGH, Urt. v. 21.11.1995 – VI ZR 341/94, NJW 1996, 779, 781; BGH, Urt. v. 15.2.2000 – VI ZR 48/99, BGHZ 144, 1, 5 = NJW 2000, 1784, 1785 f.; vgl. auch BGH, Urt. v. 10.10.2006 – VI ZR 74/05, NJW 2007, 217, 218 f.; OLG Karlsruhe, Urt. v. 17.12.1986 – 7 U 43/84, VersR 1988, 93, 94; OLG Düsseldorf, Urt. v. 20.10.1988 – 8 U 261/87, NJW 1989, 2334; kritisch *Katzenmeier*, Arzthaftung, S. 330; *ders.*, in: BeckOK, BGB, § 630e, Rn. 15; *Spickhoff*, NJW 2001, 1757, 1761.

548 Vgl. jüngst BGH, Urt. v. 11.10.2016 – VI ZR 462/15, VersR 2017, 100; s. auch BGH, Urt. v. 7.2.1984 – VI ZR 18/82, NJW 1984, 1395, 1397; BGH, Urt. v. 12.12.1989 – VI ZR 83/89, NJW 1990, 1528.

III. Verständnisfähigkeit und Kenntnisstand des Patienten

Der Umfang der im Einzelfall zu fordernden Aufklärung könnte sich im Übrigen an der Verständnisfähigkeit und dem Kenntnisstand des jeweiligen Patienten orientieren.[549] Zwar ließe sich argumentieren, dass eine Aufklärung losgelöst von individuellen intellektuellen Fähigkeiten erfolgen müsse, um ein einheitliches Aufklärungsniveau sicherzustellen. Allerdings lässt sich nicht ernsthaft in Abrede stellen, dass die Informationsverarbeitungskapazitäten von Patient zu Patient variieren können.[550] Hierauf muss die Aufklärung Rücksicht nehmen. Denn nur wenn der Patient in der Lage ist, die im Rahmen des Aufklärungsgesprächs übermittelten Informationen geistig zu verarbeiten, kann er diese auch zur Grundlage seiner Entscheidung machen. Weißt ein Patient beispielsweise einen geringeren Intellekt auf, so könnten ihn Hinweise auf die Funktionsfähigkeit des Medizinprodukts oder die im Rahmen der Implantationsoperation im Einzelnen zu ergreifenden Schritte überfordern. Dies könnte zur Folge haben, dass der Patient von einer Behandlung absieht. In solchen Fällen wäre die Aufklärung kontraproduktiv. Umgekehrt kann ein hohes Bildungsniveau sowie eine höhere Verständnisfähigkeit dazu führen, dass Grundinformationen nicht ausreichen und weitergehende Informationen im Rahmen der Aufklärung zu übermitteln sind.[551]

Ebenfalls zu berücksichtigen sind etwaige Vorkenntnisse des Patienten.[552] Wurde einem Patienten in der Vergangenheit wiederholt ein Medizinprodukt der betreffenden Art verpflanzt, kann die Aufklärung geringer ausfallen als in den Fällen, in denen dem Patienten erstmalig ein Medizinprodukt zum Ausgleich beeinträchtigter oder verlorengegangener Körperfunktionen implantiert werden soll. Das gilt freilich vorbehaltlich der Voraussetzungen, dass die Implantationsbehandlungen vergleichbar sind und der Patient die Gefahren oder Risikowahrscheinlichkeit der jeweiligen Behandlungsmethode kannte.[553]

---

549 Vgl. *Büttner*, in: Festschrift Geiß, 2000, S. 353, 360; *Spann/Liebhardt*, in: Festschrift Weißauer, 1986, S. 143; s. auch BGH, Urt. v. 4.11.1975 – VI ZR 226/73, NJW 1976, 363; *Lorz*, Arzthaftung bei Schönheitsoperationen, S, 105.

550 *Giebel/Wienke/Sauerborn/Edelmann/Menningen/Dievenich*, NJW 2001, 863, 864; *Tempel*, NJW 1980, 609, 615.

551 *Lorz*, Arzthaftung bei Schönheitsoperationen, S. 103.

552 Weiterführend *Katzenmeier*, Arzthaftung, S. 333.

553 Vgl. BGH, Urt. v. 28.11.1972 – VI ZR 133/71, NJW 1973, 556, 558; BGH, Urt. v. 12.2.1974 – VI ZR 141/72, NJW 1974, 1422, 1423; BGH, Urt. v. 4.11.1975 – VI

C. Gegenstand der Aufklärung bei Implantationsbehandlungen

Die Selbstbestimmungsaufklärung, welche von der therapeutischen Information i.S.d. § 630c BGB abzugrenzen ist,[554] unterteilt sich in die Behandlungs-, Risiko- sowie Diagnoseaufklärung.[555] Die Behandlungsaufklärung verpflichtet den Behandelnden zur Information über den medizinischen Eingriff insgesamt (dazu I.). Demgegenüber soll die Risikoaufklärung dem Patienten einen Eindruck von den Gefahren der Implantationsbehandlung vermitteln, die sich auch bei Einhaltung des medizinischen Standards nicht vermeiden lassen (dazu II.). Von untergeordneter Bedeutung ist im Hinblick auf die Behandlung mit implantierbaren Medizinprodukten die Diagnoseaufklärung, wonach der Behandelnde den medizinischen Befund erläutern muss (dazu III.).

Der Übergang zwischen den verschiedenen Fallgruppen der Selbstbestimmungsaufklärung kann fließend sein.[556] Weist der Behandelnde den Patienten im Rahmen des Aufklärungsgesprächs beispielsweise auf mögliche Alternativen zur Verpflanzung eines Kniegelenks sowie ihrer jeweiligen Erfolgsaussichten und Gefahrenpotentiale hin, kann sowohl der Bereich der Behandlungs- als auch Risikoaufklärung tangiert sein. Aus der inhaltlichen Unterscheidung ergeben sich indes keine praktischen Konsequenzen.[557]

I. Die Behandlungsaufklärung

1. Die Aufklärung über die Durchführung der Implantationsoperation

Zunächst muss der Behandelnde den Patienten darüber aufklären, wie die beabsichtigte Implantationsoperation durchgeführt werden soll. Eine selbstbestimmte Entscheidung über das Für und Wider einer Operation kann der Patient nur dann treffen, wenn ihm der Ablauf der Implantation des Medizinprodukts in seinen groben Zügen bekannt ist.[558] Das setzt je-

---

ZR 226/73, NJW 1976, 363, 364; BGH, Urt. v. 29.4.1980 – VI ZR 241/78, VersR 1980, 847.

554 S.o. Zweiter Teil § 3 C. III. 3. a).

555 Zu den Arten der Aufklärung *Deutsch*, NJW 1984, 1802.

556 *Kern/Laufs*, Die ärztliche Aufklärungspflicht, S. 53; *Katzenmeier*, Arzthaftung, S. 326.

557 *Martis/Winkhart*, Arzthaftungsrecht, Rn. A 542.

558 OLG Stuttgart, Urt. v. 4.10.2011 – 15 O 49/08, BeckRS 2014, 16433.

doch zum Beispiel nicht die Aufklärung über die durchschnittliche Operationsdauer voraus.[559]

2. Die Aufklärung über die Beschaffenheit sowie Funktionsweise des Medizinprodukts

Der Behandelnde ist weiterhin zur Aufklärung über das beabsichtigt zu implantierende Medizinprodukt im Allgemeinen sowie seine Beschaffenheit und Funktionsweise im Besonderen verpflichtet.[560] Die Pflicht zur Aufklärung über das Implantat ergibt sich zum einen aus der Natur der Sache.[561] Zum anderen muss der Patient bestimmte Medizinprodukte später im Alltag selbst bedienen. Damit können zeitliche, organisatorische sowie kognitive Herausforderungen verbunden sein. Diese wiederum haben Einfluss auf die Entscheidung des Patienten für oder gegen eine bestimmte Behandlung.[562]

So muss der Behandelnde den Patienten insbesondere über die körperlichen Ausmaße des Medizinprodukts aufklären.[563] Dabei reicht der Hinweis auf die Größe des zu implantierenden Medizinprodukts in Millimetern ebenso wenig aus wie die Angabe des Volumens in Millilitern. Dem Patienten fehlt das Vorstellungsvermögen, sich die Ausmaße des künstlichen Produkts allein anhand von Millimeter- bzw. Milliliterangaben vorzustellen. Der implantierende Arzt muss dem Patienten daher laienverständlich und anschaulich illustrieren, welche körperlichen Ausmaße das Medizinprodukt hat. Hierfür bietet sich ein Vergleich mit dem Laien bekannten Abmessungen und Volumina an (eine Fußlänge oder Handbreite, ein Bierkrug). Nur dann, wenn dem Patienten eine bildhafte Vorstellung davon vermittelt wurde, wie groß das Implantat tatsächlich ausfallen wird,

---

559 Vgl. OLG Dresden, Urt. v. 13.9.2007 – 4 U 601/06, NJOZ 2008, 247; OLG Frankfurt, Urt. v. 3.5.2016 – 8 U 224/12, BeckRS 2016, 13568.

560 So ausdrücklich *Förster*, in: BeckOK, § 823, Rn. 866; *Gassner*, in: Deutsch/Lippert/Ratzel/Tag/Gassner, MPG, Haftung für Medizinprodukte, Rn. 43; auch wenn dem Patienten im Anschluss an die Implantationsoperation oftmals Bedienungsanleitungen ausgehändigt werden, so vermag dies nichts an der grundsätzlich bestehenden Pflicht des Arztes zur Aufklärung über erhebliche Gefahren zu ändern, OLG München, Urt. v. 23.10.2008 – 1 U 2046/08, VersR 2009, 503, 504.

561 *Deutsch*, VersR 2006, 1145, 1147.

562 Vgl. *Förster*, in: BeckOK, BGB, § 823, Rn. 866.

563 LG München, Urt. v. 31.7.2001 – 9 O 25313/11, BeckRS 2013, 14016 (Rz. 88 ff.).

kann er eine selbstbestimmte Entscheidung über das Für und Wider der Implantationsbehandlung treffen.[564]

Als Ausprägung der Behandlungsaufklärung hat der Arzt den Patienten außerdem über die Materialzusammensetzung des Implantats sowie alle wesentlichen, sich aus der (stofflichen) Beschaffenheit des Medizinprodukts ergebenden Umstände in Kenntnis zu setzen. Gemeint ist insbesondere der Hinweis auf die Haltbarkeit des Medizinprodukts sowie mögliche Verschleißerscheinungen. Implantierbare Medizinprodukte werden bekanntlich und in Abhängigkeit von ihrem bestimmungsgemäßen Gebrauch aus verschiedenen Materialien gefertigt. Je nach ihrer Art und stofflichen Zusammensetzung weisen sie daher unterschiedliche Eigenschaften in Bezug auf ihre Lebensdauer, Fehler- und/oder Störungsanfälligkeit auf. Eine ordnungsgemäße Aufklärung muss auch hierauf eingehen. So ist der Behandelnde beispielsweise verpflichtet, den Patienten darüber zu unterrichten, dass Herzschrittmacher in regelmäßigen Intervallen ausgetauscht werden müssen.[565] Auch hat der implantierende Arzt den Patienten darüber aufzuklären, dass bei der Verwendung von Metall-Metall-Gleitpaarungen bei Hüftgelenksprothesen mit Metallabrieb zu rechnen ist.[566]

Eng verknüpft mit der Information über die Materialzusammensetzung des Medizinprodukts ist die Aufklärung über dessen Verträglichkeit. Implantate können aufgrund ihrer chemischen, physikalischen oder biologischen Eigenschaften zu Unverträglichkeiten mit dem menschlichen Gewebe führen. Abhängig von den Umständen des Einzelfalls sind Abstoßreaktionen des Körpers, beispielsweise im Falle einer Allergie, denkbar. Eine selbstbestimmte Entscheidung des Patienten erfordert daher die Aufklärung über mögliche Intoleranzen. Das gilt umso mehr in den Fällen, in denen dem Arzt eine (Kobalt-Nickel) Allergie des Patienten bekannt ist[567] und/oder Medizinprodukte verschiedener Materialzusammensetzungen zur Auswahl stehen.

564 LG München, Urt. v. 31.7.2001 – 9 O 25313/11, BeckRS 2013, 14016 (Rz. 88 ff.); vgl. auch *Kage*, Medizinproduktegesetz, S. 403.

565 Vgl. OLG Köln, Urt. v. 4.8.2014 – I-5 U 157/13, MedR 2015, 264.

566 OLG Saarbrücken, Urt. v. 12.11.2014 – 1 U 90/13, BeckRS 2014, 22384.

567 Vgl. OLG Koblenz, Urt. v. 13.7.2015 – 5 U 282/15, MDR 2015, 1420.

3. Die Aufklärung über Behandlungsalternativen

Wie aus der Regelung des § 630e Abs. 1 S. 3 BGB für das Vertragsrecht hervorgeht, muss der Behandelnde ferner über Behandlungsalternativen aufklären. Zwar kommt dem Arzt bei Implantationsbehandlungen prinzipiell ein Beurteilungs- und Entscheidungsspielraum zu.[568] Er kann daher grundsätzlich nach seinem Ermessen dasjenige Implantat nach demjenigen Verfahren in den Körper des Patienten verpflanzen, welches er nach seinen Erfahrungen am besten beherrscht; vorausgesetzt, die Behandlungsmethode ist indiziert und steht in Einklang mit den medizinischen Standards i.S.d. § 630a Abs. 2 BGB.[569]

Wie aus dem Wortlaut von § 630e Abs. 1 S. 3 BGB („*auch* auf Alternativen zur Maßnahmen hinzuweisen") geschlossen werden kann, wird die ärztliche Therapiewahlfreiheit allerdings nicht vorbehaltlos garantiert.[570] Die ärztliche Therapiefreiheit findet ihre Grenze, wenn mehrere gleichwertige, medizinisch indizierte und übliche Behandlungsmethoden mit wesentlich unterschiedlichen Risiken oder wesentlich unterschiedlichen Erfolgschancen zur Verfügung stehen. Begrenzt wird die Therapiefreiheit also bei einer „echten" Wahlmöglichkeit.[571] Besteht eine „echte" Wahl-

---

568 Allgemein *Katzenmeier*, Arzthaftung, S. 304 ff.; *ders.*, in: Laufs/Katzenmeier/Lipp, Arztrecht, Kap. X, Rn. 83 ff.; *Kern*, in: Laufs/Kern/Rehborn, Handbuch des Arztrechts, § 3, Rn. 30; BGH, Urt. v. 15.10.2019 – VI ZR 105/18, NJW 2020, 1358, 1359 (Rz. 14); vgl. auch BGH, Urt. v. 30.5.2017 – VI ZR 203/16, NJW 2017, 2685; BGH, Urt. v. Urt. v. 22.5.2007 – VI ZR 35/06, NJW 2007, 2774 (Rz. 12); BGH, Urt. v. 13.6.2006 – VI ZR 323/04, BGHZ 168, 103 = NJW 2006, 2477, 2478; BGH, Urt. v. 22.9.1987 – VI ZR 238/86, BGHZ 102, 17, 22 = NJW 1988, 763; BGH, Urt. v. 11.5.1982 – VI ZR 171/80, NJW 1982, 2121; vgl. ferner OLG Dresden, Hinweisbeschluss v. 16.10.2017 – 4 U 1081/17, BeckRS 2017, 133918 (Rz. 5); OLG Koblenz, Hinweisbeschluss v. 21.10.2016 – 5 U 881/16, NJOZ 2018, 188, 190 (Rz. 14).

569 Z.B. BGH, Urt. v. 11.5.1982 – VI ZR 171/80, NJW 1982, 2121, 2122; BGH, Urt. v. 22.9.1987 – VI ZR 238/86, BGHZ 102, 17, 22 = NJW 1988, 763; BGH, Urt. v. 15.3.2005 – VI ZR 313/03, NJW 2005, 1718; s.o. Zweiter Teil § 3 C. I. 1.

570 Vgl. BGH, Urt. v. 22.9.1987 – VI ZR 238/86, NJW 1988, 763, 764; OLG Naumburg, Urt. v. 10.5.2010 – 1 U 97/09, BeckRS 2010, 13760; *Wagner*, in: MüKo, BGB, § 630e, Rn. 22; vgl. im Übrigen die Ausführungen unter Zweiter Teil § 3 C. I. 1.

571 Vgl. BGH, Urt. v. 22.9.1987 – VI ZR 238/86, NJW 1988, 763, 764; BGH, Urt. v. 17.12.1991 – VI ZR 40/91, NJW 1992, 743, 744; BGH, Urt. v. 15.3.2005 – VI ZR 313/03, NJW 2005, 1718; BGH, Urt. v. 17.5.2011 – VI ZR 69/10, NJW-RR 2011, 1173 (Rz. 10); BGH, Beschl. v. 17.12.2013 – VI ZR 230/12, NJW 2014, 1529, 1530 (Rz. 8); BGH, Versäumnisurt. v. 28.10.2014 – VI ZR 125/13, NJW-RR 2015, 591, 592 (Rz. 6); OLG Karlsruhe, Urt. v. 31.7.2019 – 7 U 118/18, MedR

möglichkeit zwischen zwei oder mehreren Behandlungsalternativen, gebietet es das Selbstbestimmungsrecht des Patienten, ihm die Entscheidung über das „Ob“ und „Wie“ zu überlassen.[572] Der Behandelnde muss den Patienten deshalb über alternative Implantationsmethoden aufklären, wenn die wahlweise in Betracht kommende Behandlungsart bei gleichwertiger Erfolgsaussicht eine deutlich geringere Belastung darstellt oder bei gleichwertigen Risiken eine spürbar höhere Erfolgswahrscheinlichkeit verspricht.[573]

Im Hinblick auf Implantationsbehandlungen lassen sich im Wesentlichen vier Fallgruppen der Aufklärung über Behandlungsalternativen unterschieden:

- Aufklärung über eine konservative Behandlungsalternative
- Aufklärung über alternative Operationsmethoden
- Aufklärung über alternativ implantierbare Medizinprodukte
- Aufklärung über alternative neuartige Implantationsmethoden

---

2019, 1002; OLG Naumburg, Urt. v. 10.5.2010 – 1 U 97/09, BeckRS 2010, 13760; OLG Koblenz, Urt. v. 19.12.2012 – 5 U 710/12, NJW 2013, 1746; *Wagner*, in: MüKo, BGB, § 630e, Rn. 22; instruktiv auch *Kern/Laufs*, Die ärztliche Aufklärungspflicht, S. 84 – 90.

572 So die ständige Rechtsprechung BGH, Urt. v. 13.6.2006 – VI ZR 323/04, NJW 2006, 2477; BGH, Urt. v. 22.9.1987 – VI ZR 238/89, BGHZ 102, 17, 20 = NJW 1988, 763, 764; BGH, Urt. v. 17.12.1991 – VI ZR 40/91, BGHZ 116, 379, 385 = NJW 1992, 743, 744; BGH, Urt. v. 24.11.1987 – VI ZR 65/87, NJW 1988, 765, 766; BGH, Urt. v. 15.3.2005 – VI ZR 313/03, NJW 2005, 1718 = VersR 2005, 836; OLG Bamberg, Grundurt. v. 20.7.2015 – 4 U 16/14, BeckRS 2016, 20622; OLG Stuttgart, Urt. v. 4.10.2011 – 15 O 49/08, BeckRS 2014, 16433; *Gassner*, in: Deutsch/Lippert/Ratzel/Tag/Gassner, MPG, Haftung für Medizinprodukte, Rn. 43; *Katzenmeier*, in: NK-BGB, § 823, Rn. 391; *Greiner*, in: Spickhoff, Medizinrecht, BGB, § 823, Rn. 200 f.; *Hager*, in: Staudinger, BGB, § 823, Rn. I 39b; *Weidenkaff*, in: Palandt, BGB, § 630a, Rn. 27; *Kern*, in: Laufs/Kern/Rehborn, Handbuch des Arztrechts, § 66, Rn. 34.

573 Z.B. *Kern*, in: Laufs/Kern/Rehborn, Handbuch des Arztrechts, § 66, Rn. 34; *Wagner*, in: MüKo, BGB, § 630e, Rn. 22; *Greiner*, in: Geiß/Greiner, Arzthaftpflichtrecht, Kap. C, Rn. 29; *ders.*, in: Spickhoff, Medizinrecht, BGB, § 823, Rn. 211; BGH, Urt. v. 22.12.2010 – 3 StR 239/10, NJW 20111, 1088, 1089 (Außenseitermethode); OLG Naumburg, Urt. v. 10.5.2010 – 1 U 97/09, BeckRS 2010, 13760 (keine Aufklärungspflicht bei einer nicht indizierten Behandlungsalternative, die ein erheblich höheres Risiko aufweist und geringere Heilungschancen verspricht); OLG Naumburg, Urt. v. 15.3.2012 – 1 U 83/11, NJOZ 2012, 2131, 2132.

a) Die Aufklärung über konservative Behandlungsalternativen

Zuerst ist der Arzt zur Aufklärung über eine zur Implantation eines Medizinprodukts bestehende konservative Alternative verpflichtet. Wegen der Vielfalt möglicher Behandlungsformen und Therapien ist der operative Einsatz eines Implantats oftmals nicht die einzig in Betracht kommende Behandlungsart.[574] Vielmehr sind im Einzelfall auch konservative Behandlungsmethoden in Erwägung zu ziehen.

Dem *OLG Hamm*[575] lag ein Fall zur Entscheidung vor, in dem einer Patientin, die jahrelang unter Rückschmerzen im Bereich der Lendenwirbelsäule gelitten hatte, eine Bandscheibenprothese implantiert wurde. Die Implantation wurde durchgeführt, ohne dass zuvor auf die Möglichkeit einer konservativen Behandlung hingewiesen wurde. Das *OLG Hamm* bejahte einen Aufklärungsfehler. Der Arzt hatte nicht ausreichend über eine Intensivierung der konservativen Therapiemöglichkeiten, beispielsweise längere stationäre Maßnahmen, aufgeklärt. Zur Wahrung des Selbstbestimmungsrechts hätte es nach Ansicht des Gerichts eines solchen Hinweises bedurft.

b) Die Aufklärung über alternative Operationsmethoden

Zweitens muss der Behandelnde über die verschiedenen, in Betracht kommenden Operationsmethoden aufklären. Der medizinische Standard i.S.d. § 630a Abs. 2 BGB ist regelmäßig nicht auf ein Operationsverfahren festgelegt. Er kann vielmehr ein weites Spektrum alternativ in Betracht kommender Operationstechniken umfassen.[576] So trifft den Arzt zum Beispiel nach einer Brustamputation die Pflicht, die Patientin über die Möglichkeit einer Einbringung der Implantate auf oder unter dem Brustmuskel aufzuklären.[577] Sind die Unterschiede der jeweiligen Operationsverfahren hingegen nur von geringem Gewicht, besteht keine „echte" Behandlungsalternative und damit keine Aufklärungspflicht.[578]

574 *Schelling/Erlinger*, MedR 2003, 331, 332.

575 OLG Hamm, Urt. v. 11.11.2016 – I-26 U 111/15, 26 U 111/15, BeckRS 2016, 20758.

576 Vgl. *Schelling/Erlinger*, MedR 2003, 331, 332.

577 OLG Koblenz, Urt. v. 9.4.2009 – 5 U 621/08, NJOZ 2010, 849, 850.

578 Vgl. BGH, Urt. v. 23.2.1988 – VI ZR 56/58, NJW 1988, 1516.

c) Die Aufklärung über alternativ implantierbare Medizinprodukte

Drittens kann der Arzt zur Aufklärung über alternativ implantierbare Medizinprodukte oder verschiedene Implantat- bzw. Prothesenzusammensetzungen verpflichtet sein. Ein Fall, in welchem die Aufklärung über Behandlungsalternativen relevant werden könnte, stellt die Implantation von künstlichen Kniegelenken dar. Hierfür bieten sich alternativ ungekoppelte, gekoppelte oder teilgekoppelte Prothesen an.[579] Sind die alternativ in Betracht kommenden, implantierbaren Medizinprodukte im Einzelfall mit jeweils unterschiedlichen Chancen und Risiken verbunden, muss der Behandelnde den Patienten auch hierüber aufklären.

d) Die Aufklärung über alternative, neuartige Implantationsmethoden

Viertens könnte der Behandelnde zur Aufklärung verpflichtet sein, wenn mehrere nicht exakt übereinstimmende, aber nach dem medizinischen Standard *vertretbare* Implantationsmethoden zur Verfügung stehen.[580] Zu denken ist beispielsweise an die Anwendung eines neuartigen Implantationsverfahrens in den Konstellationen, in denen auch auf althergebrachte Methoden zurückgegriffen werden könnte.[581]

Die Rechtsprechung hat sich mit der Aufklärung über ein alternativ in Betracht kommendes Neulandverfahren in der Vergangenheit wiederholt auseinandergesetzt.[582] Beispielhaft illustriert sei eine Entscheidung des

579 Eine Aufklärungspflicht im konkreten Fall ablehnend LG Augsburg, Schlussurt. v. 25.7.2012 – 73 O 1230/11, BeckRS 2014, 15575.

580 Allgemein *Voigt*, in: NK-BGB, § 630e, Rn. 6; zur Aufklärung beim Einsatz neuer medizinischer Behandlungsmethoden *Buchner*, VersR 2006, 1460.

581 Nach dem Entwurf eines Gesetzes zur Verbesserung der Rechte von Patientinnen und Patienten der Bundesregierung besteht eine Aufklärungspflicht nicht, wenn das therapeutische Verfahren noch nicht zum medizinischen Standard gehört (s. BT-Drucks. 17/10488, S. 24). Die folgenden Ausführungen konzentrieren sich jedoch auf Neulandverfahren, die in Einklang mit dem medizinischen Standard stehen.

582 Z.B. BGH, Urt. v. 13.6.2006 – VI ZR 323/04, BGHZ 168, 103, 111 = NJW 2006, 2477 mit Anm. *Katzenmeier*, NJW 2006, 2738; OLG Bamberg, Grundurt. v. 20.7.2015 – 4 U 1/14, BeckRS 2016, 20622; OLG Köln, Hinweisbeschl. v. 19.11.2012 – 5 U 114/12, BeckRS 2013, 01558; OLG Dresden, Urt. v. 13.9.2007 – 4 U 601/06, NJZ 2008, 247; LG Hannover, Urt. v. 10.1.2011 – 19 O 161/07, BeckRS 2011, 22342.

BGH[583] aus dem Jahr 2006. Der BGH hatte darüber zu entscheiden, ob und in welchem Umfang der Behandelnde den Patienten über die Anwendung eines neuen computergestützten Fräsverfahrens („Robodoc“) aufklären muss. Im zugrundeliegenden Fall wurde der Patientin mittels des sog. „Robodoc“-Verfahrens eine Totalendoprothese des Hüftgelenks implantiert. Die Prothese wurde *lege artis* eingesetzt. Bei der Operation wurde jedoch ein Nerv geschädigt, sodass die Patientin seitdem unter Beeinträchtigungen der Bein- und Fußfunktionen leidet.

Der *BGH*[584] bejahte eine Aufklärungspflichtverletzung des Behandelnden. Nach Ansicht des Gerichts müsse der Arzt auch über eine neue, mit herkömmlichen Verfahren nicht exakt übereinstimmende, aber nach dem medizinischen Standard vertretbare Implantationsmethode aufklären. Er habe darauf hinzuweisen, dass das Verfahren noch nicht lange praktiziert werde, seine Wirksamkeit nicht abgesichert sei und unbekannte Risiken nicht ausgeschlossen werden könnten. Das Selbstbestimmungsrecht gebiete es, den Patienten in die Lage zu versetzen, sorgfältig abzuwägen, ob er sich auf eine allgemein hergebrachte Implantationsmethode mit bekannten Belastungen einlassen möchte oder auf die Anwendung einer neuen Methode einschließlich der in Aussicht gestellten Vorzüge.

Freilich finden sich Stimmen, die eine Aufklärungspflicht des Behandelnden ablehnen.[585] Die Gegner einer Aufklärungspflicht führen maßgeblich ins Feld, dass schon nicht von einer „echten“ Wahlmöglichkeit des Patienten gesprochen werden könne. Eine „echte“ Wahlmöglichkeit könne nicht bestehen, wenn mehrere nicht exakt übereinstimmende, aber sorgfaltsgemäß vertretbare Implantationsmethoden existieren. Der Patient könne mangels belastbarer Daten über den zu erwartenden Verlauf der Behandlung und wegen der im Einzelnen unabsehbaren Risiken eine vernünftige Entscheidung zwischen Standardmethode und Neulandverfahren nicht treffen.[586] Auch könnte in Einklang mit dem Wortlaut von § 630e Abs. 1 S. 3 BGB argumentiert werden, dass ein Implantationsverfahren,

583 BGH, Urt. v. 13.6.2006 – VI ZR 323/04, BGHZ 168, 103, 111 = NJW 2006, 2477, 2478 m. Anm. *Buchner*, VersR 2006, 1460.

584 BGH, Urt. v. 13.6.2006 – VI ZR 323/04, BGHZ 168, 103, 111, NJW 2006, 2477, 2478.

585 S. aus der Rechtsprechung zum Beispiel OLG Nürnberg, Urt. v. 29.5.2000 – 5 U 87/00, NJOZ 2001, 2335, 2336 f.; LG Koblenz, Urt. v. 3.12.1993 – 13 O 14/92, BeckRS 1993, 06627; vgl. auch BGH, Urt. v. 23.2.1988 – VI ZR 56/87, VersR 1988, 495; vgl. im Übrigen *Schelling/Erlinger*, MedR 2003, 331, 333 f.; *Greiner*, in: Geiß/Greiner, Arzthaftpflichtrecht, Kap. C, Rn. 23.

586 Vgl. statt aller *Schelling/Erlinger*, MedR 2003, 331, 334.

welches sich jenseits des allgemein anerkannten Behandlungsstandards bewege, nicht „üblich" i.S.d. Vorschrift sei.[587]

Ob der Patient über alternative, neuartige Implantationsmethoden aufgeklärt werden muss, lässt sich in der Pauschalität der vorgebrachten Auffassungen nicht entscheiden. Ausgehend vom Wortlaut des § 630e Abs. 1 S. 3 BGB kommt es zunächst darauf an, dass das Neulandverfahren mit *wesentlich* unterschiedlichen Belastungen, Risiken oder Heilungschancen verbunden ist. Ob ein neuartiges Implantationsverfahren zu wesentlich unterschiedlichen Chancen und Risiken führt, lässt sich wiederum nicht allgemein beantworten. Dies ist in hohem Maß einzelfallabhängig.

Zwar soll der Arzt nach dem Willen des Gesetzgebers nicht ungefragt über Verfahren aufklären, „die sich noch in der Erprobung befinden [...]".[588] Wie aus der Gesetzesbegründung hervorgeht, hatte der Gesetzgeber Neulandverfahren vor Augen, die „noch nicht zum medizinischen Standard rechnen".[589] Für die hier zu untersuchende Problemstellung soll davon ausgegangen werden, dass das neuartige Implantationsverfahren zwar nicht die standardgemäße Behandlungsmethode ist, seine Anwendung nach dem medizinischen Standard wohl aber *vertreten werden kann*. Insofern lässt sich der historische Gesetzgeberwille für die zu untersuchende Fragestellung nur wenig fruchtbar machen.

Entscheidend ist daher auf den Zweck der Aufklärung abzustellen. Es ist danach zu fragen, ob dem Patienten zur Wahrung seines Selbstbestimmungsrechts die Entscheidung über das alternativ in Betracht kommende, neuartige Implantationsverfahren überlassen werden muss. Der Patient ist Subjekt der Implantationsbehandlung. Insofern muss er in *autonomer Selbstbestimmung* entscheiden können, ob er sich auf die mit einem Neulandverfahren verbundenen, im Einzelnen noch ungewissen Chancen und Risiken einlassen will. Der Behandelnde hat den Patienten daher grundsätzlich auch über alternative, neuartige Implantationsmethoden aufzuklären.

Von einer Aufklärung ist nach § 630e Abs. 3 BGB nur ausnahmsweise abzusehen. Eine Ausnahme in diesem Sinne ist anzunehmen, wenn der mit der Aufklärung verfolgte Zweck in sein Gegenteil verkehrt würde und der Patient durch die Aufklärung mehr Schaden als Nutzen davontragen würde.

587 Kritisch zum Erfordernis der Üblichkeit *Hart*, GesR 2012, 385, 386.
588 BT-Drucks. 17/10488, S. 24.
589 BT-Drucks. 17/10488, S. 24.

Ist im Einzelfall eine Aufklärung geboten, muss der Patient dezidiert darauf hingewiesen werden, dass die überwiegende Auffassung in der medizinischen Wissenschaft das angestrebte Implantationsverfahren als kontraindiziert ansieht und deshalb ablehnt.[590]

e) Fazit

Die Aufklärung über alternative Implantationsmethoden und Behandlungsarten bewegt sich an der Schnittstelle zwischen Behandlungs- und Risikoaufklärung.[591] Sie soll dem Patienten einerseits die Möglichkeit eröffnen, die konkrete Implantationsmethode zu wählen. Aus dogmatischer Sicht ist die Aufklärung über Behandlungsalternativen andererseits Bestandteil der Risikoaufklärung.[592] Eine wirksame Einwilligung des Patienten in die Verletzung seiner körperlichen Integrität setzt voraus, dass er zuvor ausreichend über die Bedeutung und Tragweite des medizinischen Eingriffs aufgeklärt wurde. Er muss in die Lage versetzt worden sein, die mit der Durchführung einer Implantationsbehandlung verbundenen Vor- und Nachteile sorgfältig für- und gegeneinander abzuwägen.

4. Die Aufklärung über die voraussichtlichen Folgen der Implantationsbehandlung

Der Patient ist ferner über die voraussichtlichen Folgen der Implantationsbehandlung aufzuklären.

---

590 Vgl. *Wagner*, in: MüKo, BGB, § 630e, Rn. 25; s. auch OLG Köln, Urt. v. 21.12.1998 – 5 U 165/97, NJW-RR 1999, 968.

591 Allgemein *Kern*, in: Laufs/Kern/Rehborn, Handbuch des Arztrechts, § 66, Rn. 7; *Rehborn*, MDR 2004, 371, 374; OLG Frankfurt, Urt. v. 7.12.2004 – 8 U 194/03, NJW 2005, 173, 175.

592 Statt aller *Rehborn*, MDR 2004, 371, 374 m.w.N.

a) Erfolgschancen

Zum einen muss der Arzt den Patienten über die Erfolgsaussichten der Behandlung mit einem implantierbaren Medizinprodukt aufklären.[593] Nur dann, wenn der Patient mit den Erfolgschancen vertraut ist, kann er den medizinischen Nutzen einer Implantationsbehandlung einschätzen und eine selbstbestimmte Entscheidung treffen.[594] Freilich darf der Behandelnde nicht so tun, als sei die Substitution verlorengegangener oder beeinträchtigter Körperfunktionen sicher. Er muss die Erfolgsaussichten realistisch einschätzen und entsprechend kommunizieren.[595]

b) Negativentwicklungen, insbesondere Aufklärung über die Notwendigkeit von Folgeoperationen

Zum anderen muss der Patient über mögliche Negativentwicklungen aufgeklärt werden.[596] Ist bereits vor Durchführung der Implantationsoperation absehbar, dass die erhebliche Gefahr eines Misserfolgs oder vorübergehender sowie dauernder körperlicher Schäden besteht, ist der Behandelnde zur verständlichen Erläuterung der Nachteile einer entsprechenden Be-

---

593 Grundlegend BGH, Urt. v. 22.9.1987 – VI ZR 238/86, BGHZ 102, 17, 22 f. = NJW 1988, 763; BGH, Urt. v. 17.5.2011 – VI ZR 69/10, NJW-RR 2011, 1173 (Rn. 10); BGH, Urt. v. 13.6.2006 – VI ZR 323/04, BGHZ 168, 103 = NJW 2006, 2477 (Rz. 13); OLG Karlsruhe, Urt. v. 31.7.2019 – 7 U 118/18, BeckRS 2019, 16206 (Rz. 20); OLG Hamm, Urt. v. 10.4.2018 – 26 U 67/17, BeckRS 2018, 8832 (Rz. 21); OLG Hamm, Urt. v. 23.1.2018 – 26 U 76/17, BeckRS 2018, 1400 (Rz. 21) OLG Koblenz, Urt. v. 22.7.2015 – 5 U 758/14, NJW-RR 2015, 1434, 1435 (Rz. 14); s. auch OLG Hamm, Urt. v. 19.4.2016 – 26 U 199/15, VersR 2016, 1192, 1193; *Förster*, in: BeckOK, BGB, § 823, Rn. 851; s. im Übrigen die Ausführungen unter Zweiter Teil § 4 C. II.

594 Allgemein, aber zurückhaltend BGH, Urt. v. 14.2.1989 – VI ZR 65/88, BGHZ 106, 391, 394 = NJW 1989, 1533; BGH, Urt. v. 26.11.1991 – VI ZR 389/90, NJW 1992, 754; BGH, Urt. v. 4.4.1995 – VI ZR 95/94, NJW 1995, 2410, 2411; deutlicher schon BGH, Urt. v. 8.5.1990 – VI ZR 227/89, NJW 1990, 2929, 2931; *Hassner*, VersR 2013, 23, 26; *Förster*, in: BeckOK, BGB, § 823, Rn. 851; *Wagner*, in: MüKo, BGB, § 630e, Rn. 16.

595 Allgemein *Wagner*, in: MüKo, BGB, § 630e, Rn. 16; *Förster*, in: BeckOK, BGB, § 823, Rn. 839; OLG Dresden, Hinweisbeschluss v. 16.10.2017 – 4 U 1081/17, VersR 2019, 228 („allgemeines Bild von der Schwere und Richtung des konkreten Risikospektrums“ sowie „Bild von der ‚Stoßrichtung‘ des Eingriffs“).

596 Vgl. *Kern*, in: Laufs/Kern/Rehborn, Handbuch des Arztrechts, § 66, Rn. 3; LG Heidelberg, Urt. v. 22.4.2015 – 4 O 221/13, BeckRS 2015, 9464.

handlung verpflichtet.[597] Er muss kurzum sicherstellen, „dass sich der Patient über die Erfolgschancen der geplanten Operation und über das, was er im Falle eines Fehlschlagens unter Umständen auf sich nehmen muss, keine Illusionen macht."[598] Dabei muss der Patient nicht im Einzelnen wissen, weshalb die Behandlung möglicherweise nicht zu dem gewünschten Ergebnis führt. Ausreichend ist vielmehr, wenn er sich darüber im Klaren ist, worum es bei der operativen Implantation des Medizinprodukts geht und wie die Misserfolgsaussichten einzuschätzen sind.[599] So muss der Behandelnde den Patienten zum Beispiel darauf hinweisen, dass bei der Implantation einer Bandscheibenprothese Komplikationen auftreten können, das Einbringen einer Titanhohlschraube deshalb technisch nicht immer möglich ist und die Fusion in solchen Fällen allein mit dem Knochen stattfindet.[600]

Für die Entscheidung des Patienten über das Für und Wider einer Implantationsbehandlung relevant und damit aufklärungspflichtig ist ferner ein etwaiges Erfordernis von Folgebehandlungen und -operationen.[601] Für den Patienten ist es ohne entsprechende Aufklärung überraschend, wenn trotz der bevorstehenden operativen Implantation des Medizinprodukts mit zusätzlichen Folgebehandlungen gerechnet werden muss.[602] Der Patient ist daher über Folgeoperationen aufzuklären, die von vornherein trotz *komplikationsloser* Durchführung der Erst-Implantation notwendig werden und sich aus der Natur des Medizinprodukts ergeben. In Einklang mit dem *OLG Köln*[603] hat der Behandelnde den Patienten beispielsweise darauf hinzuweisen, dass Herzschrittmacher nur eine begrenzte Lebensdauer aufweisen und in regelmäßigen Intervallen ausgetauscht werden müssen.

Auch ist der Patient über das mögliche Erfordernis von Folgeoperationen zur Beseitigung *operationsbedingter* Gesundheitsschäden aufzuklären.[604] Der Patient verspricht sich von der Behandlung mit einem Medizinprodukt die Linderung seiner körperlichen Beeinträchtigungen. Er rechnet daher nicht damit, durch die Implantationsoperation zusätzliche körperliche Beeinträchtigungen davonzutragen. Insofern ist er über die

---

597 OLG Oldenburg, Urt. v. 26.1.2005 – 5 U 9/04, AHRS 2410/310.
598 BGH, Urt. v. 24.2.1981 – VI ZR 168/79, NJW 1981, 1319, 1320.
599 BGH, Urt. v. 8.5.1990 – VII ZR 227/89, NJW 1990, 2929, 2931.
600 OLG Oldenburg, Urt. v. 26.1.2005 – 5 U 9/04, AHRS 2410/310.
601 Vgl. *Hager*, in: Staudinger, BGB, § 823, Rn. I 95; *Förster*, in: BeckOK, BGB, § 823, Rn. 845; OLG Stuttgart, Urt. v. 20.2.1997 - 14 U 44/96, VersR 1998, 637.
602 OLG Stuttgart, Urt. v. 20.2.1997 – 14 U 44/96, VersR 1998, 637, 638.
603 OLG Köln, Urt. v. 4.8.2014 – I-5 U 157/13, 5 U 157/13, MedR 2015, 264.
604 Statt aller *Lorz*, Arzthaftung bei Schönheitsoperationen, S. 121.

Möglichkeit von Komplikationen oder gar von Verschlechterungen seiner physischen Lage aufzuklären.

II. Die Risikoaufklärung

Ein weiterer wesentlicher Bestandteil der Selbstbestimmungsaufklärung bei Implantationsbehandlungen ist die Risikoaufklärung. Ihr Sinn und Zweck ist es, dem Patienten einen auf seine Personen bezogenen Überblick über die mit einer Implantationsbehandlung verbundenen Gefahren zu verschaffen. Dem Patienten soll eine objektive und unverblümte Vorstellung davon vermittelt werden, mit welchen Risiken er trotz behandlungsfehlerfreier Implantation des Medizinprodukts zu rechnen hat.[605] Dem Patienten sind daher die für die jeweilige Behandlung wichtigsten Komplikationsrisiken sowie Verletzungen zu erläutern.[606]

Von der Risikoaufklärung umfasst ist zunächst die Aufklärung über alle wesentlichen behandlungs- sowie patientenspezifischen Gesundheitsrisiken (dazu I.). Ob der Behandelnde darüber hinaus auch zur Aufklärung verpflichtet ist, wenn lediglich die Gefahr besteht, dass das Medizinprodukt mit einem Fehler behaftet ist, ist problematisch (dazu II.).

1. Die Aufklärung über alle wesentlichen behandlungs- und patientenspezifischen Gesundheitsrisiken

Die Umstände, aus denen sich Gefahren für die körperliche Integrität oder das Leben des Patienten ergeben können, sind einerseits in der Eigenart der jeweiligen Implantationsbehandlung und andererseits in der Person des Patienten selbst begründet. Hieran anknüpfend muss der Behandelnde den Patienten daher über alle wesentlichen behandlungs- als auch patientenspezifischen Risiken aufklären.

Die Aufklärung über *behandlungsspezifische* Risiken verpflichtet den Behandelnden zur Aufklärung über alle sich aus der konkret gewählten Im-

605 Vgl. *Kage*, Medizinproduktegesetz, S. 403; allgemein BGH, Urt. v. 11.10.2016 – VI ZR 462/15, VersR 2017, 100; *Katzenmeier*, Arzthaftung, S. 326; *Voigt*, in: NK-BGB, § 630e, Rn. 3 f.; *Wagner*, in: MüKo, BGB, § 630e Rn. 11 (Aufklärung soll „im Großen und Ganzen ein zutreffendes Bild vermitteln"); *Deutsch*, NJW 1980, 1305; *Glatz*, Der Arzt zwischen Aufklärung und Beratung, S. 244.

606 LG Karlsruhe, Urt. v. 25.11.2014 – 2 O 25/12, BeckRS 2015, 07880.

plantationsmethode ergebenden gesundheitlichen Gefahren, insbesondere möglicher Zwischenfälle und sonstiger Schadensfolgen. Umfasst wird zunächst die Aufklärung über spezifische Operationsrisiken. Beispielhaft illustriert sei eine Entscheidung des *OLG Karlsruhe*.[607] Im zugrundeliegenden Fall wurde dem Patienten eine Hüftgelenktotalendoprothese mittels eines minimalinvasiven Zugangs implantiert, in dessen Folge eine dauerhafte Lähmung des Fußapparats eingetreten war. Bei der Einbringung des Hüftimplantats im Wege der minimalinvasiven Operationsmethode ist nur ein kleiner Hautschnitt erforderlich. Das Verfahren führt jedoch zu einer weniger guten Exposition des Hüftgelenks und macht eine Aufdehnung der Weichteile mit Spezialhaken notwendig. Durch den erhöhten Druck müssen auch Nervenstrukturen gedrückt oder gedehnt werden.[608] Dem *OLG Karlsruhe* zufolge muss der Arzt daher auf das mit der operativen Vorgehensweise einhergehende gesteigerte Risiko einer Nervenschädigung, im schlimmsten Fall der Lähmung des betreffenden Körperteils, hinweisen.

Behandlungsspezifische und damit aufklärungspflichtige Umstände sind ferner alle Medizinproduktrisiken, deren Kenntnis beim Patienten nicht vorauszusetzen sind. Medizinproduktrisiken in diesem Sinn sind sämtliche Gefahren für die Gesundheit des Patienten, die sich aus der Beschaffenheit des künstlichen Medizinprodukts ergeben können. Gemeint sind zum Beispiel die Bruchgefahr von Hüftprothesen[609] oder das Risiko einer Prothesenlockerung bei künstlichen Kniegelenken.[610]

Die Aufklärung über die Risiken des zu implantierenden Medizinprodukts kann unter Umständen situationsgebunden einzuschränken sein. An eine Einschränkung der Aufklärung ist zu denken, wenn der Patient über die Implantationsbehandlung im Allgemeinen aufgeklärt wurde, wegen der Komplexität und Schwierigkeit des operativen Eingriffs jedoch im Zeitpunkt des Aufklärungsgesprächs nicht mit Sicherheit gesagt werden kann, welches Medizinprodukt zu implantieren geeignet ist. Zu beschränken ist die Aufklärung daher auf die alternativ in Betracht kommenden Implantattypen. Zwar liegt in solchen Konstellationen die Entscheidungsbefugnis letztlich beim Operateur. Das Zurücktreten der Patientenautono-

---

607 OLG Karlsruhe, Teilurt. v. 23.3.2011 – 7 U 79/10, BeckRS 2012, 09779.

608 OLG Karlsruhe, Teilurt. v. 23.3.2011 – 7 U 79/10, BeckRS 2012, 09779.

609 Z.B. KG Berlin, Urt. v. 25.11.2013 – 20 U 49/12, MedR 2014, 887, GesR 2014, 401; vgl. zur Erhöhung des Bruchrisikos eines Hüftimplantats bei Übergewichtigkeit des Patienten OLG Köln, Urt. v. 4.4.2012 – 5 U 99/11, GesR 2012, 507, 509.

610 OLG Köln, Urt. v. 23.3.2015 – 5 U 168/14, BeckRS 2015, 17716.

mie hinter die Therapiewahlfreiheit des Arztes ist allerdings zu Gunsten des Schutzes von Leib und Leben des Patienten geboten.

Die Risikoaufklärung verpflichtet den Behandelnden ferner zur Aufklärung über *patientenbezogene* Risikofaktoren. Der Behandelnde muss also auf alle entscheidungserheblichen Gefahren für die Gesundheit hinweisen, die sich aus der Eigenschaft des menschlichen Körpers im Allgemeinen und den körperlichen Eigenheiten des Patienten im Besonderen ergeben können. Leidet der Patient beispielsweise unter einer bekannten Kobalt-Nickel-Allergie, muss der Arzt über eine entsprechende Reaktion des Körpers aufklären. Unter Umständen muss er dem Patienten daher die Verpflanzung eines nickelfreien Spezialimplantats nahelegen.[611]

2. Aufklärung bei bloßem Verdacht einer von dem Medizinprodukt ausgehenden Gefahr?

Vorstellbar sind Fälle, in denen der Arzt dem Patienten ein Medizinprodukt verpflanzt, bei welchem im Zeitpunkt der Implantationsoperation die Vermutung besteht, dass es mit einem Fehler behaftet sein könnte (sog. Gefahrenverdacht).[612] Fraglich ist, ob und, bejahendenfalls, in welchem Umfang der Behandelnde den Patienten in diesen Konstellationen aufklären muss.

a) Hinführung

In der Rechtsprechung ist anerkannt, dass der Verkäufer einer vermeintlich mangelhaften Kaufsache allgemein zur Aufklärung des Käufers über einen Gefahrenverdacht verpflichtet sein kann.[613] Die Frage, ob der Behandelnde eine Aufklärung in den Fällen des Gefahrenverdachts schuldet, hat demgegenüber in Rechtsprechung und Literatur – soweit ersichtlich – keine vertiefte Auseinandersetzung erfahren.[614] Das verwundert, haben die jüngsten Entscheidungen zu potentiell fehlerhaften Medizinprodukten

611 OLG Koblenz, Urt. v. 13.7.2015 – 5 U 282/15, MDR 2015, 1420.

612 S. oben Zweiter Teil § 1 A. IV.

613 Vgl. BGH, Urt. v. 7.2.2003 – V ZR 25/02, NJW-RR 2003, 772; BGH, Urt. v. 10.7.1987 – V ZR 152/86, NJW-RR 1987, 1415, 1416; LG Bonn, Urt. v. 23.3.2005 – 2 O 341/04, BeckRS 2006, 01701.

614 In Ansätzen OLG Koblenz, Beschl. v. 13.7.2015 – 5 U 282/15, BeckRS 2015, 19030 (Rz. 11 f.); *Lorz*, Arzthaftung bei Schönheitsoperationen, S. 124.

doch erkennen lassen, dass dieser Problemkreis von praktischer Relevanz ist.[615]

b) Die Gründe für eine Aufklärung durch den Behandelnden in den Fällen des bloßen Gefahrenverdachts

Ob die Behandlungsseite zur Aufklärung in den Fällen des Verdachts einer vermeintlichen Mangelhaftigkeit des zu implantierenden Medizinprodukts verpflichtet ist, lässt sich zutreffend nur nach Sinn und Zweck der Aufklärung beantworten. Ziel der Risikoaufklärung ist zuvörderst, dem Patienten einen auf seine Person bezogenen Überblick über die mit einer Implantationsbehandlung verbundenen Gefahren zu verschaffen. Der Patient soll mit allen relevanten Informationen versorgt werden, die für eine Entscheidung in freier Selbstbestimmung erforderlich sind und von Einfluss auf das Abwägungsergebnis sein können.[616] Hierbei ist jedoch zu differenzieren: Für die Entscheidung des Patienten über das Für und Wider der Implantationsbehandlung irrelevant sind rein theoretische Erläuterungen über etwaige Risiken sowie allgemein gehaltene Informationen.[617] Diese sind für den Patienten nicht „greifbar" und können schnell zu seiner Verunsicherung führen.[618] Denn wie soll der Patient die von einem vermeintlich fehlerhaften Medizinprodukt ausgehenden Gefahren richtig einschätzen, wenn bereits unsicher ist, ob überhaupt ein Kausalzusammenhang zwischen der Fehlerhaftigkeit des Medizinprodukts und möglichen Gesundheitsschäden bestehen kann?

Weisen demgegenüber ernstzunehmende Stimmen in der Medizin auf potentielle Fehler des Medizinprodukts und die sich daraus ergebenden Gefahren hin,[619] sind die Informationen für die Entscheidung des Patien-

---

615 S. nochmals EuGH (4. Kammer), Urt. v. 5.3.2015 – C-503/13, C-504/13 (Boston Scientific Medizintechnik GmbH / AOK Sachsen-Anhalt), NJW 2015, 1163 = EuZW 2015, 318 = VersR 2015, 900 mit Anm. *Timke*, NJW 2015, 3060; *ders.*, MedR 2015, 643; *Moelle/Dockhorn*, NJW 2015, 1165; *Reich*, EuZW 2015, 320; *Oechsler*, Jura 2015, 964; BGH, Urt. v. 9.6.2015 – VI ZR 284/12, NJW 2015, 3096 = MedR 2016, 133; BGH, Urt. v. 9.6.2015 – VI ZR 327/12, NJW 2015, 2507; KG Berlin, Urt. v. 28.8.2015 – 4 U 189/11, MedR 2016, 349 = GesR 2016, 96.

616 S.o. Zweiter Teil § 4 B.

617 *Lorz*, Arzthaftung bei Schönheitsoperationen, S. 126 f.

618 Zur Verunsicherung des Patienten durch ein Übermaß an Informationen *Spann/Liebhardt*, in: Festschrift Weißauer, S. 143, 145 f.

619 Allgemein BGH, Urt. v. 15.2.2000 – VI ZR 48/99, BGHZ 144, 1, 10 = NJW 2000, 1784, 1785 f.; BGH, Urt. v. 21.11.1995 – VI ZR 329/94, NJW 1996, 776;

ten von Interesse. Konkrete und nicht bloß abstrakte Erörterungen vermögen die Entscheidungsfindung des Patienten über das Für und Wider einer Implantationsbehandlung wesentlich zu beeinflussen.[620] Das gilt umso mehr, als die Stimmen, welche auf den Fehlerverdacht hinweisen, aus der medizinischen Wissenschaft stammen, auf wissenschaftlichen Studien beruhen oder seitens staatlicher Institutionen geäußert werden.[621]

Wie umfangreich die Aufklärung in den Fällen des Risikoverdachts ausfallen muss, lässt sich nicht abstrakt bestimmen. Maßgeblich sind die Umstände des Einzelfalls. Zur Konkretisierung des jeweils geschuldeten Umfangs kann auf die oben genannten Kriterien zurückgegriffen werden.[622] In jedem Fall ist zu beachten, dass sich die Aufklärung nicht auf das Risiko, sondern den (bisher weder widerlegten noch erwiesenen) Gefahrenverdacht selbst zu beziehen hat.

III. Die Diagnoseaufklärung

Im Übrigen muss der Behandelnde den Patienten über dessen gegenwärtigen gesundheitlichen Zustand aufklären. Zugegebenermaßen steht die Diagnoseaufklärung zu Beginn der Selbstbestimmungsaufklärung.[623] Sie soll dem Patienten ein Bild davon vermitteln, welche Körperbestandteile nicht oder nur eingeschränkt funktionieren und daher des Ausgleichs mittels eines künstlichen Medizinprodukts bedürfen. Allerdings ergeben sich hinsichtlich der Aufklärung über die Diagnose bei Implantationsbehandlungen gegenüber klassischen Behandlungsverhältnissen keine Besonderheiten, weshalb sie nur der Vollständigkeit halber kurz skizziert sei.

Katzenmeier, in: BeckOK, BGB, § 630e, Rn. 27; *Förster*, in: BeckOK, BGB, § 823, Rn. 851.

620 Ähnlich, eine Grundaufklärung voraussetzend BGH, Urt. v. 14.2.1989 – VI ZR 65/88, NJW 1989, 1533.

621 S. z.B. die Empfehlung des Bundesinstituts für Arzneimittel und Medizinprodukte (BfArM) über Silikongel-gefüllte Brustimplantate der Hersteller Poly Implant Prothèse (PIP) und Rofil Medical Nederland B.V. vom 1.7.2014 (abrufbar auf der Homepage des BArM – zuletzt besucht am 25.6.2018).

622 S.o. Zweiter Teil § 1 A. IV. 3.

623 *Kern/Laufs*, Die ärztliche Aufklärungspflicht, S. 54: „Es ist erste Voraussetzung der Selbstbestimmung des Patienten, das Wesen seiner Krankheit zu kennen oder zu erfahren, dass er überhaupt krank ist.“

Konkret ist der Patient über den medizinischen Befund aufzuklären.[624] Er soll erfahren, dass bestimmte Körperteile oder -glieder oder Organe ihre Funktion nicht mehr zu übernehmen vermögen.[625] Die Rechtsprechung nimmt nur selten eine Pflicht zur Diagnoseaufklärung an.[626] Sie wird allgemein – mit Ausnahme von reinen Diagnoseverträgen – nur ausnahmsweise für erforderlich erachtet. Zu denken ist beispielsweise an die Fälle, in denen der Patient ausdrücklich nach dem medizinischen Befund fragt oder die Entscheidung des Patienten über das Für und Wider einer Behandlung erkennbar von der Kenntnis seines Zustands und der voraussichtlichen Folgen der Implantationsbehandlung abhängt.[627]

D. Formale Anforderungen an die Aufklärung

Die Aufklärung muss formal ordnungsgemäß sein. § 630e Abs. 2 BGB legt die Anforderungen an eine ordnungsgemäße Aufklärung für das Vertragsrecht fest. Um einen Gleichlauf der Haftung wegen eines Aufklärungsfehlers nach Vertrags- sowie Deliktsrecht zu gewährleiten, gelten die gemäß § 630e Abs. 2 BGB an eine ordnungsgemäße Aufklärung zu stellenden Anforderungen daher entsprechend für die ärztliche Aufklärungspflicht nach Deliktsrecht.[628] In formeller Hinsicht muss die Aufklärung namentlich durch eine zur Aufklärung befähigte Person gegenüber einem tauglichen Aufklärungsadressaten in einem persönlichen Gespräch vorgenommen

---

624 *Katzenmeier*, in: BeckOK, BGB, § 630e, Rn. 8; *Quaas*, in: Quaas/Zuck/Clemens, Medizinrecht, § 14, Rn. 89; *Wussow*, VersR 2002, 1337, 1338.

625 Allgemein zum Inhalt der Diagnoseaufklärung *Ehlers*, Die ärztliche Aufklärung vor medizinischen Eingriffen, S. 68; *Katzenmeier*, Arzthaftung, S. 326; *Kern/Laufs*, Die ärztliche Aufklärungspflicht, S. 54.

626 *Greiner*, in: Spickhoff, Medizinrecht, BGB, § 823, Rn. 204; BVerfG, Beschl. v. 18.11.2004 – 1 BvR 2315/04, NJW 2005, 1103, 1104 (schriftliche Zurverfügungstellung der Untersuchungsergebnisse); BGH, Urt. v. 7.11.2013 – III ZR 54/13, NJW 2014, 298, 299 (Rz. 17 f.) (allgemein zum Einsichtnahmerecht des Patienten in Krankenunterlagen); BGH, Urt. v. 23.11.1982 – VI ZR 222/79, NJW 1989, 328 (Befundermittlung); BGH, Urt. v. 29.11.1988 – VI ZR 140/88, VersR 1989, 478; OLG Oldenburg, Urt. v. 18.2.1997 – 5 U 176/96, BeckRS 1997, 10875 (Verdachtsdiagnose).

627 Vgl. *Greiner*, in: Spickhoff, Medizinrecht, BGB, § 823, Rn. 203.

628 Vgl. BGH, Urt. v. 15.3.2005 – VI ZR 313/03, NJW 2005, 1718; BGH, Urt. v. 27.5.2008 – NJW 2008, 2345; *Greiner*, in: Spickhoff, Medizinrecht, BGB, § 823, Rn. 201; *Hassner*, VersR 2013, 23, 31.

werden (dazu I.). Im Übrigen muss sie form- und fristgemäß durchgeführt worden und für den Patienten verständlich sein (dazu II.).

I. Der Personenkreis bei Aufklärung und Einwilligung im Rahmen von Implantationsbehandlungen

1. Die Patientenseite

Die Aufklärung muss zunächst gegenüber dem Einwilligungsberechtigten vorgenommen und die Einwilligung durch die richtige Person erklärt worden sein. Die Bestimmung des Aufklärungsadressaten bereitet in der Regel keine Probleme. Aufklärungsadressat ist derjenige, der die Einwilligung in die Implantationsbehandlung zu erteilen hat. Adressat der Aufklärung ist daher prinzipiell der Patient.[629] Nur dann, wenn der Patient einwilligungsunfähig ist und es der Einwilligung des Berechtigten (zum Beispiel der Eltern, des Vormunds, Sorgeberechtigten, Vorsorgebevollmächtigten oder des Betreuers als gesetzlicher Vertreter) bedarf, muss sich die Aufklärung – wie für das Vertragsrecht aus § 630e Abs. 4 BGB hervorgeht – an diesen richten.[630]

2. Die Behandlungsseite, insbesondere Möglichkeit zur Delegation der Aufklärung an nicht-ärztliche Personen?

Probleme wirft hingegen die Bestimmung des Aufklärungspflichtigen auf. Zwar ist innerhalb eines Implantationsvertrags gemäß § 630e Abs. 2 S. 1 Nr. 1 Hs. 1 BGB der Behandelnde zur Aufklärung des Patienten ver-

629 BGH, Urt. v. 16.1.1959 – VI ZR 179/57, BGHZ 29, 176, 179 f. = NJW 1959, 814; BGH, Urt. v. 25.9.1952 – III ZR 322/51, BGHZ 7, 198, 206 = NJW 1953, 700; BGH, Urt. v. 10.7.1954 – VI ZR 45/54, NJW 1956, 1106; OLG Karlsruhe, Urt. v. 19.3.1997 – 13 U 42/96, NJW-RR 1998, 459, 461; *Wagner*, in: MüKo, BGB, § 630e, Rn. 59; *Giesen*, Arzthaftungsrecht, Rn. 249; *Kern*, in: Laufs/Kern/Rehborn, Handbuch des Arztrechts, § 67, Rn. 11.

630 Vgl. *Katzenmeier*, Arzthaftung, S. 339; *ders.*, in: BeckOK, BGB, § 630e, Rn. 40; *Wagner*, in: MüKo, BGB, § 630e, Rn. 59; *Kern*, in: Laufs/Kern/Rehborn, Handbuch des Arztrechts, § 67 Rn. 11; weiterführend *Kern/Laufs*, Die ärztliche Aufklärungspflicht, S. 23 f.; *Kunz-Schmidt*, NJ 2010, 441, 445 f.; instruktiv zu einwilligungsunfähigen, volljährigen Patienten *Schwedler*, MedR 2013, 652 ff.; *Damm*, MedR 2013, 201, 206 ff.

pflichtet. Die Aufklärung muss daher primär durch den implantierenden Arzt erfolgen. Nach § 630e Abs. 2 S. 1 Nr. 1 Hs. 2 BGB kann die Aufklärung allerdings auch von einer Person übernommen werden, die „über die zur Durchführung der Maßnahme notwendige Ausbildung verfügt". Über die notwendige Ausbildung verfügt, wer die theoretischen Kenntnisse zur Durchführung der medizinischen Maßnahme durch eine fachliche Ausbildung erworben hat, wer hierzu also konkret qualifiziert ist.[631] Eine Facharztanerkennung ist nicht zwingend vorauszusetzen.[632] Der implantierende Arzt kann die Aufklärung demnach jedenfalls an andere Ärzte der Implantationschirurgie übertragen. Um die Qualität, Ordnungsgemäßheit und Vollständigkeit der Aufklärung zu gewährleisten, ist aber erforderlich, dass er implantierende Arzt den aufklärenden Arzt entsprechend anweist.[633] Im Haftpflichtprozess muss der Behandelnde auch darlegen und beweisen, welche organisatorischen Maßnahmen und Kontrollen er getroffen hat, um die Ordnungsgemäßheit der Aufklärung durch den hiermit betrauten Arzt sicherzustellen.[634]

Die Zahl der sich auf dem Markt befindlichen Medizinprodukte unterliegt einem rasanten Wachstum.[635] Ärzte müssten daher einige Anstrengungen unternehmen, um die unterschiedlichen Implantattypen einschließlich ihrer jeweiligen Besonderheiten und Funktionsweisen über-

---

631 Vgl. *Jaeger*, Patientenrechtegesetz, Rn. 257; *Spickhoff*, in: Spickhoff, Medizinrecht, BGB, § 630e, Rn. 4.

632 Vgl. *Katzenmeier*, in: NK, BGB, § 823, Rn. 398a; *Jaeger*, Patientenrechtegesetz, Rn. 257; *Weidenkaff*, in: Palandt, BGB, § 630e, Rn. 8; *Wever*, in: Bergmann/Pauge/Steinmeyer, Gesamtes Medizinrecht, BGB § 630e, Rn. 30; indifferent *Walter*, in: BeckOGK, BGB, § 630e, Rn. 21 f.

633 Zur Frage der Haftung des Operateurs und des Krankenhausträgers bei Verletzung einer übertragenen Aufklärungspflicht durch den Aufklärenden *Katzenmeier*, Arzthaftung, S. 338 f.; *Wagner*, in: MüKo, BGB, § 630e, Rn. 40 f. sowie BGH, Urt. v. 7.11.2006 – VI ZR 206/05, NJW-RR 2007, 310, 311 m. Anm. *Deutsch*, VersR 2007, 210: Im Falle der Verletzung der Aufklärungspflicht durch den Aufklärenden hat der behandelnde Arzt dem Patienten den kausalen Schaden nach §§ 280 Abs. 1, 278 BGB bzw. § 831 Abs. 1 S. 1 BGB zu ersetzen. Den Krankenhausträger trifft darüber hinaus die Pflicht, die Aufklärung innerhalb des Klinikbetriebs angemessen zu organisieren (OLG Bamberg, Urt. v. 5.5.1997 – 4 U 170/96, VersR 1998, 1025, 1026).

634 *Kern/Laufs*, Die ärztliche Aufklärungspflicht, S. 22; *Ehlers*, Die ärztliche Aufklärung vor medizinischen Eingriffen, S. 52; *Wever*, in: Bergmann/Pauge/Steinmeyer, Gesamtes Medizinrecht, BGB, § 630e, Rn. 30; BGH, Urt. v. 7.11.2006 – VI ZR 206/05, NJW-RR 2007, 310, 311.

635 *Deutsch*, VersR 2006, 1145; *Schrenk*, Medizinproduktegesetz und Arzthaftung, S. 1, 313.

schauen und die Patienten anschließend entsprechend aufklären zu können. Gleichzeitig klagen Klinikbetreiber und Krankenhäuser über knappe finanzielle wie personelle Ressourcen.[636] Fraglich ist daher, ob zur Überwindung der vorgenannten Probleme die Delegation der Aufklärung auf nicht-ärztliche Personen zulässig ist.

a) Die grundsätzliche Unzulässigkeit einer Delegation der Aufklärung auf nicht-ärztliche Personen

Der Wortlaut des § 630e Abs. 2 S. 1 Nr. 1 Hs. 2 BGB ist weit gefasst und steht einer Delegation der Aufklärungspflicht auf nicht-ärztliche Personen nicht grundsätzlich entgegen.[637] Aus der Gesetzesbegründung der Bundesregierung zu § 630e Abs. 2 S. 1 Nr. 1 Hs. 2 BGB ist jedoch zu schließen, dass der Aufklärende die notwendige Befähigung und fachliche Qualifikation zur Durchführung des *operativen* Eingriffs besitzen muss.[638] Nichtärztlichen Personen wie Krankenschwestern oder Mitgliedern der Krankenhausverwaltung fehlt hingegen die Fähigkeit und fachliche Expertise, um Medizinprodukte in den Körper des Patienten einzusetzen. Hierbei handelt es sich um ein medizinisch anspruchsvolles Vorhaben, das zwingend eine entsprechende Ausbildung voraussetzt. Die Aufklärung des Patienten kann daher prinzipiell nicht durch nichtärztliches Personal übernommen werden.[639]

Die Ablehnung der Delegation der Aufklärungspflicht auf nichtärztliche Personen soll im Übrigen sicherstellen, dass dem Patienten die für die Selbstbestimmung wesentlichen Kenntnisse vermittelt werden.[640] Die Aufklärung erfordert nicht nur die Erläuterung abstrakt bestehender Risiko-

---

636 Ausführlich *Katzenmeier*, Arzthaftung, S. 285 ff.

637 *Walter*, in: BeckOGK, BGB, § 630e, Rn. 23, der im Ergebnis eine Delegation der ärztlichen Aufklärung jedoch mit dem Argument ablehnt, dass andernfalls der „Kernbereich des ärztlichen Wirkens tangiert" werde. Vgl. auch *Hart*, MedR 2013, 159, 162; *Katzenmeier*, NJW 2013, 817, 820; OLG Karlsruhe, Hinweisbeschluss v. 19.11.2012 – 5 U 114/12, BeckRS 2013, 01558.

638 BT-Drucks. 17/10488, S. 24.

639 Das vorgefundene Ergebnis steht in Einklang mit der ganz herrschenden Meinung zur Frage, ob und wieweit nichtärztliches Krankenhauspersonal zur Aufklärung befähigt ist und welche haftungsrechtlichen Konsequenzen sich hieraus ergeben können, s. nur *Spickhoff/Seibl*, MedR 2008, 463 ff.; *Bergmann*, MedR 2009, 1 ff.

640 *Kleinewefers*, VersR 1981, 99, 102; *Kern/Laufs*, Die ärztliche Aufklärungspflicht, S. 22.

und Ausfallwahrscheinlichkeiten, sondern auch das Eingehen auf patientenindividuelle Faktoren.[641] Auf patientenindividuelle Faktoren kann freilich am besten der behandelnde Arzt selbst und nachrangig ein Arzt der Implantationschirurgie eingehen. Hintergrund des Grundsatzes, die Aufklärung als „genuin ärztliche Tätigkeit"[642] zu begreifen, ist also, die Qualität der Aufklärung zu gewährleisten.

b) Die Delegation der Aufklärung auf nicht-ärztliche Personen bei Hinzuziehung eines „Aufklärungsspezialisten" als zulässige Ausnahme

Jedenfalls dann, wenn die Qualifikation der aufklärenden nicht-ärztlichen Person die Fähigkeiten und Kenntnisse eines Arztes übersteigt, die Qualität der Aufklärung mithin gesichert ist, könnte die Delegation ausnahmsweise zulässig sein. Fraglich ist daher, ob der behandelnde Arzt die Aufklärung auf sog. „Aufklärungsspezialisten"[643] übertragen darf.[644] Diese zwischen dem Arzt und dem Patienten stehenden Personen könnten vom Hersteller über das medizinische Produkt, seine Beschaffenheit und Funktionsweise instruiert werden und die Information des Betroffenen genau in diesen Punkten übernehmen. Eine Aufklärung durch solche Personen hätte den Vorteil, dass ärztliche Ressourcen geschont würden. Umgekehrt würde der Patient mit allen relevanten Informationen über das zu implantierende Medizinprodukt versorgt werden.

Nach Ansicht von *Kern/Laufs*[645] ist die Übertragung der Aufklärung auf Aufklärungsspezialisten generell unzulässig und nicht mit Sinn und Zweck der Aufklärung vereinbar. Einerseits stünden Aufklärungsspezialisten nicht nur dem Behandlungsgeschehen insgesamt, sondern auch dem Patienten und dem Arzt zu fern, um eine hinreichende Aufklärung zu gewährleisten. Das Arzt-Patienten-Verhältnis lebe gerade von der engen persönlichen Beziehung und dem gegenseitigen Vertrauensmoment. Andererseits würde die Hinzuziehung von Aufklärungsspezialisten zur Entfrem-

641 *Kern/Laufs*, Die ärztliche Aufklärungspflicht, S. 22.

642 *Katzenmeier*, Arzthaftung, S. 337.

643 Den Begriff des Aufklärungsspezialisten gebrauchen – soweit ersichtlich – erstmalig *Kern/Laufs*, Die ärztliche Aufklärungspflicht, S. 22.

644 Für die Möglichkeit, die Aufklärung in Ausnahmefällen nichtärztlichem Personal zu übertragen, vorsichtig auch *Wever*, in: Bergmann/Pauge/Steinmeyer, Gesamtes Medizinrecht, BGB, § 630e, Rn. 32; *Wagner*, in: MüKo, BGB, § 630e, Rn. 41 (Beschränkung der Aufklärung auf Ärzte „kontraproduktiv").

645 Vgl. *Kern/Laufs*, Die ärztliche Aufklärungspflicht S. 22.

dung des Patienten mit seinem Behandlungsumfeld führen. Diese Entfremdung gelte es zu verhindern.

Zwar ist schon zweifelhaft, inwiefern die Vorstellung, die Arzt-Patienten-Beziehung sei „weit mehr als eine juristische Vertragsbeziehung“, vor dem Hintergrund der stetig steigenden Arbeitsteilung im medizinischen Bereich, Bestand haben kann. Jedenfalls ist aber der Wertung des § 630e Abs. 2 S. 1 Nr. 1 Hs. 2 BGB zu entnehmen, dass das Band zwischen dem implantierenden Arzt und dem Patienten in Bezug auf die Aufklärung gelockert werden kann. Insbesondere wenn dem Behandelnden die zeitlichen Kapazitäten fehlen oder er aus sonstigen Gründen verhindert ist, kann *zugunsten* des Patienten die Aufklärung an einen anderen als den behandelnden Arzt delegiert werden.

Nichts anderes darf aber nach Sinn und Zweck der Aufklärung gelten, wenn der Aufklärende zwar nicht die medizinische Qualifikation eines Arztes besitzt, hinsichtlich aller Fragen in Bezug auf das zu implantierende Medizinprodukt wohl aber Spezialist ist. Oder noch bedeutender, seine Expertise diejenige eines durchschnittlichen Arztes übersteigt. Die Beschränkung des zur Aufklärung befugten Personenkreises auf Ärzte wäre eine bloße Förmelei. Im Hinblick auf die knappen personellen Ressourcen im Gesundheitswesen wäre eine solche auch kontraproduktiv.[646] Außerdem ist zum Schutz des Patienten eine Begrenzung nicht geboten. Weil Aufklärungsspezialisten über umfassendere Kenntnisse in Bezug auf das Medizinprodukt verfügen als ein durchschnittlicher Arzt, ist die Delegation der Aufklärung an Nichtärzte für die Gesundheit des Patienten sogar förderlich. Mehr noch: Die Aufklärung durch Aufklärungsspezialisten verhilft dem Selbstbestimmungsrecht des Patienten zur maximalen Geltungskraft. Denn der Patient wird über alle relevanten Aspekte des Medizinprodukts aufgeklärt.

Auch der möglicherweise erhobene Einwand, die Übertragung der Aufklärungspflicht auf Spezialisten sei abzulehnen, weil der Kernbereich des ärztlichen Wirkens tangiert werde,[647] überzeugt nicht. Die Information des Patienten über das Medizinprodukt, seine Beschaffenheit und Wirkungsweise, aber auch die von ihm möglicherweise ausgehenden Gefahren ist keine spezifisch ärztliche Tätigkeit. Die Erläuterung setzt vielmehr tech-

---

646 Mit einem ähnlichen Argument die Aufklärung durch nichtärztliche Personen bejahend *Wagner*, in: MüKo, BGB, § 630e, Rn. 43.

647 In diese Richtung gehend *Hart*, MedR 2013, 159, 162; *Walter*, in: BeckOGK, BGB, § 630e, Rn. 26; *ders.*, Das neue Patientenrechtegesetz, Rn. 184; offengelassen *Katzenmeier*, NJW 2013, 817, 820.

nisches Know-How des Aufklärenden voraus. Sie betrifft gerade nicht den Kernbereich des ärztlichen Tätigkeitsfelds. Die Delegation der Aufklärung über die Wirkweise des Medizinprodukts an Aufklärungsspezialisten ist damit dem Grunde nach zulässig.

Dabei wird vorauszusetzen sein, dass sich die Aufklärung durch einen Spezialisten auf die *Beschaffenheit und Funktionsweise des Medizinprodukts* beschränkt. Die „Spezialistenaufklärung“ stößt an ihre Grenzen, wo vertiefter medizinischer Sachverstand erforderlich ist. Namentlich dann, wenn sich die Information nicht mehr auf das Implantat als solches, sondern auf medizinische Fachfragen bezieht, ist eine Delegation der Aufklärungspflicht mangels hinreichender Qualifikation abzulehnen.[648] Im Übrigen wird zu verlangen sein, dass sich der Aufklärende unter der *Aufsicht des implantierenden Arztes* befindet. Eine Beaufsichtigung des Aufklärungsspezialisten ist schon deshalb geboten, um die Qualität, Ordnungsgemäßheit sowie Vollständigkeit der Aufklärung sicherzustellen und einer Beschränkung des Selbstbestimmungsrechts des Patienten entgegenzutreten. Kommt der Aufklärungsspezialist der Aufklärung in Bezug auf das zu implantierende Medizinprodukt, seine Beschaffenheit oder die von ihm ausgehenden Gefahren nicht in dem gebotenen Umfang nach, ist der Behandelnde entsprechend §§ 280 Abs. 1, 630e, 278 S. 1 Alt. 2 BGB bzw. § 831 Abs. 1 BGB zum Ersatz der dem Patienten adäquat-kausal entstandenen Schäden verpflichtet.[649]

II. Form, Zeitpunkt und Eignung der Aufklärung

Die Aufklärung muss ferner in der richtigen Form, zum richtigen Zeitpunkt und in einer für den Patienten verständlichen Weise erfolgen. Innerhalb eines Implantationsvertrags enthält § 630e Abs. 2 S. 1 Nr. 1 und S. 2, Abs. 2 S. 1 Nr. 2 sowie Abs. 2 S. 1 Nr. 3 BGB Bestimmungen hinsichtlich der einzuhaltenden Form, des Zeitpunkts der Aufklärung sowie ihrer Eignung. Gemäß § 630e Abs. 2 S. 1 Nr. 2 und S. 2 BGB bedarf weder die Aufklärung noch die Einwilligung der Schriftform. Die Aufklärung hat

---

648 *Wagner*, in: MüKo, BGB, § 630e, Rn. 43; vgl. auch BGH, Urt. v. 7.11.2006 – VI ZR 206/05, NJW-RR 2007, 310, 311 (Rz. 9); offen gelassen BGH, Urt. v. 21.11.1973 – VI ZR 167/72, NJW 1974, 604, 605; OLG München, Urt. v. 18.11.2010 – 1 U 5334/09, NJW-RR 2011, 749, 750 f.; OLG München, Urt. v. 28.10.1981 – 20 U 1959/80, NJW 1983, 2642.

649 S.o. § 4 A. II.

vielmehr mündlich zu erfolgen. Hintergrund des Mündlichkeitserfordernisses ist allgemein, den besonderen Charakter der Arzt-Patienten-Beziehung im Rahmen eines „vertrauensvollen Gesprächs“[650] zu fördern. Implantationsbehandlungen sind komplex, weshalb die einzelnen Behandlungsschritte für medizinische Laien nicht immer nachvollziehbar sind. Die mündliche Information soll dem Patienten daher die Möglichkeit eröffnen, Verständnis- und Detailfragen zu stellen. Auch soll ihm ein Eindruck von den Besonderheiten der Implantationsbehandlung vermittelt werden. Dass Aufklärungsformulare in der Praxis häufig zur Anwendung kommen, dient allein der Beweisvorsorge des Behandelnden. Im Haftungsprozess trägt nämlich die Beweislast für die ordnungsgemäße Durchführung der Selbstbestimmungsaufklärung grundsätzlich der Behandelnde.[651]

Medizinprodukthersteller fügen implantierbaren Medizinprodukten nicht selten umfangreiche Bedienungsanleitungen bei.[652] Ob und bejahendenfalls welche schriftlichen Zusatzmaterialien der behandelnde Arzt wiederum an den Patienten überlässt, steht in seinem Ermessen.[653] Aber selbst wenn der Behandelnde dem Patienten schriftliche Anleitungen und Hinweise übergibt, ändert dies nichts an seiner grundsätzlich anzuerkennenden Pflicht, den Patienten mündlich über die Chancen und Risiken der jeweiligen Implantationsbehandlung aufklären zu müssen.[654] Der Inhalt des Schriftstücks hat keine Auswirkung auf die Form oder den Umfang der Aufklärungspflicht.

Wie aus § 630e Abs. 2 S. 1 Nr. 2 BGB hervorgeht, muss die Aufklärung „so rechtzeitig erfolgen, dass der Patient seine Entscheidung über die Ein-

650 S. zur ganz herrschenden Auffassung in der Rechtsprechung BGH, Urt. v. 15.6.2010 – VI ZR 204/09, NJW 2010, 2430, 2432; BGH, Urt. v. 25.3.2003 – VI ZR 131/02, NJW 2003, 2012, 2013; BGH, Urt. v. 15.2.2000 – VI ZR 48/99, NJW 2000, 1784, 1787; BGH, Urt. v. 8.1.1985 – VI ZR 15/83, NJW 1985, 1399 = VersR 1985, 361, 362; dezidiert OLG Zweibrücken, Urt. v. 19.19.2004 – 5 U 6/04, NJW 2005, 74, 76; vgl. auch OLG Koblenz, Beschl. v. 30.6.2014 – 5 U 483/14, BeckRS 2014, 17131; *Wever*, in: Bergmann/Pauge/Steinmeyer, Gesamtes Medizinrecht, BGB, § 630e, Rn. 38; *Greiner*, in: Spickhoff, Medizinrecht, BGB, § 823, Rn. 278; *Förster*, in: BeckOK, BGB, § 823, Rn. 864.

651 Ausführlich *Katzenmeier*, Arzthaftung, S. 494 ff.; BGH, Urt. v. 28.1.2014 – VI ZR 143/13, NJW 2014, 1527 f.; BGH, Urt. v. 10.3.1981 – VI ZR 202/79, NJW 1981, 2002, 2003; OLG Koblenz, Urt. v. 23.9.2015 – 5 U 603/15, MedR 2016, 535; OLG Koblenz, Urt. v. 18.6.2016 – 5 U 1393/13, MedR 2016, 887.

652 Vgl. *Förster*, in BeckOK, BGB, § 823, Rn. 866.

653 OLG München, Urt. v. 23.10.2008 – 1 U 2046/08, VersR 2009, 503, 504.

654 OLG München, Urt. v. 23.10.2008 – 1 U 2046/08, VersR 2009, 503, 504; *Förster*, in: BeckOK, BGB, § 823, Rn. 866.

willigung wohlüberlegt treffen kann." Eine pauschale Frist besteht nicht. Entscheidend kommt es vielmehr auf die Umstände des Einzelfalls an. Die operative Implantation eines Medizinprodukts ist typischerweise mit einem massiven Eingriff in körperliche Integrität verbunden. Sie ist außerdem geeignet, die Lebensführung des Patienten erheblich zu verändern. Die Aufklärung muss deshalb so zeitig erfolgen, dass der Patient ausreichend Möglichkeiten hat, um die Chancen und Risiken der Implantationsbehandlung gegeneinander abzuwägen. In Einklang mit der Rechtsprechung ist der Patient daher grundsätzlich spätestens am Tag vor der Implantationsoperation aufzuklären.[655] In Eil- bzw. Notfällen kann eine kürzere Frist zulässig sein.[656]

Erforderlich ist im Übrigen, dass die Aufklärung für den Patienten verständlich ist. Art und Umfang der Aufklärung müssen sich am Empfängerhorizont des Patienten orientieren.[657] Wie aus der Gesetzesbegründung zu § 630e Abs. 2 S. 1 Nr. 3 BGB hervorgeht, soll der Aufklärende keine übermäßige Fachsprache verwenden und eine Sprache wählen, die der Patient versteht.[658] Nach Ansicht des *OLG Köln*[659] muss der Arzt bei der Aufklärung eines der deutschen Sprache kaum mächtigen Patienten bei der Implantation einer Hüfttotalendoprothese sicherstellen, dass ihm der Inhalt des Aufklärungsgesprächs durch einen Dolmetscher übersetzt wird. Wählt der Patient für die Übersetzung einen Familienangehörigen, muss der Aufklärende darüber hinaus kontrollieren, ob der Familienangehörige seine Ausführungen verstanden und korrekt in die andere Sprache übersetzt hat.

---

655 BGH, Urt. v. 25.3.2003 – VI ZR 131/02, VersR 2003, 1441.

656 Ausführlich zum relevanten Zeitpunkt der Aufklärung *Deutsch*, NJW 1979, 1905 ff.

657 S. BT-Drucks. 17/10488, S. 25; *Spickhoff*, MedR 2015, 845, 850; *Katzenmeier*, in: BeckOK, BGB, § 630e, Rn. 49.

658 BT-Drucks. 17/10488, S. 25; *Walter*, in: BeckOGK, BGB, § 630e, Rn. 35; *Katzenmeier*, in: BeckOK, BGB, § 630e, Rn. 49; weiterführend BGH, Urt. v. 11.10.2016 – VI ZR 462/15, NJW-RR 2017, 533, 535 (Rz. 11): Aufklärung ist an den körperlichen, geistigen und seelischen Zustand des betroffenen Patienten anzupassen; BGH, Urt. v. 29.1.2019 – VI ZR 117/18, NJW 2019, 1283, 1285 (Rz. 20): sofern keine Besonderheiten bestehen, ist der allgemeine Sprachgebrauch im konkreten Kontext maßgeblich; zur Pflicht des Arztes zur schriftlichen Zurverfügungstellung der Untersuchungsergebnisse bei Schwerhörigkeit des Patienten BVerfG, Beschl. v. 18.11.2004 – 1 BvR 2315/04, NJW 2005, 1103.

659 OLG Köln, Urt. v. 9.12.2015 – I-5 U 184/14, 5 U 184/14, VersR 2016, 994.

E. Haftungsbegründende Kausalität und Zurechnung

Der Aufklärungsfehler muss für die Verletzung der höchstpersönlichen Rechtsgüter des Patienten kausal sein.[660] Kausalität liegt vor, wenn der Patient bei ordnungsgemäßer und vollständiger Selbstbestimmungsaufklärung nicht in die Implantationsbehandlung eingewilligt hätte und eine Beeinträchtigung seiner Rechtsgüter nicht eingetreten wäre. Der eingetretene Schaden muss also auf die unterbliebene Aufklärung zurückzuführen sein. Kann die unterlassene Selbstbestimmungsaufklärung hingegen hinzugedacht werden, ohne dass der Schaden des Patienten entfiele, mangelt es am Ursachenzusammenhang.

§ 5 Ergebnisse

1. Der Qualifikation des Implantationsvertrags als typengemischter Vertrag entsprechend ist in Bezug auf die Gründe für eine Haftung des implantierenden Arztes oder des Krankenhausträgers zu differenzieren.
2. Zunächst kommt eine Haftung wegen der *Mangelhaftigkeit* des implantierten Medizinprodukts in Betracht. Hier ist insbesondere eine Einstandspflicht des Krankenhausträgers denkbar.
   a) Mangelhaft ist das Implantat i.S.v. § 434 Abs. 1 BGB oder – selten – gemäß § 633 Abs. 2 BGB, wenn es nicht der vertraglich vereinbarten Beschaffenheit entspricht oder es sich nicht für die nach dem Vertrag vorausgesetzte oder gewöhnliche Verwendung eignet. Ein in diesem Sinne beachtlicher Mangel liegt unproblematisch bei physischen Defekten des Medizinprodukts vor. Daneben kann ein Mangel bei Fehlen der Produktsicherheit bejaht werden. Zwar ist prinzipiell von einem subjektiven Fehlerverständnis auszugehen. Allerdings kann es nicht ausschließlich auf den Horizont des Patienten als eines medizinischen Laien ankommen. Um den Besonderheiten der Produktgruppe der implantierbaren Medizinprodukte gerecht

660 Die Aufklärungspflicht dient im Einklang mit der ganz herrschenden Auffassung sowohl nach Vertrags- als auch Deliktsrecht nicht nur dem Schutz des Selbstbestimmungsrechts des Patienten, sondern auch der körperlichen Integrität. Dazu *Katzenmeier*, in: BeckOK, BGB, § 630e, Rn. 64; *ders.*, Arzthaftung, S. 112 ff.; BGH, Urt. v. 9.12.1958 – VI ZR 203/57, NJW 1959, 811, 812; BGH, Urt. v. 16.1.1959 – VI ZR 179/57, NJW 1959, 814; BGH, Urt. v. 7.2.1984 – VI ZR 188/82, BGHZ 90, 96, 99 = NJW 1984, 1305 f.; BGH, Urt. v. 14.2.1989 – VI ZR 65/88, BGHZ 106, 391, 397 f. = NJW 1989, 1533, 1535.

zu werden, sind deshalb insbesondere auch die Sicherheitserwartungen der sog. benannten Stellen gemäß der Richtlinie 93/42/EWG sowie der beteiligten Fachkreise miteinzubeziehen.

b) Unter bestimmten Voraussetzungen kann im Übrigen der Medizinproduktfehlerverdacht als haftungsrechtlich relevanter Mangel eingeordnet werden.

3. Eine wesentliche Auswirkung aus der Anwendung der §§ 434 ff. BGB bzw. §§ 633 ff. BGB zeigt sich in der *Nacherfüllungspflicht des Krankenhausträgers*. Ist das implantierte Medizinprodukt mangelhaft, stehen dem Patienten die Rechte aus den §§ 437 Nr. 1 und 3, 434 BGB, selten aus den §§ 634 Nr. 1 und 2 sowie 4, 633 BGB, zu. Den Krankenhausträger trifft insbesondere die Pflicht zur Explantation eines mangelhaften Medizinprodukts samt Übernahme der hierfür anfallenden Kosten.
4. Einen Anspruch auf Ersatz der ihm bei einem ärztlichen Dritten für die Explantation des defekten und die Implantation eines mangelfreien Medizinprodukts entstandenen Kosten hat der Patient gemäß §§ 437 Nr. 3, 280 Abs. 1, 3, 281 Abs. 1 S. 1 BGB oder §§ 634 Nr. 4, 633, 280 Abs. 1, 3, 281 Abs. 1 S. 1 BGB prinzipiell nur, wenn er den Behandelnden erfolglos zur Nacherfüllung aufgefordert hat. Der Krankenhausträger hat also ein „Recht zur zweiten Andienung". Eines Nacherfüllungsverlangens bedarf es gemäß § 281 Abs. 2 Alt. 2 BGB ausnahmsweise nicht, wenn dem Patienten ein Festhalten am Implantationsvertrag nicht zumutbar ist. Nicht zumutbar ist dem Patienten ein Festhalten am Vertrag wiederum, wenn er das Vertrauen in die Behandlungsseite berechtigterweise verloren hat und dieser Vertrauensverlust gewichtig ist.
5. Der *implantierende Arzt* haftet für die durch ein mangelhaftes, verpflanztes Medizinprodukt verursachten Schäden des Patienten nur, wenn er den Mangel gemäß § 280 Abs. 1 BGB schuldhaft verkannt hat. Schuldhaft verkannt hat der Arzt die Mangelhaftigkeit des Medizinprodukts, wenn er vorsätzlich oder fahrlässig ein defektes Implantat verwendet hat. Weil der Arzt dem Patienten typischerweise nicht wissentlich und willentlich ein minderwertiges Produkt implantieren wird, ist in der weit überwiegenden Anzahl der Fälle danach zu fragen, ob er die Mangelhaftigkeit des Medizinprodukts hätte erkennen müssen und vermeiden können. Ob mögliche Mängel hätten erkannt werden müssen, beurteilt sich wiederum danach, ob sie bei einer Untersuchung des Medizinprodukts auf seine Funktionsfähigkeit und den ordnungsgemäßen Zustand hin entdeckt worden wären.

6. Eine Haftung der Behandlungsseite ist ferner wegen Verletzung einer Betreiber- und/oder Anwenderpflicht aus dem Medizinprodukterecht in Betracht zu ziehen.
7. Der *Behandlungsfehler* ist ein weiterer zentraler Haftungsgrund bei der Implantation von Medizinprodukten. Behandlungsfehlerhaft ist die Implantationsbehandlung, wenn der nach § 630a Abs. 2 Hs. 1 BGB maßgebliche Standard nicht eingehalten wird. Zu dessen Konkretisierung ist auf die ärztlichen Leitlinien auf dem Gebiet der Implantationschirurgie zurückzugreifen.
   a) Ein ärztlicher Sorgfaltspflichtverstoß liegt beispielsweise vor, wenn das Medizinprodukt oder die anzuwendende Implantationsmethode nicht auf den Patienten abgestimmt wurde. Ein Behandlungsfehler ist aber auch dann anzunehmen, wenn der operative Eingriff sorgfaltswidrig durchgeführt oder der Patient nicht bzw. nicht in dem gebotenen Umfang zu einem therapiegerechten Verhalten angeleitet wurde.
   b) Von einem Behandlungsfehler ist außerdem auszugehen, wenn der Arzt es unterlässt, den Patienten auf die Mangelhaftigkeit des implantierten Medizinprodukts hinzuweisen. Eine dahingehende Pflicht ergibt sich aus der analogen Anwendung des § 630c Abs. 2 S. 2 BGB. Die Analogie fußt auf der Überlegung, dass der Patient nicht nur ein Interesse an der Geltendmachung und Durchsetzung von Ansprüchen wegen eines Behandlungsfehlers hat. Das Gleiche gilt im Gegenteil auch für Ansprüche infolge der Mangelhaftigkeit des Medizinprodukts.
8. *Aufklärungsfehler* spielen im Rahmen von Implantationsbehandlungen ebenfalls eine gewichtige Rolle.
   a) Wie umfangreich die Aufklärung ausfallen muss, lässt sich nicht allgemein beantworten. Maßgeblich sind die Umstände des Einzelfalls. Zu berücksichtigen sind insbesondere die Schwere möglicher Schäden, die Wahrscheinlichkeit ihres Einritts sowie die Verständnisfähigkeit und der Kenntnisstand des Patienten. Inhaltlich umfasst die Pflicht zur Aufklärung beispielsweise den Hinweis auf die Materialbeschaffenheit des Medizinprodukts sowie dessen Verträglichkeit mit dem menschlichen Körper. Ferner erstreckt sich die ärztliche Aufklärungspflicht auf die Erläuterung von Chancen und Risiken der Implantationsbehandlung. Besondere Relevanz erlangt die Aufklärung im Übrigen in den Fällen, in denen lediglich der Verdacht einer von dem Medizinprodukt ausgehenden Gefahr besteht. Hier ist notwendig, dass der Behandelnde dem Patienten

einen unverblümten Eindruck von dem (bisher weder widerlegten noch erwiesenen) Gefahrenverdacht vermittelt.

b) In formaler Hinsicht muss die Aufklärung prinzipiell gemäß § 630e Abs. 2 S. 1 BGB durch den implantierenden Arzt erfolgen. In Ausnahmefällen kann sie an nicht-ärztliche Personen delegiert werden. Eine Delegation an „Aufklärungsspezialisten" ist jedenfalls in Bezug auf die Beschaffenheit und Funktionsweise des Medizinprodukts möglich. Um die Qualität der Aufklärung sicherzustellen, muss sie unter Aufsicht des implantierenden Arztes erfolgen.

Dritter Teil: Haftungsumfang

Hat der Behandelnde eine Pflicht aus dem Implantationsvertrag schuldhaft verletzt, kann der Patient den ihm hierdurch entstandenen Schaden ersetzt verlangen. Dies gilt freilich vorbehaltlich der Ersatzfähigkeit der geltend gemachten Schadensposition (dazu § 1). Auch muss der geltend gemachte Schaden dem Behandelnden zugerechnet werden können (dazu § 2). Von Bedeutung auf den Haftungsumfang ist im Übrigen ein etwaiges Mitverschulden des Patienten (dazu § 3).

§ 1 Ersatzfähige Schäden

Dem Patienten muss ein ersatzfähiger Schaden entstanden sein. Bei der Implantation von Medizinprodukten kommen unterschiedliche Haftungsgründe in Betracht. Der Fülle an Haftungsgründen steht eine Vielzahl *ersatzfähiger Schadensposten* gegenüber. Die nachfolgenden Ausführungen erheben nicht den Anspruch, sämtliche in Betracht kommende Schadensarten abschließend zu erfassen. Vielmehr sollen die *typischerweise* auftretenden Schäden kategorisiert werden.

Als ersatzfähige Schadensposten kommen zunächst eine Nachbehandlung durch den Behandelnden *in natura*, sowie der Ersatz der hierfür anfallenden Kosten in Betracht (dazu A.). Vorstellbar ist weiter, dass die Implantationsbehandlung zu einer dauerhaften Beeinträchtigung des Patienten führt, weshalb regelmäßige Mehraufwendungen erforderlich werden.[661] Ist der Patient beispielsweise infolge fehlerhafter Verpflanzung einer Prothese dauerhaft auf orthopädische Hilfsmittel angewiesen, ist fraglich, ob er die hierfür anfallenden Kosten als „vermehrte Bedürfnisse“ verlangen kann (dazu B.). Schäden des Patienten sind ferner wegen eingeschränkter Erwerbsfähigkeit möglich (dazu C.). Im Übrigen kann der Pati-

---

661 S. zu möglichen vermehrten Bedürfnissen des Patienten beispielsweise BGH, Urt. v. 20.1.2004 – VI ZR 46/03, NJW-RR 2004, 671, 672: Umbau eines Motorrades nicht ersatzfähig; BGH, Urt. v. 18.2.1992 – VI ZR 367/90, NJW-RR 1992, 792; BGH, Urt. v. 25.9.1973 – VI ZR 49/72, NJW 1974, 41, 42; vgl. auch BGH, Urt. v. 19.11.1955 – VI ZR 134/54, NJW 1956, 219; OLG Frankfurt, Urt. v. 12.5.2016 – 17 U 122/14, BeckRS 2016, 10872; *Drees*, VersR 1988, 784; *Zoll*, NJW 2014, 967 ff.; *Müller*, in: MAH MedR, § 2, Rn. 22.

ent infolge einer fehlerhaft erbrachten Implantationsbehandlung sowohl physische wie auch psychische Beeinträchtigungen erleiden (dazu D.).

Art, Inhalt und Umfang der Schadensersatzpflicht bestimmen sich nach den §§ 249 – 253 BGB. Die Vorschriften finden sowohl für das Vertrags- als auch Deliktsrecht Anwendung.[662]

A. Die Nachbehandlung

Ersatzfähige Schadensposten sind zunächst die Nachbehandlung in Natur sowie der Ersatz der für eine Nachbehandlung anfallenden Kosten.

I. Naturalrestitution

Hat der Behandelnde die Implantationsbehandlung *behandlungsfehlerhaft, schuldhaft eigenmächtig* oder unter *Verletzung einer medizinprodukterechtlichen Betreiber- und/oder Anwenderpflicht* durchgeführt, kann der Patient den Ausgleich seines Schadens im Wege der Naturalrestitution gemäß § 249 Abs. 1 BGB verlangen. Demnach muss der Behandelnde den Zustand herstellen, der bestehen würde, wenn der zum Ersatz verpflichtende Umstand nicht eingetreten wäre. Es sind der herzustellende und der hypothetische Zustand zu vergleichen.[663]

Eine vollständige Herstellung des ursprünglichen Zustands ist an sich nur bei der Reparatur oder bei ungebrauchten vertretbaren Sachen unproblematisch möglich.[664] Im Arzthaftungsrecht wird es deshalb allgemein für ausreichend erachtet, dass der Behandelnde im Falle eines *behandlungsfehlerhaften* Vorgehens einen Zustand herbeiführt, der dem schadensfreien möglichst nahekommt.[665] Weiter spricht für ein solches Verständnis die

---

662 *Oetker*, in: MüKo, BGB, § 249, Rn. 2; *Grüneberg*, in: Palandt, BGB, Vorbemerkung vor § 249, Rn. 4; *Wenker*, in: Bergmann/Pauge/Steinmeyer, Gesamtes Medizinrecht, BGB, Vor §§ 249 ff., Rn. 1.

663 S. allgemein BGH, Urt. v. 27.10.1988 – X ZR 92/96, NJW 1999, 430, 431; *Lange/Hagen*, Wandlungen des Schadensersatzrechts, S. 59, 61 ff.; *Oetker*, in: MüKo, BGB, § 249, Rn. 323.

664 Vgl. BGH, Urt. v. 27.10.1998 – X ZR 92/96, NJW 1999, 430, 431 f.; *Oetker*, in: MüKo, BGB, § 249, Rn. 325, 336 f.; *Lange/Hagen*, Wandlungen des Schadensersatzrechts, S. 59, 61.

665 Vgl. BGH, Urt. v. 8.5.2003 – IX ZR 334/01, NJW-RR 2003, 1042, 1043; BGH, Urt. v. 28.10.2014 – VI ZR 15/14, NJW-RR 2015, 275, 277; *Picker*, Naturalrestitu-

rechtliche Qualifikation des Implantationsvertrags, welcher als besonderer Behandlungsvertrag i.S.d. §§ 630a – 630h BGB zu qualifizieren ist.[666] Kraft des Vertrags schuldet der Behandelnde die sorgfaltsgerechte Verpflanzung des Implantats, nicht jedoch den Erfolg seiner Bemühungen. Für die Schadensersatzpflicht des Behandelnden kann nichts anderes gelten. Der Behandelnde ist im Rahmen der Nachbehandlung folglich gehalten, die auf dem Behandlungsfehler beruhenden körperlichen Schäden des Patienten im Wege der Heilbehandlung zu beseitigen. Dabei muss sich sein Vorgehen am Standard der Implantationschirurgie orientieren.

Hat der Arzt *fehlerhaft aufgeklärt*, muss er den Patienten so stellen, als ob die Implantationsbehandlung nicht durchgeführt worden wäre. Dementsprechend haftet der Behandelnde grundsätzlich für alle Schadensfolgen, die der Patient infolge der Verletzung der Aufklärungspflicht erlitten hat.[667]

Sinnwidrig ist die Naturalrestitution im Wege der Nachbehandlung hingegen bei Schadensersatzsprüchen statt der Leistung, wenn der Anspruch auf die Primärleistung ausgeschlossen ist.[668] Zu denken ist namentlich an die Fälle, in denen ein *mangelhaftes Medizinprodukt* implantiert wurde und sich der Patient zur Durchführung einer Revisionsoperation an einen dritten Arzt wendet. Hier ist zu verhindern, dass der Patient über das Vehikel der „Herstellung" i.S.v. § 249 Abs. 1 BGB einen der Erfüllung entsprechenden Zustand herbeiführen kann. Das gilt umso mehr, als sich der Scha-

---

tion durch den Geschädigten, S. 159; *Schiemann*, in: Staudinger, BGB, § 249, Rn. 182; *Oetker*, in: MüKo, BGB, § 249, Rn. 325, 336; vgl. hinsichtlich kosmetischer Eingriffe *Lorz*, Arzthaftung bei Schönheitsoperationen, S. 209 m.w.N.

666 S.o. Erster Teil § 4.

667 Vgl. z.B. BGH, Urt. v. 14.2.1989 – VI ZR 65/88, NJW 1989, 1533, 1534 f.; BGH, Urt. v. 23.10.1984 – VI ZR 24/93, NJW 1985, 676, 677; BGH, Urt. v. 26.6.1990 – VI ZR 289/89, NJW 1990, 2928, 2929; BGH, Urt. v. 12.3.1991 – VI ZR 232/90, NJW 1991, 2346, 2347; BGH, Urt. v. 14.11.1995 – VI ZR 359/94, NJW 1996, 777, 779; BGH, Urt. v. 30.1.2001 – VI ZR 353/99, NJW 2001, 2798; OLG München, Urt. v. 15.7.2010 – 1 U 2068/10, BeckRS 2010, 17443; *Katzenmeier*, in: BeckOK, BGB, § 630e, Rn. 64.

668 Früh schon *Pieper*, JuS, 1962, 409, 410; s. auch BGH, Urt. v. 22.7.2010 – VII ZR 176/09, NJW 2010, 3085; BGH, Urt. v. 11.12.2015 – V ZR 26/15, ZfBR 2016, 351, 352; *Schiemann*, in: Staudinger, BGB, § 249, Rn. 180: „sinnwidrig"; *Oetker*, in: MüKo, BGB, § 249, Rn. 334; *Flume*, in: BeckOK, BGB, § 249, Rn. 277 f.; *Ekkenga/Kuntz*, in: Soergel, BGB, § 249, Rn. 62; *Werner/Pauker*, Delikts- und Schadensersatzrecht, S. 375; *Tilmanns*, Strukturfragen des Dienstvertrages, S. 377; a.A. offensichtlich *Gebauer*, Naturalrestitution beim Schadensersatz wegen Nichterfüllung, S. 98 f.

densersatz statt der Leistung verlangende Patient selbst gegen die Erfüllung des Primäranspruchs entschieden hat.[669]

II. Ersatz der zur Naturalrestitution erforderlichen Kosten in Geld

Gemäß § 249 Abs. 2 S. 1 BGB kann der Patient anstelle[670] der Naturalrestitution den Ersatz der hierfür erforderlichen Kosten in Geld verlangen. Der Geldersatz i.S.v. § 249 Abs. 2 S. 1 BGB wird insbesondere relevant, wenn der Patient das Vertrauen in die ärztlichen Fähigkeiten und Kenntnisse verloren hat und es ihm nicht zuzumuten ist, sich dem Behandelnden zur Korrektur des Behandlungsfehlers nochmals anzuvertrauen. Ersatzfähig sind dabei nur die tatsächlich angefallenen, nicht aber die fiktiven Behandlungskosten.[671][672]

Wie aus § 249 Abs. 2 S. 1 BGB hervorgeht, müssen die Kosten im Übrigen „erforderlich“ sein. Wie hoch die zur Schadensbeseitigung erforderlichen Kosten sind, beurteilt sich nach objektiven Kriterien.[673] Entscheidend ist, ob sie „vom Standpunkt eines verständigen, wirtschaftlichen denkenden Menschen in der Lage des [Patienten] zur Behebung des Schadens zweckmäßig und angemessen erscheinen“.[674] Es gilt der Grundsatz, dass

---

669 So allgemein *Schiemann*, in: Staudinger, BGB, § 249, Rn. 180.

670 § 249 Abs. 2 S. 1 BGB begründet kein Wahlrecht des Patienten, sondern eine Ersetzungsbefugnis i.S. von § 262 BGB. Vgl. z.B. BGH, Urt. v. 8.2.1952 – V ZR 122/50, NJW 1952, 619; BGH, Urt. v. 29.10.1974 – VI ZR 42/3, NJW 1975, 160; aus der Literatur statt aller *Oetker*, in: MüKo, BGB, § 249, Rn. 384.

671 BGH, Urt. v. 17.9.2013 – VI ZR 95/13, NJW 2013, 3634, 3635 (Rz. 11 f.).

672 Bei Personenschäden besteht anders als bei Sachschäden eine Zweckbindung. Der Patient kann den Ersatz seiner Schäden nicht verlangen, wenn die Behandlungskosten lediglich fiktiv sind und eine erforderliche Heilbehandlung tatsächlich noch nicht durchgeführt wurde. Begründet wird dies mit der fehlenden Dispositionsfreiheit hinsichtlich der Beseitigung des Personenschadens, s. dazu BGH, Urt. v. 14.1.1986 – VI ZR 48/85, NJW1986, 1538; LG Stuttgart, Urt. v. 29.7.1976 – 18 O 257/75, NJW 1976, 1797; *Wenker*, in: Bergmann/Pauge/Steinmeyer, Gesamtes Medizinrecht, BGB, § 249, Rn. 3; zum Wahlrecht des Geschädigten auch *Schiemann*, in: Staudinger, BGB, § 249, Rn. 215.

673 Vgl. BGH, Urt. v. 6.11.1973 – VI ZR 27/73, NJW 1974, 34; *Oetker*, in: MüKo, BGB, § 249, Rn. 384.

674 So die ganz herrschende Meinung zu § 249 Abs. 2 S. 1 BGB. Vgl. z.B. BGH, Urt. v. 15.10.1991 – VI ZR 314/90, NJW 1992, 302; BGH, Urt. v. 12.10.2004 – VI ZR 151/03, NJW 2005, 51; BGH, Urt. v. 26.10.2004 – VI ZR 300/03, NJW 2005, 135, 136; BGH, Urt. v. 15.2.2005 – VI ZR 74/04, NJW 2005, 1041, 1042; BGH, Urt. v. 20.10.2009 – VI ZR 53/09, NJW 2010, 606; BGH, Urt. v. 18.10.2011 – VI ZR

gemäß § 249 Abs. 2 S. 1 BGB jedenfalls solche Kosten zu erstatten sind, die der Patient üblicherweise von seiner Krankenkasse ersetzt verlangen darf.[675]

Zu den nach § 249 Abs. 2 S. 1 BGB erstattungsfähigen Schadensposten zählen insbesondere die für eine notwendige Folgeoperation anfallenden Kosten[676] sowie für Pflege und Rehabilitation.[677] Derartige Kosten werden bei gesetzlich versicherten Patienten typischerweise von der Krankenkasse übernommen. Gemäß § 116 SGB X gehen in diesem Fall Schadensersatzansprüche des Patienten auf sie kraft Gesetzes über. Bei privat versicherten Patienten ist eine *cessio legis* nach § 86 Abs. 1 VVG denkbar.[678] Im Übrigen kann der Patient Geldersatz für den Krankenhausbesuch naher Angehöriger verlangen, sofern dieser für den Heilungsprozess förderlich ist.[679]

III. Unmöglichkeit der Naturalrestitution

Gemäß § 251 Abs. 1 Alt. 1 BGB kann der Patient Nachbehandlung im Wege der Naturalrestitution nicht verlangen, wenn die Herstellung des Zustands, der ohne das schädigende Ereignis bestehen würde, unmöglich ist. In solchen Fällen wird die Restitution durch den Ausgleich des Schadens in Geld kompensiert.[680] Unmöglichkeit i.S.d. §§ 249 Abs. 1, 251 Abs. 1 Alt. 1 BGB liegt vor, wenn die Herstellung des Zustands aus tatsächlichen oder rechtlichen Gründen ausscheidet.[681]

17/11, NJW 2012, 50, 51 (Rz. 6); BGH, Urt. v. 11.2.2014 – VI ZR 225/13, NJW 2014, 1947 (Rz. 7); BGH, Urt. v. 22.7.2014 – VI ZR 357/13, NJW 2014, 3151, 3152 (Rz. 15); *Heß/Burmann*, NJW-Spezial 2006, 207; kritisch *Oetker*, in: MüKo, BGB, § 249, Rn. 385.

675 *Heß/Burmann*, NJW-Spezial 2006, 207.

676 OLG Frankfurt, Urt. v. 12.5.2009 – 8 U 255/08, BeckRS 2013, 22841; OLG Hamburg, Urt. v. 30.1.2004 – 1 U 25/03, BeckRS 2004, 18540.

677 *Kern/Rehborn*, in: Laufs/Kern/Rehborn, Handbuch des Arztrechts, § 94, Rn. 5.

678 Vgl. statt aller *Gassner*, in: Deutsch/Lippert/Ratzel/Tag/Gassner, MPG, Haftung für Medizinprodukte Rn. 5.

679 S. BGH, Urt. v. 19.2.1991 – VI ZR 171/90, NJW 1991, 1240; anders noch BGH, Urt. v. 22.11.1988 – VI ZR 126/88, NJW 1989, 766; *Wenker*, in: Bergmann/Pauge/Steinmeyer, Gesamtes Medizinrecht, BGB, § 249, Rn. 8; *ders.*, in: Handbuch des Fachanwalts, Kap. 4, Rn. 347.

680 S. *Oetker*, in: MüKo, BGB, § 251, Rn. 4; *Magnus*, in: NK-BGB, BGB, § 251, Rn. 9.

681 Mit Beispielen *Schiemann*, in: Staudinger, BGB, § 251, Rn. 6 ff.; *Grüneberg*, in: Palandt, BGB, § 251, Rn. 3; *Flume*, in: BeckOK, BGB, § 251, Rn. 13 ff.; *Schulze*, in: Schulze, BGB, § 251, Rn. 2.

Ein Fall der tatsächlichen Unmöglichkeit ist anzunehmen, wenn der Gesundheitsschaden infolge der Tötung des Patienten[682] oder einer dauerhaften Verletzung des Körpers nicht behoben werden kann.[683] Ein derartiger Dauerschaden liegt beispielsweise bei einer nicht nur vorübergehenden Lähmung eines Körperteils oder -glieds vor.[684]

Beispielhaft illustriert sei eine Entscheidung des *OLG Koblenz*.[685] Im zugrundeliegenden Fall wurde dem Patienten eine Hüfttotalendoprothese trotz fehlender Indikation implantiert. Die Prothese wurde operativ fehlerhaft eingesetzt. Dies hatte eine dauerhafte Nervschädigung des rechten Fußapparates des Patienten zur Folge. Zwar verurteilte das Gericht den Behandelnden zuvörderst auf Zahlung eines angemessenen Schmerzensgeldes gemäß § 253 Abs. 2 BGB. Bei Lichte betrachtet handelt es sich jedoch um einen nach § 251 Abs. 1 Alt. 1 BGB zu ersetzenden materiellen Schadensposten, der auf die Unmöglichkeit der Naturalrestitution i.S.d. § 249 Abs. 1 BGB zurückzuführen ist. Denn die Lähmung des Fußapparats ist dauerhaft und lässt sich nicht durch Naturalrestitution beseitigen. Die Herstellung des Zustands, der ohne das schädigende Ereignis bestehen würde, ist aus tatsächlichen Gründen unmöglich. Insofern hätte das Gericht – zumindest auch – auf § 251 Abs. 1 Alt. 1 BGB abstellen müssen.

B. *Die „vermehrten Bedürfnisse"*

Zu den im Rahmen einer Implantationsbehandlung typischerweise auftretenden und ersatzfähigen Schäden könnten ferner „vermehrte Bedürfnisse" des Patienten zählen. Der Begriff der vermehrten Bedürfnisse ist in § 843 Abs. 1 Alt. 2 BGB erfasst. Wegen ihrer systematischen Stellung im Deliktsrecht ist die Anwendbarkeit der Vorschrift im Rahmen der Vertragshaftung zweifelhaft. Allerdings ist § 843 Abs. 1 Alt. 2 BGB nach über-

---

682 In diesem Fall gehen Ansprüche die Ansprüche des Patienten gemäß § 1922 Abs. 1 BGB auf die Erben über. Dessen ungeachtet können die Hinterbliebenen Ansprüche gemäß §§ 844, 845 BGB geltend machen.

683 Statt aller *Magnus*, in: NK-BGB, § 251, Rn. 11.

684 S. aus der jüngsten Rechtsprechung zum Problemfeld der Dauerschäden z.B. BGH, Urt. v. 11.10.2016 – VI ZR 462/15, NJW-RR 2017, 533; OLG Frankfurt, Urt. v. 3.5.2016 – 8 U 224/12, BeckRS 2016, 13568; OLG Köln, Urt. v. 15.7.2015 – 5 U 202/08, BeckRS 2015, 14338; OLG Köln, Urt. v. 22.6.2015 – 5 U 158/14, BeckRS 2015, 18035; LG Arnsberg, Urt. v. 1.12.2015 – 5 O 2/14, BeckRS 2016, 09309.

685 OLG Koblenz, Beschl. v. 21.10.2016 – 5 U 881/16, BeckRS 2016, 119366.

wiegender Auffassung Ausprägung der allgemeinen Regelungen des Schadensrechts i.S.d. §§ 249 – 253 BGB.[686] Zudem folgt aus mit dem Verweis auf die dienstvertraglichen Vorschriften in § 630b BGB i.V.m. § 618 Abs. 3 BGB, dass die Norm auch im Rahmen des Implantationsvertrags als besonderer Behandlungsvertrag gilt.[687]

Vermehrte Bedürfnisse i.S.v. § 843 Abs. 1 Alt. 2 BGB sind alle Mehraufwendungen, die dem Geschädigten im Vergleich zu einem gesunden Menschen infolge seiner körperlichen wie gesundheitlichen Beeinträchtigungen entstehen und über die normalen Lebenserhaltungskosten hinausgehen.[688] Die Ersatzfähigkeit setzt voraus, dass die Mehraufwendungen dauernd und regelmäßig erforderlich sind und nicht der Herstellung der Gesundheit des Patienten dienen.[689] Sie sind konkret darzulegen.[690]

Nach Ansicht des *LG Coburg*[691] kann beispielsweise die mit einem Brustimplantat fehlerhaft versorgte Patientin vom Arzt anteilig die Haushaltsführungskosten ersetzt verlangen, wenn sie infolge der sorgfaltswidrigen Durchführung der Implantationsoperation an einer ängstlich depressiven Symptomatik leidet und deshalb in der Führung des Haushalts eingeschränkt ist. Als vermehrte Bedürfnisse anerkannt worden sind auch die Kosten zur Instandhaltung eines künstlichen Gliedmaßes[692] oder die Anschaffung von Wäsche, die durch eine Prothese stärker abgenutzt wird.[693]

---

686 *Sprau*, in: Palandt, BGB, § 843, Rn. 1; *Huber*, in: NK-BGB, Vor §§ 842 ff., Rn. 4.

687 Vgl. statt aller *Wagner*, in: MüKo, BGB, § 843, Rn. 8.

688 BGH, Urt. v. 20.1.2004 – VI UR 46/03, NJW-RR 2004, 671, 672; BGH, Urt. v. 11.2.1992 – VI ZR 103/91, NJW-RR 1992, 791; BGH, Urt. v. 25.9.1973 – VI ZR 49/72, NJW 1974, 41; BGH, Urt. v. 10.11.1964 – VI ZR 186/63, NJW 1965, 102; *Wenker*, in: Bergmann/Page/Steinmeyer, Gesamtes Medizinrecht, § 249, Rn. 10; *Müller*, in: MAH MedR, § 2, Rn. 22; *Zoll*, NJW 2014, 967, 968.

689 S. z.B. BGH, Urt. v. 19.5.1981 – VI ZR 108/79, NJW 1982, 757; KG Berlin, Urt. v. 15.2.1982 – 12 U 3843/81, VersR 1982, 978; *Vieweg*, in: Staudinger, BGB, § 843, Rn. 7.

690 *Sprau*, in: Palandt, BGB, § 843, Rn. 3.

691 LG Coburg, Urt. v. 14.4.2009 – 14 O 402/05, BeckRS 2010, 26934.

692 So z.B. *Vieweg*, in: Staudinger, BGB, § 843, Rn. 23; BGH, Urt. v. 25.9.1973 – VI ZR 49/72, NJW 1974, 41, 42; *Sprau*, in: Palandt, BGB, § 843, Rn. 3; *Teichmann*, in: Jauernig, BGB, § 843, Rn. 2; LG Wiesbaden, Urt. v. 27.5.2014 – 1 O 44/14, BeckRS 2014, 11850; *Drees*, VersR 1988, 784, 788.

693 BGH, Urt. v. 19.11.1955 – VI ZR 134/54, NJW 1956, 219, 220.

C. Der entgangene Gewinn, insbesondere der Verdienstausfallschaden

Die Durchführung einer Implantationsbehandlung kann zur Folge haben, dass der Patient seiner bisherigen Erwerbsfähigkeit nicht mehr in dem gewohnten Umfang nachkommen kann. So ist zum Beispiel vorstellbar, dass der Patient infolge eines *Behandlungsfehlers* querschnittsgelähmt ist. Kann er deshalb nicht mehr als Hotelunternehmer, sondern lediglich am Empfang seines Hotels tätig sein, ist fraglich, ob er Ersatz für seine finanziellen Einbußen verlangen kann.[694] Aufgeworfen ist damit die Frage nach der Ersatzfähigkeit von Erwerbs- und Fortkommenseinbußen.

Gemäß § 252 S. 1 BGB umfasst der zu ersetzende Schaden auch den entgangenen Gewinn. Hierunter sind sämtliche Vermögensvorteile zu verstehen, die sich zwar im Zeitpunkt des schädigenden Ereignisses noch nicht im Vermögen des Geschädigten befunden haben, ihm aber ohne dieses Ereignis nach dem gewöhnlichen Lauf der Dinge zugeflossen wären.[695]

Der für Implantationsbehandlungen relevanteste entgangene Vermögensvorteil i.S.v. § 252 BGB ist – wie bereits angeklungen – der Verdienstausfallschaden. Verdienstausfallschaden ist der entgangene finanzielle Gewinn wegen Ausfall der eigenen Arbeitskraft. Gemeint sind alle wirtschaftlichen Nachteile, die der Geschädigte erleidet, weil und soweit er seine Arbeitskraft zum Beispiel infolge eines *Behandlungs-* oder *Aufklärungsfehlers* nicht verwerten kann.[696] Wie aus § 252 S. 2 BGB hervorgeht, braucht der entgangene finanzielle Gewinn nur „überwiegend wahrscheinlich" zu sein. Insofern ist von dem allgemeinen Grundsatz, dass der Patient grundsätzlich die Darlegungs- und Beweislast für die ihn begünstigenden Umstände trägt, abzuweichen.[697]

D. Schmerzensgeld

Im Übrigen kann der Patient vom Behandelnden Schmerzensgeld verlangen. Gemäß § 253 Abs. 2 BGB ist der Patient für sämtliche erlittene Nach-

694 OLG Hamm, Urt. v. 7.8.2013 – 3 U 190/11, BeckRS 2013, 198173.

695 S. nur BGH, Urt. 11.5.1989 – VII ZR 39/88, NJW-RR 1989, 980; BGH, Urt. v. 17.12.1963 – V ZR 186/61, NJW 1964, 661, 662; *Schiemann*, in: Staudinger, BGB, § 252, Rn. 1.

696 So *Wenker*, in: Bergmann/Pauge/Steinmeyer, Gesamtes Medizinrecht, BGB, § 252, Rn. 1; BGH, Urt. v. 28.4.1992 – VI ZR 360/91, VersR 1992, 886.

697 Zum Verhältnis von § 252 S. 2 BGB und § 287 ZPO *Oetker*, in: MüKo, BGB, § 252, Rn. 30; *v. Hoyningen-Huene/Boemke*, NJW 1994, 1757.

teile zu entschädigen, die auf der Verletzung seiner Gesundheit oder seines Körpers beruhen und nicht vermögensrechtlicher Natur sind. Im Hinblick auf die Behandlung mit implantierbaren Medizinprodukten kommt vor allem der monetäre Ausgleich von *körperlichen* Schmerzen, zum Beispiel infolge der *behandlungsfehlerhaften* Positionierung einer Prothese, in Betracht.

Ob der Patient außerdem Schmerzensgeld wegen einer *psychischen* Gesundheitsstörung verlangen kann, ist zweifelhaft (dazu I.). Maßstab für die Höhe des Schmerzensgeldes ist gemäß § 253 Abs. 2 BGB die Billigkeit. Zur Bestimmung dessen, was als „billige Entschädigung" anzusehen ist, kommt es wiederum auf alle relevanten Umstände des Einzelfalls an.[698] Maßgeblich sind eine Vielzahl von Faktoren, die sich jedoch grob umrissen in solche unterscheiden lassen, die in der Person des Patienten sowie der des Behandelnden liegen (dazu II.).

I. Schmerzensgeldanspruch bei Angst vor einem Funktionsausfall des implantierten Medizinprodukts?

Fraglich ist, ob der Patient gemäß § 253 Abs. 2 BGB Schmerzensgeld verlangen kann, wenn er mit der Angst leben muss, das implantierte Medizinprodukt könne jederzeit ausfallen. Relevant wird die Problematik insbesondere in solchen Konstellationen, in denen das Implantat bisher keine Ausfallerscheinungen gezeigt hat, es jedoch zu einer Produktgruppe gehört, bei der in der Vergangenheit wiederholt Fehler aufgetreten sind und nicht ausgeschlossen werden kann, dass es auch bei dem implantierten Medizinprodukt zu Funktionsstörungen oder einem Produktversagen kommt. Zu denken ist beispielhaft an den möglichen Bruch einer künstlichen Hüftprothese,[699] den Funktionsausfall eines Herzschrittmachers oder die Ruptur silikongelgefüllter Brustimplantate.[700]

Ist bei dem implantierten Medizinprodukt weder eine Funktionsstörung noch ein vollständiges Implantatversagen aufgetreten, fehlt es an einer so-

698 Vgl. BGH, Vereinigte Große Senate, Beschl. v. 16.9.2016 – VGS 1/16, NZV 2017, 179, 181 (Rz. 30); BGH, Urt. v. 15.1.1991 – VI ZR 163/90, NJW 1991, 1544; BGH, Urt. v. 16.12.1975 – VI ZR 175/74, NJW 1976, 1147; *Huber*, in: NK-BGB, § 253, Rn. 73; *Oetker*, in: MüKo, BGB, § 253, Rn. 36.

699 LG Berlin, Urt. v. 9.12.2008 – 5 O 467/07, BeckRS 2009, 05604; *Nebe*, VuR 2009, 459.

700 LG Frankenthal, Urt. v. 14.3.2013 – 6 O 304/14, MPR 2013, 134.

matischen Schädigung des Patienten.[701] Ein Schmerzensgeldanspruch nach § 253 Abs. 2 BGB wegen einer physischen Körper- oder Gesundheitsverletzung scheidet aus. Weil der Patient allerdings mit der ständigen Angst leben muss, das implantierte Medizinprodukt könne jederzeit ausfallen, ist eine *psychische* Gesundheitsstörung zu erwägen. Dass psychische Belastungen nach § 253 Abs. 2 Alt. 2 BGB schmerzensgeldfähig sind, wird zwar teilweise bezweifelt.[702] Allerdings verfolgt die Regelung des § 253 Abs. 2 BGB das Ziel, sämtliche erlittenen immateriellen Nachteile auszugleichen.[703] Nach dem *telos* der Vorschrift darf es daher keinen Unterschied machen, ob die gesundheitliche Störung auf körperlichen oder seelischen Lebensvorgängen beruht. Die Angst vor einem Funktionsausfall oder vollständigen Implantatversagen ist daher prinzipiell nach § 253 Abs. 2 BGB ersatzfähig.

Es ist zu verhindern, dass dem Patienten über das „Einfallstor" der psychischen Gesundheitsschädigung umfassende Schmerzensgeldansprüche zugesprochen werden. Daher sind an die Ersatzfähigkeit von Angstzuständen strenge Voraussetzungen zu stellen. So wird zunächst zu fordern sein, dass die Angst vor einem vollständigen oder teilweisen Funktionsausfall des Medizinprodukts auf zumindest nachvollziehbare Gründe zurückzuführen ist. Denn fehlen nach den wissenschaftlichen Erkenntnissen jegliche Anhaltspunkte für ein mögliches Implantatversagen, erscheint fraglich, inwiefern die Angst des Patienten berechtigt ist und eine entschädigungspflichtige Gesundheitsbeschädigung angenommen werden kann. Zweitens wird zu verlangen sein, dass die Angst zu Veränderungen der Lebensgewohnheiten des Patienten führt. Veränderungen der Lebensgewohnheiten können sich beispielsweise äußern in Einschränkungen der Mobilität oder dem Verzicht auf Alkohol, Nikotin oder Sport.[704] Denn nur, wenn der Patient infolge der Angst vor einer Funktionsbeeinträchtigung des medizinischen Produkts von seinen Verhaltensgewohnheiten ab-

---

701 Vgl. *Nebe*, VuR 2009, 459, 460.

702 Zu psychischen Belastungen BGH, Urt. v. 22.5.2007 – VI ZR 17/06, NJW 2007, 2764, 2765; a.A. offensichtlich, OLG Karlsruhe, Urt. v. 9.12.1987 – 7 U 62/85, VersR 1988, 1143; OLG Bamberg, Urt. v. 24.3.2003 – 4 U 172/02, BeckRS 2003, 30312911.

703 *Spindler*, in: BeckOK, BGB, § 253, Rn. 1; *Schiemann*, in: Staudinger, BGB, § 253, Rn. 28 ff.; *Huber*, in: NK-BGB, § 253, Rn. 24 ff.; vgl. *Nehlsen-v. Stryk*, JZ 1987, 119, 125; *Jaeger/Luckey*, Schmerzensgeld, Rn. 996.

704 OLG Stuttgart, Urt. v. 21.10.2009 – 3 U 86/09, NJOZ 2010, 1374, 1375 f.

weicht, lässt sich eine tatsächlich erlittene Belastung nachvollziehen.[705] Drittens wird vorauszusetzen sein, dass zwischen dem Eintritt der Angstzustände und der Implantation des Medizinprodukts ein gewisser zeitlicher Zusammenhang besteht. Eine entschädigungspflichtige psychische Gesundheitsschädigung scheidet hingegen aus, wenn zwischen der Verpflanzung des Implantats und den Angstzuständen des Patienten ein derart großer zeitlicher Abstand besteht, dass letztere dem Behandelnden vernünftigerweise nicht mehr zugerechnet werden können. In diesen Fällen liegt es nahe, den Schaden als Realisierung des allgemeinen Lebensrisikos zu begreifen. Liegen die vorgenannten Voraussetzungen vor, kann der Patient gemäß § 253 Abs. 2 BGB eine billige Entschädigung in Geld verlangen. Die Höhe des zu leistenden Schmerzensgeldes ist dabei anhand der nachfolgenden Kriterien zu bestimmen.

II. Die Kriterien zur Bemessung des Schmerzensgeldes

Bei der Bemessung des Schmerzensgeldes wegen der mit der fehlerhaft durchgeführten Implantationsbehandlung verbundenen Rechtsgutsverletzung kommt es auf eine Vielzahl von Faktoren an. Es ist zu differenzieren zwischen Umständen, die in der Person des Patienten (dazu 1.) als auch in der Person des Behandelnden (dazu 2.) wurzeln.

1. Die Umstände in der Person des Patienten

Zentral für den Umfang der zu bemessenden Entschädigung sind das *Ausmaß* und die *Intensität der erlittenen Rechtsgutsverletzung* sowie die damit verbundenen Leiden.[706] Es gilt der Grundsatz: Je länger die körperlichen oder gesundheitlichen Nachteile andauern und je tiefgreifender sie sind, desto höher fällt der Schmerzensgeldanspruch aus. So liegt es auf der Hand, dass die Entschädigung des Patienten höher anzusetzen ist, wenn die fehlerhafte Verpflanzung einer Hüftprothese zu einer dauerhaften Läh-

---

705 Vgl. LG Berlin, Urt. v. 9.12.2008 – 5 O 467/07, BeckRS 2009, 05604 (Belastung durch Wahrnehmung von Kontrolluntersuchungen).

706 OLG Köln, Urt. v. 23.3.2016 – 5 U 8/14, VersR 2017, 101 (Rz. 30); *Oetker*, in: MüKo, BGB, § 253, Rn. 36; *Huber*, in: NK-BGB, § 253, Rn. 89; *Grüneberg*, in: Palandt, BGB, § 253, Rn. 15; Müller, in: MAH MedR, § 2, Rn. 217.

mung des Fußapparats führt[707] als bei einer nur temporären Erscheinung.[708] Überhaupt führen Dauerschäden zu „ganz wesentlich höheren Schmerzensgeldern"[709] als Verletzungen, die mehr oder weniger folgenlos verheilen. Dauerschäden führen nicht nur zu empfindlichen körperlichen Schmerzen oder Beeinträchtigungen. Sie haben vielmehr auch zur Folge, dass der Patient dauerhaft seelisch unter den Folgen der fehlerhaft durchgeführten Implantationsbehandlung leiden muss.[710]

Berücksichtigung muss weiter die *Art des Heilungsverlaufs* finden.[711] Insbesondere die Anzahl sowie Dauer möglicher Krankenhausaufenthalte sind in die Abwägung einzubeziehen.[712] Kann die Rechtsgutsverletzung des Patienten nur durch eine Revisionsoperation behoben werden, muss die Entschädigung wegen des unmittelbaren Eingriffs in die körperliche Integrität des Patienten höher ausfallen als in den Fällen, in denen die Wunde von allein heilt.[713] Die Art des Heilungsverlaufs hat weiter Auswirkungen auf die Lebensgestaltung. Für die Bemessung des Schmerzensgeldes kommt es daher auch darauf an, inwieweit die Heilung der Körper- oder Gesundheitsschädigungen mit Einschränkungen der Lebensführung verbunden ist. Einschränkungen der Lebensführung sind beispielsweise gegeben, wenn der Patient ganz oder teilweise auf Alkohol, Nikotin, Sport[714] oder Sex[715] verzichten muss.

Schmerzensgelderhöhend zu berücksichtigen ist ferner die *Lebenserwartung* des Patienten. Zwar wird teilweise bestritten, dass das Alter des Geschädigten oder dessen voraussichtliche Lebenszeit Auswirkungen auf die Höhe des zu zahlenden Geldbetrags haben dürften.[716] Dem ist jedoch zu

---

707 OLG Karlsruhe, Teilurt. v. 23.3.2011 – 7 U 79/10, BeckRS 2012, 09779.

708 Mit den Anforderungen an die ärztliche Aufklärung über das Risiko einer Lähmung des Fußapparats bei der Implantation einer Hüftgelenksprothese beschäftigte sich jüngst der BGH (Urt. v. 11.10.2016 – VI ZR 462/15, NJW-RR 2017, 533). Der BGH urteilte, dass der Begriff Lähmung nicht dahingehend restriktiv zu verstehen sei, dass damit nur vorübergehende Lähmungszustände gemeint seien. Vielmehr impliziere Lähmung auch das dauerhafte Gelähmtsein.

709 *Jaeger/Luckey*, Schmerzensgeld, Rn. 1157.

710 Ausführlich OLG Karlsruhe, Urt. v. 2.11.1972 – 4 U 149/71, NJW 1973, 851, 852.

711 Vgl. *Huber*, in: NK-BGB, § 253, Rn. 90.

712 Vgl. *Huber*, in: NK-BGB, § 253, Rn. 90; vgl. *Nixdorf*, NZV 1996, 89, 90.

713 LG Freiburg, Urt. v. 24.2.2017 – 6 O 359/10, RDG 2017, 140, 142.

714 OLG Stuttgart, Urt. v. 21.10.2009 – 3 U 86/09, NJOZ 2010, 1374, 1375 f.

715 S. LG Freiburg, Urt v. 24.2.2017 – 6 O 359/10, RDG 2017, 140, 142; *Jaeger/Luckey*, Schmerzensgeld, Rn. 1128; *Huber*, in: NK-BGB, § 253, Rn. 90.

716 So z.B. *Koziol*, in: Festschrift Hausheer, 2002, S. 597, 599.

widersprechen. Gerade bei der fehlerhaften Durchführung von Implantationsbehandlungen können die Folgen für den Patienten immens sein und dessen Lebensführung nachhaltig beeinträchtigen. Wenn davon auszugehen ist, dass die körperlichen oder gesundheitlichen Beeinträchtigungen zeitlebens nicht verschwinden werden, ist nicht einsehbar, weshalb dieser Umstand bei der Berechnung des gemäß § 253 Abs. 2 BGB zu zahlenden Schmerzensgeldbetrags unberücksichtigt bleiben sollte. Die durchschnittliche Lebenserwartung des Patienten wirkt sich schmerzensgelderhöhend aus.[717] Damit soll freilich keine Diskriminierung von älteren Patienten einhergehen. Insbesondere wenn der Heilungsablauf gerade infolge des Alters des Patienten erschwert ist, kann die geringere Lebenserwartung bei der Entschädigungsbemessung relativiert werden.[718]

Ohne Einfluss auf die Höhe des zu leistenden Schmerzensgeldes sind nach ganz herrschender Auffassung hingegen die *Vermögensverhältnisse* des Geschädigten.[719]

2. Die Umstände in der Person des Behandelnden

Wenngleich der Schmerzensgeldanspruch dem Ausgleich für erlittene Nachteile dient und sich die Höhe der Entschädigung deshalb primär nach den Verhältnissen des Patienten richtet,[720] sind auch Faktoren aus der Sphäre des Behandelnden zu berücksichtigen. Maßgeblich ist insbesondere das *Ausmaß des Verschuldens*, wobei lediglich Vorsatz und grobe Fahrlässig-

---

717 Vgl. *Lepa*, in: Festschrift Müller, 2009, S. 113, 126; *Huber*, in: NK-BGB, § 253, Rn. 94; *ders.*, in: VersR 2016, 73, 76; *Lorz/Vieweg*, in: jurisPK, BGB, § 253, Rn. 72; *Müller*, in: MAH MedR, § 2, Rn. 219; vgl. zu einem hohen Alter des Geschädigten: RG, Urt. v. 7.4.1932 – VI 496/31, RGZ 136, 60 sowie BGH, Urt. v. 22.9.1977 – III ZR 117/75, VersR 1978, 36. Geringes Alter des Geschädigten: z.B. OLG Celle, Urt. v. 26.11.1992 – 5 U 245/91, NZV 1993, 349; OLG Frankfurt a.M., Urt. v. 21.2.1996 – 12 U 4/65, VersR 1967, 884; KG Berlin, Urt. v. 29.7.2004 – 8 U 54/04, NJOZ 2004, 3136; OLG Köln, Urt. 17.6.2006 – 19 U 37/06, NJW-RR 2007, 174; LG Freiburg, Urt. v. 9.10.2006 – 6 O 489/04, NJW-RR 2007, 534; OLG Frankfurt a.M., Urt. v. 31.1.2017 – 8 U 155/16, BeckRS 2017, 139887.

718 OLG Köln, Urt. v. 29.9.2006 – 19 U 193/05, VersR 2007, 259, 260; *Berger*, VersR 1977, 877, 880.

719 Vgl. OLG Schleswig, Urt. v. 29.6.1989 – 16 U 201/88, NJW-RR 1990, 470, 471; *Grüneberg*, in: Palandt, BGB, § 253, Rn. 16; ausführlich *Huber*, in: NK-BGB, § 253, Rn. 96; a.A. *Ziegler/Ehl*, JR 2010, 1.

720 Vgl. *Lorz/Vieweg*, in: jurisPK, BGB, § 253, Rn. 68, 79.

keit eine Rolle spielen sollen.[721] Zu berücksichtigen ist zudem das *Verschweigen eines Behandlungsfehlers*.[722] Lässt der Behandelnde den Patienten beispielsweise mehr als 20 Jahre aus Sorge vor Schadensersatzansprüchen im Unwissen über eine fehlerhaft erstellte Diagnose und muss der Patient deshalb mit der ständigen „Krebsangst" leben, fällt diesem Verhalten nach Ansicht des *OLG Karlsruhe*[723] bei der Schmerzensgeldbemessung besonderes Gewicht zu.

Verhältnismäßig gering fällt die Ersatzpflicht des behandelnden Arztes aus, wenn die Rechtsgutsverletzung des Patienten auf einem *Fehler des zu implantierenden Medizinprodukts* beruht und der Mangel auch für einen Facharzt nicht oder nur mit einigen Anstrengungen erkennbar war. In diesen Fällen stammt der die Schädigung auslösende Umstand aus der Sphäre des Medizinproduktherstellers. Der Patient kann insofern nach §§ 1 Abs. 1, 3 ProdHaftG gegen den Hersteller des fehlerhaften Produkts vorgehen und den Ersatz seiner Schäden verlangen. Ist aber der Fabrikant für die Körper- oder Gesundheitsschädigung des Patienten allein oder weit überwiegend verantwortlich, kann dieser Umstand bei der Bemessung des Schmerzensgeldes nicht unberücksichtigt bleiben. Er wirkt sich deshalb entschädigungsmindernd aus.

3. Fazit

Gemäß § 253 Abs. 2 BGB kann der Patient nicht nur Ersatz für körperliche Schmerzen verlangen. Schmerzensgeld ist dem Patienten vielmehr auch bei psychischen Beeinträchtigungen zu gewähren. Dies gilt insbesondere dann, wenn ihm ein Medizinprodukt implantiert wurde, das zu einer Produktgruppe gehört, dessen Ausfallrisiko nennenswert höher ist als bei vergleichbaren Produkten üblich und er deshalb mit der ständigen Angst eines Funktionsausfalls leben muss. Die Höhe des zu leistenden Schmerzensgelds ist unter umfassender Berücksichtigung sämtlicher Umstände des Einzelfalls zu bemessen. Dabei können insbesondere die zuvor dargestellten Faktoren berücksichtigt werden.

---

721 Vgl. OLG Oldenburg, Urt. v. 2.8.2006 – 5 U 16/06, NJW-RR 2007, 1468; OLG Köln, Urt. v. 9.1.2002 – 5 U 91/01, NJW-RR 2003, 308; OLG Bremen, Urt. v. 26.3.2002 – 3 U 84/01, VersR 2003, 779, 780; a.A. OLG Koblenz, Urt. v. 14.4.2005 – 5 U 667/03, NJW-RR 2005, 815, 816: geringes Verschulden des Arztes wirkt anspruchsmindernd; *Grüneberg*, in: Palandt, BGB, § 253, Rn. 17.

722 OLG Karlsruhe, Urt. v. 9.12.1987 – 7 U 62/85, VersR 1988, 1134, 1135.

723 OLG Karlsruhe, Urt. v. 9.12.1987 – 7 U 62/85, VersR 1988, 1134.

§ 2 Haftungsausfüllende Kausalität und Schadenszurechnung

Die Schadensersatzpflicht des Behandelnden setzt voraus, dass der Schaden ohne dessen Verhalten nicht eingetreten wäre. Der Schaden muss mit anderen Worten kausal und zurechenbar auf dem Sorgfaltspflichtverstoß beruhen.

A. *Haftungsausfüllende Kausalität und Zurechnungszusammenhang bei Aufklärungsfehlern*

I. Zur Kausalität zwischen Aufklärungsfehler und eingetretenem Schaden

Nach den allgemeinen Prinzipien des Haftungsrechts muss der Behandelnde für sämtliche Schäden des Patienten einstehen, die diesem *aufgrund* der sorgfaltswidrigen Aufklärung im Rahmen der Implantationsbehandlung entstanden sind. Der Ursachenzusammenhang fehlt hingegen, wenn der Aufklärungsfehler hinweggedacht werden kann, ohne dass der Schaden des Patienten entfiele.[724]

Die Kausalitätsformel ist weit gefasst und eröffnet dem Patienten umfassenden Raum für Schutzbehauptungen. Insbesondere dann, wenn ihm trotz sorgfaltsgemäßer Durchführung der Implantationsbehandlung Schäden entstanden sind, könnte er vortragen, der Behandelnde habe ihn *nicht ordnungsgemäß aufgeklärt* und er hätte nicht in die Behandlung eingewilligt, hätte er die Risiken gekannt. Der Behandelnde trägt im Haftpflichtprozess prinzipiell die Darlegungs- und Beweislast sowohl für die Einwilligung des Patienten als auch die Selbstbestimmungserklärung.[725] Durch gezielte Behauptungen könnte der Patient mithin das Misserfolgsrisiko einer an sich behandlungsfehlerfreien Implantation auf den Behandelnden überwälzen. Dieses Ergebnis ist zu verhindern.[726] Schadensersatzansprüche wegen eines Aufklärungsfehlers sind deshalb abzulehnen, wenn der Schutz-

---

724 Vgl. *Riehm*, in: BeckOGK, § 280, Rn. 313.

725 Für das Vertragsrecht ergibt sich die Verteilung der Beweislast unmittelbar aus § 630h Abs. 2 S. 1 BGB. Ferner ist jede Implantationsbehandlung als tatbestandsmäßige Körperverletzung i.S.v. § 823 BGB zu qualifizieren, bei der die Rechtswidrigkeit nach der Lehre vom Erfolgsunrecht indiziert und nur bei Vorliegen einer wirksamen Einwilligung des Patienten ausgeschlossen ist. Die Einwilligung ist also Rechtfertigungsgrund, für den grundsätzlich der Behandelnde beweisbelastet ist. Weiterführend *Katzenmeier*, Arzthaftung, S. 495 ff.

726 Statt aller *Wagner*, in: MüKo, BGB, § 630e, Rn. 76.

zweckzusammenhang zwischen der Aufklärungspflichtverletzung und dem Schaden des Patienten fehlt.[727]

Unter dem Begriff des Schutzzweckzusammenhangs werden Fälle zusammengefasst, in denen der Patient zwar nicht im gebotenen *Umfang* über die Implantationsbehandlung aufgeklärt worden ist. Es hat sich allerdings ein Risiko realisiert, über welches der Patient informiert wurde oder das wegen seines geringeren Gewichts nicht aufklärungsbedürftig war.[728] Es ist eine normative Frage, „ob der Arzt für alle Gefahren einzustehen hat, die sich im Verlauf des Eingriffs verwirklichen oder nur für das Risiko, über das er pflichtwidrig nicht aufgeklärt hat."[729]

Erwähnung verdient in diesem Zusammenhang die bereits oben zitierte Entscheidung des *BGH* aus dem Jahr 2006.[730] Im zugrundeliegenden Fall wurde der Patientin eine Hüftgelenksendoprothese implantiert. Präoperativ wurde sie über das Risiko einer Nervschädigung aufgeklärt, nicht aber über das geplante Implantationsverfahren. Die Prothese sollte namentlich mittels der sog. „Robodoc"-Methode implantiert werden. Die Patientin machte daher geltend, die Aufklärung sei fehlerhaft, weil sie keinen Hinweis auf die gewählte Art der Implantationsmethode enthalten habe. Mit Recht lehnte der *BGH* einen Schadensersatzanspruch des Patienten wegen fehlenden Schutzzweckzusammenhangs ab. Mit der Nervschädigung der Patientin hatte sich ein Risiko verwirklicht, über welches der Arzt präoperativ – wenn auch im Zusammenhang mit einer anderen Operationsmethode – aufgeklärt hatte. Entscheidend ist nicht, ob auch über andere und unter Umständen unbekannte Gefahren, die sich nicht verwirklicht hatten, hätte aufgeklärt werden müssen, solange sich ein Risiko verwirklicht, über welches der Patient aufzuklären war und über das er tatsächlich auch

---

727 Grundlegend BGH, Urt. v. 7.2.1984 – VI ZR 188/82, BGHZ 90, 96, 100 ff. = NJW 1984, 1395, 1396; vgl. auch BGH, Urt. v. 14.2.1989 – VI ZR 65/88, BGHZ 106, 391, 398 = NJW 1989, 1533, 1535; BGH, Urt. v. 15.2.2000 – VI ZR 48/99, BGHZ 144, 1, 7 = NJW 2000, 1784, 1786; BGH, Urt. v. 13.6.2006 – VI ZR 323/04, BGHZ 168, 103 = NJW 2006, 2477, 2478; *Katzenmeier*, Arzthaftung, S. 345; *ders.*, NJW 2006, 2738; *ders.*, in: BeckOK, BGB, § 630e, Rn. 66; *Spickhoff*, NJW 2002, 1758, 1763; allgemein *Deutsch*, Allgemeines Haftungsrecht, Rn. 297 ff., 322 ff.; BT-Drucks. 17/10488, S. 29.

728 Allgemein BGH, Urt. v. 7.2.1984 – VI ZR 188/82, NJW 1984, 1395, 1396.

729 Vgl. *Katzenmeier*, Arzthaftung, S. 345 m.w.N.

730 BGH, Urt. v. 23.6.2006 – VI ZR 323/04, BGHZ 168, 103 = NJW 2006, 2477, 2478 m. Anm. *Katzenmeier*, NJW 2006, 2738; m. Anm. *Olzen/Stylianidis*, JR 2007, 196; m. Anm. *Vogeler*, MedR 2008, 697.

aufgeklärt worden ist.[731] In diesen Fällen hat sich der Patient nämlich auf das verwirklichte Risiko bei seiner Einwilligung in die Implantationsbehandlung eingelassen, weshalb er aus der Verwirklichung *dieses* Risikos bei wertender Betrachtungsweise keine Ansprüche herleiten kann.[732]

Eine Begrenzung der Haftung wegen eines Aufklärungsfehlers nach Maßgabe des Schutzzwecks der verletzten Verhaltensnorm setzt nach der Rechtsprechung das Vorliegen einer „Grundaufklärung" voraus.[733] Danach muss der Patient jedenfalls über die gravierendsten Risiken der betreffenden Behandlung aufgeklärt worden sein. Wurde eine Aufklärung in Bezug auf die schwerwiegendsten Konsequenzen der Implantationsbehandlung unterlassen und war der Patient deshalb nicht in der Lage, sich ein zutreffendes Bild von möglichen Gefahren und der Tragweite der Behandlung zu verschaffen, ist die Haftung wegen eines Aufklärungsfehlers nicht unter dem Aspekt des fehlenden Schutzzweckzusammenhangs auszuschließen. Leitend hierfür ist der Gedanke, dass sich der Patient in Ausübung seines grundrechtlich verbürgten Rechts auf Selbstbestimmung möglicherweise gegen die Implantationsbehandlung entschieden hätte, wenn er eine Grundaufklärung in diesem Sinne erfahren hätte. Dies hätte wiederum zur Konsequenz, dass solche Schäden ausgeblieben wären, über deren möglichen Eintritt gerade nicht aufzuklären war.[734]

Ist ein Aufklärungsfehler zu bejahen, obliegt dem Patienten der Kausalitätsbeweis zwischen dem vertrags- und rechtswidrigen Behandlungsein-

---

731 S. BGH, Urt. v. 28.5.2019 – VI ZR 27/17, NJW 2019, 2320, 2321 (Rz. 12); BGH, Urt. v. 23.6.2006 – VI ZR 323/04, BGHZ 168, 103 = NJW 2006, 2477, 2478 (Rz. 18); BGH, Urt. v. 15.2.2000 – VI ZR 48/99, NJW 2000, 1784, 1786; BGH, Urt. v. 30.1.2001 – VI ZR 353/00, NJW 2001, 2798.

732 So ausdrücklich BGH, Urt. v. 28.5.2019 – VI ZR 27/17, NJW 2019, 2320, 2321 (Rz. 12); BGH, Urt. v. 30.1.2001 – VI ZR 353/99, NJW 2001, 2798; *Greiner*, in: Geiß/Greiner, Arzthaftpflichtrecht, Kap. C, Rn. 156.

733 Grundlegend BGH, Urt. v. 14.2.1989 - VI ZR 65/88, BGHZ 106, 391, 399 = NJW 1989, 1533, 1535; BGH, Urt. v. 12.3.1991 – VI ZR 232/90, NJW 1991, 2346, 2347; BGH, Urt. v. 14.11.1995 – VI ZR 359/94, NJW 1996, 777, 779; BGH, Urt. v. 30.1.2001 – VI ZR 353/99, NJW 2001, 2798; BGH, Urt. v. 28.5.2019 – VI ZR 27/17, NJW 2019, 2320, 2321 (Rz. 12); OLG Brandenburg, Urt. v. 1.9.1999 – 1 U 3/99, NJW-RR 2000, 398, 399 f.; vgl. auch *Steffen*, in: Festschrift Medicus, 1999, S. 637, 641 ff.; *Wagner*, in: MüKo, BGB, § 630e, Rn. 77; *Schenk*, Die medizinische Grundaufklärung, 2015; *Gödicke*, MedR 2017, 770.

734 Allgemein BGH, Urt. v. 14.2.1989 - VI ZR 65/88, BGHZ 106, 391, 399 = NJW 1989, 1533, 1535; BGH, Urt. v. 12.3.1991 – VI ZR 232/90, NJW 1991, 2346, 2347; BGH, Urt. v. 14.11.1995 – VI ZR 359/94, NJW 1996, 777, 779; BGH, Urt. v. 30.1.2001 – VI ZR 353/99, NJW 2001, 2798; *Schenk*, Die medizinische Grundaufklärung, S. 29 f.

griff einerseits und dem geltend gemachten Schaden andererseits. Die Primärschädigung liegt in dem – mangels wirksamer Einwilligung – vertrags- und rechtswidrigem Behandlungseingriff.[735] Für die eingetretenen Schäden gilt nach der Rechtsprechung die Beweiserleichterung des § 287 Abs. 1 ZPO.[736]

II. Die Einwände des Behandelnden zur haftungsausfüllenden Kausalität

Hat der Behandelnde den Patienten über die Implantationsbehandlung insgesamt oder über die mit ihr verbundenen Risiken nicht ausreichend aufgeklärt und hat sich ein aufklärungspflichtiger Umstand in einem Schaden realisiert, kann er gleichwohl von der Haftung wegen eines Aufklärungsfehlers befreit sein, wenn er erfolgreich Einwände zur Kausalität geltend macht.[737] Im Hinblick auf die Implantation von Medizinprodukten könnte vor allem der Einwand der hypothetischen Einwilligung sowie der hypothetischen Kausalität, genauer des rechtmäßigen Alternativverhaltens, Bedeutung erlangen.

1. Die hypothetische Einwilligung

Eine erste Verteidigungsmöglichkeit gegen die Kausalität eröffnet der Einwand der hypothetischen Einwilligung (für das Vertragsrecht geregelt in § 630h Abs. 2 S. 2 BGB). Danach kann sich der Behandelnde darauf berufen, der Patient hätte auch bei ordnungsgemäßer Aufklärung in die Be-

---

735 BGH, Urt. v. 29.9.2009 – VI ZR 251/08, NJW-RR 2010, 833; BGH, Urt. v. 15.3.2005 – VI ZR 313/03, NJW 2005, 1718, 1719; BGH, Urt. v. 13.1.1987 – VI ZR 82/86, NJW 1987, 1481, 1482; OLG Köln, Urt. v. 13.1.2014 – 5 U 66/10, BeckRS 2014, 1695; *Greiner*, in: Geiß/Greiner, Arzthaftpflichtrecht, Kap. C, Rn. 147; *Glanzmann*, in: Bergmann/Pauge/Steinmeyer, Gesamtes Medizinrecht, ZPO, § 287, Rn. 12 ff.; *Terbille/Feifel*, in: MAH MedR, § 1, Rn. 768; *Wagner*, in: MüKo, BGB, § 630h, Rn. 127.

736 Vgl. z.B. BGH, Urt. v. 29.9.2009 – VI ZR 251/08, NJW-RR 2010, 833, 835 (Rz. 13); BGH, Urt. v. 15.3.2005 – VI ZR 313/03, NJW 2005, 1718, 1719; OLG Celle, Urt. v. 5.12.2016 – 1 U 19/16, BeckRS 2016, 134742; OLG Köln, Urt. v. 13.1.2014 – 5 U 66/10, BeckRS 2014, 1695.

737 *Kern/Laufs*, Die ärztliche Aufklärungspflicht, S. 157.

handlung mit einem Medizinprodukt eingewilligt.[738] Den Arzt trifft insofern die Darlegungs- und Beweislast.[739] Beweis antreten muss er jedoch erst dann, „wenn der Patient plausibel macht, dass er, wären ihm rechtzeitig die Risiken [und näheren Umstände] der Behandlung verdeutlicht worden, vor einem echten Entscheidungskonflikt gestanden hätte“[740]. Zwar wird teilweise gegen den Einwand der hypothetischen Einwilligung vorgebracht, dass die Selbstbestimmungsautonomie des Patienten zu respektieren sei. Der Entschluss des Kranken könne später nicht durch eine (gerichtliche) Feststellung ersetzt werden, welche Entscheidung er getroffen hätte, wenn er ordnungsgemäß aufgeklärt worden wäre.[741] Die Selbstbestimmungsaufklärung müsse zwingend vor einem Eingriff in die körperli-

---

738 Allgemein *Förster*, in: BeckOK, BGB, § 823, Rn. 923; *Katzenmeier*, Arzthaftung, S. 347; *ders.*, in: Laufs/Katzenmeier/Lipp, Arztrecht, Kap. V., Rn. 99; *Kern*, in: Laufs/Kern/Rehborn, Handbuch des Arztrechts, § 66, Rn. 50, § 71, Rn. 4; *Nüssgens*, in: Festschrift Nirk, 1992, S. 745, 749; *Greiner*, in: Geiß/Greiner, Arzthaftpflichtrecht, Kap. C, Rn. 121; a.A. aber *v. Caemmerer*, Das Problem der überholenden Kausalität im Schadensersatzrecht, S. 30 f.; *Zeuner*, AcP 162 (1963), 516, 523; *Deutsch*, NJW 1979, 1905, 1906.

739 So hinsichtlich eines Aufklärungsmangels bei der Wahl des Prothesenmaterials OLG Koblenz, Urt. v. 13.7.2015 – 5 U 282/15, MDR 2015, 1420; vgl. auch *Kern*, in: Laufs/Kern/Rehborn, Handbuch des Arztrechts, § 71, Rn. 4; *Conrad/Koranyi*, JuS 2013, 979, 980 f.

740 So die ganz herrschende Auffassung der Rechtsprechung, auch wenn § 630h Abs. 2 S. 2 BGB nach dem Wortlaut der Norm für das Vertragsrecht entgegen einer früheren Entwurfsfassung einen „echten Entscheidungskonflikt“ nicht voraussetzt, vgl. BGH, Urt. v. 21.5.2019 – VI ZR 119/18, NJW 2019, 3072, 3074 (Rz. 17); BGH, Urt. v. 30.9.2014 – VI ZR 443/13, NJW 2015, 74, 75; BGH, Urt. v. 27.3.2007 – VI ZR 55/05, NJW 2007, 2767, 2769 (Rz. 34); BGH, Urt. v. 15.3.2005 – VI ZR 313/03, NJW 2005, 1718, 1719; OLG Köln, Urt. v. 9.3.2016 – 5 U 36/15, VersR 2017, 621, 622 (Rz. 18 f.); OLG Köln, Urt. v. 21.3.2016 – 5 U 76/14, BeckRS 2016, 5696 (Rz. 26); s. auch OLG Koblenz, Beschl. v. 13.7.2015 – 5 U 282/15, BeckRS 2015, 19030 (Rz. 11); OLG Koblenz, Beschl. v. 4.7.2014 – 5 U 89/14, NJOZ 2015, 966, 967; OLG Bremen, Urt. v. 2.4.2015 – 5 U 12/14, BeckRS 2015, 8069; KG, Urt. v. 4.12.2014 – 20 U 246/13, BeckRS 2015, 2204; *Förster*, in: BeckOK, BGB, § 823, Rn. 923. Nach Ansicht der Rechtsprechung dürfen an die Substantiierungspflicht des Patienten zur Darlegung seines inneren Entscheidungskonflikts freilich keine allzu hohen Anforderungen gestellt werden, vgl. BGH, Urt. v. 14.6.1994 – VI ZR 260/93, NJW 1994, 2414, 2415; BGH, Urt. v. 17.3.1998 – VI ZR 74/97, NJW 1998, 2734. Ausreichend soll demnach sein, dass der Patient den Entscheidungskonflikt darlegt, in dem er sich bei ordnungsgemäßer Aufklärung befunden hätte. S. im Übrigen *Kern*, in: Laufs/Kern/Rehborn, Handbuch des Arztrechts, § 71, Rn. 4 f.

741 Statt aller *v. Caemmerer*, Das Problem der überholenden Kausalität im Schadensersatzrecht, S. 30.

che Integrität des Patienten erfolgen, lasse sich im Haftpflichtprozess nicht „nachholen“ und dürfe zur Wahrung des Selbstbestimmungsrechts auch nicht nachgeholt werden.[742]

Zwar ist der Gegenansicht zuzugestehen, dass die Lage des Patienten vor dem operativen Eingriff nicht in allen Einzelheiten nachgezeichnet werden kann. Den Einwand der hypothetischen Einwilligung deshalb insgesamt abzulehnen, ist jedoch nicht angebracht.[743] Die Versagung des Einwands stünde nicht nur in Widerspruch zur ausdrücklichen Anerkennung durch den Gesetzgeber in § 630h Abs. 2 S. 2 BGB.[744] Sie würde auch Sinn und Zweck des Selbstbestimmungsrechts überbeanspruchen.[745] Im Übrigen sprechen praktische Erwägungen für die Berücksichtigung des Einwands der hypothetischen Einwilligung. Medizinprodukte werden in der ganz überwiegenden Zahl der Fälle in den Körper des Patienten implantiert, wenn ihre Verpflanzung die letzte Möglichkeit darstellt, um verlorengegangene oder beeinträchtigte Körperfunktionen auszugleichen.[746] Wenn aber die Versorgung mit einem Implantat *ultima ratio* zur Förderung der eigenen Gesundheit ist, wird der Patient den medizinischen Eingriff – von wenigen Ausnahmen abgesehen[747] – in aller Regel nicht ablehnen.

Illustriert sei im Zusammenhang mit dem Einwand der hypothetischen Einwilligung eine Entscheidung des *OLG Koblenz*.[748] Der Patientin wurde eine Standard-Knieprothese mit Kobalt- und Nickelbestandteilen implantiert. Dem behandelnden Arzt war dabei bekannt, dass die Patientin unter einer Nickel-Allergie litt. Gleichwohl klärte er sie nicht über die mögliche Verwendung eines nickelfreien Spezialimplantats auf, weil dieses im maßgeblichen Zeitpunkt nicht ausreichend erprobt gewesen ist und andere, bislang unbekannte Nebenwirkungen nicht auszuschließen waren. Dem nach Überzeugung des *Gerichts* feststehenden Aufklärungsfehler begegnete

---

742 So z.B. *Giesen*, Arzthaftungsrecht, Rn. 234; im Ergebnis ebenso *Zeuner*, AcP 162 (1963), 516, 523; *v. Caemmerer*, Das Problem der überholenden Kausalität im Schadensersatzrecht, S. 30.

743 Vgl. *Katzenmeier*, Arzthaftung, S. 348.

744 *Schiemann*, in: Staudinger, BGB, § 249, Rn. 108.

745 Vgl. *Katzenmeier*, in: Laufs/Katzenmeier/Lipp, Arztrecht, Kap. V., Rn. 100; *Hager*, in: Staudinger, BGB, § 823, Rn. I 123; *Schiemann*, in: Staudinger, BGB, § 249, Rn. 108.

746 S.o. Einleitung § 1 sowie Erster Teil § 3 B. II.

747 Vgl. BVerfG, Beschl. v. 2.8.2001 – 1 BvR 618/93, NJW 2002, 206 (Bluttransfusion bei Zeugen Jehovas); allgemein zu Bluttransfusionen bei Zeugen Jehovas *Bender*, MedR 1999, 260.

748 OLG Koblenz, Beschl. v. 13.7.2015 – 5 U 282/15, BeckRS 2015, 19030.

der Behandelnde mit dem beachtlichen[749] Einwand der hypothetischen Einwilligung. Der Patientin oblag daher der Nachweis ihres Entscheidungskonflikts. Diesen hat sie jedoch nicht plausibel dargelegt. Ihr einseitiges Abstellen auf eine etwaige allergische Reaktion verdeutlicht vielmehr, dass sie die Risiken alternativer, noch unerprobter Behandlungsmethoden mit anderen, unbekannten Nebenwirkungen im Zeitpunkt der Implantationsoperation nicht ausreichend gewürdigt hat. Ein plausibler Vortrag der Patientin hätte erfordert, dass sie offenlegt, warum bestimmte Umstände zum damaligen Zeitpunkt irrelevant gewesen sind – unabhängig davon, ob diese vernünftig sind. Hieran fehlte es jedoch schon.[750]

2. Die hypothetische Kausalität

Zweite zentrale Verteidigungsmöglichkeit ist der Einwand der hypothetischen Kausalität. Danach kann der Behandelnde geltend machen, dass sich der Patient mit an Sicherheit grenzender Wahrscheinlichkeit wegen des Fortschreitens seiner körperlichen Gebrechen in demselben Zustand befunden hätte, wenn er die ohne wirksame Einwilligung durchgeführte Implantationsbehandlung unterlassen hätte.[751] Nach § 286 ZPO trägt der Arzt die volle Darlegungs- und Beweislast für das Vorliegen der hypothetischen Kausalität.[752]

---

749 Vgl. nur BGH, Urt. 7.2.1984 – VI ZR 174/82, NJW 1984, 1397; BGH, Urt. v. 21.5.2019 – VI ZR 119/18, NJW 2019, 3072, 3074 (Rz. 17); BGH, Urt. v. 30.9.2014 – VI ZR 443/13, NJW 2015, 74, 75; BGH, Urt. v. 27.3.2007 – VI ZR 55/05, NJW 2007, 2767, 2769 (Rz. 34); BGH, Urt. v. 15.3.2005 – VI ZR 313/03, NJW 2005, 1718, 1719.

750 S. zum gesamten Absatz OLG Koblenz, Beschl. v. 13.7.2015 – 5 Z 282/15, BeckRS 2015, 19030 (Rz. 10 f.); *Förster*, in: BeckOK, BGB, § 823, Rn. 923.

751 Vgl. *Kern/Laufs*, Die ärztliche Aufklärungspflicht, S. 157; erstmals BGH, Urt. v. 10.7.1959 – VI ZR 87/58, NJW 1959, 2299, 2300; BGH, Urt. v. 23.10.1984 – VI ZR 24/83, NJW 1985, 676, 677; vgl. auch BGH, Urt. v. 7.2.2012 – VI ZR 63/11, NJW 2012, 850 f. (Rz. 9 f.); BGH, Urt. v. 22.3.2016 – VI ZR 467/14, NJW 2016, 3522; BGH, Urt. v. 15.2.2005 – VI ZR 313/03, NJW 2005, 1718, 1720; OLG München, Urt. v. 14.2.1985 – 24 U 3556/84, MedR 1989, 40; s. zur Beweislast bei feststehendem Aufklärungsmangel des Arztes hinsichtlich der Wahl des Prothesenmaterials für den hypothetischen Kausalverlauf bei Verwendung alternativer Materialien OLG Koblenz, Beschl. v. 13.7.2015 – 5 U 282/15, BeckRS 2015, 19030; *Steffen*, in: Festschrift Medicus, 1999, S. 637, 643.

752 BGH, Urt. v. 22.3.2016 – VI ZR 467/14, NJW 2016, 3522, 3523 (Rz. 14); BGH, Urt. v. 7.2.2012 – VI ZR 63/11, NJW 2012, 850, 851 (Rz. 10); BGH, Urt. v.

B. Ausschluss der Zurechnung in den Fällen eines ohnehin notwendigen Implantatwechsels?

Fraglich ist, ob die Schadenszurechnung abzulehnen ist, wenn dem Patienten ein *mangelhaftes Implantat* verpflanzt worden ist, welches zu einem Produktmodell gehört, das nach seiner Art nur eine begrenzte Lebensdauer aufweist und ein Austausch ohnehin – wenn auch zu einem späteren Zeitpunkt – hätte erfolgen müssen. Zu denken ist insbesondere an Herzschrittmacher, deren Batterieleistung sich nach einiger Zeit erschöpft.[753] Ein Austausch kommt ebenso in Betracht bei Knieprothesen, deren Abnutzung von der körperlichen Aktivität oder Knochenbeschaffenheit des Patienten abhängt. Aufgeworfen ist die Problematik, inwiefern Reserveursachen im Hinblick auf die Schadenszurechnung bei Implantationsbehandlungen zu berücksichtigen sind.[754]

Allgemein ist die Schadensersatzpflicht des Behandelnden auf diejenigen Nachteile beschränkt, welche durch einen *früheren* Schadenseintritt hervorgerufen worden sind, wenn eine andere Schadenslage zu demselben Schaden geführt haben würde.[755] Hintergrund der Überlegung ist, dass der Patient nur insoweit anspruchsberechtigt sein soll, als er durch das schädigende Ereignis *tatsächlich* einen Nachteil erlitten hat. Ein solcher Fall liegt indes nicht vor. Der eingetretene „Schaden“ – die Notwendigkeit des operativen Austauschs des implantierten Medizinprodukts – beruht nicht auf der eingeschränkten Lebensdauer des Herzschrittmachers oder möglichen Abnutzungserscheinungen der Knieprothese. Die Notwendigkeit der Revisionsoperation ergibt sich im Gegenteil aus der Mangelhaftigkeit des Implantats an sich. Sie folgt aus einem anderen Grund, als es am Ende der Lebensdauer des Medizinprodukts der Fall gewesen wäre.[756] Die Schadenszurechnung kann folglich typischerweise nicht mit dem Argument abgelehnt

---

15.2.2005 – VI ZR 313/03, NJW 2005, 1718, 1720; weiterführend *Katzenmeier*, Arzthaftung, S. 350 m.w.N.

753 OLG Köln, Urt. v. 4.8.2014 – I-5 U 157/13, 5 U 157/13, MedR 2015, 264.

754 Allgemein zur Einordnung von Reserveursachen als Problem der Schadenszurechnung BGH, Urt. v. 7.6.1988 – IX ZR 144/87, NJW 1988, 3265, 3266; *Kahrs*, Kausalität und überholende Kausalität im Zivilrecht, S. 62 f.; 171 ff.; *Larenz*, Schuldrecht AT I, § 30 I, S. 525; vgl. *Musielak*, JA 2013, 241, 246 sowie *Flume*, in: BeckOK, BGB, § 249, Rn. 324.

755 BGH, Urt. v. 23.10.1984 – VI ZR 24/83, NJW 1985, 676, 677; BGH, Urt. v. 5.2.1965 – VI ZR 239/63, VersR 1965, 491; *Giesen*, Wandlungen des Arzthaftungsrechts, S. 44.

756 Vgl. OLG Düsseldorf, Urt. v. 20.6.2012 – I-15 U 25/11, BeckRS 2013, 14716.

werden, das Medizinprodukt hätte zu einem späteren Zeitpunkt sowieso ausgetauscht werden müssen.

§ 3 Mitverschulden des Patienten

Wirkt der Patient an der Durchführung der Implantationsbehandlung nicht in dem gebotenen Umfang mit, könnte ihm ein entsprechendes Mitverschulden anspruchskürzend gemäß § 254 BGB anzurechnen sein.

Im Rahmen eines Implantationsvertrags soll der Patient nach § 630c Abs. 1 BGB an der Durchführung der Implantationsbehandlung mitwirken. Dabei statuiert die Norm keine unmittelbare und durchsetzbare Rechtspflicht.[757] § 630c Abs. 1 BGB regelt vielmehr eine *Obliegenheit*, wonach der Patient mit dem Behandelnden kooperieren soll.[758] Verschließt sich der Patient der Mitwirkungsobliegenheit, kann er die Verletzung einer Pflicht aus dem Implantationsvertrag dem Behandelndem nicht, jedenfalls aber nicht in vollem Umfang, vorwerfen.[759] § 630c Abs. 1 BGB ist Ausdruck eines allgemeinen, in § 254 BGB niedergelegten Grundsatzes. Danach sind sowohl vertragliche wie auch deliktsrechtliche Ansprüche des Geschädigten zu mindern oder auszuschließen, wenn ihn eine Mitverantwortung an der Schädigung seiner Rechtsgüter trifft (Mitverschulden).[760] Entsprechend der gesetzlichen Konzeption ist zwischen der Schadensverhinderungsobliegenheit auf der einen (dazu A.) und der Schadensminderungsobliegenheit auf der anderen Seite (dazu B.) zu differenzieren.

---

757 BT-Drucks. 17/10488, S. 21; *Spickhoff*, VersR 2013, 267, 270 f.

758 *Wagner*, in: MüKo, BGB, § 630a, Rn. 68; *ders.*, in: MüKo, BGB, § 630c, Rn. 6 f.; *Walter*, in: BeckOGK, BGB, § 630c, Rn. 2 ff. (Vorschrift hat „reinen Appell-Charakter“ und umschreibt den „Idealzustand“ des Arzt-Patienten-Verhältnisses); *Wever*, in: Bergmann/Pauge/Steinmeyer, Gesamtes Medizinrecht, BGB, § 630c, Rn. 4 ff.; *Spickhoff*, VersR 2013, 267, 270 f. Der Umstand, dass es sich bei dem Kooperationsgebot um eine Obliegenheit und nicht um eine echte Rechtspflicht handelt, bedarf der besonderen Hervorhebung, weil sich ärztliche Kooperationsgebote durchaus zu einer Rechtspflicht „verdichten“ können, s. § 630c Abs. 2 BGB (*Spickhoff*, in: Spickhoff, Medizinrecht, BGB, § 630c, Rn. 6).

759 Statt aller *Deutsch/Spickhoff*, Medizinrecht, Rn. 679.

760 Vgl. BT-Drucks. 17/10488, S. 21; *Katzenmeier*, in: BeckOK, BGB, § 630c, Rn. 5.

A. *Die Schadensverhinderungsobliegenheit des Patienten*

Den Patienten trifft gemäß § 254 Abs. 1 BGB eine Schadensverhinderungsobliegenheit. Hierunter ist die rechtliche Pflicht minderen Grades[761] zu verstehen, der *Entstehung* des Schadens entgegenzutreten.[762] Ein Verstoß gegen die Schadensverhinderungsobliegenheit liegt vor, wenn der Geschädigte für seine Rechtsgüter eine vermeidbare Gefahrenquelle hervorgerufen oder eine bereits existierende Gefahrenquelle nicht abgestellt bzw. nicht dahingehend überwacht hat, ob sie sich konkretisiert. Das Gleiche gilt für das Außerachtlassen eines Hinweises auf das Vorhandensein einer Gefahr.[763] Gemäß § 254 Abs. 1 BGB wirkt der Patient an der Entstehung des Schadens also mit, wenn er es versäumt hat, dem Behandelnden besondere, für die Implantationsbehandlung bedeutsame und ihm bekannte Umstände offenzulegen. Die Nichtoffenlegung der Umstände muss zudem für seine körperliche oder gesundheitliche Verletzung ursächlich sein.[764]

Maßgeblich für die Frage, ob den Patienten ein Mitverschulden i.S.v. § 254 Abs. 1 BGB trifft, ist die Verkehrsauffassung.[765] Es ist zu ermitteln, ob „der Patient diejenige Sorgfalt außer Acht gelassen hat, die ein ordentlicher und verständiger Mensch zur Vermeidung eigenen Schadens anzuwenden pflegt."[766] Dabei dürfen die Anforderungen an die Mitwirkungspflicht des Patienten nicht überspannt werden. Es ist zu verhindern, dass Schadensersatzansprüche wegen sorgfaltswidriger Durchführung der Implantationsbehandlung über das Vehikel der Verletzung der Schadensver-

---

761 *H. Schmidt*, Die Obliegenheiten, 1953, S. 312 f.; *Göben*, Das Mitverschulden des Patienten im Arzthaftungsrecht, 1998, S. 33 ff.; *Deutsch/Spickhoff*, Medizinrecht, Rn. 679.

762 *Grüneberg*, in: Palandt, BGB, § 254, Rn. 8; *Kern/Rehborn*, in: Laufs/Kern/Rehborn, Handbuch des Arztrechts, § 94, Rn. 18; *Looschelders*, in: BeckOGK, BGB, § 254, Rn. 82.

763 Vgl. *Oetker*, MüKo, BGB, § 254 BGB, Rn. 29.

764 Allgemein *Kern/Rehborn*, in: Laufs/Kern/Rehborn, Handbuch des Arztrechts, § 94, Rn. 18; s. auch BT-Drucks. 17/10488, S. 21; OLG Köln, Urt. v. 5.2.1992 – 27 U 117/91, NJW-RR 1992, 986.

765 Vgl. *Knöfler*, in: NK-BGB, § 254, Rn. 15; *Lorenz*, in: BeckOK, BGB, § 254, Rn. 9 f.; *Oetker*, in: MüKo, BGB, § 254, Rn. 30; BGH, Urt. v. 19.2.2015 – III ZR 90/14, NJW-RR 2015, 1180, 1181 (Rz. 13); BGH, Urt. v. 17.6.2014 – VI ZR 281/13, NJW 2014, 2493, 2494 (Rz. 9); s. auch BGH, Urt. v. 5.10.2010 – VI ZR 286/09, NJW 2011, 292, 294 (Rz. 13); BGH, Urt. v. 17.12.1996 – VI ZR 133/95, NJW 1997, 1635.

766 BGH, Urt. v. 17.12.1996 – VI ZR 133/95, NJW 1997, 1635; BGH, Urt. v. 30.6.1992 – VI ZR 337/91, NJW 1992, 2961 f.

hinderungsobliegenheit generell gekürzt oder ausgeschlossen werden. Sicherungsmaßnahmen, die über das nach der Verkehrsanschauung Vernünftige und allgemein Übliche hinausgehen, sind nicht vorauszusetzen.[767] Insofern muss der Patient den Behandelnden im Vorfeld der Implantationsoperation nicht über seine gesamte Krankenakte informieren. Etwas anderes mag ausnahmsweise gelten, wenn der Inhalt der gesamten Krankenakte behandlungsrelevant ist. Weiter hat der Patient seine Behandlungsbedürftigkeit nicht gemäß § 254 Abs. 1 BGB zu verantworten.[768] Der Arzt kann dem Patienten daher nicht mit Erfolg entgegenhalten, dass er die Behandlung mit einem implantierbaren Medizinprodukt schuldhaft verursacht habe. Grund hierfür ist der Umstand, dass die Entstehung des Schadens nicht vom Schutzbereich der Obliegenheit erfasst ist.

Zwar liegen – soweit ersichtlich – keine höchstrichterlichen und obergerichtlichen Entscheidungen zur Schadensverhinderungsobliegenheit des Patienten bei Implantationsbehandlungen vor. Bedeutung könnte ein Mitverschulden des Patienten bei der Schadensentstehung jedoch erlangen, wenn der Patient trotz des präoperativen ärztlichen Hinweises sein Körpergewicht nicht reduziert, (übertriebene) körperliche Aktivitäten nicht einschränkt oder allgemein seine Lebensweise nicht einer bevorstehenden Implantationsbehandlung anpasst.

B. Die Schadensminderungsobliegenheit des Patienten

Der Patient ist ferner gemäß § 254 Abs. 2 S. 1 Alt. 2 BGB gehalten, an der *Minderung* des Schadens mitzuwirken.[769] Anders als die Schadensverhinderungsobliegenheit setzt die Schadensminderungsobliegenheit voraus, dass eine Rechtsgutsverletzung beim Patienten bereits eingetreten ist. Sie ver-

767 Statt aller *Oetker*, in: MüKo, BGB, § 254, Rn. 30.

768 Vgl. *Deutsch/Spickhoff*, Medizinrecht, Rn. 679.

769 Bei der Warnpflicht i.S.v. § 254 Abs. 2 S. 1 Alt. 1 BGB handelt es sich um eine spezielle Form der Schadensabwendungspflicht (statt aller *Grüneberg*, in: Palandt, BGB, § 254, Rn. 37; *Knöfler*, in: NK-BGB, § 254, Rn. 28). Sie erfordert, dass der Geschädigte die Möglichkeit eines besonders hohen Schadens erkannt hat oder erkennen konnte (BGH, Urt. v. 21.1.2010 – I ZR 215/07, NJW-RR 2010, 909; vgl. auch BGH, Urt. v. 1.10.2013 – VI ZR 409/12, NJW-RR 2014, 270). Der Patient ist medizinischer Laie. Ihm ist es daher regelmäßig nicht möglich, die gesundheitlichen Gefahren richtig einzuschätzen. Erst recht fehlt ihm die Kenntnis, absehen zu können, ob ein *hoher* Schaden droht. Die Schadensminderungsobliegenheit spielt bei Implantationsbehandlungen folglich nur eine untergeordnete Rolle.

folgt das Ziel, die Schädigung möglichst zu begrenzen. Dies gelingt, indem der Geschädigte selbst und im eigenen Interesse eine Intensivierung der Verletzung verhindert.[770] Maßstab ist ein durchschnittlich vernünftiger und sorgfältiger Patient.[771]

Von der Rechtsprechung anerkannt ist die Obliegenheit des Patienten, sich bei einer nicht ganz geringfügigen Körperverletzung in ärztliche Behandlung zu begeben[772] oder Diät zu leben.[773] Ebenso muss der Patient zu regelmäßigen Kontrolluntersuchungen im Anschluss an die Implantation eines Medizinprodukts erscheinen.[774] In Ausnahmefällen kann die Schadensminderungsobliegenheit des Patienten auch erfordern, dass er sich einer zumutbaren, gefahrlosen und nicht mit größeren Schmerzen verbundenen Operation unterzieht, sofern die sichere Aussicht auf Heilung besteht.[775]

Ein Mitverschulden des Patienten i.S.v. § 254 Abs. 2 S. 1 BGB bejahte das *OLG Köln*[776] in einem Fall, in dem sich der Patient wegen des wiederholten Auftretens von Magen-Darm-Beschwerden in ärztliche Behandlung begab. Er wurde daraufhin mehrfach am Dünndarm operiert. Der zuletzt durchgeführte operative Eingriff wurde ohne wirksame Einwilligung des Patienten vorgenommen. Der Patient nahm den Behandelnden daraufhin auf Zahlung eines angemessenen Schmerzensgeldes in Anspruch. Das Gericht erkannte die Ansprüche wegen eines Aufklärungsfehlers dem Grunde nach an. Allerdings musste der Patient sich ein nicht unerhebliches Mitverschulden gemäß § 254 Abs. 2 BGB anrechnen lassen, weshalb der Anspruch um 40 % herabzusetzen war. Denn der Patient hatte die Behandlungsseite im Vorfeld der Operation nicht darauf hingewiesen, dass bei ihm kurze Zeit zuvor ein „Magenvolumen-Reduzierballon" implantiert

770 Vgl. OLG Oldenburg, Urt. v. 27.2.2008 – 7 U 22/07, MDR 2008, 553; *Lorenz*, in: BeckOK, BGB, § 254, Rn. 30; *Deutsch/Spickhoff*, Medizinrecht, Rn. 681.

771 Allgemein *Oetker*, in: MüKo, BGB, § 254, Rn. 76; vgl. ferner BGH, Urt. v. 25.1.2018 – VII ZR 74/15, NJW 2018, 944, 946 (Rz. 25); BGH, Urt. v. 12.3.2015 – VII ZR 173/13, NJW 2015, 1685, 1689 (Rz. 43); BGH, Urt. v. 20.6.2013 – VII ZR 4/12, NJW 2013, 3442, 3444 (Rz. 29); BGH, Urt. v. 20.12.2012 – VII ZR 209/11, NJW 2013, 684, 686 (Rz. 27 f.).

772 BGH, Urt. v. 10.2.2015 – VI ZR 8/14, NJW 2015, 2246, 2247 (Rz. 12 ff.).

773 OLG Hamm, Urt. v. 15.6.1959 – 3 U 92/58, VersR 1960, 859.

774 *Deutsch/Spickhoff*, Medizinrecht, Rn. 680.

775 BGH, Urt. v. 13.5.1953 –VI ZR 78/52, NJW 1953, 1098; BGH, Urt. v. 15.3.1994 – VI ZR 44/93, NJW 1994, 1592, 1593; OLG Oldenburg, Urt. v. 2.2.1978 – 1 U 112/77, NJW 1978, 1200, 1201; *Knöfler*, in: NK-BGB, § 254, Rn. 30; *Grüneberg*, in: Palandt, BGB, § 254, Rn. 38; *Oetker*, in: MüKo, BGB, § 254, Rn. 81.

776 OLG Köln, Urt. v. 5.2.1992 – 27 U 117/91, NJW-RR 1992, 986.

worden war. Das Gericht erblickte hierin einen haftungskürzenden Umstand, weil es sich bei der Verpflanzung eines Magenballons um einen im vorliegenden Fall „für die diagnostische Abklärung ganz erheblichen Umstand“[777] gehandelt habe und die Operation möglicherweise hätte verhindert werden können.

§ 4 Ergebnisse

1. Bei der Implantation von Medizinprodukten kommen eine Vielzahl ersatzfähiger Schadensposten in Betracht. Insbesondere kann der Patient gemäß § 249 Abs. 1 BGB Nachbehandlung in natura oder Ersatz der hierfür anfallenden Kosten verlangen.
2. Gemäß § 253 Abs. 2 BGB kann der Patient Schmerzensgeld verlangen, wenn er mit der ständigen Angst leben muss, das implantierte Medizinprodukt könne jederzeit ausfallen und er deshalb seine Lebensgewohnheiten verändert.
3. Die Schadenszurechnung wird bei Mängeln des Medizinprodukts typischerweise nicht unter dem Aspekt einer Reserveursache ausgeschlossen. Der Einwand der Behandlungsseite, das mangelhafte Medizinprodukt hätte aufgrund der nach seiner Art bedingten, verkürzten Lebensdauer zu einem späteren Zeitpunkt ohnehin ausgewechselt werden müssen, verfängt regelmäßig. Die Notwendigkeit einer Revisionsoperation ergibt sich üblicherweise aus dem Mangel des Medizinprodukts. Der Mangel stellt jedoch eine andere Ursache dar als es am Ende der Lebenszeit des betreffenden Implantats der Fall gewesen wäre.
4. Ein den Schadensersatzanspruch kürzendes Mitverschulden i.S.v. § 254 Abs. 1 BGB liegt vor, wenn der Patient sein Körpergewicht trotz eines präoperativen ärztlichen Hinweises nicht reduziert, (übertriebene) körperliche Aktivitäten nicht einschränkt und allgemein seine Lebensweise nicht an die Umstände anpasst. Gegen die Schadensminderungsobliegenheit des § 254 Abs. 2 S. 1 Alt. 2 BGB verstößt der Patient, wenn er nicht zu regelmäßigen Kontrolluntersuchungen erscheint.

777 OLG Köln, Urt. v. 5.2.1992 – 27 U 117/91, NJW-RR 1992, 986, 987.

Vierter Teil: Haftungsdurchsetzung

Liegen die materiellrechtlichen Voraussetzungen der Ansprüche auf Schadensersatz wegen fehlerhafter Durchführung der Implantationsbehandlung vor, wird der Patient seine Ansprüche gegenüber der Behandlungsseite in aller Regel geltend machen. Kommt es zu keiner außergerichtlichen Verständigung, kann er seine Ansprüche mit den Mitteln des Zivilprozesses durchsetzen und Klage vor dem zuständigen Gericht erheben.[778]

Vorprozessual ist zu klären, ob die Ansprüche des Patienten verjährt sind und die Behandlungsseite die Einrede der Verjährung gemäß § 214 Abs. 1 BGB erheben kann (dazu § 1). Im Zivilprozess angekommen, gelten für Arzthaftungsfälle eine Vielzahl von Besonderheiten. Im Folgenden sollen daher einige ausgewählte, im Hinblick auf Implantationsbehandlungen besonders relevante Problemstellungen erörtert werden (dazu § 2).

§ 1 Einrede der Verjährung

Der Behandelnde kann sich gemäß § 214 Abs. 1 BGB auf die Einrede der Verjährung berufen.

---

778 Zwar dienen Arzthaftungsprozesse der Wiederherstellung des gestörten Rechtsfriedens. Allerdings sind gerichtliche Verfahren nicht frei von Nachteilen. Aus Patientensicht sind Haftungsprozesse wegen der mitunter langwierigen, komplexen und undurchsichtigen Sachverhalte oftmals belastend. Aus Sicht der Ärzte haben gerichtliche Auseinandersetzungen einen Imageschaden und stigmatisierende Wirkung zur Folge (*Katzenmeier*, in: Laufs/Katzenmeier/Lipp, Arztrecht, Kap. X, Rn. 112; *ders.*, Arzthaftung, S. 375). Insofern besteht nicht selten Anlass, Streitigkeiten außergerichtlich beizulegen. Hierfür können Gutachterkommissionen und Schlichtungsstellen eingeschaltet werden. Aber auch die Mediation kommt als außergerichtliches Streitbeilegungsverfahren in Betracht. S. dazu *Meurer*, Außergerichtliche Streitbeilegung in Arzthaftungssachen, 2008 sowie *Weizel*, Gutachterkommissionen und Schlichtungsstellen für Arzthaftpflichtfragen, 1999 und *Leischner*, Streitbeilegung in medizinischen Haftungsfällen, 2007.

A. *Die Verjährung der Ansprüche des Patienten bei Durchführung der Implantationsbehandlung in der Ambulanz*

Keinen Besonderheiten begegnet die Verjährung der Ansprüche des Patienten bei Durchführung der Implantationsbehandlung in der Ambulanz. In diesen Fällen verspricht der Behandelnde typischerweise nur die sorgfaltsgemäße Erbringung der medizinischen Behandlungsleistungen, nicht aber die Mangelfreiheit des Implantats.[779] Erleidet der Patient infolge eines *Behandlungs- oder Aufklärungsfehlers* einen Schaden, verjähren seine Ansprüche gegen den Behandelnden mangels spezieller gesetzlicher Regelungen für das Behandlungsvertragsrecht nach den allgemeinen Vorschriften i.S.d. §§ 195, 199 BGB in der regelmäßigen Verjährungsfrist von drei Jahren.[780] Die Verjährungsfrist beginnt mit dem Schluss des Jahres, in dem der Anspruch entstanden ist und der Patient von den anspruchsbegründenden Umständen Kenntnis erlangt oder grob fahrlässig nicht erlangt hat. Losgelöst von der Möglichkeit der Kenntnisnahme beträgt die Verjährungshöchstfrist für Schadensersatzansprüche bei Personenschäden gemäß § 199 Abs. 2 BGB 30 Jahre ab der schädigenden Handlung. Das Gleiche gilt im Übrigen für die *Verletzung einer Pflicht aus dem Medizinprodukterecht.*

Ist der Schaden hingegen auf die *Mangelhaftigkeit* des implantierten Medizinprodukts zurückzuführen, kann der Patient den Medizinprodukthersteller gemäß §§ 437 Nr. 3, 434, 280 Abs. 1 BGB auf Ersatz der ihm durch eine Revisionsoperation entstandenen Kosten in Anspruch nehmen. Dies setzt freilich das Vorliegen eines Kaufvertrags voraus. Soweit der Hersteller die Mangelfreiheit des medizinischen Produkts im Einzelfall nicht für eine längere Zeit garantiert, verjähren Gewährleistungsansprüche des Patienten nach § 438 Abs. 1 Nr. 3 BGB in zwei Jahren.

---

779 S.o. Erster Teil § 3 B. IV. 3.

780 Vertiefend zur Verjährung der Ansprüche des Patienten wegen eines ärztlichen Behandlungs- oder Aufklärungsfehlers *Martis/Winkhart*, Arzthaftungsrecht, V 1 ff.; *Terbille*, in: MAH MedR, § 1, Rn. 129 ff.; s. auch BGH, Urt. v. 20.10.1959 – VI ZR 166/58, NJW 1960, 380. Zur unterschiedlichen Verjährung von Ansprüchen aus Behandlungs- und Aufklärungsfehlern BGH, Urt. v. 8.11.2016 – VI ZR 594/15, NJW 2017, 949, 950 ff. m. Anm. *M. Stürner*, NJW 2017, 953; *Ziegler/Oynar*, NJW 2017, 2438.

B. Die Verjährung der Ansprüche des Patienten bei Durchführung der Implantationsbehandlung im Krankenhaus

Behandelt man den Implantationsvertrag konsequent nach der Kombinationsmethode, richtet sich die Verjährung der Ansprüche wegen Verletzung einer vertraglichen Pflicht nach den Vorschriften des jeweils betreffenden Vertragsbestandteils.[781] Soweit die Behandlungsseite – wie bei stationären Krankenhausbehandlungen üblich – auch die *Mangelfreiheit* des medizinischen Produkts verspricht,[782] würden Ansprüche des Patienten wegen der Mangelhaftigkeit des Medizinprodukts nach den Vorschriften des Kaufvertragsrechts verjähren. Gemäß § 438 Abs. 1 Nr. 3 BGB würde die Verjährungsfrist zwei Jahre ab Durchführung der Implantationsoperation betragen. Demgegenüber bestimmt sich die Verjährung der Ansprüche aus *Behandlungs- oder Aufklärungsfehlern* – wie gesehen – nach den §§ 195, 199 BGB. Der Behandelnde könnte die Einrede der Verjährung demnach erst nach Ablauf von drei Jahren erheben, beginnend mit dem Schluss des Jahres, in welchem der Anspruch entstanden ist und der Patient die Möglichkeit zur Kenntnisnahme hatte. Damit divergieren sowohl der *Beginn* der Verjährung als auch die *Dauer* der Verjährungsfrist nach Behandlungs- sowie Kaufvertragsrecht.

Um ein Auseinanderfallen des Verjährungsbeginns sowie der Verjährungsdauer zu verhindern, könnte erwogen werden, den Implantationsvertrag in Bezug auf die Verjährung ausnahmsweise einheitlich dem Behandlungsvertragsrecht zu unterstellen. Dies könnte schon aus Praktikabilitätsgründen geboten sein. Insbesondere wenn nicht eindeutig zu ermitteln ist, ob der Schaden auf einen Medizinproduktmangel oder einen genuin ärztlichen Sorgfaltspflichtverstoß zurückzuführen ist, würde die einheitliche Zugrundelegung der §§ 195, 199 BGB zu Rechtsklarheit in Bezug auf die Verjährung der Ansprüche führen.

Hiergegen ist schon einzuwenden, dass nach der Absorptionsmethode prinzipiell nur dann verfahren werden soll, wenn die unterschiedliche Behandlung der verschiedenen Elemente eines gemischten Vertrags zu *un-*

781 S.o. Erster Teil § 4 C. IV. Vgl. auch BGH, Urt. v. 9.12.1974 – VII ZR 182/73, NJW 1975, 305, 307 (zahnprothetischer Behandlungsvertrag); BGH, Urt. v. 8.2.1978 – VIII ZR 20/77, NJW 1978, 997, 998; BGH, Urt. v. 5.4.1979 – VII ZR 308/77, NJW 1979, 1406, 1407; *Herresthal*, in: BeckOGK, BGB, § 311, Rn. 95.

782 S.o. Erster Teil § 3 B. IV. 2.

tragbaren praktischen Ergebnissen führen würde.[783] Derart untragbare praktische Ergebnisse werden indes nicht erzielt. Die Anwendung der unterschiedlichen Verjährungsvorschriften auf die sie betreffenden Vertragsbestandteile hat zur Folge, dass der Patient lediglich so behandelt wird, als habe er zwei separate Verträge geschlossen – einen auf Übergabe und Übereignung des Medizinprodukts gerichteten Kaufvertrag[784] sowie einen medizinischen Behandlungsvertrag.

Gegen eine einheitliche Behandlung des Implantationsvertrags in Bezug auf die Verjährung der Ansprüche spricht außerdem, dass der Behandelnde sonst in eine „verjährungsrechtliche Regressfalle" geraten würde.[785] Die „verjährungsrechtliche Regressfalle" ist eine bekannte Problematik aus dem allgemeinen Kaufrecht.[786] Sie entsteht, wenn die Gewährleistungsrechte des Käufers gegenüber dem Verkäufer *noch nicht verjährt* sind, die Regressansprüche des Verkäufers gegenüber seinem Lieferanten bzw. dem Hersteller der Kaufsache jedoch *bereits verjährt* sind. Beruft sich der Lieferant bzw. Hersteller gegenüber dem Verkäufer auf die Verjährung, bleibt letzterer auf den Gewährleistungskosten „sitzen". Ähnlich wie in sonstigen Lieferkettenkonstellationen würde auch dem Behandelnden die „verjährungsrechtliche Regressfalle" drohen, wenn Ansprüche aus Implantationsverhältnissen einheitlich nach den §§ 195, 199 BGB verjähren würden. Ansprüche wegen der Mangelhaftigkeit des implantierten Medizinprodukts könnte der Patient nämlich für einen Zeitraum von *drei Jahren ab Kenntniserlangung* der anspruchsbegründenden Umstände geltend machen. Demgegenüber könnte der Behandelnde seinen Vertragspartner nur innerhalb *von zwei Jahren nach Ablieferung* des Medizinprodukts gemäß § 438 Abs. 1 Nr. 3, Abs. 2 BGB in Anspruch nehmen. Um dieses unangemessene Ergebnis[787] zu vermeiden, sind auf die verschiedenen Bestandteile des Implantationsvertrags die für sie jeweils geltenden verjährungsrechtlichen Vorschriften anzuwenden.

---

783 Allgemein zur einheitlichen Behandlung typengemischter Verträge nach der Absorptionsmethode aus Praktikabilitätsgründen *Larenz/Canaris*, Schuldrecht BT II/2, § 63 II 2. c) (S. 48).

784 Vgl. zu weiteren, möglichen Pflichten im Rahmen einer Implantationsbehandlung die Ausführungen unter Erster Teil § 3 C.

785 Vgl. zu diesem Gedanken BGH, Urt. v. 9.12.1974 – VII ZR 182/73, NJW 1975, 305, 307.

786 Z.B. *Sendmeyer*, NJW 2008, 1914, 1915; *Gorodinsky*, §§ 478 479 BGB: Der Regress des Letztverkäufers, S. 34 ff.; *Salewski*, Der Verkäuferregress im deutsch-französischen Rechtsvergleich, S. 57 ff.

787 So ausdrücklich BGH, Urt. v. 9.12.1974 – VII ZR 182/73, NJW 1975, 305, 307.

§ 2 Einzelne Fragen der gerichtlichen Zuständigkeit und der Beweisführung sowie Beweislast

Der Patient kann seine Ansprüche auf Schadensersatz wegen fehlerhafter Durchführung der Implantationsbehandlung durch Erhebung einer Klage vor den ordentlichen Gerichten (§ 13 GVG) durchsetzen. Dabei gelten im Arzthaftungsprozess allgemein eine Vielzahl von Besonderheiten.[788] Im Hinblick auf die Behandlung mit einem implantierbaren Medizinprodukt wirft vor allen Dingen die Bestimmung des zuständigen Gerichts (dazu A.) sowie das Beweisrecht (dazu B.) Probleme auf.

A. *Die Zuständigkeit der deutschen Zivilgerichte*

Der Patient muss Klage beim zuständigen Gericht erheben. Es ist zwischen der internationalen (dazu I.) und der sachlichen wie örtlichen Zuständigkeit (dazu II.) zu unterscheiden.

I. Die internationale Zuständigkeit

Relevanz gewinnt die internationale Zuständigkeit deutscher Gerichte bei Schadensersatzklagen mit einem grenzüberschreitenden Sachverhalt. Medizinprodukte werden auf dem europa- bzw. weltweiten Markt vertrieben.[789] Aber auch Patienten bewegen sich grenzüberschreitend. So gibt es nicht nur Medizintourismus nach Deutschland, wobei dieser in Hinblick auf die Zuständigkeit deutscher Gerichte von nur geringem Interesse ist.[790] Denkbar ist vielmehr auch, dass sich ein deutscher Patient einer Implantationsbehandlung im europäischen Ausland mit Ausnahme Dänemarks sowie Drittstaaten unterzieht. Bei welchem Gericht der Patient in einem Fall mit Auslandsbezug Klage zur Durchsetzung seiner vertraglichen und/oder deliktsrechtlichen Ansprüche erheben muss, ist fraglich. Maßgeblich

788 Ausführlich *Katzenmeier*, Arzthaftung, S. 377 ff.; *Zoll*, MedR 2009, 569 ff.

789 Das zeigt beispielsweise der Skandal um die mit Industriesilikon gefüllten Brustimplantate des französischen Herstellers Poly Implant Prothèse (PIP). Zu den Pflichten und der Haftung der benannten Stellen respektive des TÜV Rheinland in diesen Fällen BGH, Urt. v. 22.6.2017 – VII ZR 36/14, NJW 2017, 2617; s. auch *Rott*, NJW 2017, 1146.

790 RDG 2017, 59.

könnten die Vorschriften der EUGVVO[791] bzw. des Lugano-Übereinkommens (LugÜ)[792] sein.

Dafür müsste der *Anwendungsbereich der EuGVVO oder des LugÜ eröffnet* sein. Ob die Vorschriften des europäisierten Internationalen Prozessrechts Anwendung finden, ist zweifelhaft. Grund hierfür ist der Umstand, dass die Gesundheitsversorgung in vielen europäischen Ländern Teil der öffentlichen Daseinsvorsorge ist und das Arzt-Patienten-Verhältnis insofern öffentlich-rechtlich ausgestaltet ist.[793] Demgegenüber setzt die Anwendbarkeit der EuGVVO bzw. des LugÜ gemäß deren Art. 1 Abs. 1 S. 1 eine „Zivilsache“ voraus. Wie aus Sinn und Zweck dieser Norm zu schließen ist, ist der Begriff „Zivilsache“ i.S.d. Vorschriften weit auszulegen. Er schließt allein genuin hoheitliche Tätigkeiten von der Zivilgerichtsbarkeit aus.[794] Ferner sind Streitigkeiten zwischen Arzt und Kassenpatient in Deutschland gemäß § 76 Abs. 4 SGB V zivilgerichtlicher Natur („Die Übernahme der Behandlung verpflichtet [...] zur Sorgfalt nach den Vorschriften des bürgerlichen Vertragsrechts“).[795] Im Übrigen streitet auch § 630a Abs. 1 BGB für ein solches Verständnis. Denn § 630a Abs. 1 BGB definiert den Behandlungsvertrag als privatrechtliches Schuldverhältnis. Zusammengefasst sind Haftungsansprüche wegen fehlerhafter Durchführung einer Implantationsbehandlung daher als „Zivilsachen“ i.S.v. Art. 1 Abs. 1 EuGVVO und Art. 1 Abs. 1 LugÜ zu qualifizieren. Der Anwendungsbereich der Normen ist eröffnet.

Haben die Parteien des Implantationsvertrags keine – in den Grenzen von Art. 19 EuGVVO bzw. Art. 17 LugÜ zulässige – Vereinbarung über die

---

791 Verordnung (EU) Nr. 1215/2012 des Europäischen Parlaments und des Rates vom 12. Dezember 2012 über die gerichtliche Zuständigkeit und die Anerkennung und Vollstreckung von Entscheidungen in Zivil- und Handelssachen (Abl. Nr. L 351 S. 1, ber. 2016 Nr. L 264 S. 43), zuletzt geändert durch Art. 1 ÄndVO (EU) 2015/281 vom 26.11.2014 (Abl. 2015 Nr. L 54 S. 1).

792 Übereinkommen über die gerichtliche Zuständigkeit und die Anerkennung und Vollstreckung von Entscheidungen in Zivil- und Handelssachen vom 30.10.2007 (ABl. 2009 Nr. L 147 S. 5, ber. 2009 Nr. L 147 S. 44, 2011 Nr. L 115 S. 31 und 2014 Nr. L 18 S. 70), zuletzt geändert durch ÄndÜbk. vom 3.3.2017 (ABl. Nr. L 57 S. 63).

793 Vgl. *Krocker*, VuR 2013, 243, 244; *Koch*, Arzthaftung in Europa, 2012, s. die entsprechenden Länderberichte.

794 S. EuGH, Urt. v. 14.10.1976 – Rs 29/76, NJW 1977, 489; EuGH, Entsch. v. 15.5.2003 – C-266/01, BeckRS 2004 75823; vgl. auch EuGH, Urt. v. 11.6.2015 – C-226/13, C-245/13, C-247/13, C-578/13, EuZW 2015, 633; *Krocker*, VuR 2013, 243, 244; *Stadler*, in: Musielak/Voit, ZPO, EuGVVO, Art. 1, Rn. 2.

795 *Spickhoff*, in: Spickhoff, Medizinrecht, Sammelkommentierung zu Rom I, Rn. 5.

internationale Zuständigkeit getroffen und liegt ein Fall mit Auslandsbeziehungen vor, kann der Patient zur Durchsetzung seiner *vertraglichen* Ansprüche gemäß Art. 4 Abs. 1, Art. 18 Abs. 1, Art. 17 Abs. 1 lit. c) EuGVVO oder Art. 16 Abs. 1, Art. 15 Abs. 1 lit. c) LugÜ daher nach seiner Wahl Klage vor dem zuständigen Gericht eines Mitgliedstaats erheben, in dessen Bezirk er seinen Wohnsitz hat oder der behandelnde Arzt niedergelassen ist. Der Implantationsvertrag ist als Verbrauchervertrag i.S.d. Art. 17 – 19 EuGVVO oder Art. 17 – 19 LugÜ zu qualifizieren. Der Patient schließt den auf die Behandlung mit einem implantierbaren Medizinprodukt gerichteten Vertrag weder zu beruflichen noch gewerblichen Zwecken.[796] Zu seinem Schutz[797] kann der „Verbraucher-Patient“ den Gerichtsort selbst bestimmen.

Möchte der Patient *deliktsrechtliche Ansprüche* wegen der fehlerhaften Durchführung der Implantationsbehandlung geltend machen, kann er die Klage am allgemeinen Gerichtsstand i.S.v. Art. 4 Abs. 1 EuGVVO oder Art. 2 LugÜ oder dem besonderen Gerichtsstand der unerlaubten Handlung gemäß Art. 7 Nr. 2 EuGVVO oder Art. 5 Nr. 3 LugÜ erheben. Danach ist die Klage vor dem Gericht des Ortes einzureichen, an welchem das schädigende Ereignis eingetreten ist oder einzutreten droht. Als Ort, an dem das haftungsauslösende Ereignis eingetreten ist, gilt sowohl der Ort des ursächlichen Geschehens (Handlungsort) als auch der Ort des Schadenserfolgs (Erfolgsort).[798,799] Art. 7 Nr. 2 EuGVVO oder Art. 5 Nr. 3 LugÜ

---

796 S.o. Erster Teil § 4 B. I. 2. Zur Frage, ob auch der Medizintourist als Verbraucher i.S.d. genannten Vorschriften einzuordnen ist *Krocker*, VuR 2013 243, 246 ff.

797 S. Erwägungsgrund 18 zur Verordnung (EU) Nr. 1215/2012 des Europäischen Parlaments und des Rates vom 12. Dezember 2012 über die gerichtliche Zuständigkeit und die Anerkennung und Vollstreckung von Entscheidungen in Zivil- und Handelssachen (Abl. Nr. L 351 S. 1, ber. 2016 Nr. L 264 S. 43), zuletzt geändert durch Art. 1 ÄndVO (EU) 2015/281 vom 26.11.2014 (Abl. 2015 Nr. L 54 S. 1); *Stadler*, in: Musielak/Voit, ZPO, EuGVVO, Vorbemerkung Art. 1.

798 Nach Ansicht des BGH (Urt. v. 27.5.2008 – VI ZR 69/07, NJW 2008, 2344, 2345 f.) zu Art. 5 Nr. 3 LuGÜ liegt die Primärverletzung bei einem Aufklärungsfehler nicht im Eingriff in das Selbstbestimmungsrecht des Patienten. Ein haftungsauslösender Schaden liegt vielmehr erst dann vor, wenn die Verletzung der Aufklärungspflicht zu einer körperlichen oder gesundheitlichen Beeinträchtigung führt. Dementsprechend ist der Ort der Schadensverwirklichung dort belegen, wo der Patient die Schädigung erleidet.

799 Vgl. *Stadler*, in: Musielak/Voit, ZPO, EuGVVO, Art. 7, Rn. 16; *Dörner*, in: Saenger, ZPO, EuGVVO, Art. 7, Rn. 28; *Hüßtege*, in: Thomas/Putzo, ZPO, EUGVVO, Art. 7, Rn. 22 f.; vgl. auch EuGH, Urt. 11.1.1990 – Rs C-220/88, NJW 1991, 631, 632; EuGH, Urt. v. 10.6.2004 – C-168/02, NJW 2004, 2441, 2442.

ist autonom und nicht nach nationalem Recht auszulegen.[800] Anwendung finden die Bestimmungen jedenfalls auf die Ansprüche aus deliktsrechtlicher Arzthaftung.[801] Folglich kann der Patient Ansprüche wegen sorgfaltswidriger Erbringung der medizinischen Behandlungsleistungen nach seiner Wahl am allgemeinen oder besonderen Gerichtsstand einklagen. Knüpft die Haftung allerdings auch an die Verletzung einer Pflicht aus dem Implantationsvertrag an, sind allein die hierfür geltenden Normen anwendbar.[802]

Die Regelungen der EuGVVO bzw. des LugÜ gelten nicht, wenn die Implantationsbehandlung außerhalb der Europäischen Union, also in einem Drittstaat durchgeführt wird. In diesen Fällen richtet sich die Zuständigkeit der Gerichte allein nach den dortigen Bestimmungen über die örtliche wie sachliche Zuständigkeit.[803]

II. Die sachliche und örtliche Zuständigkeit

Weist der Sachverhalt keinen Auslandsbezug auf, bestimmt sich die sachliche und örtliche Zuständigkeit der Gerichte im Arzthaftungsprozess nach den Bestimmungen der ZPO. Hinsichtlich der sachlichen Zuständigkeit des Gerichts ergeben sich gegenüber „klassischen" Behandlungsverhältnissen keine Besonderheiten. Sie ist gemäß § 1 ZPO i.V.m. §§ 23 Nr. 1, 71 Abs. 1 GVG streitwertabhängig zu bestimmen. Die Ausführungen sollen an dieser Stelle deshalb nicht weiter vertieft werden.

Die örtliche Zuständigkeit richtet sich nach den §§ 12 ff. ZPO. Regelmäßig fällt der allgemeine Gerichtsstand des Behandelnden i.S.d. §§ 12, 13, 17 sowie eventuell 21 ZPO mit den besonderen Gerichtsständen gemäß § 29 ZPO für den vertraglichen sowie § 32 ZPO für den deliktsrechtlichen Gerichtsstand auf den Wohn- oder Gesellschaftssitz des Beklagten zusammen. Freilich können gemäß § 32 ZPO auch die Gerichte am Wohnsitz des Patienten zuständig sein, vorausgesetzt, dort tritt der Verletzungserfolg ein.[804] Zu denken ist beispielsweise an die Fälle, in denen sich der Patient zur Verpflanzung einer Knie- oder Hüftgelenksprothese an einen, in einem

800 S. nur EuGH, Urt. v. 14.7.2016 – C-196/15, NJW 2016, 3087, 3088 (Rz. 19).

801 BGH, Urt. v. 27.5.2008 – VI ZR 69/07, NJW 2008, 2344, 2345 f. m. Anm. *Spickhoff*, IPRax 2009, 128.

802 Vgl. EuGH, Urt. v. 10.9.2015 – C-47/14, EuZW 2015, 922, 926 (Rz. 70); *Spickhoff*, IPRax 2017, 72.

803 Vgl. *Stadler*, in: Musielak/Voit, ZPO, EuGVVO, Art. 6, Rn. 1 ff.

804 *Spickhoff*, in: Spickhoff, Medizinrecht, ZPO, Systematische Darstellung, Rn. 2.

anderen Gerichtsbezirk ansässigen Fachspezialisten wendet und das implantierte Medizinprodukt erst am Wohnsitz des Patienten bricht oder aus sonstigen Gründen zu einer Verletzung von dessen Körper oder Gesundheit führt.[805]

B. Beweisrechtliche Grundsätze und Besonderheiten

Der Patient kann als medizinischer Laie die einzelnen Schritte einer Implantationsbehandlung regelmäßig nicht nachvollziehen.[806] So wird er in aller Regel nicht wissen, ob der Arzt zu einer medizinisch (nicht) indizierten Behandlungsmethode gegriffen hat oder ob die operative Implantation des Medizinprodukts in Einklang mit den fachlichen Standards i.S.d. § 630a Abs. 2 BGB erfolgte. Vielfach fehlt dem Patienten infolge seiner Narkotisierung oder eines Schockzustands überhaupt die Möglichkeit, das Behandlungsgeschehen einzusehen.[807] Zusätzlich zu dem nur begrenzten Einblick in das ärztliche Tun ist der Patient außerdem nicht selten den Schwierigkeiten des Kausalitätsnachweises ausgesetzt.[808] Er befindet sich folglich häufig in Beweisnot.[809]

Dessen ungeachtet steht auch die Behandlungsseite Beweisproblemen gegenüber.[810] Unabhängig davon, wie gründlich etwaige Reaktionen des Körpers im Vorfeld der Implantationsoperation durch den Behandelnden geprüft und in Erwägung gezogen werden, lassen sich Unverträglichkeiten des implantierten Medizinprodukts mit dem menschlichen Organismus weder berechnen noch vorhersehen. Sie entziehen sich weitestgehend der menschlichen Kontrolle. Mögliche Reaktionen des Implantats mit dem Gewebe sind abhängig von der Konstitution des Patienten und dem Stadi-

805 Vgl. zu sog. Distanzdelikten KG Berlin, Beschl. v. 1.6.2006 – 28 AR 28/06, NJW 2006, 2336, 2337.

806 BGH, Beschl. v. 1.3.2016 – VI ZR 49/15, NJW 2016, 1328, 1329 (Rz. 6).

807 BGH, Urt. v. 14.3.1978 – VI ZR 213/76, NJW 1978, 1681, 1682.

808 Vgl. *Wagner*, in: MüKo, BGB, § 630h, Rn. 2 f.; *Katzenmeier*, Arzthaftung, S. 416, 421 („Beweisnot"); *ders.*, in: Laufs/Katzenmeier/Lipp, Arztrecht, Kap. XI, Rn. 48; *Giesen*, Arzthaftungsrecht, Rn. 353 ff.; *Prütting*, in: Festschrift 150 Jahre LG Saarbrücken, 1986, S. 257, 259; *R. Stürner*, NJW 1979, 1225 ff.

809 S. aus der umfassenden Literatur nur *Katzenmeier*, Arzthaftung, S. 416; *ders.*, in: Laufs/Katzenmeier/Lipp, Arztrecht, Kap. XI, Rn. 46; *Giesen*, Arzthaftungsrecht, Rn. 353 ff; *Kern*, in: Laufs/Kern/Rehborn, Handbuch des Arztrechts, § 106, Rn. 9 (Beweisführung „außerordentlich schwierig"); *G. Müller*, NJW 1997, 3049 f.

810 BGH, Urt. v. 14.3.1978 – VI ZR 213/76, NJW 1978, 1681, 1682: spezifische Beweisnöte *beider* Seiten.

um der körperlichen Beeinträchtigung.[811] Körper- oder Gesundheitsschäden, die im Zusammenhang mit der Implantationsbehandlung auftreten, können daher auf einer Sorgfaltswidrigkeit des Behandelnden sowie auf Umständen aus der Sphäre des Patienten beruhen. In jedem Fall wird es dem Behandelnden im Einzelfall aber schwerfallen, den Nachweis dafür zu erbringen, dass die Gesundheitsbeeinträchtigung ausschließlich auf einen aus der Sphäre des Patienten stammenden Umstand zurückzuführen ist.

Die Verwirklichung materiellen Rechts hängt in Haftungsprozessen wegen fehlerhafter Durchführung einer Implantationsbehandlung deshalb regelmäßig davon ab, ob es den Parteien gelingt, die sie begünstigenden Umstände darzulegen und zu beweisen.[812]

I. Die Beweislastverteilung bei der Behandlungs- und Aufklärungsfehlerklage

Nach dem zivilprozessualen Grundsatz, jede Partei habe die Beweislast für die sie begünstigenden Umstände selbst zu tragen,[813] hat der Patient bei der *Behandlungsfehlerklage* prinzipiell das Vorliegen des Behandlungsfehlers, den Schaden sowie die Kausalität[814] zwischen pflichtwidrigem ärztlichen Verhalten und dem erlittenen Schaden zu beweisen.[815] Die fehlerhaf-

---

811 *Katzenmeier*, Arzthaftung, S. 416.

812 Allgemein zur (gesetzlichen) Beweislastverteilung *Wagner*, in: MüKo, BGB, § 630h, Rn. 3; *ders*, Prozessverträge, S. 151 ff.; *Katzenmeier*, in: NK-BGB, § 823, Rn. 414; *Uhlenbruck*, NJW1965, 1057.

813 So die ganz herrschende Auffassung, s. nur BGH, Urt. v. 18.12.1990 – VI ZR 169/90, NJW 1991, 1540, 1541; BGH, Urt. v. 1.2.1994 – VI ZR 65/93, NJW 1994, 1594, 1595; BGH, Urt. v. 13.11.1998 – V ZR 386/97, NJW 1999, 352, 353; BGH, Urt. v. 7.2.2012 – VI ZR 63/11, NJW 2012, 850, 851; *Kern*, in: Laufs/Kern/Rehborn, Handbuch des Arztrechts, § 106, Rn. 1; *Foerste*, in: Musielak/Voit, ZPO, § 286, Rn. 35; *Wagner*, in: MüKo, BGB, § 630h, Rn. 7; s. auch BT-Drucks. 17/10488, S. 27.

814 Streng genommen hat der Patient nicht die Kausalität, sondern diejenigen Tatsachen zu beweisen, aus denen sich das Vorliegen eines solchen Kausalzusammenhangs nach allgemeiner Lebenserfahrung ergibt, dazu *Lange/Schiemann*, Schadensersatz, § 3 VIII 1 (S. 71 f.).

815 Vgl. BGH, Urt. v. 20.3.2007 – VI ZR 158/06, NJW 2007, 1682 f.; BGH, Urt. v. 1.10. 1985 – VI ZR 19/84, NJW 1986, 1541, 1542; OLG Koblenz, Beschl. v. 13.7.2015 – 5 U 282/15, BeckRS2015, 19030; *Greiner*, in: Geiß/Greiner, Arzthaftpflichtrecht, Kap. E, Rn. 1; *Katzenmeier*, in: Laufs/Katzenmeier/Lipp, Arztrecht, Kap. XI, Rn. 50; *Martis/Winkhart*, Arzthaftungsrecht, Rn. B 471; *Sick*, Beweis-

te therapeutische Information ist ein ärztlicher Behandlungsfehler.[816] Folglich muss der Patient an sich auch beweisen, dass der Behandelnde ihn nicht analog § 630c Abs. 2 S. 2 BGB über die Mangelhaftigkeit des implantierten Medizinprodukts informiert hat.[817] Dem Patienten obliegt im Übrigen der Nachweis, dass der Implantationsvertrag wirksam zustande gekommen ist.[818]

Um die eingangs beschriebene Beweisnot des Patienten zu überwinden und die Durchsetzung von Schadensersatzansprüchen zu ermöglichen, enthält § 630h BGB besondere Beweislastregeln, welche die Beweislastverteilung für Ansprüche aus einem Behandlungsvertrag modifizieren. Die Norm soll die maßgeblich im Deliktsrecht entwickelte Rechtsprechung zu Beweislasterleichterungen und -modifikationen in Arzthaftungsprozessen festschreiben.[819] Insofern gelten die in § 630h BGB normierten Beweislastregeln für deliktsrechtliche Ansprüche wegen der behandlungsfehlerhaften Implantation eines Medizinprodukts entsprechend.[820]

Gemäß § 630e Abs. 5 S. 1 BGB ist die Beweislast für den ursächlichen Zusammenhang zwischen dem Behandlungsfehler und Gesundheitsschaden beispielsweise umzukehren, wenn der Behandelnde die Implantationsbehandlung *grob fehlerhaft* durchgeführt hat. Ein Fehler, der aus objektiver ärztlicher Sicht nicht mehr verständlich erscheint, weil ein solcher Fehler dem Behandelnden *schlechterdings nicht unterlaufen* darf,[821] ließe sich zum Beispiel annehmen, wenn der Behandelnde ein Implantationsverfahren anwendet, das schon seit längerer Zeit nach dem medizinischen Standard

---

recht im Arzthaftpflichtprozess, S. 34, 44; *G. Müller*, NJW 1997, 3049; zur Beweislast bei Unterlassung einer gebotenen Behandlungsmaßnahme BGH, Urt. v. 7.2.2012 – VI ZR 63/11, NJW 2012, 850, 851.

816 Zweiter Teil § 3 C. IV.

817 OLG Köln, Urt. v. 4.8.1999 – 5 U 9/98, NJW-RR 2001, 92, 93; OLG Hamm, Urt. v. 14.7.2003 – 3 U 128/02, BeckRS 2005, 13088.

818 Allgemein BT-Drucks. 17/10488, S. 27 f.

819 BT-Drucks. 17/10488, S. 27; zu Beweislastumkehr für Behandlungsfehler vgl. auch *Deutsch*, NJW 2012, 2009, 2012.

820 Allgemein *Walter*, in: BeckOGK, BGB, § 630h, Rn. 1; *Spickhoff*, in: Spickhoff, Medizinrecht, BGB, § 630h, Rn. 3 („§ 630h [strahlt] gewissermaßen auf das Deliktsrecht zurück […]); *ders.*, VersR 2013, 267, 281.

821 So die ganz herrschende Auffassung, s. nur BGH, Urt. v. 11.5.2017 – III ZR 92/16, BeckRS 2017, 112880 (Rz. 23); BGH, Urt. v. 25.10.2011 – VI ZR 139/10, NJW 2012, 227, 228 (Rz. 8); BGH, Urt. v. 20.9.2011 – VI ZR 55/09, NJW 2011, 3442, 3443; BGH, Urt. v. 11.6.1996 – VI ZR 172/95, NJW 1996, 2428; BGH, Urt. v. 13.1.1998 – VI ZR 242/96, NJW 1998, 1780, 1781; *Katzenmeier*, Arzthaftung, S. 442; *ders.*, in: Festschrift Laufs, 2006, S. 909; s. auch BT-Drucks. 17/10488, S. 30.

nicht mehr praktiziert wird. Weil sich in Bezug auf die behandlungsfehlerhafte Durchführung einer Implantationsbehandlung gegenüber „klassischen" Behandlungsverhältnissen keine beweisrechtlichen Besonderheiten ergeben, soll im Übrigen auf die entsprechenden Ausführungen verwiesen werden.[822]

Die Durchführung einer Implantationsbehandlung ohne wirksame Einwilligung des Patienten ist vertragsrechtlich eine Pflichtverletzung i.S.d. §§ 630e, 280 BGB. Das Vorliegen einer Pflichtverletzung ist ein den Patienten begünstigender Umstand. Dementsprechend wäre der Patient für das Vorliegen eines Aufklärungsfehlers grundsätzlich beweispflichtig. Hiervon sieht § 630h Abs. 2 S. 1 BGB für die *Aufklärungsfehlerklage* eine Ausnahme vor. Entsprechend § 630h Abs. 2 S. 1 BGB obliegt der Behandlungsseite der Nachweis, dass sie den Patienten über Folgen und Risiken der Implantationsbehandlung aufgeklärt und letzterer in die Behandlung eingewilligt hat.

Die Beweislastumkehr des § 630h Abs. 2 S. 1 BGB steht in Einklang mit der Verteilung der Beweislast nach dem Deliktsrecht. Im Rahmen der deliktsrechtlichen Haftung ist die Einwilligung Rechtfertigungsgrund. Insofern muss der Behandelnde darlegen und beweisen, dass er den Patienten ausreichend über die Chancen und Risiken einer Implantationsbehandlung informiert und letzterer in die Behandlung eingewilligt hat.[823] Im Übrigen ergeben sich im Hinblick auf mögliche Aufklärungsfehler des Behandelnden bei Implantationsbehandlungen ebenfalls keine beweisrechtlichen Eigenheiten. Die Ausführungen sollen an dieser Stelle daher nicht vertieft werden. Es wird auf entsprechende Erläuterungen verwiesen.[824]

---

822 Ausführlich *Schärtl*, NJW 2014, 3601; *A. Walter*, GesR 2013, 129 ff.; *Prütting*, in: Festschrift Rüßmann, 2013, S. 609 ff.; *Wagner*, in: MüKo, BGB, § 630h, Rn. 11, 21 ff.; *Katzenmeier*, Arzthaftung, S. 423 ff.

823 Vgl. die stetige Rechtsprechung, s. z.B. BGH, Urt. v. 28.1.2014 – VI ZR 143/13, NJW 2014, 1527 (Rz. 11); BGH, Urt. v. 15.3.2005 – VI ZR 289/03, NJW 2005, 1716, 1717; BGH, Urt. v. 14.9.2004 – VI ZR 186/03, NJW 2004, 3703, 3704; BGH, Urt. v. 12.11.1991 – VI ZR 369/90, NJW 1992, 741, 742; BGH, Urt. v. 10.3.1981 – VI ZR 202/79, NJW 1981, 2002, 2003; OLG Koblenz, Urt. v. 23.9.2015 – 5 U 603/15, BeckRS 2016, 00356; OLG Karlsruhe, Urt. v. 19.3.1997 – 13 U 42/96, NJW-RR 1998, 459, 460; allgemein *Katzenmeier*, in: Laufs/Katzenmeier/Lipp, Arztrecht, Kap. XI, Rn. 50; *Spindler*, in: BeckOGK, BGB, § 823, Rn. 1059 ff.

824 Z.B. *Wagner*, in: MüKo, BGB, § 630h, Rn. 14 ff., 32 ff.; *Glanzmann*, in: Bergmann/Page/Steinmeyer, Gesamtes Medizinrecht, BGB, § 630h, Rn. 67 ff.; s. *Spickhoff*, VersR 2013, 267, 279; vgl. *Conrad/Koranyi*, JuS 2013, 979.

II. Zur Beweislast in den Fällen eines Medizinproduktfehlers

Zentral für den Ausgang des Haftungsprozesses ist mitunter die Frage, wer für das Vorliegen des Medizinproduktfehlers beweisbelastet ist.

1. Die Beweislastumkehr i.S.v. § 477 BGB bei Zeigen eines Sachmangels innerhalb von sechs Monaten nach der Implantation des Medizinprodukts

Tritt ein Mangel des Medizinprodukts innerhalb eines Zeitraums von sechs Monaten nach dessen Implantation in den Körper des Patienten in Erscheinung und hat sich die Behandlungsseite auch zur Verschaffung eines mangelfreien Implantats verpflichtet, kommt dem Patienten zunächst die Beweiserleichterung des § 477 BGB zu.[825] Zwar entbindet § 477 BGB den Patienten nicht von seiner Verpflichtung, das Vorliegen eines Sachmangels sowie dessen Manifestation innerhalb eines Zeitraums von sechs Monaten nach Gefahrübergang zu beweisen. Allerdings stellt § 477 BGB die Vermutung auf, dass der Mangel des medizinischen Produkts bereits vorgelegen habe, wenn sich dieser innerhalb von sechs Monaten seit Durchführung der Implantationsoperation zeigt. § 477 BGB bewirkt damit – jedenfalls auf den ersten Blick – eine Erleichterung der Durchsetzungsmöglichkeit von Ansprüchen wegen der Mangelhaftigkeit des implantierten Produkts.

Auf den zweiten Blick verhilft die Beweislastumkehr des § 477 BGB dem Patienten allerdings nur bei offensichtlich mangelhaften Medizinprodukten zu einer erleichterten Durchsetzung seiner Ansprüche. Der Patient kann nämlich als medizinischer Laie – von offensichtlichen Ausnahmen abgesehen – regelmäßig nicht beurteilen, ob das ihm implantierte Medizinprodukt mit einem Mangel behaftet ist. Weil sich das Implantat im Übrigen bestimmungsgemäß im Körper des Patienten befindet, kann er es auch nicht nach Gefahrübergang zeitnah auf seine Mangelhaftigkeit hin untersuchen. Der praktische Anwendungsbereich von § 477 BGB dürfte daher überschaubar bleiben.

---

825 S. schon die obigen Ausführungen unter Erster Teil § 4 B. I. 2.

2. Die Beweiserleichterung des § 630h Abs. 1 BGB bei „voll beherrschbaren“ Fehlfunktionen des Medizinprodukts

Ungeachtet von § 477 BGB könnte die Regelung des § 630h Abs. 1 BGB dem Patienten die Durchsetzung seiner Ansprüche bei Fehlern des Implantats erleichtern. Dann müsste es sich bei auftretenden Fehlfunktionen des Medizinprodukts um *voll beherrschbare* Behandlungsrisiken[826] i.S.d. § 630h Abs. 1 BGB handeln. Ein voll beherrschbares Risiko liegt vor, wenn der erlittene Gesundheitsschaden seine Ursache im Organisationsbereich des Behandelnden bzw. des Krankenhauses findet, weder aus dem menschlichen Organismus des Patienten stammt noch dem Kernbereich ärztlichen Handels zuzurechnen ist.[827] Schädigungen infolge eines Defekts des Medizinprodukts sind keine Risiken, die aus der Eigenheit des menschlichen Körpers resultieren. Sie haben mit den Unwägbarkeiten der Vorgänge im Körper des Patienten nichts zu tun. Auch stammt die Schadensursache bei einem Defekt des implantierten Medizinprodukts nicht aus dem Kernbereich ärztlichen Handelns. Sie entspringt dem Organisationsbereich des Behandelnden. Die Schadensursache beruht nicht auf fehlenden ärztlichen Fähigkeiten, sondern einer mangelnden Kontrolle oder Wartung des Medizinprodukts im Vorfeld der Implantationsoperation. Zur Verhinderung etwaiger Schäden des Patienten hätte die Behandlungsseite das Implantat nach den Regelungen des MPG sowie der MPBetreibV denn auch überprüfen müssen.[828] Fehlfunktionen des Medizinprodukts können

---

826 Ausweislich der Formulierung von § 630h Abs. 1 BGB muss das Behandlungsrisiko „allgemein“ sein. Der Gesetzgeber wollte aber sicherlich besondere Behandlungsrisiken nicht von der Regelung ausnehmen. Die Vorschrift erfasst daher auch „besondere“ Behandlungsrisiken, *Deutsch*, NJW 2012, 2009, 2011: „Man wird also getrost das Wort ‚allgemein' entweder weglassen oder durch ‚allgemein' und ‚besonders' ersetzen können“; s. auch *Walter*, in: BeckOGK, BGB, § 630h, Rn. 2.

827 S. z.B. BGH, Urt. v. 20.3.2007 – VI ZR 158/06, NJW 2007, 1682 f. (Rz. 9); BGH, Beschl. v. 13.2.2007 – VI ZR 174/06, BeckRS 2007, 05472; BGH, Urt. v. 10.1.1984 – VI ZR 158/82, NJW 1984, 1400; BGH, Urt. v. 3.11.1981 – VI ZR 119/80, NJW 1982, 699; s. auch BGH, Urt. v. 18.12.1990 – VI ZR 169/90, NJW 1991, 1540; *Wagner*, in: MüKo, BGB, § 630h, Rn. 26; *Walter*, in: BeckOGK, BGB, § 630h, Rn. 2 ff.; *Glanzmann*, in: Bergmann/Pauge/Steinmeyer, Gesamtes Medizinrecht, BGB, § 630h, Rn. 4.

828 Zum Umfang des Pflichtenprogramm s.o. Erster Teil § 1 D III.

damit prinzipiell als ein voll beherrschbares Risiko i.S.d. § 630h Abs. 1 BGB eingestuft werden.[829]

Zur Beurteilung der Frage, ob sich im Einzelfall auch ein ärztlicherseits voll beherrschbares Risiko verwirklicht hat, kommt es nicht auf die individuelle Vermeidbarkeit des betreffenden Vorfalls an. Entscheidend ist allein, ob sich mit dem Fehler des Medizinprodukts ein allgemeines Risiko verwirklicht hat, das bereits *bekannt* war und weswegen Anlass für das Ergreifen von Vorsichtsmaßnahmen bestand.[830] Ist dem so und konnte der Patient den Herrschafts- und Organisationsbereich der Behandlungsseite nicht überblicken, soll ihm daher die Beweiserleichterung des § 630h Abs. 1 BGB zugutekommen.

§ 3 Ergebnisse

1. Die Verjährung der Ansprüche wegen Verletzung einer Pflicht aus dem Implantationsverhältnis richtet sich nach den Vorschriften des jeweils betroffenen Vertragsbestandteils.
2. Bei Haftungsfällen mit Auslandsbezug kann der Patient zur Durchsetzung seiner Ansprüche nach seiner Wahl Klage vor dem zuständigen Gericht eines Mitgliedsstaats erheben, in dessen Bezirk er seinen Wohnsitz hat oder in dem der Behandelnde niedergelassen ist.
3. Im Haftungsprozess profitiert der Patient – neben den Beweiserleichterungen des § 630h BGB – von der Umkehr der Beweislast des § 477 BGB. Danach wird vermutet, dass der Mangel des Medizinprodukts bereits bei Gefahrübergang vorlag, wenn sich dieser innerhalb von sechs Monaten zeigt.

---

829 Vgl. BT-Drucks. 17/10488, S. 28; *Katzenmeier*, BeckOK, BGB, § 630h, Rn. 21; *Wagner*, in: MüKo, BGB, § 630h, Rn. 25 f.; *Walter*, in: BeckOGK, BGB, § 630h, Rn. 4; vgl. auch BGH, Urt. v. 11.10.1977 – VI ZR 110/75, NJW 1978, 584, 585 (Bereitstellen eines funktionstauglichen Narkosegeräts); BGH, Urt. v. 24.6.1975 – VI ZR 72/74, VersR 1975, 952, 954 (Verwendung eines verformten Tubus); BGH, Beschl. v. 13.2.2007 – VI ZR 174/06, BeckRS 2007, 5472 (Verwendung eines defekten Therapiegeräts).

830 *Walter*, in: BeckOGK, BGB, § 630h, Rn. 3, 7; *Weidenkaff*, in: Palandt, BGB, § 630h, Rn. 3; *Greiner*, in: Geiß/Greiner, Arzthaftpflichtrecht, Kap. B, Rn. 239.

Zusammenfassung der wesentlichen Ergebnisse in Thesen

Erster Teil: Der Implantationsvertrag als besonderer Behandlungsvertrag

1. Der Implantationsvertrag ist als besonderer Behandlungsvertrag i.S.v. § 630a Abs. 1 BGB zu qualifizieren. Der Vertrag kommt dadurch zustande, dass sich der Patient in ärztliche Behandlung begibt. Sein endgültiger Inhalt steht bei Abschluss noch nicht in allen Einzelheiten fest. Vielmehr konkretisiert sich das Pflichtenprogramm stufenweise mit jedem weiteren Behandlungsschritt in der Art eines Rahmenvertrags. Die stufenweise Konkretisierung des vertraglichen Pflichtenprogramms entspricht der Interessenlage der Parteien. Sie wahrt zum einen die Berufsfreiheit des Behandelnden. Zum anderen trägt sie dem Selbstbestimmungsrecht des Patienten sowie dessen Recht auf körperliche Unversehrtheit Rechnung.
2. Nach dem Inhalt des Implantationsvertrags ist die Behandlungsseite nicht nur zur besonderen medizinischen Behandlung des Patienten mit einem implantierbaren Medizinprodukt i.S.d. § 630a Abs. 2 BGB verpflichtet. Soweit die Implantationsbehandlung stationär im Krankenhaus durchgeführt wird, schuldet er *Krankenhausträger* typischerweise auch die Übergabe und Übereignung eines mangelfreien Medizinprodukts. Die Pflicht besteht jedenfalls dann, wenn der Krankenhausträger die Mängelfreiheit „beeinflussen" kann. Zwar werden in der Regel zwischen den Parteien keine dahingehenden Vereinbarungen getroffen. Allerdings sind die Erklärungen nach dem objektiven Empfängerhorizont sowie nach Treu und Glauben gemäß §§ 133, 157, 242 BGB dementsprechend auszulegen. Im Übrigen findet die Verpflichtung ihre Begründung im „Ausgeliefertsein" sowie der Erwartungshaltung des Patienten. Die vorgenannten Grundsätze schließen nicht aus, dass im Einzelfall andere Auslegungsergebnisse erzielt werden können.
3. Wird die Implantationsbehandlung durch einen *niedergelassenen Arzt* durchgeführt, ist die Mangelfreiheit grundsätzlich nicht Bestandteil des Pflichtenprogramms. Zum einen liegt die Mangelfreiheit außerhalb des vom Arzt beherrschbaren Verantwortungsbereichs. Zum anderen ist die verschuldensunabhängige Mängelgewährleistungshaftung mit dem der Arzthaftung zugrundeliegenden Verschuldensprinzip unvereinbar. Stattdessen übernimmt bei ambulanten Behandlungen üblicherweise der Hersteller die Mangelfreiheit aufgrund eines selbstständigen Garan-

tievertrags. Dabei übermittelt der Arzt als Bote des Herstellers dessen Willenserklärung, wenn er dem Patienten die schriftliche, in der Regel als „Empfehlung" bezeichnete Garantiekarte übergibt. Der Patient nimmt das Angebot konkludent dadurch an, dass er sich der Implantationsoperation unterzieht. Gemäß § 151 S. 1 BGB verzichtet der Medizinprodukthersteller auf den Zugang der Annahmeerklärung.

4. Der Implantationsvertrag ist als typengemischter, aber einheitlicher Vertrag einzuordnen. Er ist aus einem behandlungsvertraglichen und einem kaufvertraglichen Element, selten einem werkvertraglichen Bestandteil, zusammengesetzt. Nach der Kombinationsmethode sind auf die verschiedenen Elemente des Implantationsvertrags die für den betreffenden Bestandteil geltenden Regelungen „so weit wie möglich" anzuwenden. Der behandlungsvertraglich zu beurteilende Teil richtet sich folglich nach den Regelungen über Behandlungsverträge. Für die kauf- oder werkvertraglich zu beurteilenden Elemente gilt hingegen Kauf- oder Werkvertragsrecht. Die Kategorisierung nach der Kombinationsmethode ergibt sich zum einen aus der eigenständigen Funktionalität des Medizinprodukts innerhalb des menschlichen Körpers. Das Implantat tritt an die Stelle des kranken Körperteils oder Organs und substituiert dessen Funktionen. Zum anderen sind Mängel des Medizinprodukts unabhängig von der Sorgfaltsgemäßheit der medizinischen Behandlungsleistungen möglich. Sie können als solche identifiziert und durch den Austausch oder eine Reparatur behoben werden.

Zweiter Teil: Gründe für eine Haftung des implantierenden Arztes oder des Krankenhausträgers

5. Der Qualifikation des Implantationsvertrags als typengemischter Vertrag entsprechend ist in Bezug auf die Gründe für eine Haftung des implantierenden Arztes oder des Krankenhausträgers zu differenzieren. Zunächst kommt eine Haftung wegen der *Mangelhaftigkeit* des implantierten Medizinprodukts in Betracht. Hier ist insbesondere eine Einstandspflicht des Krankenhausträgers denkbar. Mangelhaft ist das Implantat i.S.v. § 434 Abs. 1 BGB oder – selten – gemäß § 633 Abs. 2 BGB, wenn es nicht der vertraglich vereinbarten Beschaffenheit entspricht oder es sich nicht für die nach dem Vertrag vorausgesetzte oder gewöhnliche Verwendung eignet. Ein in diesem Sinne beachtlicher Mangel liegt unproblematisch bei physischen Defekten des Medizinprodukts vor. Daneben kann ein Mangel bei Fehlen der Produktsicherheit bejaht werden. Zwar ist prinzipiell von einem subjektiven Fehlerverständnis auszugehen. Allerdings kann es nicht aus-

schließlich auf den Horizont des Patienten als eines medizinischen Laien ankommen. Um den Besonderheiten der Produktgruppe der implantierbaren Medizinprodukte gerecht zu werden, sind deshalb insbesondere auch die Sicherheitserwartungen der sog. benannten Stellen gemäß der Richtlinie 93/42/EWG sowie der beteiligten Fachkreise miteinzubeziehen. Dogmatisch lässt sich dieses Ergebnis in § 434 Abs. 1 S. 2 Nr. 2 BGB verorten. Unter bestimmten Voraussetzungen kann im Übrigen der Medizinproduktfehlerverdacht als haftungsrechtlich relevanter Mangel eingeordnet werden.

6. Eine wesentliche Auswirkung aus der Anwendung der §§ 434 ff. BGB bzw. §§ 633 ff. BGB zeigt sich in der *Nacherfüllungspflicht des Krankenhausträgers*. Weist das implantierte Medizinprodukt einen Mangel auf, stehen dem Patienten die Rechte aus den §§ 437 Nr. 1 und 3, 434 BGB, selten aus §§ 634 Nr. 1 und 2 sowie 4, 633 BGB, zu. Den Krankenhausträger trifft eine Pflicht zur Explantation eines mangelhaften Medizinprodukts samt Übernahme der hierfür anfallenden Kosten.
7. Die Kosten einer Revisionsoperation kann der Patient grundsätzlich nur verlangen, wenn er den Krankenhausträger gemäß § 281 Abs. 1 S. 1 BGB erfolglos zur Nacherfüllung aufgefordert hat. Der Krankenhausträger hat ein „*Recht zur zweiten Andienung*“. Dieses ist Folge der konsequenten Anwendung der Kombinationsmethode. Das Fristsetzungserfordernis ermöglicht im Übrigen, differenzierter auf das jeweilige Arzt-Patienten-Verhältnis eingehen zu können. Eines Nacherfüllungsverlangens bedarf es gemäß § 281 Abs. 2 Alt. 2 BGB ausnahmsweise nicht, wenn dem Patienten ein Festhalten am Implantationsvertrag nicht zumutbar ist. Nicht zumutbar ist dem Patienten ein Festhalten am Vertrag wiederum, wenn er das Vertrauen in die Behandlungsseite berechtigterweise verloren hat und dieser Vertrauensverlust gewichtig ist.
8. Der *implantierende Arzt* haftet für die durch ein mangelhaftes, verpflanztes Medizinprodukt verursachten Schäden des Patienten nur, wenn er den Mangel gemäß §§ 630a Abs. 2, 280 Abs. 1 BGB schuldhaft verkannt hat. Schuldhaft verkannt hat der Arzt den Mangel, wenn er vorsätzlich oder fahrlässig ein defektes Implantat verwendet hat. Typischerweise wird der Arzt dem Patienten nicht wissentlich und willentlich ein minderwertiges Implantat verpflanzen. In der weit überwiegenden Anzahl der Fälle ist deshalb danach zu fragen, ob er die Mangelhaftigkeit hätte erkennen müssen und vermeiden können. Ob mögliche Mängel hätten erkannt werden müssen, beurteilt sich wiederum danach, ob sie bei der gebotenen Untersuchung des Medizinprodukts

auf ihre Funktionsfähigkeit und den ordnungsgemäßen Zustand hin entdeckt worden wären. Der Kontrollumfang richtet sich dabei den Umständen des Einzelfalls. In erster Linie ist deshalb auf vereinbarte Untersuchungspflichten abzustellen. Soweit die Parteien – wie regelmäßig – keine dahingehenden Abreden getroffen haben, ist zur Konkretisierung der Erkennbarkeit auf die Bestimmungen des MPG sowie der MPBetreibV zurückzugreifen.

9. Der *Behandlungsfehler* ist ein weiterer zentraler Haftungsgrund bei der Implantation von Medizinprodukten. Behandlungsfehlerhaft ist die Implantationsbehandlung, wenn der nach § 630a Abs. 2 Hs. 1 BGB maßgebliche Standard nicht eingehalten wird. Zu dessen Konkretisierung ist auf die ärztlichen Leitlinien auf dem Gebiet der Implantationschirurgie zurückzugreifen. Ein ärztlicher Sorgfaltspflichtverstoß liegt beispielsweise vor, wenn das Medizinprodukt oder die anzuwendende Implantationsmethode nicht auf den Patienten abgestimmt wurde. Ein Behandlungsfehler ist aber auch dann anzunehmen, wenn der operative Eingriff sorgfaltswidrig durchgeführt oder der Patient nicht bzw. nicht in dem gebotenen Umfang zu einem therapiegerechten Verhalten angeleitet wurde. Von einem Behandlungsfehler ist außerdem auszugehen, wenn der Arzt es unterlässt, den Patienten auf die Mangelhaftigkeit des implantierten Medizinprodukts hinzuweisen. Eine dahingehende Pflicht ergibt sich aus der analogen Anwendung des § 630c Abs. 2 S. 2 BGB. Die Analogie fußt auf der Überlegung, dass der Patient nicht nur ein Interesse an der Geltendmachung und Durchsetzung von Ansprüchen wegen eines Behandlungsfehlers hat. Das Gleiche gilt im Gegenteil auch für Ansprüche infolge der Mangelhaftigkeit des Medizinprodukts.
10. Eine Haftung des implantierenden Arztes kommt im Übrigen wegen einer *fehlenden oder unvollständigen Selbstbestimmungsaufklärung* in Betracht. Wie umfangreich die Aufklärung ausfallen muss, lässt sich nicht allgemein beantworten. Maßgeblich sind die Umstände des Einzelfalls. Zu berücksichtigen sind insbesondere die Schwere möglicher Schäden, die Wahrscheinlichkeit ihres Eintritts sowie die Verständnisfähigkeit und der Kenntnisstand des Patienten. Inhaltlich umfasst die Pflicht zur Aufklärung beispielsweise den Hinweis auf die Materialbeschaffenheit des Medizinprodukts sowie dessen Verträglichkeit mit dem menschlichen Körper. Ferner erstreckt sich die ärztliche Aufklärungspflicht auf die Erläuterung von Chancen und Risiken der Implantationsbehandlung. Besondere Relevanz erlangt die Aufklärung im Übrigen in den Fällen, in denen lediglich der Verdacht einer von

dem Medizinprodukt ausgehenden Gefahr besteht. Hier ist notwendig, dass der Behandelnde dem Patienten einen unverblümten Eindruck von dem (bisher weder widerlegten noch erwiesenen) Gefahrenverdacht vermittelt.

11. In formaler Hinsicht muss die Aufklärung prinzipiell gemäß § 630e Abs. 2 S. 1 BGB durch den implantierenden Arzt erfolgen. In Ausnahmefällen kann sie an nicht-ärztliche Personen delegiert werden. Eine Delegation an „Aufklärungsspezialisten" ist jedenfalls in Bezug auf die Beschaffenheit und Funktionsweise des Medizinprodukts möglich. Um die Qualität der Aufklärung sicherzustellen, muss sie unter Aufsicht des implantierenden Arztes erfolgen. Begründen lässt sich eine Delegation einerseits mit der Wertung des § 630e Abs. 2 S. 1 Nr. 1 Hs. 2 BGB, wonach das Band zwischen Arzt und Patient gelockert werden. Andererseits ist zu berücksichtigen, dass eine Aufklärung durch Spezialisten dem Selbstbestimmungsrecht des Patienten zur maximalen Geltungskraft verhilft und eine Beschränkung des zur Aufklärung befugten Personenkreises auf Ärzte bloße eine Förmelei wäre.

Dritter Teil: Haftungsumfang

12. Zu den nach § 249 Abs. 1 BGB ersatzfähigen Schadenposten zählt die Nachbehandlung in natura sowie die für eine Nachbehandlung anfallenden Kosten. Darüber hinaus kann dem Patienten gemäß § 253 Abs. 2 BGB Schmerzensgeld zugesprochen werden, wenn er mit der (berechtigten) Angst leben muss, das implantierte Medizinprodukt könne jederzeit ausfallen und er deshalb seine Lebensgewohnheiten verändert.
13. Die Schadenszurechnung wird bei Mängeln des Medizinprodukts typischerweise nicht unter dem Aspekt einer Reserveursache ausgeschlossen. Der Einwand der Behandlungsseite, das mangelhafte Medizinprodukt hätte aufgrund der nach seiner Art bedingten, verkürzten Lebensdauer zu einem späteren Zeitpunkt ohnehin ausgewechselt werden müssen, verfängt regelmäßig. Die Notwendigkeit einer Revisionsoperation ergibt sich üblicherweise aus dem Mangel des Medizinprodukts. Der Mangel stellt jedoch eine andere Ursache dar als es am Ende der Lebenszeit des betreffenden Implantats der Fall gewesen wäre.
14. Ein den Schadensersatzanspruch kürzendes Mitverschulden i.S.v. § 254 Abs. 1 BGB liegt vor, wenn der Patient sein Körpergewicht trotz eines präoperativen ärztlichen Hinweises nicht reduziert, (übertriebene) körperliche Aktivitäten nicht einschränkt und allgemein seine Lebensweise nicht an die Umstände anpasst. Gegen die Schadensminderungsob-

liegenheit des § 254 Abs. 2 S. 1 Alt. 2 BGB verstößt der Patient, wenn er nicht zu regelmäßigen Kontrolluntersuchungen erscheint.

Vierter Teil: Haftungsdurchsetzung

15. Im Haftungsprozess profitiert der Patient – neben den Beweiserleichterungen des § 630h BGB – von der Umkehr der Beweislast des § 477 BGB. Danach wird vermutet, dass der Mangel des Medizinprodukts bereits bei Gefahrübergang vorlag, wenn sich dieser innerhalb von sechs Monaten zeigt.

Literaturverzeichnis

Anhalt, Ehrhard; *Dieners*, Peter (Hrsg.): Medizinprodukterecht, Praxishandbuch, 2. Aufl., München, 2017 (zitiert als *Bearb.*, in: Handbuch des Medizinprodukterechts).

Ankermann, Ernst: "Haftung für fehlerhaften oder fehlenden ärztlichen Rat", in: Festschrift für Erich Steffen zum 65. Geburtstag am 28. Mai 1995, Berlin, New York, 1995, 1 – 17.

Ballhausen, Benedikt D.: "Vorrang der Nacherfüllung bei Vorliegen eines ärztlichen Behandlungsfehlers – Anmerkung zu OLG Jena, Urt. v. 29.5.2012 – 4 U 549/11", NJW 2012, 2359.

–, "Der Vorrang der Nacherfüllung bei Behandlungsvertrag", NJW 2011, 2694 – 2697.

Bamberger, Heinz Georg; *Roth*, Herbert; *Hau*, Wolfgang; *Poseck*, Roman (Hrsg.): Beck'scher Online Kommentar, München, 54. Edition, 2020 (zitiert als *Bearb.*, in: BeckOK, Vorschrift, Randnummer).

Barwig, Judith: Arzt- und Krankenhausträgerhaftung bei Telemedizin-Anwendungen, Schwerpunkt: Telekonsil, Bonn, 2008.

Beck-online.GROSSKOMMENTAR BGB, v. Beate Gsell/Wolfgang Krüger/Stephan Lorenz/Jörg Mayer (Gesamthrsg.), München, 2020 (zitiert als *Bearb.*, in: BeckOGK, Vorschrift, Randnummer).

Beck'sche Kurz-Kommentare, Band 17. Erbs/Kohlhaas. Strafrechtliche Nebengesetze, hrsgg. v. Peter Häberle, Band 1 (eingeordnet bis einschließlich 229. Ergänzungslieferung), München, Stand März 2020 (zitiert als *Bearb.*, in: Erbs/Kohlhaas, Strafrechtliche Nebengesetze, Gesetz, Vorschrift, Randnummer).

Becker, Maximilian: "Die Erfolgsgeeignetheit in der vertraglichen Arzthaftung – zugleich ein Beitrag zur Grenze der Therapiefreiheit", MedR 2014, 475 – 482.

Bellinghausen, Rupert; *Krause*, Anke: "Haftung Benannter Stellen für fehlerhafte Medizinprodukte", NJW 2020, 1480 – 1482.

Bender, Albrecht W.: "Facharztvorbehalt und fachfremde Aufklärung bei der Erfüllung der ärztlichen Aufklärungspflicht nach dem Patientenrechtegesetz", VersR 2013, 962 – 966.

–, "Zeugen Jehovas und Bluttransfusionen", MedR 1999, 260 – 267.

Berger, Christian: "Der Beschaffenheitsbegriff des § 434 Abs. 1 BGB", JZ 2004, 276 – 283.

Berger, Manfred: "Tendenzen bei der Bemessung des Schmerzensgeldes", VersR 1977, 877 – 881.

Bergmann, Karl Otto: "Delegation und Substitution ärztlicher Leistungen auf/durch nichtärztliches Personal", MedR 2009, 1 – 10.

Bergmann, Karl-Otto; *Pauge*, Burkhard; *Steinmeyer*, Heinz-Dietrich: Gesamtes Medizinrecht, 3. Aufl., Baden-Baden, 2017.

Binder, Jens-Hinrich: "Nachsorgende Vertragspflichten? Begründung und Reichweite fortdauernder Schutzpflichten nach Leistungsaustusch in Schuldverhältnissen", AcP 211 (2011), 587 – 625.

Bodenburg, Reinhard: "Entzerrung der ärztlichen Aufklärungspflicht: Grundaufklärung und Einschätzungsprärogative", NJW 1981, 601 – 605.

Bodewig, Theo: "Vertragliche Pflichten 'post contractum finitum'", Jura 2005, 505 – 512.

Boemke, Burkhard: "Facharztstandard bei fachübergreifendem Bereitschaftsdienst", NJW 2010, 1562 – 1566.

Borgmann, Matthias: "Der BGH klärt nicht auf! Inkongruenzen in der Rechtsprechung zur ärztlichen Risikoaufklärung", NJW 2010, 3190 – 3194.

Brinkmann, Jose: Kreditsicherheiten an beweglichen Sachen und Forderungen. Eine materiell-, insolvenz- und kollisionsrechtliche Studie des Rechts der Mobiliarsicherheiten vor dem Hintergrund internationaler und europäischer Entwicklungen, Tübingen, 2011.

Brömmelmeyer, Christoph: "Der Nacherfüllungsanspruch des Käufers als trojanisches Pferd des Kaufrechts?", JZ 2006, 493 – 499.

Brüggemeier, Gert: Deliktsrecht. Ein Hand- und Lehrbuch, Baden-Baden, 1986.

–, "Fehlerhafte Brustimplantate und die Haftung der Zertifizierungsinstitute – Das EuGH-Urteil in der Rechtssache *Schmitt v. TÜV Rheinland*", MedR 2017, 527 – 531.

–, Haftungsrecht. Struktur, Prinzipien, Schutzbereich. Ein Beitrag zur Europäisierung des Privatrechts, Berlin, 2006.

–, "Luxemburg locuta, causa finita? – Eine Nachbetrachtung der juristischen Behandlung der sogenannten PIP-Affäre in Deutschland", JZ 2018, 191 – 196.

–, "Produktfehler und Produkthaftung bei implantierten Medizinprodukten", ZEuP 2016, 502 – 514.

–, "Schadensersatz für implantierte fehlerhafte Medizinprodukte – Zwei Vorlagebeschlüsse des Bundesgerichtshofs", MedR 2014, 537 – 542.

Buchner, Benedikt: "Der Einsatz neuer medizinischer Behandlungsmethoden – ärztliche Aufklärung oder präventive Kontrolle?", VersR 2006, 1460 – 1464.

Büttner, Hermann: "Die deliktsrechtliche Einordnung der ärztlichen Eingriffsaufklärung – ein juristischer Behandlungsfehler", in: Festschrift für Karlmann Geiß zum 65. Geburtstag, Köln, Berlin, Bonn, München, 2000, 353 – 365.

Canaris, Claus-Wilhelm: "Die Neuregelung des Leistungsstörungs- und des Kaufrechts – Grundstrukturen und Problemschwerpunkte –", in: Egon Lorenz (Hrsg.), Karlsruher Forum 2002: Schuldrechtsmodernisierung, Karlsruhe 2003, 5 – 100.

–, "Die Reform des Rechts der Leistungsstörungen", JZ 2001, 499 – 524.

–, Grundrechte und Privatrecht – Eine Zwischenbilanz. Stark erweiterte Fassung des Vortrags gehalten vor der Juristischen Gesellschaft zu Berlin am 10. Juni 1998, Berlin, 1999.

–, "Grundrechte und Privatrecht", AcP 184 (1984), 201 - 246.

Conrad, Christian; *Koranyi*, Johannes: "Die „hypothetische Einwilligung" im Zivil- und Strafrecht vor dem Hintergrund des neuen § 630h II 2 BGB", JuS 2013, 979 - 985.

Cosack, Konrad: Lehrbuch des Deutschen bürgerlichen Rechts, Erster Band, 5. Aufl., Jena, 1910.

Cramer, Udo H.: "Praxisgemeinschaft versus Gemeinschaftspraxis – Auf den Gesellschaftszweck kommt es an!", MedR 2004, 552 - 556.

Damm, Reinhard: "Vulnerabilität als Rechtskonzept? - Rechtssystematisch und medizinrechtliche Überlegungen", MedR 2013, 201 - 214.

Dauner-Lieb, Barbara; *Langen*, Werner (Hrsg.): Nomos Kommentar Schuldrecht, Band 2, Baden-Baden/Berlin, 3. Auflage, 2016 (zitiert als *Bearb.*, in: NK-BGB, Vorschrift, Randnummer).

Degen, Julia Kathrin: "Anmerkung zu einer Entscheidung des BGH, Urteil vom 22.6.2017 (VII ZR 36/14) – Keine anlassunabhängige Pflicht der benannten Stelle zur Durchführung unangemeldeter Kontrollen und zur Produktprüfung", VersR 2017, 1219.

Deutsch, Erwin; *Spickhoff*, Andreas: Medizinrecht. Arztrecht, Arzneimittelrecht, Medizinprodukterecht und Transfusionsrecht, 7. Aufl., Berlin, Heidelberg, 2014.

Deutsch, Erwin: "Anmerkung zu BGH, Urt. v. 10.02.1987 (VI ZR 68/86, Oldenburg)", NJW 1987, 1480 - 1481.

–, "Anmerkung zu BGH, Urt. v. 7.11.2006 (VI ZR 206/05, Schleswig)", VersR 2007, 210 - 211.

–, "Das Organisationsverschulden des Krankenhausträgers", NJW 2000, 1745 - 1749.

–, "Das Persönlichkeitsrecht des Patienten", AcP 192 (1992), 161 - 180.

–, "Das therapeutische Privileg des Arztes: Nichtaufklärung zugunsten des Patienten", NJW 1980, 1305 - 1309.

–, "Der Zeitpunkt der ärztlichen Aufklärung und die antizipierte Einwilligung des Patienten", NJW 1979, 1905 - 1909.

–, "Deutsche Sonderwege zur Arzthaftung", NJW 2012, 2009 - 2013.

–, "Die Aufklärung bei Medizinprodukten", VersR 2006, 1145 - 1149.

–, "Die neue Entscheidung des BGH zur Aids-Haftung", NJW 1991, 1938.

–, "Einsatz medizinischer Spezialkenntnisse zugunsten des Patienten", NJW 1987, 1479 - 1481.

–, "Fahrlässigkeitstheorie und Behandlungsfehler", NJW 1993, 1506 - 1510.

–, "Fallgruppen der Produkthaftung: gelöste und ungelöste Probleme", VersR 1992, 521 - 527.

–, "Haftungserhebliche Standards", JZ 1997, 1030 - 1037.

–, "Ressourcenbeschränkung und Haftungsmaßstab im Medizinrecht", VersR 1998, 261 – 265.

–, "Schmerzensgeld für Unfälle bei der Prüfung von Arzneimitteln und Medizinprodukten?", PharmR 2001, 346 - 350.

–, "Schutzbereich und Beweislast der ärztlichen Aufklärungspflicht", NJW 1984, 1802 – 1803.

Deutsch, Erwin; *Lippert*, Hans-Dieter; *Ratzel*, Rudolf; *Tag*, Brigitte; *Gassner*, Ulrich M.: Kommentar zum Medizinproduktegesetz (MPG), 3. Aufl., Berlin, Heidelberg, 2018 (zitiert als *Bearb*., in: Deutsch/Lippert/Ratzel/Tag/Gassner: Gesetz, Vorschrift, Randnummer).

Diederichsen, Angela: "Zur Bedeutung ärztlicher Leitlinien für die Haftung aus einem Behandlungsverhältnis", in: Hart, Dieter (Hrsg.), Klinische Leitlinien und Recht, Baden-Baden, 2005, 105 – 127.

Drees, Jost-Detlef: "Schadensersatzansprüche wegen vermehrter Bedürfnisse", VersR 1988, 784 – 789.

Dressler, Wolf-Dieter: "Ärztliche Leitlinien und Arzthaftung", in: Festschrift für Karlmann Geiß zum 65. Geburtstag, Köln, Berlin, Bonn, München, 2000, 379 – 388.

Eberhardt, Dietrich: "Zivilrecht und Sozialrecht in der Beziehung von Kassenarzt und Kassenpatient – zugleich ein Beitrag zu Inhalt und Bedeutung des § 368d IV RVO", AcP 171 (1971), 289 – 327.

Ebert, Ina: "Das Recht des Verkäufers zur zweiten Andienung und seine Risiken für den Käufer", NJW 2004, 1761 – 1764.

Ehlers, Alexander P.F.: Die ärztliche Aufklärung vor medizinischen Eingriffen. Bestandsaufnahme und Kritik, Köln, 1987.

Eick, Wolfgang: Das Problem der gemischten Verträge, Würzburg, 1984.

Endemann, F.: Lehrbuch des Bürgerlichen Rechts, Erster Band, 8. Aufl., Berlin, 1903.

Engisch, Karl: Die rechtliche Bedeutung der ärztlichen Operation, Jena, 1958.

Enneccerus, Ludwig; *Lehmann*, Heinrich: Recht der Schuldverhältnisse, 15. Aufl., Marburg, 1958.

Ernst, Wolfgang; *Gsell*, Beate: "Kaufrechtsrichtlinie und BGB", ZIP 2000, 1410 – 1427.

Ernst, Wolfgang: "Sachmängelhaftung und Gefahrtragung, Abgrenzung und Wechselwirkungen in der Dynamik des Vertragsvollzugs", in: Festschrift für Ulrich Huber zum siebzigsten Geburtstag, hrsgg. von Theodor Baums und Johannes Wertenbruch in Gemeinschaft mit Marcus Lutter und Karsten Schmidt, Tübingen, 2006, 165 – 237.

Fiekas, Frederik: § 630f BGB – die Dokumentation der Behandlung – eine rechtsdogmatische Einordnung der Dokumentationspflicht des Behandelnden nach Inkrafttreten des Patientenrechtegesetzes, Baden-Baden, 2015.

Filios, Paul Chr.: Die Gefahrtragung beim Kauf (§ 446 BGB) im Rahmen des Synallagmas, Berlin, 1964.

Finn, Markus: "Keine Haftung mangels nachgewiesener Hinweise auf minderwertige Brustimplantate", NJW 2017, 2590 – 2592.

Flume, Werner: "Rechtsgeschäft und Privatautonomie", in: Hundert Jahre Deutsches Rechtsleben. Festschrift zum hundertjährigen Bestehen des Deutschen Juristentages, hrsgg. v. Ernst von Caemmerer, Band I, Karlsruhe, 1960, 135 – 238.

Foerste, Ulrich; *Westphalen,* Friedrich Graf von: Produkthaftungshandbuch, 3. Aufl., München, 2012 (zitiert als *Bearb.*, in: Foerste/Graf von Westphalen: Produkthaftungshandbuch, Kapitel, Randnummer).

Forkel, Hans: "Das Persönlichkeitsrecht am Körper, gesehen besonders im Lichte des Transplantationsgesetzes", Jura 2001, 73 – 78.

–, "Verfügungen über Teile des menschlichen Körpers", JZ 1974, 593 – 599.

Franzki, Harald; *Franzki,* Dietmar: "Waffengleichheit im Arzthaftungsprozeß", NJW 1975, 2225 – 2229.

Freytag, Lars Ferenc: Grundstrukturen des Kaufvertrags, Tübingen, 2007.

Gareis, Karl: "Das Recht am menschlichen Körper", in: Festgabe der Juristischen Fakultät zu Königsberg für ihren Senior Johann Theodor Schirmer, 1990, 59 – 100.

Gaßner, Maximilian; *Reich-Malter,* Miriam: "Die Haftung bei fehlerhaften Medizinprodukten und Arzneimitteln – Recht und Rechtsprechung", MedR 2006, 147 – 152.

Gebauer, Peer: Naturalrestitution beim Schadensersatz wegen Nichterfüllung, Berlin, 2002.

Geiß, Karlmann; *Greiner,* Hans-Peter: Arzthaftpflichtrecht, 7. Aufl., München, 2014.

Giebel, Gerald D.; *Wienke,* Albrecht; *Sauerborn,* Jürgen; *Edelmann,* Martin; *Menningen,* Rudolf; *Dievenich,* Anne: "Das Aufklärungsgespräch zwischen Wollen, Können und Müssen – Wege vom richterrechtlichen Aufklärungspflichtverschulden zum ärztlichen Aufklärungsstandard", NJW 2001, 863 – 868.

Giesen, Dieter: Arzthaftungsrecht – Die zivilrechtliche Haftung aus medizinsicher Behandlung in der Bundesrepublik Deutschland, in Österreich und der Schweiz, 4. Aufl., Tübingen, 1995.

–, "Arzthaftungsrecht im Umbruch (I) – Der ärztliche Behandlungsfehler in der Rechtsprechung seit 1974", JZ 1982, 345 – 356.

–, Arzthaftungsrecht. Die zivilrechtliche Haftung aus medizinischer Behandlung in der Bundesrepublik Deutschland, in Österreich und der Schweiz, 5. Aufl., Tübingen, 2007.

–, Wandlungen des Arzthaftungsrechts, Tübingen, 1983.

Glatz, Christian: Der Arzt zwischen Aufklärung und Beratung. Eine Untersuchung über ärztliche Hinweispflichten in Deutschland und den Vereinigten Staaten, Berlin, 1998.

Gleixner-Eberle, Elisabeth: Die Einwilligung in die medizinische Behandlung Minderjähriger. Eine arztrechtliche Untersuchung im Rechtsvergleich mit Österreich und der Schweiz sowie mit Blick auf das Internationale Privat- und Strafrecht, Berlin, Heidelberg, 2014.

Gomille, Christian: "Die Drittschadensliquidation im System des Haftungsrechts", Jura 2017, 619 – 629.

Görgens, Bernhard: "Künstliche Teile im menschlichen Körper", JR 1980, 140 – 143.

Gorodinsky, Boris: §§ 478, 479 BGB: der Regress des Letztverkäufers, Berlin, 2013.

Graf von Westphalen, Friedrich; *Thüsing*, Gregor: Vertragsrecht und AGB-Klauselwerke, München, 2017.

Graue, Eugen Dietrich: "Der Liefervertrag mit Montageverpflichtung", AcP 163 (1964), 404 – 416.

Grigoleit, Christoph; *Herresthal*, Carsten: "Grundlagen der Sachmängelhaftung im Kaufrecht", JZ 2003, 118 – 127.

Gropp, Walter: "Ersatz- und Zusatz-Implantat – Rechtspolitische Überlegungen zur Zuordnung künstlicher Körper-Implantate", JR 1985, 181 – 185.

Grundmann, Stefan; *Renner*, Moritz: "Vertrag und Dritter – zwischen Privatrecht und Regulierung", JZ 2013, 379 – 389.

Gsell, Beate: "„Kettengewährleistung“ – Mängelrechte des Käufers im Anschluss an ein Nacherfüllungsbemühen des Verkäufers", in: Kai-Oliver Knops; Heinz Georg Bamberger; Gerrit Hölzle (Hrsg.), Zivilrecht im Wandel, Festschrift für Peter Derleder zum 75. Geburtstag, Berlin, Heidelberg, 2015, 135 – 170.

–, "Nutzungsentschädigung bei kaufrechtlicher Nacherfüllung?", NJW 2003, 1969 – 1975.

Gutmann, Thomas: "Die Pflicht des Arztes zur Information über Behandlungsfehler (§ 630c Abs. 2 S. 2 und 3 BGB)", in: Medizin – Haftung – Versicherung. Festschrift für Karl Otto Bergmann zum 70. Geburtstag, 2016, 59 – 74.

Hadding, Walther: "Leistungspflichten und Leistungsstörungen nach 'modernisiertem' Schuldrecht", in: Festschrift für Horst Konzen zum siebzigsten Geburtstag, hrsgg. v. Barbara Dauner-Lieb, Peter Hommelhoff, Matthias Jacobs, Dagmar Kaiser, Christoph Weber, Tübingen, 2006, 193 – 216.

Handorn, Boris; Martin, Jan C.: "Der Fehlerverdacht in der Gerichtspraxis – eine erste Momentaufnahme mit Hüftprothesen", MPR 2016, 76 – 81.

Hanke, Jessica: Die Garantie in der kaufrechtlichen Mängelhaftung – Eine Betrachtung der Rechtslage vor und nach der Schuldrechtsreform, Baden-Baden, 2008.

Hart, Dieter: "Ärztliche Leitlinien – Definitionen, Funktionen, rechtliche Bewertungen; Gleichzeitig ein Beitrag zum medizinischen und rechtlichen Standardbegriff", MedR 1998, 8 – 16.

–, Ärztliche Leitlinien im Medizin- und Gesundheitsrecht. Recht und Empirie professioneller Normbildung, Baden-Baden, 2005.

–, "Ärztliche Leitlinien", ZaeFQ 2000, 65 – 69.

–, "Ein Patientenrechtegesetz ohne Eigenschaften. Über den Mangel an legislativer Eigenständigkeit", GesR 2012, 385 – 388.

–, "Patientensicherheit nach dem Patientenrechtegesetz", MedR 2013, 159 – 165.

Hassner, Florian A.: "Ärztliche Selbstbestimmungsaufklärung und zivilrechtliche Haftung", VersR 2013, 23 – 35.

Häublein, Martin: "Der Pferdeeinstellvertrag zwischen Miet- und Verwahrungsrecht - Rechtliche Grundlagen und formularvertragliche Ausgestaltung eines typischen Typenkombinationsvertrags", NJW 2009, 2982 – 2987.

Herresthal, Carsten; *Riehm*, Thomas: "Die eigenmächtige Selbstvornahme im allgemeinen und besonderen Leistungsstörungsrecht", NJW 2005, 1457 – 1461.

Heß, Rainer; *Burmann*, Michael: "Die Heilbehandlungskosten", NJW-Spezial 2006, 207 – 208.

Heyers, Johannes: "Anmerkung zu BGH, Urt. v. 16.10.2015 – V ZR 240/14, Eigentumserwerb an eingesammeltem Altpapier", NJW 2016, 1889 – 1890.

–, "Bedeutung von Leitlinien für die Arzthaftung", ArztR 2016, 201 – 209.

Hoeniger, Heinrich: "Das Problem der gemischten Verträge", DJZ 1913, 263 ff.

–, Die gemischten Verträge in ihren Grundformen, Mannheim und Leipzig, 1910 (zitiert: Grundformen).

–, Vorstudien zum Problem der gemischten Verträge, Freiburg, 1906 (zitiert: Vorstudien).

Höhne, Christiane; *Kühne*, Aline: "Der Vertrag mit Schutzwirkung zu Gunsten Dritter – Anspruchsgrundlage und Anspruchsumfang", JuS 2012, 1063 – 1069.

Höpfner, Clemens; *Fallmann*, Manuel: "Die Reform des kaufrechtlichen Gewährleistungsrechts 2018", NJW 2017, 3745 – 3751.

Horn, Jakob: "Der kaufrechtliche Ausbesserungsanspruch, Nachbesserung um den Preis", NJW 2017, 289 – 294.

Hoxhaj, Jonela: Quo vadis Medizintechnikhaftung? Arzt-, Krankenhaus- und Herstellerhaftung für den Einsatz von Medizinprodukten, Frankfurt am Main, 2000.

Huber, Christian: "Das Lebensalter des Verletzten - eine Bemessungsdeterminante beim Schmerzensgeld?", VersR 2016, 73 – 79.

Huster, Stefan; *Kaltenborn*, Markus: Krankenhausrecht. Praxishandbuch zum Recht des Krankenhauswesens, 2. Aufl., München, 2017.

Ihle, Judith: Ärztliche Leitlinien, Standards und Sozialrecht, Baden-Baden, 2007.

Ilgner, Helmut: Der Schrittmacher als Rechtsobjekt. Zivilrechtliche und sozialrechtliche Aspekte bei der Verwendung implantierbarer Herzschrittmacher, Pfaffenweiler, 1990.

Jaeger, Lothar; *Luckey*, Jan: Schmerzensgeld. Systematische Erläuterungen, Tabelle, Übersicht Arzthaftung und Verkehrsunfall, Muster und Sterbetafeln, medizinisches Lexikon, 8. Aufl., Köln, 2016.

Jaeger, Lothar: Patientenrechtegesetz. Kommentar zu §§ 630a bis 630h BGB, Karlsruhe, 2013.

Jäger, Christian: "Die ärztliche Pflicht zur Fehleraufklärung und deren Folgen für die Beweisverwertung nach § 630c Abs. 2 S. 2 und 3 BGB", in: Festschrift für Bernd von Heintschel-Heinegg zum 70. Geburtstag, 2015, 211 – 220.

Jauernig Bürgerliches Gesetzbuch. Mit Rom-I-, Rom-II-, Rom-III-VO, EG-UNtVO/ HUntProt und EuErbVO, Kommentar, hrsgg. v. Rolf Stürner, 17. Aufl., München, 2018.

Jung, Heike: "Außenseitermethoden und strafrechtliche Haftung", ZStW 97 (1985), 47 – 67.

juris Praxiskommentar BGB, hrsgg. v. Maximilian Herberger/Michael Martinek/ Helmut Rüßmann/Stephan Weth/Markus Würdinger, Band 2 – Schuldrecht, 9. Aufl., Saarbrücken, 2020 (zitiert als *Bearb*., in: jurisPK, Vorschrift, Randnummer).

Kage, Uwe: Das Medizinproduktegesetz. Staatliche Risikosteuerung unter dem Einfluss europäischer Harmonisierung, Berlin, Heidelberg, 2004.

Kahrs, Hans Jürgen: Kausalität und überholende Kausalität im Zivilrecht, Hamburg, 1969.

Kardasiadou, Zoi: Die Produkthaftung für fehlerhafte medizinische Expertensysteme, Eine Untersuchung unter Einbeziehung arzthaftungsrechtlicher Folgen, Baden-Baden, 1998.

Katzenmeier, Christian; *Voigt*, Tobias: "Entgeltfragen der medizinischen Behandlung", in: Zivilrecht und Steuerrecht, Erwerb von Todes wegen und Schenkung, Festschrift für Jens Peter Meincke zum 80. Geburtstag, hrsgg. von Karlheinz Muscheler und Reinhard Zimmermann, München, 2015, 175 – 184.

Katzenmeier, Christian: Arzthaftung, Tübingen, 2002.

–, "Aufklärung über neue medizinische Behandlungsmethoden – Robodoc –", NJW 2006, 2738 – 2741.

–, "Behandlungsvertrag – Neuer Vertragstypus im BGB", NJW 2013, 817 – 823.

–, "Die Rahmenbedingungen der Patientenautonomie", MedR 2012, 576 – 583.

–, "Verschärfung der Berufshaftung durch Beweisrecht – Der grobe Behandlungsfehler", in: Humaniora. Medizin – Recht – Geschichte. Festschrift für Adolf Laufs zum 70. Geburtstag, Berlin, Heidelberg, 2006, 909 – 929.

Kern, Bernd-Rüdiger; *Laufs*, Adolf: Die ärztliche Aufklärungspflicht. Unter besonderer Berücksichtigung der richterlichen Spruchpraxis, Berlin, Heidelberg, 1983.

Kett-Straub, Gabriele; *Sipos-Lay*, Iris: "§ 630c Abs. 2 S. 2 BGB im Spannungsfeld von Patientenrechten und dem Nemo tenetur-Grundsatz", MedR 2014, 867 – 876.

Kleefisch, Andreas; *Durynek*, Jürgen: "Der Mangelverdacht im Werkvertragsrecht – Erläutert im Lichte der Rechtsprechung zur Lieferung und Montage einer Photovoltaikanlage", NJOZ 2018, 121 – 131.

Kleinewefers, Herbert: "Zur Aufklärung des Patienten", VersR 1981, 99 – 104.

Kleuser, Michael: Die Fehleroffenbarungspflicht des Arztes – unter besonderer Berücksichtigung der versicherungsrechtlichen Obliegenheiten nach einem Behandlungszwischenfall, Karlsruhe, 1995.

Knauer, Jana: Rechtliche Fragen der Aufbereitung von Medizinprodukten. Unter besonderer Berücksichtigung medizinischer Einmalprodukte, Baden-Baden, 2016.

Knoche, Joachim: "Sachmängelgewährleistung beim Kauf eines Altlastengrundstücks", NJW 1995, 1985 – 1992.

Kobel, Konrad: "Herstellung und Vertrieb von Medizinprodukten", in: Andreas Spickhoff (Hrsg.), Medizinprodukte in der Anwendung: Alle machen mit, keiner haftet?, Heidelberg, 2014, 1 – 9.

Koch, Bernhard A. (Hrsg.): Arzthaftung in Europa. Ausgewählte Rechtsverordnungen im Vergleich, Berlin 2012.

Koch, Robert: "Folgen der „Boston-Scientific"-Urteile des EuGH vom 5.3.2015 (VersR 2015, 900) und des BGH vom 9.6.2015 (VersR 2015, 1038) für die Produkthaftung und die Betriebs- und Produkthaftpflichtversicherung", VersR 2015, 1467 – 1476.

Könning, Angela: "Zur Rechtsnatur des Zahnarztvertrages", VersR 1989, 223 – 230.

Koyuncu, Adem; *Müller*, Daniela: "Medizinproduktehaftung. Auskunftsansprüche, Beweisfragen und Hinweise zur Anwenderkommunikation", MPR 2012, 158 – 165.

Koziol, Helmut: "Die Bedeutung des Zeitfaktors bei der Bemessung ideeller Schäden", in: Privatrecht im Spannungsfeld zwischen gesellschaftlichem Wandel und ethischer Verantwortung. Beiträge zum Familienrecht, Erbrecht. Persönlichkeitsrecht, Haftpflichtrecht, Medizinalrecht und allgemeinen Privatrecht – Festschrift für Heinz Hausheer zum 65. Geburtstag, Bern, 2002, 597 – 610.

–, "Objektivierung des Fahrlässigkeitsmaßstabes im Schadensersatzrecht?", AcP 196 (1996), 593 – 610.

Krämer, Achim: "Verfassungsrechtliche Fragen im Arzthaftungsprozess", in: Festschrift für Karlmann Geiß zum 65. Geburtstag, Köln, Berlin, Bonn, München, 2000, 387 – 395.

Krocker, Karolin: "Medizintourismus im Internationalen Privat- und Zivilverfahrensrecht", VuR 2013, 243 – 253.

Kunz-Schmidt, Susanne; "Die ärztliche Aufklärungspflicht", NJ 2010, 441 – 448.

Lange, Heinrich: "Die Auswirkung von Leistungsstörungen beim echten Vertrag zugunsten Dritter im Rechtsbereich des Dritten", NJW 1965, 657 – 664.

Lange, Hermann; *Hagen*, Horst: Wandlungen des Schadensersatzrechts, Heidelberg, 1987.

Lange, Hermann: Schadensersatz. Handbuch des Schuldrechts in Einzeldarstellungen, hrsgg. v. Joachim Gernhuber, Tübingen, 1979.

Larenz, Karl; *Canaris*, Claus-Wilhelm: Lehrbuch des Schuldrechts II. Band: Besonderer Teil, 1. Halbband, 13. Aufl., München, 1986; 2. Halbband, 13. Aufl., München, 1994.

–, Methodenlehre der Rechtswissenschaft, 4. Aufl., Berlin, Berlin, 2018.

Larenz, Karl: Lehrbuch des Schuldrechts I. Band: Allgemeiner Teil, 14. Aufl., München, 1987.

–, Methodenlehre der Rechtswissenschaft, 6. Aufl., Berlin, Heidelberg, New York, 1991.

Laufs, Adolf; *Katzenmeier*, Christian; *Lipp*, Volker: Arztrecht, 7. Aufl., München, 2015 (zitiert als *Bearb.*, in: Laufs/Katzenmeier/Lipp, Arztrecht, Kapitel, Randnummer).

Laufs, Adolf; *Uhlenbruck*, Wilhelm (Begr.); *Kern*, Bernd-Rüdiger; *Rehborn*, Martin (Hrsg.): Handbuch des Arztrechts, 5. Aufl., München, 2019 (zitiert als *Bearb.*, in: Handbuch des Arztrechts, Kapitel, Randnummer).

Laufs, Adolf: "Entwicklungslinien des Medizinrechts", NJW 1997, 1609 – 1618.

–, "Zur Freiheit des Arztberufs", in: Festschrift für Erwin Deutsch zum 70. Geburtstag, Köln, Berlin, Bonn, München, 1999, 625 – 633.

Laufs, Adolfs; *Reiling*, Emil: "Schmerzensgeld wegen schuldhafter Vernichtung deponierten Spermas?", NJW 1994, 775.

Leenen, Detlef: Typus und Rechtsfindung, Die Bedeutung der typologischen Methode für die Rechtsfindung, dargestellt am Vertragsrecht des BGB, Berlin, 1971.

Lepa, Manfred: "Die Wandlungen des Schmerzensgeldanspruchs und ihre Folgen", in: Neminem laedere. Aspekte des Haftungsrechts, Festschrift für Gerade Müller zum 65. Geburtstag am 26. Juni 2009, Köln, 2009, 113 – 127.

Lippert, Hans-Dieter: "Die Durchführung der Funktionsprüfung bei Medizinprodukten durch den Anwender", GesR 2006, 249 – 250.

Lorenz, Egon (Hrsg.): Karlsruher Forum 2013: Patientenrechte und Arzthaftung. Mit Vorträgen von Christian Katzenmeier und Helmut Schirmer und Dokumentation der Diskussion, Karlsruhe, 2014 (zitiert als *Bearb.*, in: Karlsruher Forum 2013: Patientenrechte und Arzthaftung, S.).

Lorenz, Stephan: "Nacherfüllungsanspruch und Obliegenheiten des Käufers: Zur Reichweite des Rechts zur zweiten Andienung", NJW 2006, 1175 – 1179.

Lorz, Sigrid: Arzthaftung bei Schönheitsoperationen, Berlin, 2007.

Lotmar, Philipp: Der Arbeitsvertrag nach dem Privatrecht des Deutschen Reichs, Bd. 1, Leipzig, 1902.

Luig, Klaus: "Der Arztvertrag", in: Wolfgang Gitter, Vertragsschuldverhältnisse, München, 1974, 223 – 249.

Lüneborg, Cäcilie: "Die Verjährung von Ersatz-, Hilfs- und Nebenansprüchen", NJW 2012, 2145 – 2150.

Magnus, Ulrich: "Mangelverdacht als Mangel im CISG?", in: Festschrift für Claus-Wilhelm Canaris zum 70. Geburtstag, Band II, München, 2007, 257 – 269.

Markewitz, Andreas: "Jahresbericht 2013 des Deutschen Herzschrittmacher- und Defibrillatorregisters, Teil 1 – Herzschrittmacher", Herzschrittmachertherapie + Elektrophysiologie 2015, 374 – 398.

Marotzke, Wolfgang: "Die logische Sekunde – ein Nullum mit Dauerwirkung?", AcP 191 (1991), 177 – 200.

Martiny, Dieter: "Pflichtenorientierter Drittschutz beim Vertrag mit Schutzwirkung für Dritte – Eingrenzung uferloser Haftung", JZ 1996, 19 – 25.

Martis, Rüdiger; *Winkhart-Martis*, Martina: Arzthaftungsrecht. Fallgruppenkommentar, 5. Aufl., Köln, 2018.

Maultzsch, Felix: "Schuldrechtsmodernisierungsgesetz 2001/2002: Der Regress des Unternehmers beim Verbrauchsgüterkauf, JuS 2002", 1171 – 1175.

Mayer, Kurt: "Das neue Produkthaftungsrecht", VersR 1990, 691 – 702.

Metzger, Axel: "Der neue § 651 BGB – Primat des Kaufrechts oder restriktive Auslegung?", AcP 204 (2004), 231 – 263.

Meurer, Christina: Außergerichtliche Streitbeilegung in Arzthaftungssachen. Unter besonderer Berücksichtigung der Arbeit der Gutachterkommissionen und Schlichtungsstellen bei den Ärztekammern, Heidelberg, Berlin, 2008.

Mirtsching, Wolfram: Haftung für den Einsatz von Technik in der Medizin. Zur Systematik der Haftungsregeln im Arzthaftungsrecht, Frankfurt am Main, 1980.

Moelle, Henning; *Dockhorn*, Ilka: "Anmerkung zu EuGH, Urteil vom 5.3.2015 (C-503/13, C-504/13) – Zur Produkthaftung für potenziell fehlerhaftes Medizinprodukt", NJW 2015, 1165.

Montgomery, Ulrich; *Brauer*, Daniel; *Hübner*, Marlis; *Seebohm*, Annabel: "Das Patientenrechtegesetz aus Sicht der Ärzteschaft", MedR 2013, 149 – 153.

Mörsdorf-Schulte, Juliana: "Schutzumfang des Behandlungsvertrags bei versäumter Abtreibung", NJW 2006, 3105 – 3108.

Müller, Gerda: "Beweislast und Beweisführung im Arzthaftungsprozeß", NJW 1997, 3049 – 3056.

–, "Macht und Grenzen ärztlichen Handelns", GesR 2004, 257 – 265.

–, "Spielregeln für den Arzthaftungprozeß", DRiZ 2000, 259 – 271.

Münch, Joachim: "Die „nicht wie geschuldet“ erbrachte Leistung und sonstige Pflichtverletzungen", Jura 2002, 361 – 374.

Münchener Kommentar zur Zivilprozessordnung mit Gerichtsverfassungsgesetz und Nebengesetzen, hrsgg. v. Thomas Rauscher/Wolfgang Krüger. Band 1 (§§ 1-354 ZPO), 6. Aufl., München, 2020 (zitiert als *Bearb*., in: MüKo, ZPO, Vorschrift, Randnummer).

Münchner Kommentar zum Bürgerlichen Gesetzbuch, hrsgg. v. Franz Jürgen Säcker/ Roland Rixecker/Hartmut Oetker/Bettina Limberg, Band 1. Allgemeiner Teil (§§ 1-240, AllgPersönlR, ProstG, AGG), 8. Aufl., München, 2018; Band 2. Schuldrecht - Allgemeiner Teil I (§§ 241-310), 8. Aufl., München, 2019; Band 3. Schuldrecht – Allgemeiner Teil II (§§ 311-432), 8. Aufl., München, 2019; Band 4. Schuldrecht – Besonderer Teil I (§§ 433-534, Finanzierungsleasing, CISG), 8. Aufl., München, 2019; Band 5. Schuldrecht – Besonderer Teil II (§§ 535-630h), 8. Aufl., München, 2020; Band 6. Schuldrecht – Besonderer Teil IV (§§ 705-853, Partnerschaftsgesellschaftsgesetz, Produkthaftungsgesetz), 7. Aufl., München, 2017; Band 8. Sachenrecht, (§§ 854-1296), 8. Aufl., München, 2020 (zitiert als *Bearb*., in: MüKo, BGB, Vorschrift, Randnummer).

Musielak, Hans-Joachim; *Voit*, Wolfgang (Hrsg.): Zivilprozessordnung. Mit Gerichtsverfassungsgesetz; Kommentar, 17. Aufl., München, 2020 (zitiert als *Bearb*., in: Musielak/Voit, ZPO, Vorschrift, Randnummer).

Musielak, Hans-Joachim: "Kausalität und Schadenszurechnung im Zivilrecht", JA 2013, 241 – 248.

Natter, Eberhard: Der Arztvertrag mit dem sozialversicherten Patienten, Köln, Berlin, Bonn, München, 1987.

Nebe, Katja: "Schmerzensgeld bei psychischen Belastungen wegen fehlerhafter Gesundheitsleistungen", VuR 2009, 459 – 463.

Neelmeier, Tim: "Einvernehmliche Unterschreitung medizinischer Behandlungsstandards", NJW 2015, 374 – 377.

Nehlsen-v. Stryk, Kathrin: "Schmerzensgeld ohne Genugtuung", JZ 1987, 119 – 127.

Neuner, Jörg: "Der Schutz und die Haftung Dritter nach vertraglichen Grundsätzen", JZ 1999, 126 – 136.

Nietsch, Michael: "Werklieferungen im Spannungsverhältnis zwischen Vertragstypisierung und Parteiautonomie", AcP 211 (2011), 737 – 767.

Nixdorf, Wolfgang: "Mysterium Schmerzensgeld – Was ist das Besondere an den Ansprüchen auf Ersatz materieller Schäden?", NZV 1996, 89 – 94.

Nöthlichs, Matthias; *Weber*, H.P.: Sicherheitsvorschriften für Medizinprodukte. Ergänzbarer Kommentar zum Medizinproduktegesetz und zur Medizingeräteverordnung, Berlin, 1994.

Nüssgens, Karl: "Zur hypothetischen Einwilligung des Patienten", in: Festschrift für Rudolf Nirk zum 70. Geburtstag, 1992, 745 – 758.

Oberheim, Rainer: "Beweiserleichterungen im Zivilprozess", JuS 1996, 636 – 640.

Oeben, Marc; *Schiwek*, Frank: "Produkthaftung bei einem Herzschrittmacher: Anmerkung zum Urteil des OLG Hamm vom 26.10.2010 – Az.: I-21 U 163/08", MPR 2011, 145 – 151.

Oeben, Marc: Der potenzielle Produktfehler nach der EuGH-Rechtsprechung. Eine perspektivische Betrachtung für die Haftung der Medizinproduktehersteller, Baden-Baden, 2016.

–, "Maßnahmeempfehlungen und Sicherheitsinformationen im Kontext produkthaftungsrechtlicher Ansprüche – die Reichweite des Fehlerbegriffs bei Medizinprodukten", MPR 2010, 145 – 151.

Oechsler, Jürgen: "Der Verdacht einer Gebrauchsbeeinträchtigung als Produktfehler – Zur Haftung in den Herzschrittmacherfällen", Jura 2015, 964 – 968.

Oertmann, Paul: Bürgerliches Gesetzbuch. Allgemeiner Teil, Kommentar zum Bürgerlichen Gesetzbuch und seinen Nebengesetzen, 3. Aufl., Berlin, 1927.

Oetker, Hartmut; *Maultzsch*, Felix: Vertragliche Schuldverhältnisse, 4. Aufl., Berlin, Heidelberg, 2013.

Olzen, Dirk; *Kaya*, Eylem: "Primär- und Sekundärschäden als Folge grober Behandlungsfehler – zugleich eine Anmerkung zum BGH-Urteil v. 22.5.2012 – VI ZR 157/11", GesR 2013, 1 – 6.

Olzen, Dirk; *Kubiak*, Magdalena: "Die Haftung des Arztes bei fehlerhafter PID", JZ 2013, 495 – 504.

Ostendorf, Patrick: "Die Grenzlinien des Mangelbegriffs", JZ 2011, 822 – 827.

Palandt, Otto (Begr.): Bürgerliches Gesetzbuch, 79. Aufl., München, 2020 (zitiert als *Bearb.*, in: Palandt, Vorschrift, Randnummer).

Papadimitropoulus, Antonius V.: Schuldverhältnisse mit Schutzwirkung zugunsten Dritter – ein Erklärungsmodell für die Entstehung von Schutzpflichten gegenüber Dritten, Berlin, 2007.

Pflüger, Frank: Krankenhaushaftung und Organisationsverschulden, Zivilrechtliche Grundlagen der Haftung des Krankenhausträgers für medizinische und organisatorische Fehlleistungen, Berlin, Heidelberg, 2002.

Picht, Peter: "Die kaufrechtliche Garantie im Verbraucherrechterichtlinien-Umsetzungsgesetz", NJW 2014, 2609 – 2613.

Picker, Ulrike: Die Naturalrestitution durch den Geschädigten, Tübingen, 2003.

Pieper, Helmut: "Der Anspruch auf Schadensersatz wegen Nichterfüllung", JuS 1962, 409 – 417.

Pitz, Andreas: „Nochmals: Die Durchführung der Funktionsprüfung bei Medizinprodukten durch den Anwender – Erwiderung auf Lippert", GesR 2006, 249, 491 – 493.

Prütting, Hanns: "Beweisprobleme im Arzthaftungsprozeß", in: 150 Jahre Landgericht Saarbrücken, Festschrift, Köln, Berlin, München, 1985, 257 – 274.

–, "Die Beweislast im Arzthaftungsprozess und das künftige Patientenrechtegesetz", in: Festschrift für Helmut Rüßmann, Saarbrücken, 2013, 609 – 619.

–, "Gibt es eine ärztliche Pflicht zur Fehleroffenbarung?", in: Humaniora. Medizin, Recht, Geschichte. Festschrift für Adolf Laufs zum 70. Geburtstag, 2006, 1009 – 1024.

Quaas, Michael; *Zuck*, Rüdiger; *Clemens*, Thomas; *Gokel*, Julia Maria: Medizinrecht. Öffentliches Medizinrecht – Pflegeversicherungsrecht – Arzthaftpflichtrecht – Arztstrafrecht, 4. Aufl., München, 2020 (zitiert als *Bearb.*, in: Quaas/Zuck/Clemens, Medizinrecht, Abschnitt, Randnummer).

Rappenglitz, Uwe: "Mängel der Sache durch unsachgemäße Montage und mangelhafte Montageanleitung", JA 2003, 36 – 40.

Reh, Thorsten; *Willhöft*, Cord: "Haftung des ärztlichen Anwenders bei moderner Telemedizin", MPJ 2016, 187 – 189.

Rehborn, Martin: "Aktuelle Entwicklungen im Arzthaftungsrecht", MDR 2004, 371 – 377.

–, "Das Patientenrechtegesetz", GesR 2013, 257 – 272.

–, "Patientenrechtegesetz 2013 – Behandlungsvertrag, Mitwirkung, Information, Einwilligung, Aufklärung", MDR 2013, 497 – 502.

Rehmann, Wolfgang A.; *Wagner*, Susanne: Medizinproduktegesetz, 3. Aufl., München, 2018.

Reich, Norbert: "Produkthaftungsrecht: Haftung für potenziell fehlerhaftes Medizinprodukt", EuZW 2015, 320 – 321.

Reinhardt, Michael: "Die Umkehr der Beweislast aus verfassungsrechtlicher Sicht", NJW 1994, 93 – 99.

Riehm, Thomas: Der Grundsatz der Naturalerfüllung, Tübingen, 2015.

Rinnewitz, Jürgen: Zur dogmatischen Struktur des Anwartschaftsrechts aus dem Eigentumsvorbehalt, Göttingen, 1989.

Roesch, Heinz: "Zur Rechtsnatur des Zahnarztvertrags", VersR 1979, 12 – 14.

Rohde, Mathias: "BGH, 9.11.1993 – VI ZR 62/93. Zum Anspruch auf Schmerzensgeld bei Vernichtung von eingefrorenem Sperma", JZ 1994, 463 – 468.

Roth, Carsten: Eigentum an Körperteilen. Rechtsfragen der Kommerzialisierung des menschlichen Körpers, Berlin, Heidelberg, 2009.

Rott, Peter: "Pflichten und Haftung der „benannten Stelle“ bei Hochrisiko-Medizinprodukten", NJW 2017, 1146 – 1148.

Rümelin, Gustav: Dienstvertrag und Werkvertrag, Tübingen, 1905.

Rüthers, Bernd; *Fischer*, Christian; *Birk*, Axel: Rechtstheorie mit Juristischer Methodenlehre, 11. Aufl., München, 2020.

Saenger, Ingo: Zivilprozessordnung. Familienverfahren, Gerichtsverfassung, Europäisches Verfahrensrecht. Handkommentar, 8. Aufl., Baden-Baden, 2019 (zitiert als *Bearb*., in: Saenger, ZPO, Vorschrift, Randnummer).

Salewski, Sabrina: Der Verkäuferregress im deutsch-französischen Rechtsvergleich, Tübingen, 2011.

Schäfer, Paul: Rechtsfragen zur Verpflanzung von Körper- und Leichenteilen, Münster, 1961.

Schärtl, Christoph: "Die Beweislastverteilung im Arzthaftungsprozess", NJW 2014, 3601 – 3605.

Schaub, Renate: "EuGH: Fehlerbegriff und Umfang des Schadensersatzes bei der Produkthaftung", LMK 2015, 368607.

Schellenberg, Frank: "Die Zumutbarkeit der Behandlungsfortsetzung – Kriterium für die Rechtsfolgen einer fehlerhaften zahnprothetischen Behandlung?", VersR 2007, 1343 – 1348.

Schelling, Philip; *Erlinger*, Rainer: "Die Aufklärung über Behandlungsalternativen – eine Besprechung der Urteile des OLG Nürnberg vom 6.11.2000 (MedR 2001, 577) und vom 29.5.2000 (MedR 2002, 29) sowie des Urteils des OLG Dresden vom 17.5.2001 (VersR 2002, 440)", MedR 2003, 331 – 334.

Schelling, Philip; *Warntjen*, Maximilian: "Die Pflicht des Arztes zur Offenbarung von Behandlungsfehlern – zugleich Überlegungen zum Entwurf eines Patientenrechtegesetzes", MedR 2012, 506 – 512.

Schenk, Robert: Die medizinische Grundaufklärung. Aufklärung im Großen und Ganzen, Grundaufklärung und Basiswissen als Zurechnungsebenen eines Haftungssystems für medizinische Aufklärungsfehler, Heidelberg, Dordrecht, London, New York, 2015.

Schinkels, Boris: "Zum Vorrang der nach dem Vertrag vorausgesetzten Verwendung (§ 434 Abs. 1 Satz 2 Nr. 1 BGB) vor damit unvereinbaren Beschaffenheitsangaben – „Ausschlacht-“ und „Bastlerfahrzeuge“ nur auf besonderen Verbraucherwunsch", ZGS 204, 226 – 232.

Schmidt, Eberhard: "Ärztliche Rechtskunde. Der Arzt im Strafrecht", in: Lehrbuch der Gerichtlichen Medizin, einschließlich der ärztlichen Rechtskunde und der Versicherungsmedizin von Albert Ponsold (Hrsg.), 2. Aufl., Stuttgart, 1957.

Schmidt, Reimer: Die Obliegenheiten, Studien auf dem Gebiet des Rechtszwanges im Zivilrecht unter besonderer Berücksichtigung des Privatversicherungsrechts, Karlsruhe, 1953.

Schneider, Angie: "Beweislastumkehr als Instrument der Machtverteilung im Zivilprozess", in: Macht im Zivilrecht. Jahrbuch Junger Zivilrechtswissenschaftler 2012, hrsgg. v. Matti Hauer/Lena Rudkowski/Paul Gooren/Melanie Lahr/Jana Oestreich/Moritz Renner/Sabine Schmidt/Alexander Schreiber, Stuttgart, 2013, 91 – 125.

Schrenk, Christoph: Medizinproduktegesetz und Arzthaftung. Einfluss des öffentlichen Sicherheitsrechts auf den Pflichtenkreis von Betreibern und Anwendern, Köln, Berlin, München, 2004.

Schroeder, Friedrich-Christian: "Die Fahrlässigkeit als Erkennbarkeit der Tatbestandverwirklichung", JZ 1989, 776 – 780.

Schroeter, Ulrich G.: "Das Recht zur zweiten Andienung im System des Schuldrechts", AcP 207 (2007), 28 – 63.

–, "Untersuchungspflicht und Vertretenmüsssen des Händlers bei der Lieferung sachmangelhafter Ware", JZ 2010, 495 – 499.

Schubel, Christian; *Koch*, Thomas: "Die Nacherfüllung als Haftungsfalle: Das deutsche Kaufrecht auf dem Weg zum Garantiesystem?", DB 2004, 119 – 125.

Schubel, Christian: Schuldrechtsreform: "Perspektivenwechsel im Bürgerlichen Recht und AGB-Kontrolle für den Handelskauf", JZ 2001, 1113 – 1120.

Schumacher, Jörg: Der Lieferantenregress gemäß §§ 478, 479 BGB, Baden-Baden, 2003.

Schütz, Wolfram; *Dopheide*, Oliver: "Kausalität und rechtmäßiges Alternativverhalten bei ärztlichen Behandlungsfehlern", VersR 2009, 475 – 478.

Schwab, Martin: "Schuldrecht: Vorrang der Nacherfüllung bei ärztlichem Behandlungsfehler. Einordnung von Schäden aus fehlerhafter ärztlicher Behandlung in die Typologie vertraglicher Schadensersatzansprüche", JuS 2013, 256 – 258.

Schwarze, Roland: "Subsidiarität des vertraglichen Drittschutzes?", AcP 203 (2003), 348 – 365.

Schwedler, Anna: "Die Einwilligung des Berechtigten in eine ärztliche Behandlung – Der einwilligungsunfähige (volljährige) Patient", MedR 2013, 652 – 655.

Schwenzfeier, Katja: Die kollisionsrechtliche Anknüpfung des Behandlungsverhältnisses im Rahmen einer kosmetischen Operation, Hamburg, 2011.

Seibel, Mark: "Abgrenzung der „allgemein anerkannten Regeln der Technik“ vom „Stand der Technik“", NJW 2013, 3000 – 3004.

Sendmeyer, Stefanie: "Die Ablaufhemmung der Verjährung im Unternehmerregress", NJW 2008, 1914 – 1918.

Sick, Joachim: Beweisrecht im Arzthaftpflichtprozess, Frankfurt am Main, 1986.

Sigel, Richard: Herstellergarantien in der Nacherfüllung – Zu den Anforderungen einer Einbeziehung von Haltbarkeitsgarantien des Herstellers in den Prozess der Nacherfüllung, Bristol, Berlin, 2006.

Soergel Kommentar zum Bürgerlichen Gesetzbuch, begr. v. Th. Soergel; Band 1. Allgemeiner Teil (§§ 1-103), 13. Aufl., Stuttgart, 2000; Band 2. Schuldrecht 1 (§§ 241-432), 12. Aufl., Stuttgart, 1990; Band 3/2. Schuldrecht 1/2 (§§ 243-304), 13. Aufl., Stuttgart, 2014 (zitiert als *Bearb*., in: Soergel, BGB, Vorschrift, Randnummer).

Spann, W.; *Liebhardt*, E.; *Penning*, R: "Übermaßaufklärung", in: Ärztliches Handeln – Verrechtlichung eines Berufsstandes, Festschrift für Walther Weißauer zum 65. Geburtstag, 1986, 143 – 149.

Spickhoff, Andreas (Hrsg.): Medizinrecht, Beck'sche Kurzkommentare, 3. Aufl., München, 2018 (zitiert als *Bearb*., in: Spickhoff, Medizinrecht, Vorschrift, Randnummer).

Spickhoff, Andreas; *Seibl*, Maximilian: "Haftungsrechtliche Aspekte der Delegation ärztlicher Leistungen an nichtärztliches Medizinpersonal", MedR 2008, 463 – 473.

Spickhoff, Andreas: "Anspruchskonkurrenzen, Internationale Zuständigkeit und Internationales Privatrecht (zu BGH, 27.5.2008 – VI ZR 69/07, unten S. 150, Nr. 8a, OLG Koblenz, 25.6.2007 – 12 U 1717/05, unten S. 151, Nr. 8b, und OLG Stuttgart, 28.4.2008 – 5 U 6/08, unten S. 154, Nr. 8c)", IPRax 2009, 128 – 134.

–, "Behandlungsfehler und Offenbarungspflicht: "Gründe und Grenzen", JZ 2015, 15 – 27.

–, "Das System der Arzthaftung im reformierten Schuldrecht", NJW 2002, 2530 – 2537.

–, "Der Eingehungsbetrug im System der Gerichtsstände – Zur Qualifikation von Anspruchsgründen und zur Annexzuständigkeit (zu LG Aachen, 9.12.2005 – 9 O 141/15, unten S. 96, Nr. 4 und OLG Köln, 15.2.2016 – 11 U 6/16, unten S. 97, Nr. 5)", IPRax 2017, 72 – 77.

–, "Die Arzthaftung im neuen bürgerlich-rechtlichen Normenumfeld – eine erste Zwischenbilanz –", MedR 2015, 845 – 855.

–, "Die Entwicklung des Arztrechts 2001/2002", NJW 2002, 1758 – 1767.

–, "Die Entwicklung des Arztrechts 2010/2011", NJW 2011, 1651 – 1658.

–, "Medizin und Recht zu Beginn des neuen Jahrhunderts – Die Entwicklung des Medizinrechts 2000/2001", NJW 2001, 1757 - 1768

–, "Patientenrechte und Patientenpflichten – Die medizinische Behandlung als kodifizierter Vertragstypus", VersR 2013, 267 – 282.

–, "Wahlärztliche Leistungen im Krankenhaus: Leistungspflicht und Haftung", NZS 2004, 57 – 63.

Steffen, Erich: "Haftung des Arztes für Fehler bei der Risikoaufklärung – Zurechnungsbeschränkungen oder versari in re illicita?", in: Festschrift für Dieter Medicus zum 70. Geburtstag, Köln, Berlin, Bonn, München, 1999, 637 – 650.

Stoffels, Markus: Gesetzlich nicht geregelte Schuldverträge, Rechtsfindung und Inhaltskontrolle, Tübingen, 2001.

Stöhr, Karlheinz: "Patienteninformation über Arzneimittel – eine arzthaftungsrechtliche Betrachtung", GesR 2006, 145 – 149.

Stürner, Michael: "Schadensersatz wegen ärztlicher Behandlungs- und Aufklärungsfehler – Verjährung, Anm. zu BGH, Urt. v. 8.11.2016 – VI ZR 594/15", NJW 2017, 953.

Stürner, Rolf: "Der Anspruch auf Erfüllung von Treue- und Sorgfaltspflichten", JZ 1976, 384 – 392.

Taupitz, Jochen: Die zivilrechtliche Pflicht zur unaufgeforderten Offenbarung eigenen Fehlverhaltens, Tübingen, 1989.

–, "Aufklärung über Behandlungsfehler: Rechtspflicht gegenüber dem Patienten oder ärztliche Ehrenpflicht?", NJW 1992, 713 – 719.

–, "Der deliktsrechtliche Schutz des menschlichen Körpers und seiner Teile", NJW 1995, 745 – 751.

–, "Wem gebührt der Schatz im menschlichen Körper?: - Zur Beteiligung des Patienten an der kommerziellen Nutzung seiner Körpersubstanzen", AcP 191 (1991), 201 – 246.

Tempel, Ulf: "Inhalt, Grenzen und Durchführung der ärztlichen Aufklärungspflicht unter Zugrundelegung höchstrichterlicher Rechtsprechung", NJW 1980, 609 – 616.

Terbille, Michael (Begr.): Münchner Anwalts Handbuch Medizinrecht, 3. Aufl., München, 2020 (zitiert als *Bearb.*, in: MAH MedR, Kapitel, Randnummer).

Thode, Reinhold: "Die wichtigsten Änderungen im BGB-Werkvertragsrecht: Schuldrechtsmodernisierungsgesetz und erste Probleme – Teil 1", NZBau 2002, 297 – 305.

Thomas, Heinz; *Putzo,* Hans (Begr.): Zivilprozessordnung. FamFG, Verfahren in Familiensachen, EGZPO, GVG, EGGVG, EU-Zivilverfahrensrecht. Kommentar, 41. Aufl., München, 2020.

Tillmanns, Kerstin: Strukturfragen des Dienstvertrages. Leistungsstörungen im freien Dienstvertrag und im Arbeitsvertrag, Tübingen, 2007.

Timke, Jan: "Erhöhtes Ausfallrisiko von Medizinprodukten als Produktfehler", NJW 2015, 3060 – 3064.

Todt, Stefan: "Regressansprüche des Krankenhausträgers gegen den Hersteller von Medizinprodukten (Teil 2)", MPR 2008, 152 – 154.

Trieb, Klemens; *Heller,* Karl-Dieter; *Wirtz,* Dieter C. (Hrsg.): Revisionsendoprothetik des Kniegelenks mit 266 Abbildungen und 31 Tabellen, Berlin, 2011.

Uhlenbruck, Wilhelm: "Beweisfragen im ärztlichen Haftungsprozess", NJW 1965, 1057 – 1064.

Unberath, Hannes: Die Vertragsverletzung, Tübingen, 2007.

Unger, Sebastian: "Herstellerbegleitung oder Marktüberwachung? Zur Haftung „benannter Stellen“ im Medizinprodukterecht", EuZW 2017, 299 – 303.

Vogeler, Marcus: "Die Haftung des Arztes bei der Anwendung neuartiger und umstrittener Heilmethoden nach der Rechtsprechung des BGH", MedR 2008, 697 – 707.

Voigt, Tobias: Individuelle Gesundheitsleistungen (IGeL) im Rechtsverhältnis von Arzt und Patient, Berlin, Heidelberg, 2013.

von Blociszewski, Stanislaus: Die Vermengung der Vertragstypen, Leipzig, 1905.

von Caemmerer, Ernst: Das Problem der überholenden Kausalität im Schadensersatzrecht, Karlsruhe, 1992.

von der Horst, Rutger: "Mangelverdacht/Verdachtmangel: Wie verdächtig muss ein Verdacht sein? – Zum Verdacht als Mangel i.S.d. § 434 I 2 Nr. 2 BGB", NJOZ 2013, 385 – 397.

von Hoyningen-Huene, Gerrick; *Boemke*, Burkhard: "Beweisfragen bei Berufsfortkommensschäden (§ 252 S. 2 BGB, § 287 I ZPO)", NJW 1994, 1757 – 1763.

von Pentz, Vera: "Entwicklungen der neueren höchstrichterlichen Rechtsprechung zur Arzthaftung", MedR 2016, 16 – 23.

von Staudinger, Julius: Kommentar zum Bürgerlichen Gesetzbuch mit Einführungsgesetz und Nebengesetzen. – Berlin. Erstes Buch. Allgemeiner Teil. §§ 80-89 von Herbert Roth (Red.), Neubearbeitung 2017; §§ 90-124; §§ 130-133 von Sebastian Herrler (Red.), Neubearbeitung 2017; §§ 139-163 von Sebastian Herrler (Red.), Neubearbeitung 2015; Buch 2. Recht der Schuldverhältnisse. §§ 241-243 von Dirk Olzen, Neubearbeitung 2019; §§ 249-254 von Dagmar Kaiser (Red.), Neubearbeitung 2017; §§ 255-304 von Manfred Löwisch (Red.), Neubearbeitung 2014; §§ 311, 311a-c von Dagmar Kaiser (Red.), Neubearbeitung 2018; §§ 611-613 von Volker Rieble (Red.), Neubearbeitung 2016; §§ 823 E-I, 824, 825 von Johannes Hager (Red.), Neubearbeitung 2009; §§ 826-829; §§ 1-19 ProdHaftG von Johannes Hager (Red.), Neubearbeitung 2018 (zitiert als Bearb., in: Staudinger, Vorschrift, Randnummer).

von Ziegner, Catharina: Der Zahnarzt in der zivilrechtlichen Haftung unter besonderer Abwägung des anzusetzenden Haftungsstandards, Frankfurt am Main, 2007.

Wagner, Gerhard: "Kodifikation des Arzthaftungsrechts? – Zum Entwurf des Patientenrechtegesetzes", VersR 2012, 789 – 802.

–, "Marktaufsichtshaftung produktsicherheitsrechtlicher Zertifizierungsstellen", JZ 2018, 130 – 140.

Walter, Alexander: "Das Beweisrecht der Behandlungsfehlerhaftung nach dem Patientenrechtegesetz", GesR 2013, 129 – 134.

–, "Medizinische Leitlinien und Behandlungsfehlerhaftung", GesR 2003, 165 – 169.

Walter, Ute: Das neue Patientenrechtegesetz. Praxishinweise für Ärzte, Krankenhäuser und Patienten, München, 2013.

Weimer, Tobias: "Medizinproduktehaftung – Straf- und zivilrechtliche Haftung der Anwender und Betreiber von Medizinprodukten – Teil 1", MPR 2007, 68 – 77.

–, "Medizinproduktehaftung – Straf- und zivilrechtliche Haftung der Anwender und Betreiber von Medizinprodukten – Teil 3", MPR 2007, 119 – 123.

–, "Medizinproduktehaftung – Straf- und zivilrechtliche Haftung der Anwender und Betreiber von Medizinprodukten – Teil 4", MPR 2008, 6 – 11.

Weizel, Isabel: Gutachterkommissionen und Schlichtungsstellen für Arzthaftpflichtfragen, Hamburg, 1999.

Weller, Marc-Philippe: Die Vertragstreue. Vertragsbindung – Naturalerfüllungsgrundsatz – Leistungstreue, Tübingen, 2009.

Wendehorst, Christiane: "Das Vertragsrecht der Dienstleistungen im deutschen und künftigen europäischen Recht", AcP 206 (2006), 205 - 299.

Westermann, Harm Peter: "Das neue Kaufrecht", NJW 2002, 241 - 253.

Weyers, Hans-Leo: Unfallschäden, Praxis und Ziele von Haftpflicht- und Vorsorgesystemen, Frankfurt, 1971.

Wieckhorst, Thomas: "Vom Produzentenfehler zum Produktfehler des § 3 ProdHaftG", VersR 1995, 1005 - 1015.

Wiegand, Wolfgang: "Der Arztvertrag, insbesondere die Haftung des Arztes", in: Arzt und Recht, 8. Berner Tage für die Juristische Praxis 1984 von Wolfgang Wiegend (Hrsg.), 1985, 81 - 119.

–, "Die Verhaltenspflichten. Ein Beitrag zur juristischen Zeitgeschichte", in: Die Bedeutung der Wörter, Studien zur europäischen Rechtsgeschichte, Festschrift für Sten Gagnér zum 70. Geburtstag, hrsgg. v. Michael Stolleis zusammen mit Monika Frommel, Joachim Rückert, Rainer Schröder, Kurt Seelmann, Wolfgang Wiegand, München, 1991, 547 - 563.

Wieling, Hans Josef: Sachenrecht, 5. Aufl., Berlin, Heidelberg, 2007.

Wilhelm, Dorothee: Verantwortung und Vertrauen bei Arbeitsteilung in der Medizin – zu den rechtlichen Grenzen ärztlicher Sorgfalt, Stuttgart, 1984.

Witting, Axel: Die Stellung des § 651 BGB zur Lehre von den gemischten Verträgen, Leipzig, 1914.

Wussow, Robert-Joachim: "Umfang und Grenzen der ärztlichen Aufklärungspflicht", VersR 2002, 1337 -1344.

Zenner, Andreas: "Der Vertrag mit Schutzwirkung zu Gunsten Dritter – Ein Institut im Lichte seiner Rechtsgrundlage", NJW 2009, 1030 - 1034.

Zeuner, Albrecht: "Das Problem der überholenden Kausalität im Schadensersatzrecht", AcP 162 (1963), 516 - 523.

Ziegler, Hans-Berndt; *Ehl,* Matthias: "Bein ab – arm dran. Eine Lanze für höhere Schmerzensgelder in Deutschland", JR 2009, 1 - 6.

Ziegler, Hans-Berndt; *Oynar,* Dennis: "Der Beginn der Verjährung im Arzthaftungsrecht, Ohne Gutachten läuft nichts – regelmäßig auch nicht die Verjährung", NJW 2017, 2438 - 2442.

Zoll, Karl-Hermann: "Schadensregulierung bei vermehrten Bedürfnissen Schwerstverletzter", NJW 2014, 967 - 973.

–, "Verfahrensrechtliche Besonderheiten im Arzthaftungsprozess", MedR 2009, 569 - 575.

Kolibri 360 GmbH
Ferdinand-Jühlke-Straße 7
99095 Erfurt, Deutschland
produktsicherheit@kolibri360.de